**权威 · 前沿 · 原创**

皮书系列为

“十二五”“十三五”国家重点图书出版规划项目

无障碍环境建设智库成果

# 中国残疾人事业发展报告（2019）

DEVELOPMENT REPORT ON THE CAUSE FOR PERSONS WITH DISABILITIES IN CHINA(2019)

## 无障碍环境建设

主　编／凌　亢
副主编／孙友然　白先春

社会科学文献出版社
SOCIAL SCIENCES ACADEMIC PRESS (CHINA)

图书在版编目(CIP)数据

中国残疾人事业发展报告.2019：无障碍环境建设／凌亢主编.--北京：社会科学文献出版社，2019.12
（残疾人蓝皮书）
ISBN 978-7-5201-5832-9

Ⅰ.①中… Ⅱ.①凌… Ⅲ.①残疾人-社会福利事业-研究报告-中国-2019 Ⅳ.①D669.69

中国版本图书馆CIP数据核字（2019）第272332号

残疾人蓝皮书
中国残疾人事业发展报告（2019）
——无障碍环境建设

主　　编／凌　亢
副 主 编／孙友然　白先春

出 版 人／谢寿光
组稿编辑／吴　丹　丁阿丽
责任编辑／丁阿丽
文稿编辑／杨　轩　王　雪　胡圣楠

出　　版／社会科学文献出版社·皮书研究院（010）59367092
地址：北京市北三环中路甲29号院华龙大厦　邮编：100029
网址：www.ssap.com.cn
发　　行／市场营销中心（010）59367081　59367083
印　　装／天津千鹤文化传播有限公司

规　　格／开　本：787mm×1092mm　1/16
印　张：27.25　字　数：410千字
版　　次／2019年12月第1版　2019年12月第1次印刷
书　　号／ISBN 978-7-5201-5832-9
定　　价／168.00元

本书如有印装质量问题，请与读者服务中心（010-59367028）联系

# 《中国残疾人事业发展报告（2019）》
# 编辑委员会

# 主要编撰者简介

**凌亢（凌迎兵）**　博士，二级教授，博士生导师，南京特殊教育师范学院院长，中国残疾人数据科学研究院首席专家。入选国家“万人计划”哲学社会科学领军人才、文化名家暨“四个一批”人才、“新世纪百千万人才工程”国家级人选、教育部新世纪优秀人才计划人选、江苏省“333工程”首批中青年科技领军人才，享受国务院特殊津贴，全国优秀统计教师。兼任中国统计学会副会长、中国统计教育学会副会长、江苏省统计学会副会长、江苏高校哲学社会科学重点研究基地负责人、江苏高校哲学社会科学优秀创新团队带头人、江苏高校优秀学科梯队带头人、东南大学等十余所大学兼职教授。主要研究领域为应用统计、残疾人事业发展评估。主持完成国家社科基金课题五项，国家自科基金课题两项，省部级课题二十余项。出版专著、教材、工具书十余部，发表论文一百余篇，独立或作为第一完成人获省部级科研、教学奖励十七项（其中一等奖四项）。现主持国家人才专项“残疾人发展评估研究”、国家社会科学基金一般项目“中国残疾人事业发展不平衡不充分的统计测度研究”等。著作《中国残疾人事业发展报告（2006～2015）》获江苏省第十五届哲学社会科学优秀成果一等奖。

**孙友然**　博士，南京邮电大学管理学院教授，南京特殊教育师范学院中国残疾人数据科学研究院特聘教授，硕士生导师，江苏省“青蓝工程”中青年学术带头人。主要研究领域为残疾人人力资源开发及管理。主持国家社科基金课题两项、省部级及其他级别课题十余项；参与国家、省部及其他课题三十余项。出版专著五部，发表论文五十余篇。科研成果获国家、省、市奖励二十余项。《中国残疾人事业发展报告（2006～2015）》主要编纂者之一。

**白先春**　博士，教授，硕士生导师，南京特殊教育师范学院中国残疾人数据科学研究院执行院长。2005～2007年，在暨南大学从事博士后研究工作；2013～2014年，香港理工大学访问学者。主要研究领域为残疾统计、残疾人发展评价。主持完成国家社科基金项目两项、省部级科研项目十二项（其中重大、重点项目三项）。出版专著、教材、工具书四部，发表学术论文六十余篇，独立或作为第一完成人获省部级科研奖励一等奖两项、二等奖四项、三等奖六项。《中国残疾人事业发展报告（2006～2015）》主要编纂者之一。

# 摘　要

中华人民共和国成立 70 年来，中国从国情和实际出发，走出了一条具有中国特色的残疾人事业发展道路；残疾人事业在改革开放的大潮中乘势而起；在习近平新时代中国特色社会主义思想指引下，残疾人事业发展已成为全面建成小康社会的重要目标。党的十八大以来，为保障残疾人平等权益、促进残疾人融合发展，党中央、国务院高度重视无障碍环境建设工作。习近平总书记提出要“坚持以人民为中心，重视无障碍环境建设”。李克强总理在 2018 年和 2019 年的《政府工作报告》中连续两年提出要加快无障碍设施建设。全国人大代表、中国残联副主席吕世明在 2019 年全国两会上提出，无障碍环境建设是为一切需要它的社会成员平等参与社会、实现融合发展的重要措施，是社会文明进步的重要标志，是新型城镇化、乡村振兴战略的重要内容，是国家保障民生、完善社会基本公共服务的重要体现，是全面建成小康社会、实现“两个一百年”目标的题中之义。

在此背景下，《残疾人蓝皮书：中国残疾人事业发展报告（2019）》以无障碍环境建设为主题，对无障碍环境建设现状和问题进行了系统总结和深入分析。本书包括总报告、分报告、专题篇、案例篇和借鉴篇五大部分。总报告包括《中国残疾人事业发展报告（2019）》和《中国无障碍环境发展报告（2019）》。《中国残疾人事业发展报告（2019）》呈现了 2018 年中国残疾人事业总体发展状况，计算了中国残疾人事业发展指数和平衡指数，并进行了省际比较和动态分析。《中国无障碍环境发展报告（2019）》对中国无障碍环境发展现状和存在的问题进行了分析，并提出了有效的对策建议。分报告分别围绕视力残疾人无障碍、听力和言语残疾人无障碍、肢体残疾人无障碍、公共服务设施无障碍建设、残疾人服务机构无障碍、残疾人信息无障碍、无障碍法治建设、无障碍图书馆等八个重点领域的发展动态进行了全面深入的剖析。专题篇聚焦残疾人家庭无障碍改造、村（社区）无障碍建设、无障碍城市创建、我国高校“校园无障碍环境建设”现状和人工智能在特殊教育无障碍领域的应用现状等主题进行了研究。案例篇分别介绍了上海市和香港地区无障碍环境建设的做法和经验。借鉴篇介绍了澳大利亚无障碍建设的经验和可借鉴的做法。

《残疾人蓝皮书：中国残疾人事业发展报告（2019）》对中国残疾人事业发展数据进行整理和分析，已连续三年发布中国残疾人事业发展指数，形成了对中国残疾人事业发展状况的整体判断，全面系统地展现了中国残疾人事业发展态势，残疾人事业发展指数由 2007 年的 42.8 上升到 2017 年的 70.7，残疾人生存保障指数、发展提升指数、服务支撑指数分别由 2007 年的 38.2、51.7、38.1，上升到的 2017 年的 75.5、64.0、71.2。《残疾人蓝皮书：中国残疾人事业发展报告（2019）》首次发布中国残疾人事业平衡发展指数，残疾人事业发展的平衡指数由 2015 年的 48.29 提升到 2017 年的 51.86；生存保障、发展提升、服务支撑平衡指数，分别由 2015 年的 47.57、47.70、50.79，提升到 2017 年的 53.24、48.46、54.42。

总体而言，我国残疾人事业发展水平不断提高的同时，平衡发展状况也不断改善。残疾人事业发展指数和平衡指数丰富和拓展了我国残疾人事业发展评价体系，对推进中国各地区残疾人事业充分发展和平衡发展具有重要的参考和指导作用。

**关键词：** 残疾人事业　残疾人事业发展指数　平衡指数　无障碍

# 目　录

## Ⅰ　总报告



## Ⅱ　分报告



## Ⅲ　专题篇

## Ⅳ 案例篇



## Ⅴ 借鉴篇



## Ⅵ 附录

# 总 报 告

General Report

## B.1

# 中国残疾人事业发展报告（2019）*

凌 亢 孙友然 白先春**

**摘 要：** 2018年是中国改革开放40周年，也是中国特色残疾人事业建设进入新时代的第一年。本报告主要基于《中国残疾人事业统计年鉴（2019）》和《2018年残疾人事业发展统计公报》相关数据，描述了2018年中国残疾人事业总体发展状况，尤其介绍了残疾人无障碍建设发展状况；计算了中国残疾人事业发展指数及各省份指数，分析了中国残疾人事业发展面临的瓶颈；最后，提出了中国残疾人事业的发展展望。研究结果表明，中国残疾人事业取得了长足发展，残疾人事业发展指数由2007

* 本文为国家社会科学基金一般项目“中国残疾人事业发展不平衡不充分的统计测度研究”（项目编号：18BTJ017）阶段性研究成果。

** 凌亢，博士，南京特殊教育师范学院院长、教授，研究领域：应用统计、残疾人事业发展评估；孙友然，博士，南京邮电大学管理学院教授，研究领域：残疾人力资源管理；白先春，博士，中国残疾人数据科学研究院院长、教授，研究领域：残疾统计。

年的42.8上升到2017年的70.7，残疾人生存保障指数、发展提升指数、服务支撑指数分别由2007年的38.2、51.7、38.1，上升到的2017年的75.5、64.0、71.2；残疾人事业发展的平衡指数由2015年的48.29提升到2017年的51.86；生存保障、发展提升、服务支撑平衡指数，分别由2015年的47.57、47.70、50.79，提升到2017年的53.24、48.46、54.42；我国残疾人事业发展的不平衡性有所改善，但不平衡问题仍然较为突出。

**关键词：** 残疾人事业　残疾人无障碍发展　残疾人康复　残疾人教育　残疾人就业

## 一　2018年中国残疾人事业的总体发展状况

2018年是中国改革开放40周年，也是进入新时代残疾人事业发展的第一年。在党中央的正确领导下，我国残疾人事业取得了显著成就。

### （一）残疾人康复

#### 1. 党中央国务院高度关注残疾儿童康复救助工作

建立残疾儿童康复救助制度，加大残疾儿童康复救助专题培训。积极动员和布置残疾儿童康复救助工作。国务院常务会议通过《关于建立残疾儿童康复救助制度的意见》，要求“从2018年10月1日起，对符合条件的0～6岁视力、听力、言语、肢体、智力等残疾儿童和孤独症儿童，提供手术、辅助器具配置和康复训练等救助。到2020年基本实现残疾儿童应救尽救”①。中国残联组织残疾儿童康复救助制度培训班，对残疾儿童康复救助

① 曹昆：《李克强主持召开国务院常务会议》，人民网，2018年5月31日，http：//politics.people.com.cn/n1/2018/0531/c1024－30024289.html。

制度建设工作做专题培训和部署。中国残联康复部组织有关人员分赴宁夏、四川、吉林、黑龙江等地开展残疾儿童康复救助制度专项调研督导，确保2018 年 10 月 1 日起各县（市、区、旗）残联均可受理残疾儿童家庭的救助申请。中国残联召开全国残疾儿童康复救助定点机构规范管理工作现场会，汇报各地残疾儿童康复救助制度建设情况，讨论《残疾儿童康复救助定点机构管理办法（讨论稿）》，北京、江苏、广东等地介绍了残疾儿童康复机构规范建设管理经验。2018 年有 29 项残疾人医疗康复项目被纳入基本医疗保险支付范围，9 个省（直辖市、自治区）建立了残疾儿童康复救助制度，7 个省（直辖市、自治区）建立了残疾人辅助器具补贴制度。2018 年，1074. 7 万残疾儿童及持证残疾人得到基本康复服务，比 2017 年的 854. 7 万人增加 220 万人。[①]

### 2. 各省（直辖市、自治区）积极贯彻落实《残疾预防和残疾人康复条例》

《残疾预防和残疾人康复条例》已于 2017 年 1 月 11 日国务院第 161 次常务会议通过，自 2017 年 7 月 1 日起施行。各省（直辖市、自治区）政府积极制定出台相关文件，贯彻落实《残疾预防和残疾人康复条例》。如，上海市人民政府印发《关于贯彻残疾预防和残疾人康复条例的实施意见》；宁夏回族自治区印发《宁夏回族自治区贯彻落实〈残疾预防和残疾人康复条例〉实施意见》；云南省政府残工委办公室印发《关于认真学习贯彻〈残疾预防和残疾人康复条例〉的通知》，形成《云南省残疾预防和残疾人康复规定》，列入 2018 年云南省政府立法计划；青海省政府办公厅印发《关于印发青海省贯彻落实〈残疾预防和残疾人康复条例〉重点任务分工方案的通知》，并将实施条例办法纳入 2018 年立法计划酝酿论证项目；山东省残疾预防和残疾人康复条例立法规划建议项目被省人大常委会批复为二类立法计划；河北省协调省法制办将河北省实施条例办法列入省政府 2018 年立法工作计划立法调研项目；天津市形成《天津市贯彻〈残疾预防和残疾人康复

① 中国残疾人联合会：《2018 年残疾人事业发展统计公报》，中国残疾人联合会网，2019 年 3 月 27 日，http：//www. cdpf. org. cn/zcwj/zxwj/201903/t20190327_ 649544. shtml。

条例〉实施办法（初稿）》，积极申请纳入市政府规章调研项目；江西省成立省残疾预防和残疾人康复工作联席会议制度，省残联、省卫计委、省公安厅、省妇联共同出台《江西省贯彻〈残疾预防和残疾人康复条例〉综合试点实施方案》；西藏自治区会同编译局出台《残疾预防和残疾人康复条例》藏汉双语版。中国残疾人康复服务条件不断完善，服务能力不断加强，服务效果日益优化。截至2018年底，全国已有残疾人康复机构9036个，康复机构在岗人员25万人。①

3. 促进康复辅助器具产业发展，出台残疾人基本辅助器具适配保障政策

召开加快发展康复辅助器具产业部际联席会议第二次全体会议，总结2017年以来的工作，审议2018年加快发展康复辅助器具工作要点，为12个国家康复辅助器具产业综合创新试点地区授牌。广东、山西两省出台残疾人基本辅助器具适配保障政策，从补贴标准、服务流程、监督管理等方面提出明确要求。广东省将有需求的广东户籍残疾儿童及持证残疾人作为主要保障对象，优先保障0~6岁残疾儿童、一户多残家庭及贫困残疾人等重点人群，并明确70余种基本辅助器具的使用年限和补贴标准。山西省以平均每人500元标准为有需求的农村建档立卡持证贫困残疾人提供基本辅助器具免费适配服务，要求到2019年底实现全省有需求的农村建档立卡持证贫困残疾人基本辅助器具免费适配全覆盖。全国已有北京、江苏、上海、宁夏等8个省（直辖市、自治区）建立了辅助器具适配补贴制度。中国残联和康复国际共同开展“辅具适配助学圆梦”活动，共有9所高校的新入学残疾大学生获得由康复国际捐赠的电动轮椅和由中国残疾人辅助器具中心提供的辅具适配服务。2018年共为319.1万残疾人提供各类辅助器具适配服务，比2017年的244.4万人次增加了74.7万人次。②

---

① 中国残疾人联合会：《2018年残疾人事业发展统计公报》，中国残疾人联合会网，2019年3月27日，http://www.cdpf.org.cn/zcwj/zxwj/201903/t20190327_649544.shtml。

② 同上。

4. 国家部委积极部署加快推进精神障碍社区康复服务和精准康复工作

民政部等4部委召开加快发展精神障碍社区康复服务视频会议，部署加快推进精神障碍社区康复服务工作。中国残联康复部、康复直属单位以及各省（直辖市、自治区）残联、部分市县残联在陕西省西安市召开全国残疾人精准康复服务工作现场会，围绕“聚焦主责、聚焦主业、服务残疾人事业、服务基层”，顺应残联改革的新形势、新要求，以强化基层为主线，准确把握精准康复服务核心要求，围绕“到2020年残疾人康复服务覆盖率达到80%”的目标，进一步统一思想认识，建立以县（市、区）为核心、主动组织提供基本康复服务的工作机制；进一步强化政府主导作用，统筹利用各方资源，共同为残疾人提供服务保障；进一步加强基层基础工作，依托家庭医生签约工作推进精准康复服务。截至2018年底，共有1001个市辖区和1749个县（市）开展社区康复服务，有社区康复协调员47.8万人。①

5. 规范残疾人服务机构管理，积极试点探索残疾预防综合试验区

中国残联等4部委印发《关于印发〈残疾人服务机构管理办法〉的通知》：“明确残疾人服务机构的对象范围；强调残疾人服务机构应当依法登记的要求；规范残疾人服务机构的服务提供要求；明确残疾人服务机构的内部管理要求和监督管理要求。”中国残联康复部分别在江西南昌东湖区和山东威海荣成市召开残疾预防综合试验区创建试点工作南北部片区研讨会，对全国残疾预防综合试验区2017年度工作进度进行全面总结，要求各地全面贯彻落实国家残疾预防行动计划，采取有力措施，保质保量、规范开展重点干预项目，结合自身实际，不断探索残疾预防工作模式，为减少、控制我国残疾的发生、发展做出更大的贡献。

6. 加强残疾人康复基地建设和残疾康复人才培训力度，调研康复大学建设

中国残疾人福利基金会孤独症儿童（南方）康复基地在海南省海口市启用，该基地由中国残疾人福利基金会与海南省残疾人基金会、海口市政府

① 国务院新闻办公室：《〈平等、参与、共享：新中国残疾人权益保障70年〉白皮书》，国务院新闻办公室网，2019年7月25日，http://www.scio.gov.cn/zfbps/32832/Document/1660476/1660476.htm。

及社会爱心企业等合作打造。[①] 召开中国精神残疾康复专业人才实名制培训工作部署会，要求从严管理，各培训承办单位要提高认识，按照“实、专、细”的要求，规范办班，保证培训质量，做好2018年度全国残联系统康复专业人才实名制培训工作。中国残联、教育部赴境外联合考察高等康复教育，联合考察组重点考察了日本国际福祉医疗大学、日本藤田保健卫生大学、香港理工大学等高等康复教育发展和专业人才培养情况。中国残联、教育部、山东省政府、青岛市政府联合召开康复大学筹建专题会议，听取康复大学筹建工作进展汇报，联合考察组对日本和中国香港地区康复人才培养的主要特点进行总结汇报，并就加快推动康复大学建设提出了“高点起步、优化设计、协调推进、创新机制、又好又快建设康复大学”等意见和建议。

## （二）残疾人教育

### 1. 各地积极贯彻落实《第二期特殊教育提升计划（2017 ~2020年）》

截至2018年12月31日，全国31个省（直辖市、自治区）[②] 已经全部颁布了贯彻落实《第二期特殊教育提升计划（2017～2020年）》的实施方案。各地第二期特殊教育提升计划实施方案发布时间如下（见表1）。[③]

**表1　全国各省（直辖市、自治区）第二期特殊教育提升计划实施方案发布时间**

单位：个

| 发布时间 | 地　区 | 数　量 |
|---|---|---|
| 2017年9月 | 安徽 | 1 |
| 2017年10月 | 江苏、黑龙江、河南 | 3 |
| 2017年11月 | 河北、山西、青海、贵州 | 4 |
| 2017年12月 | 宁夏、海南、广西、辽宁、天津、云南、陕西、浙江 | 8 |
| 2018年1月 | 内蒙古、西藏、四川、广东、吉林、甘肃 | 6 |

① 王冰洁：《中国残疾人福利基金会：开创孤独症儿童康复工作科学化、规范化、专业化的新模式》，《中国社会组织》2018年第12期，第32～34页。

② 本文中统计数据均不包括港、澳、台地区。

③ 黄志军、刘春玲：《地方贯彻〈第二期特殊教育提升计划（2017～2020年）〉的政策比较及实施建议》，《中国特殊教育》2019年第5期，第3～9页。

续表

| 发布时间 | 地　区 | 数　量 |
| --- | --- | --- |
| 2018 年 2 月 | 上海 | 1 |
| 2018 年 3 月 | 山东 | 1 |
| 2018 年 4 月 | 北京、重庆 | 2 |
| 2018 年 6 月 | 湖南、新疆 | 2 |
| 2018 年 7 月 | 湖北、江西 | 2 |
| 2018 年 11 月 | 福建 | 1 |

2. 在全国范围内逐步推广使用国家通用手语和国家通用盲文，促进听力残疾人无障碍交流和融合发展

经教育部、国家语言文字工作委员会、中国残疾人联合会同意，《国家通用手语常用词表》和《国家通用盲文方案》自 2018 年 7 月 1 日起作为语言文字规范发布实施。中央宣传部、中国残联、教育部、国家语委、国家广播电视总局联合对推广使用国家通用手语和国家通用盲文提出要求，并在北京召开国家通用手语和国家通用盲文推广部署电视电话会议，介绍国家通用手语和国家通用盲文的研制过程，印发《国家通用手语推广方案》《国家通用盲文推广方案》，部分单位还介绍了开展国家通用手语和国家通用盲文试点的经验做法。中国盲协成立通用盲文推广与研究委员会，通过《中国盲协通用盲文推广与研究委员会工作规则》，产生了第一届委员会成员。中国残联教育就业部、中国盲协、中国盲文出版社、北京联合大学特殊教育学院在北京举办了国家通用盲文骨干师资培训班。中国残联、教育部、国家语委在北京启喑实验学校推广发布《国歌》国家通用手语，对进一步强化国家通用语言文字意识，推广国家通用手语，促进听力残疾人无障碍交流和融合发展具有重要意义。

3. 加快发展残疾人职业教育，保障残疾人职业教育权益

中国残联等部门发布《关于加快发展残疾人职业教育的若干意见》，要求“各地高度重视并采取切实措施加快发展残疾人职业教育，以中等职业教育为重点不断扩大残疾人接受职业教育的机会，每个省（区、市）集中

力量至少办好一所面向全省招生的残疾人中等职业学校”。这是改革开放以来，我国首次为残疾人出台专门的职业教育文件，是深入贯彻党的十九大“办好特殊教育”精神、深化新时代教育体制机制改革、落实《残疾人教育条例》《国务院关于加快发展现代职业教育的决定》的重要举措。

4. 总结残疾人高等融合教育试点工作经验，积极完善高等融合教育制度

中国残联在四川大学召开普通高校残疾人高等融合教育试点工作座谈会。座谈会听取了四川大学、北京联合大学、长春大学、南京特殊教育师范学院等试点高校一年多来开展高等融合教育试点工作的汇报，对试点工作中的成效、问题和建议进行总结和回应，明确下一阶段将试点中的有效措施和经验上升为国家制度的努力方向。中国残联会同有关部门共同梳理、总结相关经验，并把各高校提出的完善教学支持、加快无障碍环境改造、加强基础教育、促进充分就业等意见建议作为下一步残疾人高等融合教育改革发展的方向和要求，积极推动完善顶层设计，形成制度向全国推广。教育部批准同意22所高校面向残障人士招生。2018年，全国有11154名残疾人被普通高等院校录取，1873名残疾人进入高等特殊教育学院学习。①

5. 营造尊师重教的良好社会氛围，倡导全社会关心支持特殊教育

教育部、中国残联和交通银行共同设立的“交通银行特教园丁奖”在上海举办2018年度表彰活动暨交行公益品牌发布仪式，2018年全国各地共有105名优秀特教教师荣获了“交通银行特教园丁奖”。自2007年“通向明天——交通银行残疾青少年助学计划”设立以来，交行累计拨付善款1.04亿元，除1600位优秀特教教师得到表彰，共有3.6万余名残疾学生得到资助、126所特教学校得到补贴、223位优秀残疾大学生获得表彰、5280名特教教师受益于该计划支持的培训。② 举办第十九届中国国际教育交流年会，以“无障碍设施建设与融合教育发展”为主题，来自中外融合教育专

① 中国残疾人联合会：《2018年残疾人事业发展统计公报》，中国残疾人联合会网，2019年3月27日，http：//www. cdpf. org. cn/zcwj/zxwj/201903/t20190327_ 649544. shtml。

② 《105名特教教师获颁2018“交通银行特教园丁奖”》，光明网，2018年9月6日，http：//difang. gmw. cn/sh/2018 -09/06/content_ 31014765. htm。

家、融合教育的机构负责人、相关社会组织的代表、无障碍环境建设专家及关注融合教育的社会爱心人士参加了研讨会。第十九届中国国际教育年会首次将“融合教育”列入“终身教育”之中作为重要课题开展研讨，备受各国专家学者的重视。残疾人事业专项彩票公益金助学项目的实施，为全国1.7万名家庭经济困难的残疾儿童提供了资助。2018年，全国共有特殊教育普通高中班（部）102个，在校生7666人。残疾人中等职业学校（班）133所，在校生19475人，毕业生4837人。[①]

## （三）残疾人就业

### 1. 完善残疾人就业创业政策体系，营造关爱残疾人就业创业良好社会氛围

中国残联等多个部委联合印发《关于扶持残疾人自主就业创业的意见》。人社部办公厅、中国残联办公厅印发《关于开展农村贫困残疾人就业帮扶活动的通知》，在全国范围内组织开展农村贫困残疾人就业帮扶系列活动，营造关心关爱残疾人就业创业的良好社会氛围。2018年全国共有16776个保健按摩机构和1126个医疗按摩机构，培训19732名盲人保健按摩人员和10160名盲人医疗按摩人员；953人获得盲人医疗按摩人员初级职务任职资格，122人获得中级职务任职资格。[②]

### 2. 大力开展贫困残疾人就业帮扶，建立帮扶贫困残疾人就业长效机制

中国人力资源和社会保障部、中国残疾人联合会共同举办“就业帮扶，助残圆梦”活动，深入贫困县调研，帮扶贫困残疾人就业创业，推动建立帮扶贫困残疾人就业的长效机制。杭州市人社局、市国资委、市残联联合举办杭州市国有企业残疾人专场招聘会，作为常态化和制度化工作加以大力推广，积极为用人单位和残疾人搭建双向互动交流的招聘平台，着力发挥国有企业在履行按比例安置残疾人就业方面的示范带头作用，有效提升国有企业安置残疾人就业的能力和水平，充分展现了国有企业的社会责任和担当精

① 中国残疾人联合会：《2018年残疾人事业发展统计公报》，中国残疾人联合会网，2019年3月27日，http：//www.cdpf.org.cn/zcwj/zxwj/201903/t20190327_649544.shtml。

② 同上。

神。在南昌，20 家招聘单位现场开展招聘活动，为残疾人提供就业岗位 300 个；上海、陕西等多个省市也在助残日期间举行残疾人专场就业招聘会。举行以“爱·手拉手”为主题的残疾人帮扶性就业基地开放日活动。甘肃省政府残工委启动省委省政府为民办实事助残扶贫康复项目；云南省残联开展以脱贫帮扶为主题的活动；爱心单位向哈尔滨市残疾人福利组织捐赠 30 万元人民币，用于农村残疾人产业扶贫项目等。北京市残联依托残疾人职业康复站、温馨家园等基层服务设施，建立帮扶性就业基地，为用人单位开展残疾人岗位定制提供综合服务，促进残疾人充分就业。福建省政府出台《关于进一步加强扶残助残工作的意见》，鼓励接纳高校残疾人毕业生就业，对吸纳残疾大学生就业的用人单位实施奖励和补贴。2018 年城乡持证残疾人新增就业 36.7 万人，比 2017 年的 35.5 万人增加 1.2 万。全国城乡持证残疾人就业人数为 948.4 万人，比 2017 年的 942.1 万人增加 6.3 万。[①]

3. 开展残疾人职业技能培训和就业创业大赛，建立技能人才多元评价机制

国务院印发《关于推行终身职业技能培训制度的意见》，面向符合条件的建档立卡贫困家庭、农村“低保”家庭、困难职工家庭和残疾人，开展技能脱贫攻坚行动，实施“雨露计划”、技能脱贫千校行动、残疾人职业技能提升计划。中国残联与有关部门共同参与，围绕残疾人群体落实好“广泛开展就业技能培训”“大力推进创业创新培训”“建立技能人才多元评价机制”等相关责任分工。中国残疾人福利基金会启动“最美传承”残疾人非遗传承就业培训项目，旨在为残疾人赋能增能，提升素质和就业能力，传承非遗文化使其成为社会财富创造者。人社部、发改委、科技部、共青团中央、中国残联在河南省郑州市共同举办第三届“中国创翼”创业创新大赛，大赛包括全国选拔赛和决赛，选拔出一大批科技含量高、市场潜力大、经济效益好、社会贡献大的高质量创新创业项目，评出

① 中国残疾人联合会：《2018 年残疾人事业发展统计公报》，中国残疾人联合会网，2019 年 3 月 27 日，http://www.cdpf.org.cn/zcwj/zxwj/201903/t20190327_649544.shtml。

一等奖 2 名、二等奖 6 名、三等奖 10 名。同时，还有 7 个残疾人创业项目被各省（直辖市、自治区）推荐为唯一代表参加了大赛同步举办的优秀创业项目展示。中国残联就业服务指导中心与中国就业培训技术指导中心共同主办了 2018 年中国技能大赛——“宜生到家杯”全国残疾人岗位精英职业技能竞赛暨残疾人就业服务机构工作人员职业指导竞赛。来自全国 30 个省、直辖市、自治区的 224 名残疾人选手、来自各级残疾人就业服务机构的 67 名工作人员分别参加了岗位精英职业技能竞赛和职业指导竞赛。天津市残联、市人社局、市总工会、团市委、市妇联联合举办了天津市第六届残疾人职业技能竞赛暨天津市第二届残疾人展能节。截至 2018 年底，全国共有 2811 家残疾人就业服务机构，3.4 万名工作人员；实名制培训 49.4 万残疾人；建立了 500 家国家级和 350 家省级残疾人职业培训基地。①

## （四）残疾人社会保障

### 1. 完善残疾人补贴制度，建立动态调整机制

继续完善残疾人两项补贴制度，做好全国残疾人两项补贴信息系统全国上线运行工作，严格落实困难残疾人生活补贴制度和重度残疾人护理补贴制度，逐步建立“两项补贴”标准与当地收入和物价水平相挂钩的动态调整机制。中国残联、国务院扶贫办、教育部、民政部、人社部、国家卫计委等 6 部门联合印发《着力解决因残致贫家庭突出困难的实施方案》，要逐步解决成年重度残疾人的长期照料养护问题，对 16 岁以上有照料护理需求的重度残疾人提供照护和托养服务。民政部、中国残联召开残疾人两项补贴信息系统全国上线运行视频会议，贯彻落实《国务院关于全面建立困难残疾人生活补贴和重度残疾人护理补贴制度的意见》，总结系统在安徽省上线运行的试点经验，部署并启动系统全国上线运行工作。2018 年，超过 2190 万人

① 国务院新闻办公室：《〈平等、参与、共享：新中国残疾人权益保障 70 年〉白皮书》，国务院新闻办公室网，2019 年 7 月 25 日，http：//www.scio.gov.cn/zfbps/32832/Document/1660476/1660476.htm。

次享受残疾人两项补贴，补贴总额超过 230 亿元。[①]

2. 为特殊困难的残疾人提供居家护理服务

国家卫生健康委员会、国家发展改革委、教育部、民政部、财政部、人力资源和社会保障部、国家市场监督管理总局、中国银行保险监督管理委员会、国家中医药管理局、中国残疾人联合会、中央军委后勤保障部卫生局联合印发《关于促进护理服务业改革与发展指导意见的通知》，明确提出“扩大老年护理、残疾人护理、康复护理、母婴护理及安宁疗护等服务供给……支持护理院、护理中心以及基层医疗卫生机构大力发展日间照护、家庭病床和居家护理服务，为长期卧床、晚期肿瘤患者、行动不便的老年人、残疾人以及其他适合在家条件下进行医疗护理的人群等提供居家护理服务”。残疾人托养服务工作稳步推进，截至 2018 年，全国共有残疾人托养服务机构 8435 家，比 2017 年增加了 512 家。[②]

3. 加大残疾人参加社会保险的支持保障力度和社会救济力度

各级政府继续加大残疾人社会保险保障力度，加大残疾人参保支持保障力度，对城乡贫困残疾人和重度残疾人参保给予补贴，对录用符合条件的就业困难残疾人的企业给予参保补贴。截至 2018 年底，残疾居民参加城乡社会养老保险人数 2561.2 万；595.2 万 60 岁以下参保重度残疾人中，576 万人得到政府的参保扶助，享受代缴比例达到96.8%。[③] 2018 年，全国 23874 万人参加工伤保险，56.9 万人评定伤残等级，198.5 万人享受工伤保险待遇。[④] 继续完善残疾人社会救助制度。依法重点保障贫困残疾人、重度残疾人、一户多残家庭的基本生活。截至 2018 年 3 月，全国共有

---

① 国务院新闻办公室：《〈平等、参与、共享：新中国残疾人权益保障 70 年〉白皮书》，国务院新闻办公室网，2019 年 7 月 25 日，http://www.scio.gov.cn/zfbps/32832/Document/1660476/1660476.htm。

② 中国残疾人联合会：《2018 年残疾人事业发展统计公报》，中国残疾人联合会网，2019 年 3 月 27 日，http://www.cdpf.org.cn/zcwj/zxwj/201903/t20190327_649544.shtml。

③ 同上。

④ 国务院新闻办公室：《〈平等、参与、共享：新中国残疾人权益保障 70 年〉白皮书》，国务院新闻办公室网，2019 年 7 月 25 日，http://www.scio.gov.cn/zfbps/32832/Document/1660476/1660476.htm。

904.4 万残疾人享受城乡最低生活保障。继续落实国务院《关于进一步健全特困人员救助供养制度的意见》，将近 90 万残疾人纳入特困人员救助供养范围。[①]

## （五）残疾人扶贫

### 1. 精准帮扶特定贫困群众，聚焦发力深度贫困地区，打好精准脱贫攻坚战

中共中央、国务院发布《关于打赢脱贫攻坚战三年行动的指导意见》。中国残联多次召开贫困残疾人脱贫攻坚领导小组办公室全体会议，研究部署贫困残疾人脱贫攻坚和定点扶贫县的相关工作。中国残联与国务院扶贫办就做好 2018 年贫困残疾人脱贫攻坚工作举行多次会谈，并在多个方面达成共识。国务院扶贫办、中国残联、民政部在河南省驻马店市共同召开因残致贫家庭脱贫攻坚暨失能贫困重度残疾人照护和托养工作现场会。会议观摩了驻马店上蔡县、平舆县贫困重度残疾人集中托养工作，视频交流了河南、山东、四川、湖北、重庆等地市县的经验做法，对深入贯彻落实习近平总书记关于残疾人脱贫攻坚重要指示精神，做好下一步残疾人脱贫攻坚进行了部署。中国残联调研组分赴甘肃省临夏州、湖北省恩施州、贵州省安顺市调研当前形势下贫困残疾人脱贫攻坚工作。中国残联、国务院扶贫办共同推动云南怒江、四川凉山、甘肃临夏“三州”贫困残疾人脱贫攻坚有效纳入新一轮东西扶贫协作。实施精准扶贫战略以来，政府将 600 多万残疾人纳入贫困户建档立卡范围，截至 2018 年，建档立卡贫困残疾人人数已减少到169.8 万。[②]

### 2. 多部门共同推动残疾人专业培训、精准帮扶、落实政策、实现就业脱贫

中国残联、财政部、人社部、国务院扶贫办共同制定《助盲就业脱贫行动实施方案》并印发通知。《方案》以中西部 24 个扶贫任务较重的省

---

① 国务院新闻办公室：《〈平等、参与、共享：新中国残疾人权益保障 70 年〉白皮书》，国务院新闻办公室网，2019 年 7 月 25 日，http：//www.scio.gov.cn/zfbps/32832/Document/1660476/1660476.htm。

② 同上。

（直辖市、自治区）为重点，聚焦上述地区就业年龄段建档立卡的贫困视力残疾人。中国残联、财政部、人社部、国务院扶贫办在河北省南皮县开展助盲就业脱贫行动启动活动，对盲人就业脱贫行动的实施进行了部署。中国残联在石家庄市启动全国残联系统助推贫困残疾人脱贫攻坚三年行动，河北、河南、湖北、广西、四川、青海、宁夏等7个省（自治区）残联就贫困残疾人脱贫工作进行交流。截至2018年底，贫困残疾人得到有效扶持，116.1万残疾人脱贫退出建档立卡；残疾人接受实用技术培训58.8万人次。1.3万农村残疾人获得康复扶贫贴息贷款扶持。①

## （六）残疾人无障碍

### 1. 进一步完善无障碍环境建设法规体系和无障碍标准体系

国家标准委员会在北京发布了《导盲犬》国家标准。中国盲协专门召开导盲犬工作及出行无障碍研讨会，重点部署《导盲犬》国家标准的宣传贯彻工作。《导盲犬》国家标准将在导盲犬行业发展中发挥引领作用，它的发布彰显了我国的社会发展和文明进步，标志着无障碍环境建设水平得到进一步提升，是全社会弘扬人道主义情怀和人文关爱的具体体现。交通运输部、住房和城乡建设部、国家铁路局、中国民航局、国家邮政局、中国残联、全国老龄办联合印发《关于进一步加强和改善老年人残疾人出行服务的实施意见》，明确提出2035年交通运输无障碍出行服务体系建设目标。中国银行业协会发布《银行无障碍环境建设标准》暨《2017年中国银行业社会责任报告》，推动中国银行业无障碍环境建设。中国残联与中国铁路总公司召开“复兴号”动车组无障碍设施优化研讨会，详尽研讨了设计方关于无障碍车厢改进提升优化方案。残疾人代表现身感受，对车厢无障碍卫生间、无障碍通道、无障碍座席、无障碍辅助登车装置等提出了需求和细化改进建议。专家就进一步优化铁路无障碍环境建设进行了充分论证。

① 中国残疾人联合会：《2018年残疾人事业发展统计公报》，中国残疾人联合会网，2019年3月27日，http://www.cdpf.org.cn/zcwj/zxwj/201903/t20190327_649544.shtml。

2. 在全国范围开展无障碍市县村镇创建工作

继续推进无障碍市县村镇工作，住房和城乡建设部标准定额司、中国残联维权部专门赴浙江、湖南、云南、河南等地进行实地调研，了解村镇无障碍环境建设工作情况。下半年住房和城乡建设部、工业和信息化部、民政部、中国残联、全国老龄办组织开展全国无障碍环境市县村镇创建工作。截至2018年，全国有1702个市（县）开展无障碍建设。[①]

3. 积极组织无障碍学术交流活动和无障碍宣传促进日活动

首届科技无障碍发展大会在北京举办，大会正式发布国内第一本信息无障碍专业图书《信息无障碍：提升用户体验的另一种视角》。在中国残联无障碍环境建设推进办公室的倡导和支持下，由中国残疾人事业发展研究会、无障碍环境研究专业委员会与福建省自强助残助学基金会无障爱文化传播（北京）中心主办的"全国首届无障碍通用设计研修营暨首届'无障·爱'文化传播大讲堂"开学礼及第一课开讲在清华大学苏世民书院举行。中国残联、住房和城乡建设部标准定额司、北京冬奥组委规划建设部和清华大学、天津大学等无障碍研究机构参加启动仪式暨无障碍学术论坛。中国残联、交通运输部运输服务司、中国残联维权部、北京市残联、北京冬奥组委规划建设部、北京市规划国土委、北京市交通委、交通科学研究院、北京市市政工程设计研究总院及残疾人代表参加了推进地面公交无障碍环境建设专题研讨会。北京服装学院无障碍服装研究中心揭牌仪式暨"融合与共享——大美无障碍服装恳谈会"在北京举行。全国无障碍机构第一次联席会议暨2018融合发展圆桌会议在清华大学举行。第十三届中国信息无障碍论坛在北京中国盲文图书馆举行。中国残联无障碍环境建设推进办公室与中国科学院自动化研究所召开研讨会，就加强无障碍智能技术研究与应用进行了广泛研讨。由中国残联、康复国际、深圳市残疾人工作委员会指导，深圳市残联主办的纪念第27

---

① 国务院新闻办公室：《〈平等、参与、共享：新中国残疾人权益保障70年〉白皮书》，国务院新闻办公室网，2019年7月25日，http：//www. scio. gov. cn/zfbps/32832/Document/1660476/1660476. htm。

个国际残疾人日暨首个无障碍宣传促进日活动在深圳举行。由南京特殊教育师范学院中国残疾人数据科学院和国家统计局统计科学研究所联合主办的第三届残疾人数据科学国际研讨会在江苏省南京市召开，200 余名国内外专家学者参加了会议。残疾人数据科学研讨会是 2016 年由中国残疾人数据科学研究院发起并主办，已连续举办三届，研讨会的影响不断扩大，得到社会各界的关注和认可。

4. 推进残疾人家庭无障碍改造工作，全面落实绿色共享开放廉洁办奥理念

全国贫困重度残疾人家庭无障碍改造现场会在河南省信阳市新县召开。中国残联主席张海迪对无障碍环境建设特别是贫困重度残疾人家庭无障碍改造工作高度重视，专门为会议寄语。2016～2018 年共有 298.6 万户残疾人家庭得到无障碍改造。①

中国残联等部门联合印发《北京 2022 年冬奥会和冬残奥会无障碍指南》。全面落实绿色、共享、开放、廉洁的办奥理念，特别突出无障碍环境的系统性、连贯性，促进形成闭合的无障碍环境。中国残联召开铁路无障碍建设和服务研讨会，与北京铁路局加强沟通、深化合作，以问题和需求为导向，针对残疾人旅客反应呼声集中的铁路购票信息系统、无障碍设施管理服务、列车无障碍设计、站台标识等方面，深度调研，广纳意见，共同提出切合实际、可操作的解决方案，为残疾人、老年人、伤病人及全体社会成员出行参与社会生活创造更好的环境，为 2022 年冬奥会冬残奥会成功举办创造条件，为全国铁路无障碍建设和服务提供样板。

## （七）残疾人维权

1. 切实保障残疾人法律权益

完善法律制度，切实保障残疾人平等充分参与诉讼活动的法律权益。最高人民法院和中国残联共同发布《关于在审判执行工作中切实维护残疾人

① 国务院新闻办公室：《〈平等、参与、共享：新中国残疾人权益保障 70 年〉白皮书》，国务院新闻办公室网，2019 年 7 月 25 日，http：//www.scio.gov.cn/zfbps/32832/Document/1660476/1660476.htm。

合法权益的意见》。全国人民检察机关统一开展“深入推进国家司法救助工作”专项活动。最高人民检察院刑事申诉检察厅专门制定下发了开展专项司法救助活动的通知。按照《关于建立完善国家司法救助制度的意见（试行)》的救助对象范围，全面开展救助工作。[①]

2. 加强各级残联维权组织建设，全面开展残疾人维权工作

残疾人事业法律法规体系不断完善。2018 年，制定或修改省、市级残疾人的专门法规规章分别为 15 部、9 部；制定或修改保障残疾人权益的省级、地市、县级规范性文件分别为 19 份、61 份、148 份。[②] 残疾人维权工作全面开展，全国共开展 309 次省级普法宣传教育活动，举办 59 个省级法律培训班，全国开展县级以上人大执法检查和专题调研 294 次。[③] 各级残联维权组织建设进一步加强，截至 2018 年底，全国成立 1988 个残疾人法律救助工作协调机构，建立 1814 个残疾人法律救助工作站。[④]

### （八）残疾人大数据

1. 全面部署全国动态更新工作，加强大数据平台建设和动态更新成果转化

全面部署全国动态更新工作，进一步加强大数据平台建设、深入开展动态更新实名制登记，全面加强动态更新的成果转化，利用动态更新大数据，出台相关扶持政策，切实解决残疾人的实际需求和困难。中国残联多次召开全国动态更新办与专家指导委员会联席会议，要求各地残联认真做好 2018 年动态更新工作，保质保量完成各级培训和数据采集、统计分析等重点工作；要利用动态更新数据采集之机全面清理残疾人证，切实注销残疾人康复脱残、死亡的残疾人证，尤其要加大力度清理“人情证”“关系证”，并就起草《常态化开展动态更新工作的意见》等工作进行了深入研究。中国残

① 刘亚、王丽：《国家司法救助：温暖受伤灵魂》，《检察日报》2019 年 6 月 19 日。

② 中国残疾人联合会：《2018 年残疾人事业发展统计公报》，中国残疾人联合会网，2019 年 3 月 27 日，http：//www. cdpf. org. cn/zcwj/zxwj/201903/t20190327_ 649544. shtml。

③ 同上。

④ 同上。

联数据资源异地备份中心在沪正式启用。中国残联数据资源上海异地备份中心作为残联信息化基础设施的重要组成部分，是大数据建设的坚强后盾，确保业务连续性，保障各类信息数据资源安全。全国残疾人基本服务状况和需求信息数据动态更新工作国家级培训班在广西南宁举办。中国残联召开全国动态更新专题分析会，要求及时传达学习全国网络安全和信息化工作会议精神，进一步推进动态更新工作常态化和智能化残疾人证试点工作。中国残联在甘肃省嘉峪关市召开2018年全国动态更新工作试点单位经验总结会，要求在推进残联改革工作的进程中，深刻认识动态更新工作的重要意义，进一步加强大数据平台建设，深入开展动态更新实名制登记，谋划推动智慧残联建设。

2. 探索残疾人大数据的智能化应用，谋划推动智慧残联建设

北京市智能化残疾人证建设以动态更新数据为基础，在各领域开展了业务应用，实现了残疾人服务需求数据实时采集与后台大数据分析有机结合，为决策管理提供了数据依据，为残疾人精准化服务提供了支撑，是国家大数据发展战略的有力实践；以智能化残疾人证为载体的信息化建设发展理念明确、规划思路清晰，有力驱动了北京市“智慧残联”建设工作。北京市“智慧残联”建设创新信息化思维，整合服务平台，统筹系统建设，优化业务体系，提升精准服务，强化长效机制，在打造智慧残联的同时很好地践行了群团改革要求。北京市智慧残联建设成功经验值得总结并为全国提供样板参考。江苏省苏州市首批第三代残疾人证发放。苏州市第三代残疾人证在残疾人身份识别基本功能之上，集市民卡服务、免费乘坐市内公交等服务功能于一体，探索出了适应苏州本地实际的全新残疾人公共服务新模式。中国残联在受理残疾人“来信、来访、来电、网上投诉”的基础上，在残疾人服务微信、App等平台开通了信访功能，这是中国残联继开通运行12385残疾人服务热线和全国残疾人信访信息系统后，利用信息化手段拓宽残疾人信访渠道的又一举措，有利于残疾人特别是听力、言语残疾人更加方便地反映问题和诉求，为残疾人事业发展建言献策，也有利于进一步密切残联组织与残疾人的联系，推动残疾人困难的解决，促

进国家惠残政策的贯彻落实。截至2018年底，全国残疾人人口基础数据库持证残疾人3566.2万。[①]

## （九）残疾人事业国际交流

1. 加强残疾人事务交流合作，探索共同推动残疾人事业法规体系建设机制

举办第四届中美残疾人事务协调会，中美双方代表围绕残疾人康复、就业和体育三个议题进行了经验分享和深入探讨，希望双方进一步拓展合作领域、促进务实合作。中国残联代表团赴中国香港、中国澳门地区进行残疾人权益保障立法交流，学习了解港澳地区在残疾人权益保障、立法、无障碍建设、社会组织发展等方面的情况。中国残联主席张海迪在京会见红十字国际委员会主席莫雷尔。中国残联不断加强与国际非政府组织的合作，推进“一带一路”框架下残疾人事务交流。中国残联愿意同红十字国际委员会建立更密切的合作关系，相互学习和借鉴，并就重点领域和合作方式达成共识，努力开展务实合作。中国、巴基斯坦、伊拉克和意大利共同主办第71届世界卫生组织大会“辅助技术：让全民卫生覆盖更包容”辅具边会，普及辅具服务对帮助残疾人融入社会具有重要意义。

2. 积极履行《残疾人权利公约》，推进残疾人事务区域合作机制

中国残联主席张海迪代表中国政府出席在泰国曼谷召开的联合国亚太经社会第74届年会，向与会代表通报高级别政府间会议情况和成果。第二届残疾与灾害风险管理国际会议在孟加拉国首都达卡举行，中国残联在主题为“灾害风险管理中残疾人自身、残疾人群体和残疾人组织的声音和角色”的论坛上发表演讲。中国残联副理事长贾勇在《残疾人权利公约》第十一次缔约国大会上做一般性辩论发言，中国全面履行《公约》，在残疾人立法、政策与规划制定和落实、推进残疾人小康进程、残疾人实名制数据库建设以及开展残疾人领域国际合作等方面取得了显著成效。中国呼吁缔约国政府和

① 中国残疾人联合会：《2018年残疾人事业发展统计公报》，中国残疾人联合会网，2019年3月27日，http://www.cdpf.org.cn/zcwj/zxwj/201903/t20190327_649544.shtml。

社会各界加强合作，采取切实措施，结合 2030 年可持续发展议程的落实推动涉残疾人目标的实现。中国推动制定并认真履行《残疾人权利公约》，积极推动将残疾人事务纳入《2030 年可持续发展议程》，推动建立了“一带一路”、亚欧会议、亚太经合组织、中国－东盟博览会等框架下残疾人事务区域合作机制，促进残疾人平等参与和融合发展。联合国残疾人无障碍指导委员会启动仪式在纽约联合国总部举行。应联大主席埃斯皮诺萨的邀请，康复国际作为民间组织的代表受邀加入该委员会，受康复国际主席张海迪委托的全权代表出席启动仪式。康复国际受邀加入联合国无障碍指导委员会，表明康复国际多年来在促进残疾人无障碍环境建设方面做出的贡献得到国际社会的高度认可。

## （十）残疾人文化体育事业

### 1. 为残疾人提供优秀文化产品和服务

组织开展主题为“共享芬芳·同奔小康”的全国残疾人文化周活动，活动以庆祝改革开放 40 周年、纪念中国残联成立 30 周年为主线，围绕全国助残日、国际残疾人日等重要节点，开展了书画摄影展览、文艺巡演、文化创意产品展示、微电影展播等内容丰富、形式多样的残疾人文化活动。2018 年文化周活动吸纳 120 多万残疾人参与。[①] 组织举办中国残疾人艺术团大型音乐舞蹈诗《我的梦》公益演出、2018 年全国“爱耳日”公益音乐会等。各地继续推动全国“盲人数字阅读推广工程”。北京市西城区文化委员会、西城区残疾人联合会主办的“悦听阅美 文化助残——西城区盲人数字阅读推广”活动。海南开展上门免费借阅服务，助推“盲人数字阅读推广工程”。广东、江苏、宁夏等省、自治区启动盲人数字阅读推广工程智能听书机项目。截至 2018 年底，全国共设立盲文及盲文有声读物阅览室 1124 个，

---

① 中国残疾人联合会：《中国残联、文化和旅游部共同部署开展 2019 年全国残疾人文化周活动》，中国网，2019 年 4 月 22 日，http：//canjiren. china. com. cn/2019 －04/22/content_40727355. html。

省、市两级残联共举办663次残疾人文化艺术类比赛及展览。①

2. 残疾人群众体育活动不断普及，残疾人竞技体育水平日益提高

继续实施残疾人“康复体育关爱工程”和“自强健身工程”，特奥融合运动深入开展。组织举办“第二届中国残疾人冰雪运动季全国示范活动暨江苏省残疾人冰雪运动季启动仪式”，召开中华人民共和国第十届残疾人运动会暨第七届特殊奥林匹克运动会暨2018年全国特奥足球比赛，2018年全国三人制聋人篮球比赛。积极参加残疾人国际体育赛事。参加30项国际赛事，第三届亚残运会获得172枚金牌；全年共举办38项全国残疾人体育赛事，共有5000多名运动员参赛。②

## 二　中国残疾人事业发展指数

2017～2018年已连续两年发布《中国残疾人事业发展指数》，分别参见《中国残疾人事业发展报告（2006～2015）》③《残疾人蓝皮书：中国残疾人事业发展报告（2018）》④。中国残疾人事业发展指数（2017年）沿用了上述评价指标体系，基于《中国残疾人事业统计年鉴》（2018年）《中国统计年鉴》（2018年）《中国教育年鉴》（2018年）等数据资料，通过数据的标准化处理、权重的确定、加法合成等过程而得到。

### （一）残疾人事业发展指数

1. 生存保障指数

2007～2017年我国残疾人生存保障指数，如表2所示。

① 国务院新闻办公室：《〈平等、参与、共享：新中国残疾人权益保障70年〉白皮书》，国务院新闻办公室网，2019年7月25日，http://www.scio.gov.cn/zfbps/32832/Document/1660476/1660476.htm。

② 中国残疾人联合会：《2018年残疾人事业发展统计公报》，中国残疾人联合会网，2019年3月27日，http://www.cdpf.org.cn/zcwj/zxwj/201903/t20190327_649544.shtml。

③ 凌亢、白先春等：《中国残疾人事业发展报告（2006—2015）》，中国统计出版社，2017。

④ 凌亢、孙友然、白先春等：《残疾人蓝皮书：中国残疾人事业发展报告（2018）》，社会科学文献出版社，2018。

**表 2 2007 ~2017 年我国残疾人生存保障指数**

单位：%

| 年　　份 | 2007 | 2008 | 2009 | 2010 | 2011 | 2012 | 2013 | 2014 | 2015 | 2016 | 2017 |
|---|---|---|---|---|---|---|---|---|---|---|---|
| 康　　复 | 37.0 | 40.1 | 44.0 | 47.6 | 52.3 | 64.5 | 67.9 | 70.0 | 69.8 | 74.8 | 78.7 |
| 社会保障 | 32.6 | 35.1 | 38.0 | 40.6 | 39.5 | 44.5 | 43.8 | 58.4 | 65.9 | 72.2 | 81.2 |
| 扶　　贫 | 47.0 | 47.8 | 52.5 | 56.5 | 53.1 | 60.3 | 59.5 | 61.9 | 62.8 | 65.5 | 64.1 |
| 生存保障 | 38.2 | 40.4 | 44.2 | 47.5 | 47.8 | 55.9 | 56.6 | 63.4 | 66.4 | 71.2 | 75.5 |

注：2007 ~2016 年数据参见《残疾人蓝皮书：中国残疾人事业发展报告（2018）》第 22 ~25 页，下同。

由表 2 可知，2017 年我国残疾人康复指数、社会保障指数、扶贫指数分别为 78.7%、81.2%、64.1%，分别比 2007 提升 41.7、48.6、17.1 个百分点。2007 ~2017 年，残疾人生存保障指数由 38.2% 提升到 75.5%，提升 37.3 个百分点，残疾人生存保障水平提升幅度较大。

2. 发展提升指数

2007 ~2017 年我国残疾人发展提升指数，如表 3 所示。

**表 3 2007 ~2017 年我国残疾人发展提升指数**

单位：%

| 年　　份 | 2007 | 2008 | 2009 | 2010 | 2011 | 2012 | 2013 | 2014 | 2015 | 2016 | 2017 |
|---|---|---|---|---|---|---|---|---|---|---|---|
| 教　　育 | 51.3 | 52.9 | 55.0 | 57.9 | 62.8 | 67.2 | 69.9 | 70.7 | 73.3 | 70.7 | 70.2 |
| 就　　业 | 73.4 | 73.6 | 72.7 | 71.0 | 71.8 | 69.7 | 72.9 | 68.3 | 69.9 | 72.1 | 74.3 |
| 文化体育 | 12.4 | 16.8 | 19.2 | 18.4 | 24.5 | 27.4 | 34.8 | 33.3 | 37.0 | 34.1 | 33.2 |
| 发展提升 | 51.7 | 53.4 | 54.4 | 54.7 | 58.3 | 59.8 | 63.7 | 61.9 | 64.4 | 63.6 | 64.0 |

由表 3 可知，2017 年我国残疾人教育、就业及文化体育三个发展指数分别为 70.2%、74.3%、33.2%，分别比 2007 年提升 18.9、0.9、20.8 个百分点。2014 ~2017 年，残疾人就业指数基本维持在 70.0% 左右的水平，“促进残疾人就业创业，帮助残疾人过上更有尊严的生活”的任务依然十分艰巨；残疾人文化体育发展指数尽管提升幅度较大，但

总体水平较低。2007～2017年我国残疾人发展提升指数由2007年的51.7%提升到2017年的64.0%，提升12.3个百分点，其发展提升速度相对较慢。

3. 服务支撑指数

2007～2017年我国残疾人服务支撑指数，如表4所示。

**表4　2007～2017年我国残疾人服务支撑指数**

单位：%

| 年　份 | 2007 | 2008 | 2009 | 2010 | 2011 | 2012 | 2013 | 2014 | 2015 | 2016 | 2017 |
|---|---|---|---|---|---|---|---|---|---|---|---|
| 维　权 | 45.1 | 45.6 | 47.8 | 51.1 | 56.3 | 62.5 | 70.4 | 68.4 | 72.2 | 73.3 | 74.2 |
| 组织建设 | 62.5 | 69.1 | 79.3 | 82.3 | 77.8 | 80.3 | 80.8 | 82.0 | 82.4 | 81.8 | 80.5 |
| 服务设施 | 36.6 | 38.9 | 49.2 | 38.5 | 41.7 | 45.3 | 57.4 | 65.2 | 71.1 | 75.2 | 78.2 |
| 信息化 | 12.1 | 13.7 | 19.0 | 19.7 | 40.5 | 43.6 | 44.7 | 45.6 | 45.4 | 52.2 | 52.5 |
| 服务支撑 | 38.1 | 40.7 | 47.6 | 46.3 | 52.8 | 56.7 | 62.5 | 64.7 | 67.3 | 70.3 | 71.2 |

由表4可知，2017年我国残疾人维权、组织建设、服务设施、信息化指数分别为74.2%、80.5%、78.2%、52.5%，分别比2007年提升29.1、18.0、41.6、40.4个百分点。相对而言，残疾人组织建设水平较高，而残疾人服务设施、残联系统整体信息化建设水平提升幅度较大。2007～2017年我国残疾人服务支撑指数由2007年的38.1%提升到2017年的71.2%，提高33.1个百分点，服务支撑水平提升速度较快，但整体水平还不高。

总之，2017年我国残疾人生存保障、发展提升、服务支撑指数分别为75.5%、64.0%、71.2%，尽管提升速度较快，但发展水平还较低。

4. 残疾人事业发展指数

2007～2017年我国残疾人事业发展指数，如图1所示。

由图1可知，2007～2017年我国残疾人事业发展指数由42.8%提升到70.7%，提高27.9个百分点，呈现稳步上升的发展态势。

**图1　2007~2017年我国残疾人事业发展指数**

## (二)残疾人事业发展指数的省际比较

进一步对我国31个省（直辖市、自治区）2017年残疾人生存保障、发展提升、服务支撑及总体发展指数进行计算，并与2016年残疾人事业发展情况进行对比分析。

2017年我国31个省（直辖市、自治区）残疾人生存保障指数区间分布情况，如表5所示。

**表5　2017年我国各地区残疾人生存保障指数区间分布情况**

| 指数区间(%) | 地　区 |
|---|---|
| 68以上 | 重庆、上海、北京、天津、江苏、浙江、山东、宁夏、湖南、内蒙古、广东、陕西、吉林 |
| 60~68 | 辽宁、河北、甘肃、山西、福建、广西、云南、新疆、贵州 |
| 60以下 | 四川、安徽、青海、海南、湖北、河南、江西、黑龙江、西藏 |

由表5可知，重庆、上海、北京、天津、江苏、浙江等省（直辖市、自治区）其残疾人生存保障指数均在68.0%以上。同2016年相比，贵州、云南、广西等省（自治区）残疾人生存保障指数提升幅度较大，均高于5.0个百分点。

2017年我国31个省（直辖市、自治区）残疾人发展提升指数区间分布情况，如表6所示。

**表 6　2017 年我国各地区残疾人发展提升指数区间分布情况**

| 指数区间(%) | 地　区 |
| --- | --- |
| 68 以上 | 浙江、北京、天津、上海、河北、福建、山西、山东、辽宁、吉林 |
| 58～68 | 江苏、湖北、四川、河南、黑龙江、陕西、内蒙古、新疆、青海、贵州 |
| 58 以下 | 海南、甘肃、宁夏、广东、湖南、安徽、云南、江西、重庆、广西、西藏 |

由表 6 可知，2017 年我国残疾人发展提升指数排在前列的有浙江、北京、天津、吉林、上海、河北、福建等省（直辖市），而广西、西藏等地区残疾人发展提升指数较靠后。与 2016 年相比，河北、浙江等省残疾人发展提升指数上升的幅度较大。

2017 年我国 31 个省（直辖市、自治区）残疾人服务支撑指数区间分布情况，如表 7 所示。

**表 7　2017 年我国各地区残疾人服务支撑指数区间分布情况**

| 指数区间(%) | 地　区 |
| --- | --- |
| 68 以上 | 上海、浙江、天津、重庆、北京、江苏、甘肃、福建、广东、辽宁、内蒙古、山东 |
| 60～68 | 陕西、山西、新疆、青海、广西、河北、吉林、四川、安徽、宁夏 |
| 60 以下 | 湖北、西藏、贵州、湖南、云南、河南、江西、黑龙江、海南 |

由表 7 可知，2017 年我国残疾人服务支撑指数排名靠前的有上海、浙江、天津、重庆、北京、江苏、甘肃、福建等省（直辖市、自治区），而海南等地区残疾人服务支撑指数排名相对靠后。与 2016 年对比来看，安徽、内蒙古等地区残疾人服务支撑指数提升幅度较大。

2017 年我国 31 个省（直辖市、自治区）残疾人事业发展指数区间分布情况，如表 8 所示。

**表 8　2017 年我国各地区残疾人事业发展指数区间分布情况**

| 指数区间(%) | 地　区 |
| --- | --- |
| 68 以上 | 浙江、天津、上海、北京、江苏、重庆、山东、福建、吉林、辽宁 |
| 60～68 | 内蒙古、河北、山西、陕西、宁夏、广东、甘肃、湖南、新疆、四川 |
| 60 以下 | 湖北、青海、贵州、广西、云南、安徽、河南、黑龙江、海南、江西、西藏 |

由表 8 可知，根据 2017 年我国各地区残疾人事业发展指数的大小，将全国 31 个省（直辖市、自治区）分为三类：第一类包括浙江、天津、上海、北京、江苏等 10 个省（市），其残疾人事业发展指数达到 68.0% 以上；第二类地区包括内蒙古、河北、山西、陕西、宁夏等 10 个地区，其残疾人事业发展指数在 60.0% ~68.0%；第三类地区包括湖北、青海、贵州、广西、云南等 11 个地区，其残疾人事业发展指数在 60.0% 以下。与 2016 年相比，其残疾人事业发展指数上升幅度较大的地区有河北、浙江、安徽、贵州等省（自治区），其提升幅度在 3.0 个百分点以上。

## （三）残疾人事业平衡发展指数分析

平衡发展指数是对我国残疾人事业整体发展水平、发展不平衡不充分性的一种综合度量，需要分别对发展水平和发展不平衡程度进行量化。运用不平衡调整系数法，对我国 31 个省（直辖市、自治区）2015 ~2017 年的残疾人生存保障、发展提升、服务支撑、总体实现程度等平衡指数进行计算，如表 9 所示。

**表 9　2015 ~2017 年我国残疾人事业平衡发展指数**

单位：%

| 年　　份 | 2015 年 | 2016 年 | 2017 年 |
|---|---|---|---|
| 康　　复 | 56.87 | 55.54 | 59.41 |
| 社会保障 | 41.98 | 47.47 | 53.54 |
| 扶　　贫 | 43.32 | 46.93 | 45.13 |
| 生存保障 | 47.57 | 50.14 | 53.24 |
| 教　　育 | 58.99 | 58.17 | 56.87 |
| 就　　业 | 51.67 | 54.38 | 56.74 |
| 文化体育 | 18.82 | 16.46 | 17.05 |
| 发展提升 | 47.70 | 47.93 | 48.46 |
| 维　　权 | 50.39 | 51.03 | 51.69 |
| 组织建设 | 71.58 | 69.74 | 69.15 |
| 服务设施 | 48.17 | 51.97 | 54.29 |
| 信 息 化 | 36.68 | 42.79 | 42.88 |
| 服务支撑 | 50.79 | 53.16 | 54.42 |
| 总体实现程度 | 48.29 | 50.03 | 51.86 |

1. 总体平衡发展指数分析

2015 年以来，我国残疾人事业保持较快发展，平衡发展指数稳步上升。2017 年总体平衡发展指数为 51.86%，比 2015 年上升 3.57 个百分点，提升幅度较为明显（见图 2）。

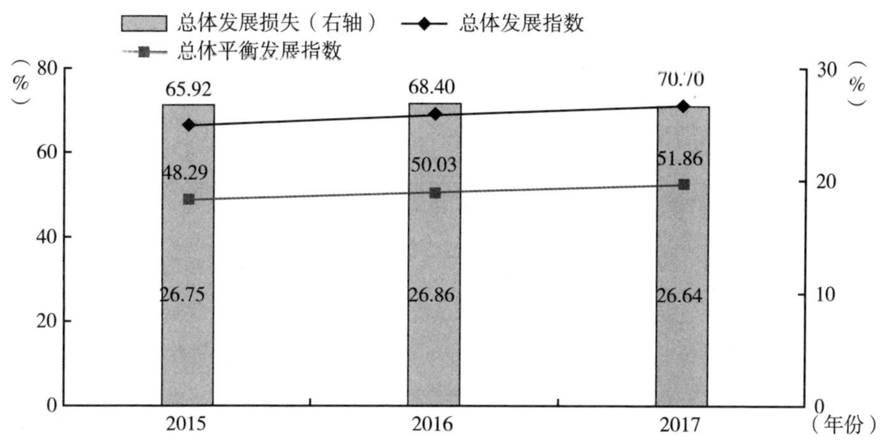


**图 2　2015～2017 年我国残疾人事业总体平衡发展指数**

由图 2 可知，虽然我国残疾人事业发展中的不平衡程度总体略有改善，但发展的不平衡问题仍然较为突出。2017 年我国残疾人事业总体发展指数为 70.70%，发展损失指数为 26.64%，从而导致 2017 年我国残疾人事业总体平衡发展指数为 51.86%。与 2015 年相比，尽管发展损失下降了 0.11 个百分点，但是每年近 27% 的发展损失仍处于较高的水平。

2. 分领域平衡发展指数分析

分领域看，生存保障、发展提升和服务支撑等平衡指数均有一定程度的提升。2015～2017 年，我国生存保障平衡指数由 47.57% 上升至 53.24%，年均增长率达 5.79%，增幅最大；发展提升平衡指数由 47.70% 上升至 48.46%，年均增长率为 0.79%；服务支撑平衡指数由 50.79% 上升至 54.42%，年均增长率为 3.51%，具体如图 3 所示。

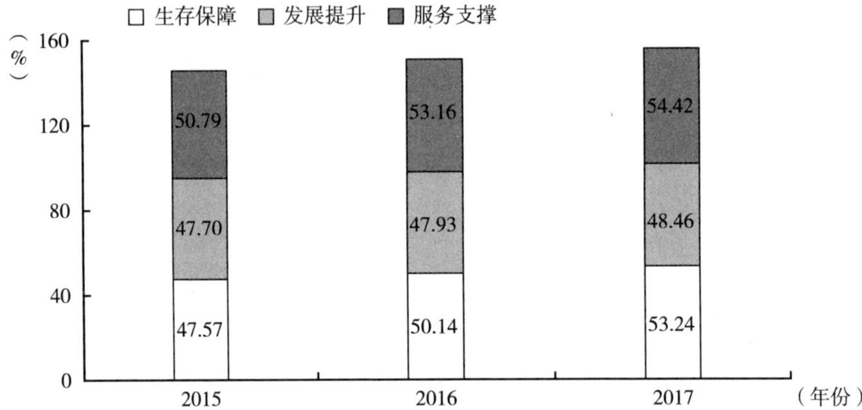


**图 3　2015～2017 年我国残疾人事业分领域平衡发展指数**

（1）生存保障

2015～2017 年我国残疾人生存保障平衡指数计算结果，如表 10 所示。

**表 10　2015～2017 年我国残疾人生存保障平衡指数**

单位：%

| | 年　份 | 康　复 | 社会保障 | 扶　贫 | 生存保障 |
|---|---|---|---|---|---|
| 平衡指数 | 2015 | 56.87 | 41.98 | 43.32 | 47.57 |
| | 2016 | 55.54 | 47.47 | 46.93 | 50.14 |
| | 2017 | 59.41 | 53.54 | 45.13 | 53.24 |
| 发展指数 | 2015 | 69.81 | 65.93 | 62.76 | 66.40 |
| | 2016 | 74.80 | 72.20 | 65.50 | 71.20 |
| | 2017 | 78.65 | 81.17 | 64.07 | 75.50 |
| 发展损失 | 2015 | 18.54 | 36.32 | 30.99 | 28.37 |
| | 2016 | 25.74 | 34.25 | 28.35 | 29.57 |
| | 2017 | 24.47 | 34.04 | 29.56 | 29.49 |

由表 10 可知，2015～2017 年，我国残疾人康复、社会保障、扶贫方面的平衡指数大体呈上升态势。其中，2017 年残疾人康复平衡指数为 59.41%，较 2015 年的 56.87% 上升了 2.54 个百分点，年均增长率达 2.21%；残疾人社会保障平衡指数由 2015 年的 41.98% 上升为 2017 年的 53.54%，年均增长率达 12.93%，增

长幅度较大；2017 年扶贫平衡指数为 45.13%，较 2016 年略有下降，较 2015 年的 43.32% 上升了 1.81 百分点，年均增长率为 2.08%。

2015 ~2017 年，我国残疾人生存保障发展指数介于 66.40% ~75.50%，平衡指数介于 47.57% ~53.24%，发展损失介于 28.37% ~29.57%，损失相较于 2015 年略有上升（见图 4），地区之间生存保障不平衡程度有微弱变化。

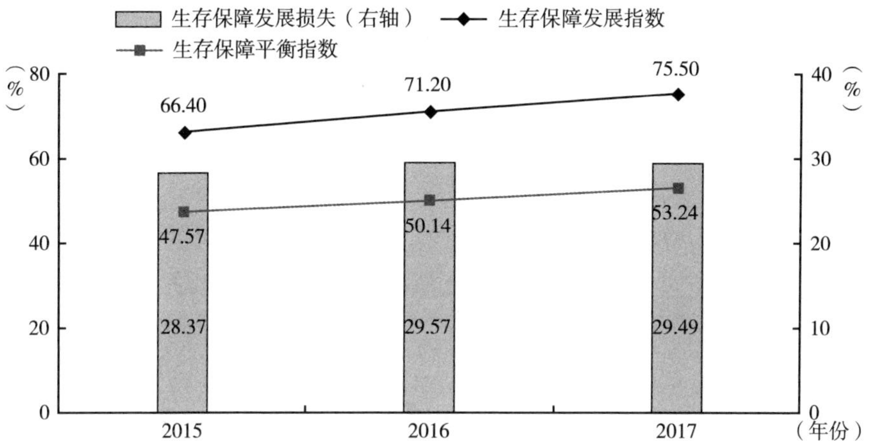


**图 4　2015 ~2017 年我国残疾人生存保障平衡指数**

（2）发展提升

2015 ~2017 年我国残疾人发展提升平衡指数计算结果，如表 11 所示。

**表 11　2015 ~2017 年我国残疾人发展提升平衡指数**

单位：%

| | 年　份 | 教　育 | 就　业 | 文化体育 | 发展提升 |
|---|---|---|---|---|---|
| 平衡指数 | 2015 | 58.99 | 51.67 | 18.82 | 47.70 |
| | 2016 | 58.17 | 54.38 | 16.46 | 47.93 |
| | 2017 | 56.87 | 56.74 | 17.05 | 48.46 |
| 发展指数 | 2015 | 73.33 | 69.93 | 37.03 | 64.38 |
| | 2016 | 70.70 | 72.10 | 34.10 | 63.60 |
| | 2017 | 70.18 | 74.28 | 33.20 | 64.01 |
| 发展损失 | 2015 | 19.55 | 26.11 | 49.16 | 25.91 |
| | 2016 | 17.73 | 24.57 | 51.74 | 24.63 |
| | 2017 | 18.97 | 23.61 | 48.64 | 24.30 |

由表11可知，2015～2017年，我国残疾人教育和文化体育平衡指数均略有降低，年均分别降低1.82%、4.83%，但发展损失较2015年均有所下降，表明地区之间教育、文化体育发展不平衡有所缓解。残疾人就业平衡指数由2015年的51.67%上升为2017年的56.74%，年均增长率达4.79%，且发展损失逐年下降，地区不平衡程度降低。

2015～2017年，我国残疾人发展提升指数介于63.60%～64.38%，平衡指数介于47.70%～48.46%，发展损失介于24.30%～25.91%，损失逐年下降（见图5），说明地区间残疾人发展提升的不平衡程度在不断降低。

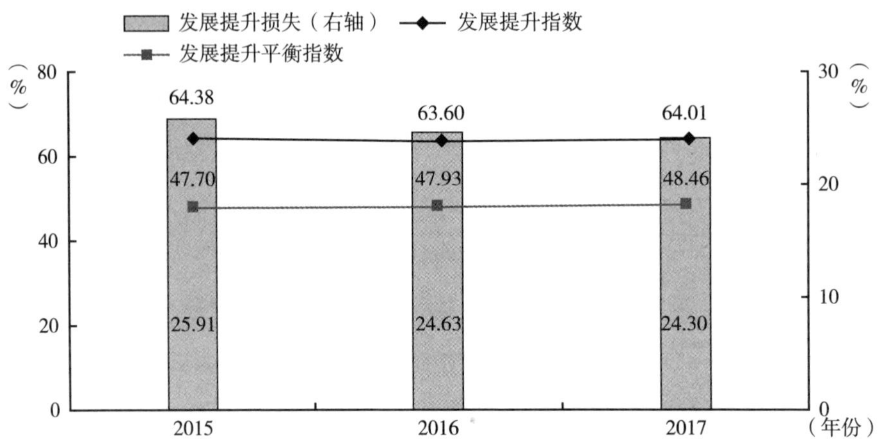


**图5　2015～2017年我国残疾人发展提升平衡指数**

（3）服务支撑

2015～2017年我国残疾人服务支撑平衡指数计算结果，如表12所示。

**表12　2015～2017年我国残疾人服务支撑平衡指数**

单位：%

| | 年　份 | 维　权 | 组织建设 | 服务设施 | 信息化 | 服务支撑 |
|---|---|---|---|---|---|---|
| 平衡指数 | 2015 | 50.39 | 71.58 | 48.17 | 36.68 | 50.79 |
| | 2016 | 51.03 | 69.74 | 51.97 | 42.79 | 53.16 |
| | 2017 | 51.69 | 69.15 | 54.29 | 42.88 | 54.42 |

续表

| | 年　份 | 维　权 | 组织建设 | 服务设施 | 信息化 | 服务支撑 |
|---|---|---|---|---|---|---|
| 发展指数 | 2015 | 72.15 | 82.37 | 71.40 | 45.36 | 67.39 |
| | 2016 | 73.30 | 81.80 | 75.20 | 52.20 | 70.30 |
| | 2017 | 74.22 | 80.51 | 78.19 | 52.50 | 71.22 |
| 发展损失 | 2015 | 30.15 | 13.11 | 32.54 | 19.15 | 24.63 |
| | 2016 | 30.38 | 14.74 | 30.89 | 18.03 | 24.38 |
| | 2017 | 30.35 | 14.11 | 30.57 | 18.32 | 23.59 |

由表12可知，从服务支撑领域来看，2015～2017年，我国残疾人维权、服务设施、信息化的平衡指数均逐年上升，年均分别上升1.28%、8.02%、8.12%，而组织建设平衡指数有所下降。维权、服务设施的发展损失较大，均超过30%，而组织建设、信息化的发展损失较小，均小于20%。

2015～2017年，我国残疾人服务支撑发展指数介于67.39%～71.22%，平衡指数介于50.79%～54.42%，发展损失介于23.59%～24.63%，损失逐年下降（见图6），说明地区间残疾人服务支撑发展的不平衡程度有所降低。

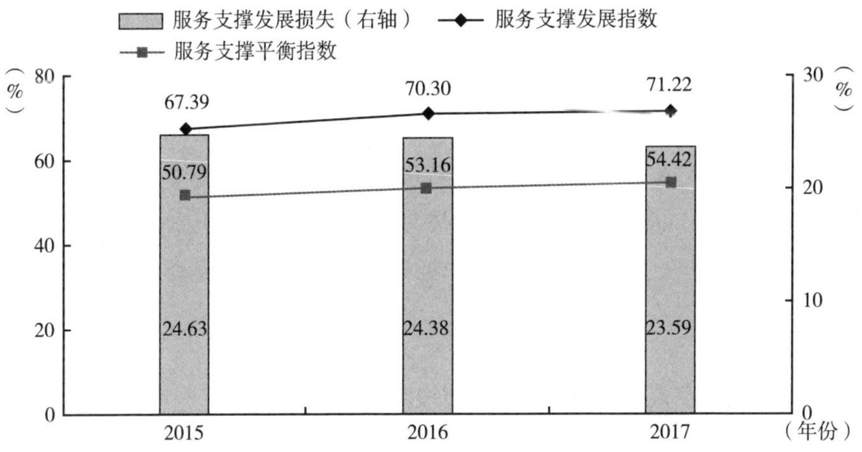


图6　2015～2017年我国残疾人服务支撑平衡指数

综上，我国残疾人事业发展的平衡指数由 2015 年的 48.29% 提升到 2017 年的 51.86%，其不平衡性有所改善，但发展的不平衡问题仍然较为突出。生存保障、发展提升、服务支撑平衡指数，分别由 2015 年的 47.57%、47.70%、50.79%，提升到 2017 年的 53.24%、48.46%、54.42%；同 2015 年相比，2017 年残疾人生存保障、发展提升、服务支撑发展的不平衡程度均有所降低。

## 三　中国残疾人事业发展展望

### （一）残疾人事业发展的社会氛围越来越友好

残疾人是社会的弱势群体，如何对待残疾人是衡量一个社会文明程度的重要尺度。各级政府逐渐认识到营造平等对待残疾人社会氛围的战略作用和价值，这是中国社会文明程度不断提高的重要体现。政府机关、事业单位、国有企业等国有用人单位对待残疾人的态度不仅影响到他们自身，还具有强大的社会引导作用，会影响到整个社会对待残疾人的态度。

社会大众既是助残扶残的重要力量，也是营造积极助残扶残社会氛围的重要组成部分。社会大众对残疾人和残疾人事业的认识水平和认知高度对于营造积极助残扶残社会氛围具有极其重要的作用。由于电视、广播、报纸、微信、微博等现代互联网媒体的宣传，越来越多的人更全面了解到残疾人和残疾人事业的发展现状，也逐步认识到应该如何客观看待和对待残疾人。未来残疾人和残疾人事业发展的社会氛围会越来越开放包容。

### （二）残疾人事业发展的顶层设计不断完善

中国残疾人事业是在社会改革过程中不断建立和完善的，“先试点后推广”“单项突破”成为中国残疾人事业的特点，这种政策形成路径就决定了中国残疾人事业发展的顶层设计不足。经过几十年的发展，中国残疾人事业发展的顶层设计不断完善。

党的十八大报告和十八届三中、四中、五中全会《决定》都对残疾人事业做出重要部署，十八届五中、六中、七中全会中央政治局工作报告专门总结了当年残疾人工作的新进展。党的十九大报告，要求“发展残疾人事业，加强残疾康复服务”“办好特殊教育”“筹办好北京冬奥会、冬残奥会”。在历年的《政府工作报告》中也都对残疾人工作做出明确部署，特别是2018年《政府工作报告》在9个地方讲到残疾人工作，这是历史上的第一次，充分体现了党中央、国务院对残疾人事业的格外重视。

我国制定实施了决胜全面小康社会残疾人事业规划蓝图。《国民经济和社会发展第十三个五年规划纲要》专节部署残疾人事业。国务院《关于加快推进残疾人小康进程的意见》在系统阐述重点工作的同时，提出2020年残疾人发展目标。《“十三五”加快残疾人小康进程规划纲要》把加快残疾人小康进程作为全面建成小康社会决胜阶段的重点任务，确保残疾人安居乐业、衣食无忧，生活得更加殷实、更有尊严。《“十三五”推进基本公共服务均等化规划》安排了10个残疾人服务项目。

我国保障残疾人权益的法律法规和机制建设更加完善。《民法总则》等几十部法律明确了对残疾人的特殊保护规定，国务院新颁布了《残疾预防和残疾人康复条例》及修订后的《残疾人教育条例》。目前，我国已形成了以《宪法》为依据，以《残疾人保障法》为主干，以相关法律为支撑，以《残疾人就业条例》《残疾预防和残疾人康复条例》《残疾人教育条例》《无障碍环境建设条例》等为补充的残疾人事业法律法规保障体系基本框架。

我国开始建立全国统一的残疾人社会福利制度。国务院于2015年9月印发《关于全面建立困难残疾人生活补贴和重度残疾人护理补贴制度的意见》，决定自2016年1月1日起，全面实施困难残疾人生活补贴和重度残疾人护理补贴制度，惠及全国1000万困难残疾人和1000万重度残疾人。2018

年，两项补贴受益残疾人超过2190万人次，发放补贴超过230亿元。[①]

国务院还出台实施了《关于加快发展康复辅助器具产业的若干意见》，国务院办公厅印发《国家残疾预防行动计划（2016—2020年）》，并从2014年开始，制订实施了两期《特殊教育提升计划》。这一系列政策的出台，为残疾人追求自我进步与发展开拓了更为广阔的空间。

随着我国经济发展水平和残疾人事业发展不断提高，我国残疾人事业顶层设计将不断完善。残疾人在康复、教育、就业、社会保障及其他特殊援助政策设计方面既会考虑与健全人的差异而导致的特殊需求，又会考虑不同残疾类型、不同残疾等级的现实差异。不同残疾等级的残疾人在不同领域享有的权利应当通过一般性制度安排来获得与其他群体平等的机会、平台和权益。还会充分应用现代信息技术，推进残疾人事业体系的内部对接与融合，推进与残疾人事业有关的各部门之间的信息对接与信息共享，加快推进残疾人事业的信息化建设水平和应用水平，为提高残疾人事业水平提供数据支撑。

### （三）残疾人事业发展将更加科学化、精准化和高效化

进入新时代，残疾人对美好生活的需要日益强烈，我国残疾人事业发展要求更高。而我国残疾人事业发展不平衡、不充分的问题仍然突出，要解决这些问题就需要精准高效地了解并摸清残疾人的生存需求、发展需求和成长需求。从2013年开始建立全国残疾人人口基础数据库，2017年已为34039653残疾人建立了详细数据库，2016年启动了残疾人基本服务状况和需求信息数据动态更新，2017年开始从全国残疾人基本服务状况和需求信息数据库中随机抽取31个省（直辖市、自治区）的10000户残疾人家庭开展家庭收入状况调查工作。

通过几年的数据库建设，目前全面、动态掌握了残疾人生活、康复、就

① 国务院新闻办公室：《〈平等、参与、共享：新中国残疾人权益保障70年〉白皮书》，国务院新闻办公室网，2019年7月25日，http：//www. scio. gov. cn/zfbps/32832/Document/1660476/1660476. htm。

业、教育、辅具、托养等各类需求，形成残疾人服务需求“大数据”。通过对“大数据”的采集统计、分析、研判及应用，坚持以需求导向、问题导向制订各地区残疾人工作的重点。政府的服务，从过去的“我给你提供什么，你收什么”，到现在的“你要什么，我给你提供什么”，服务更加精准和细化，提升残疾人的获得感、幸福感和安全感。

随着大数据、云计算等现代信息技术的迅猛发展，我国残疾人事业发展的决策科学化、社会治理精准化、公共服务高效化具备了技术支持和保障。通过数据分析，精准服务残疾人，为落实残疾人基本社会保障，深入实施残疾人精准康复服务行动，进一步完善覆盖全生涯、全生命周期的康复服务体系，改善残疾人基本公共服务提供了科学依据。残疾人事业是一项重要的、复杂的、系统的民生工程和社会工程。需要各级党委、政府坚持以残疾人为中心，加强组织领导，创新体制机制，强化制度设计，力推重点项目建设，将残疾人事业发展的力度、广度、精度进一步提升。

### （四）残疾人事业发展的部门协同机制将更加完善

残疾人事业发展需要更多政府部门、群团组织、社会组织共同参与，形成有效的部门协同机制。我国已基本形成了有效的部门协同推进残疾人事业发展的机制。26 个部门和单位联合印发《贫困残疾人脱贫攻坚行动计划（2016—2020 年）》。中国残联、国务院扶贫办、教育部、民政部、人社部、国家卫计委等 6 部门联合印发《着力解决因残致贫家庭突出困难的实施方案》。中国残联、发改委、人社部、教育部等 15 部门联合印发《关于扶持残疾人自主就业创业的意见》。民政部、中国残联等 4 部门联合印发《关于印发〈残疾人服务机构管理办法〉的通知》。中国残联、教育部、国家语委、国家新闻出版广电总局联合印发《关于推广国家通用手语和国家通用盲文的通知》。教育部、发改委、中国残联、财政部等 4 部门联合印发《关于加快发展残疾人职业教育的若干意见》。

随着残疾人大数据的不断建设完善以及现代信息技术的迅速发展，各部门将进一步加强自动化的数据交换和数据共享，加速实现残联、民政、人社、就业单位、康复机构等部门之间，残联附属机构和第三方机构的数据互联互通，更全面、及时地掌握残疾人的发展状况与服务需求，为跨部门综合业务开展和评估提供科学有效的数据支持和决策参考，实现从残疾人公共服务的供给管理向需求管理的转变，精准妥善解决残疾人事业发展的关键难点问题，最终形成跨部门协同推进残疾人事业发展机制。

### （五）无障碍环境建设将面临重大的发展机遇

党的十八大以来，党中央、国务院高度重视无障碍环境建设工作。加快无障碍环境建设无疑具有重要的现实意义。中国无障碍环境建设立法工作进一步加强，法律法规和政策措施呈现明显增长的态势。据统计，中国涉及无障碍环境建设的法律、行政法规和国务院部门规章已经达到40多部，地方性法规和地方政府规章数百部，涉及无障碍环境建设的标准规范几十部，为推动中国无障碍环境建设提供了有力的法律保障。目前，中国已经形成以《残疾人权利公约》为国际框架，以《中华人民共和国宪法》为根本依据，以《中华人民共和国残疾人保障法》为基础，以《无障碍环境建设条例》为主导，以地方无障碍环境建设法规为主体，以相关法律法规为辅助，全面保障公民无障碍权利和促进无障碍环境发展的法律体系。无障碍法律体系的不断健全为无障碍环境建设提供了强有力的法律保障。

在信息社会背景下，相对于物理空间的无障碍信息化建设，信息无障碍建设越发受到关注。在信息爆炸的大数据时代，信息无障碍的定义被赋予了更广泛的内涵，推动和构建依托云计算、大数据、人工智能等技术的新型平台，通过互联网和移动互联网在内的信息环境向残疾人提供机会均等的无障碍信息技术、产品和服务，正在成为社会各界关注的热点，也将为无障碍环境建设提供强大的技术推动。

我国有超8500万残疾人和2.49亿老年人，随着社会经济发展水平的提升，他们对无障碍环境建设的需求日益增加。无障碍环境建设是满足残疾人和老年人追求美好生活的基本条件。面对庞大的有无障碍需求的人口规模，充分认识我国无障碍环境建设现状，着力于我国无障碍环境建设水平的整体性提升，是我国进入高质量发展时代的重要议题，也是我国无障碍环境建设面临的重大发展机遇。

## 参考文献


陈功、张旭：《北京市残疾人基本服务状况及需求分析》，《残疾人研究》2016 年第 2 期。

蔡聪：《我国实现残障人信息无障碍的挑战与新方向：以〈残疾人权利公约〉为视角》，《人权》2018 年第 2 期。

葛忠明：《残疾人公共服务的发展趋势和潜在问题》，《山东社会科学》2015 年第 5 期。

吕世明：《我国无障碍环境建设现状及发展思考》，《中国残疾人研究》2013 年第 2 期。

吕世明：《与时俱进求创新　探索机制有突破——试论无障碍环境建设落地实施之效》，《建筑科技》2019 年第 13 期。

杨立雄：《残疾人服务设施利用率低的原因分析及对策建议》，《甘肃社会科学》2013 年第 1 期。

林曦、姚琪、章曲：《家·养老：居家养老住宅适老化改造》，中国建筑工业出版社，2017。

孙超、王波、张云龙等：《基于通用设计思考的深圳市无障碍交通体系规划探索》，《城市规划学刊》2012 年第 3 期。

苏娜：《高校无障碍环境建设现状调查——以四所高校为例》，《现代特殊教育》2019 年第 8 期，第 68 ~ 78 页。

王兴平：《面向社会发展的城乡规划：规划转型的方向》，《城市规划》2015 年第 1 期。

夏菁：《城市人视角残疾人聚居空间满意度研究——以南京市为例》，《城市规划》2019 年第 2 期。

赵立志、杨戈、周庆等：《中外城市环境无障碍建设的比较与反思》，《城市发展研究》2014 年第 4 期。

张东旺：《中国无障碍环境建设现状、问题及发展对策》，《河北学刊》2014 年第 1 期。

赵英、傅沛蕾：《我国信息无障碍研究现状及发展态势分析》，《情报探索》2015 年第 5 期。

江苏省残疾人事业发展研究会、南京大学残疾人事业发展研究中心：《中国特色残疾人事业概论》，华夏出版社，2017。

凌亢、白先春：《中国残疾人事业发展报告（2006～2015）》，中国统计出版社，2017。

凌亢、孙友然、白先春等：《中国残疾人事业发展报告（2018）》，社会科学文献出版社，2018。

潘海啸、〔法〕杜雷：《城市机动性和无障碍环境建设》，同济大学出版社，2008。

中国残疾人事业重要文件选编（1978—2018）编辑组：《中国残疾人事业重要文件选编（1978～2018）》，华夏出版社，2018。

中国残疾人联合会维权部：《国家无障碍环境建设法规与政策汇编》，2019。

中国残联无障碍环境建设推进办公室指导、无障碍环境建设智库策划：《全国无障碍环境建设成果展示应用推广——无障碍文汇》，辽宁人民出版社，2019。

周燕珉、程晓青、林菊英、林婧怡：《老年住宅（第二版）》，中国建筑工业出版社，2018。

周文麟：《城市无障碍环境设计》，科学出版社，2000。

C. Bates，R. Imrie，K. Kullman，*Care and design.* Wiley Blackwell，2017.

R. Imrie，Barried and bounded places and the spatialities of disability. *Urban Studies*，2001（38）.

R. Imrie，Universalism，universal design and equitable access to the built environment. *Disaiblity and Rehabilitation.* 2012（34）.

**B**.2

# 中国无障碍环境发展报告（2019）*

陈 功 孙计领**

**摘 要：** 建设无障碍环境是保障残疾人、老年人等社会成员平等参与社会生活的基本条件。本报告主要对中国无障碍环境发展现状和存在的问题进行了分析。研究发现，中国无障碍相关法规和政策逐渐丰富，但仍不完善；无障碍环境建设取得了较快发展，但发展不平衡不充分的特征较为明显，无障碍评审机制缺乏、管理不规范的问题较为突出；基于百度指数的大数据搜索行为发现，公众对无障碍的关注度不断提高，同时存在显著的区域差异，整体认知程度有待进一步提升。为加快中国无障碍环境建设，报告提出四点建议：一是完善无障碍政策法规体系；二是建立健全无障碍评审机制；三是促进无障碍环境建设和经济社会发展水平的协调发展；四是加强科普无障碍和通用设计理念。

**关键词：** 残疾人事业 无障碍环境 残疾人

无障碍环境是保障残疾人、老年人等群体平等参与生活的基本条件。联合国《残疾人权利公约》将无障碍环境建设确定为基本原则和重要内容，

---

* 本文获北京大学无障"爱"人文项目资助。

** 陈功，博士，北京大学人口研究所常务副所长、教授，研究领域：老年社会学；孙计领，博士，北京大学人口研究所助理研究员，研究领域：无障碍发展规划、残疾统计。

确认无障碍的物质、社会、经济和文化环境、医疗卫生和教育以及信息和交流，对残疾人能够充分享有一切人权和基本自由至关重要。[①] 中国有残疾人8500多万、60岁及以上老年人近2.5亿，随着人口老龄化的发展和失能半失能人口的增加，未来社会对无障碍环境的需求会越来越高。中国残联等14部门联合印发的《无障碍环境建设“十三五”实施方案》提出，我国无障碍环境建设仍存在一些亟待解决的困难和问题。如何充分提高和平衡发展无障碍环境建设水平，以满足社会对无障碍的需求，是中国目前及未来社会面临的一个重要课题。党的十八大以来，党中央、国务院高度重视无障碍环境建设工作。习近平总书记曾提出要重视无障碍环境建设。2018年和2019年的《政府工作报告》都提出要加快无障碍设施建设。全国人大代表、中国残联副主席吕世明在2019年全国两会上提出，无障碍环境建设是全面建成小康社会、实现“两个百年”目标的题中之义。在此背景下，全面梳理中国无障碍环境发展现状，系统分析中国无障碍环境建设存在的问题，提出加快中国无障碍环境建设的政策建议，有助于客观了解中国无障碍环境建设现状和科学推进无障碍环境发展。

## 一　无障碍环境的定义和内涵

无障碍的概念形成于20世纪50年代。1959年，欧洲议会通过的《方便残疾人使用的公共建筑物的设计与建设的决议》首次提出“无障碍”的概念，强调建筑的新建和改造要充分考虑残疾人的需求。[②] 1993年，联合国制定的《残疾人机会均等标准规则》（Standard Rules on the Equalization of Opportunities for Persons with Disabilities）中明确提出了无障碍环境建设的概念：“各国应确认无障碍环境在社会各个领域机会均等过程中的全面重要性。对任何类别的残疾人，各国均应采取行动方案，使物质环境实现无障

① 《联合国残疾人权利公约》，《中国康复理论与实践》2007年第2期，第101～108页。

② 成斌：《国内外无障碍环境建设法制化之比较研究》，《西南科技大学学报（哲学社会科学版）》2005年第3期，第28～31、56页。

碍；采取措施，在提供信息和交流方面实现无障碍。”该表述中把无障碍环境分为物质环境和信息交流。2006 年，联合国《残疾人权利公约》又进一步提出：“缔约国应当采取适当措施，确保残疾人在与其他人平等的基础上，无障碍地进出物质环境，使用交通工具，利用信息和通信，包括信息和通信技术和系统，以及享用在城市和农村地区向公众开放或提供的其他设施和服务。”无障碍环境的内涵又增加了无障碍服务。

从服务对象来看，国际无障碍服务对象经历了三次重要演变。第一次是狭隘分离的服务对象，20 世纪 60 年代，在欧洲和美国民权运动、残疾社会模式的影响下，残疾人要求独立生活和工作的物质环境，此时无障碍的服务对象主要是残疾人，特别是肢体残疾人；第二次是扩大兼容的服务对象，20 世纪 70 年代以后，随着人口老龄化程度日益加深，无障碍环境建设将服务对象扩大到老年人以及处于特殊阶段而行动不便的人群，如婴儿、孕妇、病人及外国人等；第三次是通用设计阶段下的包容统一的服务对象，20 世纪 90 年代以后，在“人人平等”思想的影响下，2003 年人权委员会关于残疾人人权的第 49 号决议提出为残疾人提供平等、独立、自尊地参与社会的无障碍环境，《琵琶湖千年行动纲要》提出“推动在 21 世纪为亚洲及太平洋区域残疾人缔造一个包容、无障碍和以权利为本的社会”，无障碍的服务对象扩大到所有人。[①] 1974 年，北卡罗来纳州立大学教授罗纳德·马赛首次提出通用设计概念。在过去 20 年，国际无障碍设计概念被通用设计取代。通用设计是指设计任何产品、建筑、空间、用品，都需要采纳尽最大可能考虑所有使用者能力的原则。[②]

2012 年，国务院颁布了《无障碍环境建设条例》，无障碍环境建设定义为：“为便于残疾人等社会成员自主安全地通行道路、出入相关建筑物、搭乘公共交通工具、交流信息、获得社区服务所进行的建设活动”，包括无障

① 潘海啸、熊锦云、刘冰：《无障碍环境建设整体理念发展趋势分析》，《城市规划学刊》2007 年第 2 期，第 42～46 页。

② 王国羽：《障碍研究论述与社会参与：无障碍、通用设计、能力与差异》，《社会》2015 年第 35（06）期，第 133～152 页。

碍设施建设、无障碍信息交流和无障碍社区服务三个部分。从该定义看，目前国内的无障碍理念是通用设计的前一代理念，强调需要考虑使用者的便利与使用者的“特殊性”，服务的对象主要是残疾人，而通用设计的理念是强调尽最大可能面向所有使用者，面向的是所有群体。

## 二　中国无障碍环境发展现状

中国无障碍建设起步于20世纪80年代，随着中国经济社会的迅速发展，各级政府和部门从保障民生、尊重残疾人权利、推动社会文明进步的角度，极大地推动了无障碍环境建设，加大了资源投入，社会各界给予有力支持，无障碍环境建设得到快速发展，取得了显著成效。① 中国关于无障碍的法律法规逐渐丰富，政策体系日益完善，无障碍环境建设取得全面发展，人们对无障碍的关注度大幅度提高。自2012年以来，全国系统开展无障碍建设的市、县、区数量呈增加趋势；全国开展无障碍建设检查次数较多；无障碍培训次数比较稳定，每年均超过3万人次，如表1所示。

**表1　2012～2018年中国无障碍环境建设情况**

| 年　份 | 系统开展无障碍建设的市(县、区)数量(个) | 全国开展无障碍建设检查次数(次) | 无障碍培训(万人次) |
|---|---|---|---|
| 2012 | 1084 | 3354 | 3.4 |
| 2013 | 1419 | 3492 | 3.6 |
| 2014 | 1506 | 4906 | 4 |
| 2015 | 1618 | 6445 | 3.6 |
| 2016 | 1623 | 4904 | 3.2 |
| 2017 | 1622 | 4006 | 3.2 |
| 2018 | 1702 | 2929 | 3.7 |

数据来源：2012～2018年《中国残疾人事业发展统计公报》。

① 吕世明：《我国无障碍环境建设现状及发展思考》，《残疾人研究》2013年第2期，第3～8页。

## （一）中国无障碍相关法规和政策

1989 年 4 月 1 日，由住建部、民政部、中国残疾人福利基金会联合编制的《方便残疾人使用的城市道路和建筑物设计规范（试行）》正式实施，标志着中国无障碍设施建设工作步入正轨。1990 年，国家颁布的《中华人民共和国残疾人保障法》规定："国家和社会逐步实行方便残疾人的城市道路和建筑物设计规范，采取无障碍措施。"首次以法律的形式确定无障碍环境建设。2012 年，国务院颁布了《无障碍环境建设条例》，标志着无障碍环境建设进入了新的发展阶段。同年，住建部公布了《无障碍设计规范》。2015 年，住建部等部门又联合发布了《关于加强村镇无障碍环境建设的指导意见》，无障碍环境建设的覆盖面拓展到了村镇层面，并提出到 2020 年，村镇无障碍环境得以明显改善的目标。

1. 中央法规和政策

为全面了解无障碍的相关法律和政策，本报告使用北大法宝数据库进行法规检索，对"无障碍"进行标题检索，发现目前关于无障碍现行有效的中央法规有 66 个。分效力级别来看，行政法规 1 个，为《无障碍环境建设条例》；部门规章 46 个；团体规定 18 个；行业规定 1 个。对"无障碍"进行全文检索，发现目前关于无障碍现行有效的中央法规有 836 个，其中相关法律有 20 个，包括《残疾人保障法》《老年人权益保障法》《公共文化服务保障法》《公共图书馆法》《防震减灾法》5 部法律①，其余 15 个是全国人民代表大会的决议和有关发展规划纲要等文件。从颁布的年份来看，如图 1 所示，整体呈上升趋势，尤其是 2003 年以来，增长趋势尤为明显，2012 年达到了峰值。其中，最早涉及无障碍的法规是《工业企业厂内运输安全规程》，规定"在装卸线取送车时，调车人员应检查线路上有无障碍和车辆装载"；最新颁发和生效的是中共中央办公厅、国务院办公厅 2019 年 7 月 10 日印发的《关于加快推进公共法

① 需要说明的是，为简化起见，这些法律名称均省略了"中华人民共和国"。

律服务体系建设的意见》，其中提出“推进公共法律服务场所无障碍环境建设”。①

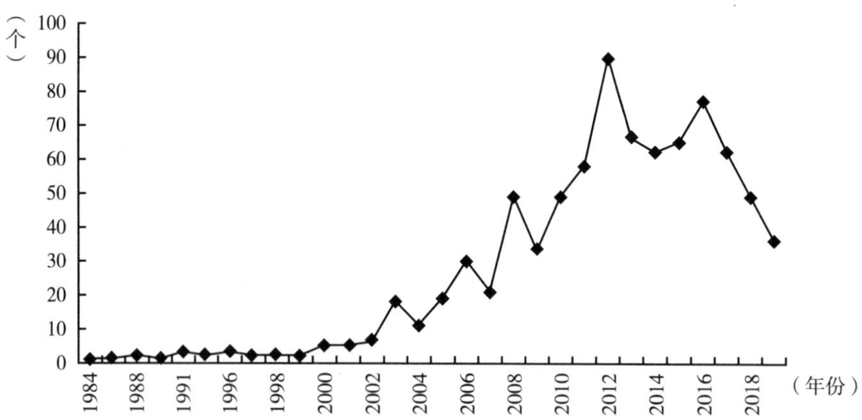


**图 1　1984～2019 年涉及无障碍的中央法规和政策的数量**

数据来源：北大法宝。

2. 地方法规和政策

根据中国残疾人联合会发布的《中国残疾人事业发展统计公报》，中国关于省、市、县级无障碍建设与管理法规、规章从 2012 年的 438 个增加到 2018 年的 475 个。使用北大法宝进行“无障碍”标题检索，共检索到 331 个地方法规和政策。分效力级别来看，地方性法规有 3 个，甘肃省、北京市和深圳市颁布了无障碍环境建设条例；地方性政府规章 28 个，以省级无障碍建设或管理办法居多；地方规范性文件 110 个；地方工作文件 186 个；行政许可批复个 4 个。分省份来看，河南省发布的最多，达 32 个，黑龙江省最少，仅有 2 个。从发布年份来看，发布最早的年份是 1998 年，为首都规划建设委员会办公室等部门发布的《关于加强无障碍建设与维护管理的通知》；发布年份最多的是 2010 年，达 67 个，多是无障碍城市建设管理的规定、办法和通知；最新生效的是《宁夏回族自治区

① 查询时间截至 2019 年 7 月 20 日。

无障碍环境建设管理办法》，于2019年4月26日审议通过，自2019年7月1日起施行。

## （二）中国无障碍设施建设状况

自1984年以来，经过30多年的发展，无障碍相关的法律法规、规划建设、标准规范正逐步建立健全，人们意识的不断提升，中国无障碍设施建设从无到有、由点到面，覆盖范围逐步拓展，无障碍设施建设水平显著提升。2002~2004年，多部委在北京、上海等12个城市开展了创建全国无障碍设施建设示范城市活动。落实《中国残疾人事业“十一五”发展纲要（2006年—2010年）》，4部委在全国100个城市开展了创建全国无障碍城市建设工作。2018年11月，《关于开展无障碍环境市县村镇创建工作的通知》要求无障碍设施覆盖面进一步扩大。本报告基于中国消费者协会和中国残疾人联合会于2017年在全国102个各级别主要城市的调研数据①，来说明中国无障碍设施建设状况。

102个城市10大类消费服务场所的实地体验普及率和满意度如图2所示。从结果来看，102个城市的无障碍设施总体普及率为40.6%，普及率偏低；无障碍设施总体满意度为70.8分②，处于中等水平。分场所来看，不同场所的普及率差别较大。医疗卫生单位的普及率最高，达67.4%，满意度为77.9分；商业中心的普及率最低，仅为31.2%，满意度也相对较低，为66.4分，处于及格水平。

图3展示了不同区域无障碍设施的普及率和满意度。从结果来看，不同区域的普及率差别较大，但满意度差别相对较小。华北地区的普及最高，为46.3%，满意度70.7分，刚达到中等水平；东北地区的普及率最低，为30.4%，满意度为66.9，处于及格水平。

---

① 中国消费者协会、中国残疾人联合会：《2017年百城无障碍设施调查体验报告》，http：//www.cca.org.cn/jmxf/detail/27797.html。

② 满意度采用百分制评价标准：90~100分为优，80~90分为良，70~80分为中，60~70分为及格，60分以下为不及格。

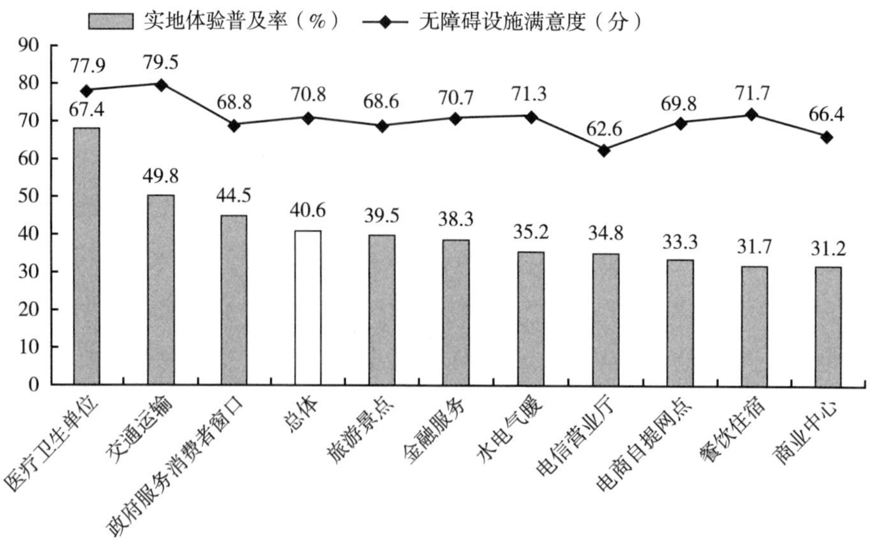


**图 2　10 大类消费服务场所无障碍设施普及率和满意度**

数据来源：《2017 年百城无障碍设施调查体验报告》。

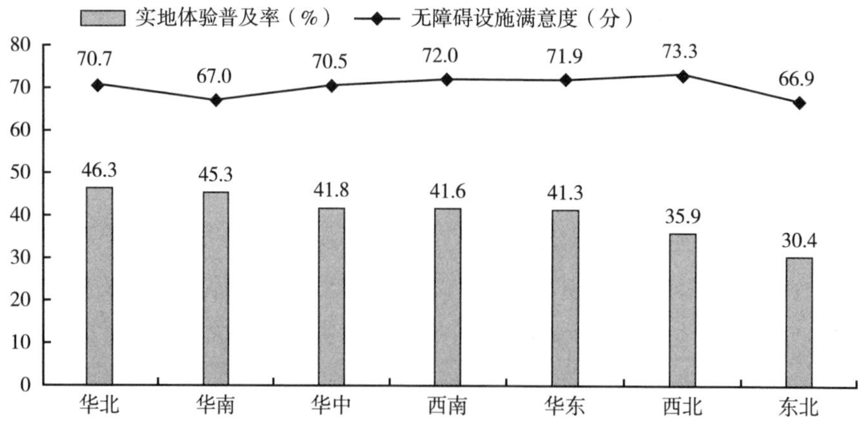


**图 3　不同区域无障碍设施普及率和满意度**

数据来源：《2017 年百城无障碍设施调查体验报告》。

## （三）中国无障碍信息交流状况

信息交流无障碍指政府和公共传媒应使听力言语及视力残疾人、老年人能够无障碍地获得信息，进行交流，如政府政务信息公开无障碍、方便残疾人的电信业务、信息交流技术、产品、影视作品、电视节目的字幕和手语等。[①] 相关法规政策极大促进了信息交流无障碍的发展。《残疾人保障法》《无障碍环境建设条例》对残疾人无障碍信息和服务进行了规定。工业和信息化部先后发布了《信息无障碍身体技能差异人群网站设计无障碍技术要求》《网站设计无障碍技术要求》，规定了信息无障碍技术标准。在信息服务无障碍方面，2018 年，交通运输部等 7 部门发布了《关于进一步加强和改善老年人残疾人出行服务的实施指导意见》进一步对无障碍出行服务做出明文规定。

在一系列法规政策的推动下和社会各界的参与下，中国无障碍信息交流和服务取得了重要成就。根据《无障碍环境建设条例》规定，国家举办的升学考试、职业资格考试和任职考试，有视力残疾人参加的，应当为视力残疾人提供盲文试卷、电子试卷。2017 年上半年全国大学英语四、六级考试中，首次采用盲文试卷，长春大学开设了全国首个大学生“英语四级”盲文考场，有 5 名全盲考生。2019 年上半年，南京特殊教育师范学院两位盲生通过英语四、六级考试，为首次有盲生通过。在 2019 年的高考中，有 10 名全盲考生使用盲文试卷。为满足残疾人对文化服务和信息的需求，各省和地市积极创办残疾人专题广播和电视手语栏目。从表 2 可以看出，省级残疾人专题广播节目数量从 2012 年的 38 个下降到 2018 年的 25 个，2013 年有比较大的变动；省级电视手语栏目的数量比较稳定；地市级残疾人专题广播节目呈下降趋势，地市级电视手语栏目呈上升趋势。

---

① 张东旺：《中国无障碍环境建设现状、问题及发展对策》，《河北学刊》2014 年第 1 期，第 122 ~ 125 页。

**表2　2012～2018年中国省级和地市级广播节目、手语节目情况**

单位：个

| 年　份 | 省级残疾人专题广播节目 | 省级电视手语栏目 | 地市级残疾人专题广播节目 | 地市级电视手语栏目 |
|---|---|---|---|---|
| 2012 | 38 | 30 | 468 | 184 |
| 2013 | 120 | 36 | 539 | 227 |
| 2014 | 17 | 30 | 241 | 201 |
| 2015 | 19 | 29 | 216 | 233 |
| 2016 | 26 | 29 | 197 | 240 |
| 2017 | 25 | 31 | 198 | 264 |
| 2018 | 25 | 31 | 205 | 264 |

数据来源：2012～2018年《中国残疾人事业发展统计公报》。

2013年5月，在联合国教科文组织特别支持以及中央网络安全和信息化领导小组办公室的特别指导下，由工业和信息化部等多个部门共同启动了“美丽中国——中国政务信息无障碍公益行动”。行动主要是为了缩小数字鸿沟，共同推动我国政府政务信息无障碍环境建设，提升和强化各级人民政府政务信息的公共服务水平。自启动以来，全国各省（直辖市、自治区）政务信息无障碍建设取得较快发展。中国互联网协会联合国家相关机构、社会组织持续开展了“全国公共服务网站无障碍建设情况及服务效能调查活动”，2019年第一季度的调查结果如表3所示。

**表3　2019年第一季度全国省级政府门户网站无障碍建设指数**

单位：%

| 省　份 | 服务能力指数 | 服务效能指数 | 各省县、区以上政府门户网站无障碍建设指数 |
|---|---|---|---|
| 北　京 | 89.92 | 88.76 | 72.3 |
| 新　疆 | 88.59 | 27.51 | 8.7 |
| 青　海 | 88.54 | 27.56 | 1.9 |
| 海　南 | 88.36 | 18.72 | 15.4 |
| 上　海 | 86.88 | 87.88 | 100.0 |
| 贵　州 | 86.74 | 67.24 | 14.3 |
| 吉　林 | 70.3 | 27.56 | 22.9 |
| 云　南 | 70.3 | 19.08 | 5.5 |

续表

| 省　份 | 服务能力指数 | 服务效能指数 | 各省县、区以上政府门户网站无障碍建设指数 |
|---|---|---|---|
| 天　津 | 70.24 | 29.16 | 11.8 |
| 河　北 | 70.06 | 25.24 | 12.7 |
| 宁　夏 | 70 | 27.72 | 17.9 |
| 湖　北 | 69.52 | 24.68 | 23.6 |
| 湖　南 | 69.04 | 68.92 | 73.7 |
| 江　苏 | 68.62 | 27.9 | 30.7 |
| 四　川 | 68.62 | 19.08 | 55.1 |
| 福　建 | 68.5 | 19.5 | 18.3 |
| 甘　肃 | 67.84 | 68.5 | 16.8 |
| 江　西 | 67.48 | 19.14 | 61.1 |
| 山　西 | 67.48 | 25.36 | 20.0 |
| 河　南 | 67.3 | 19.44 | 27.2 |
| 内蒙古 | 66.4 | 18.78 | 9.7 |
| 安　徽 | 65.8 | 24.62 | 83.6 |
| 广　东 | 65.32 | 39.76 | 53.6 |
| 浙　江 | 63.88 | 25.24 | 43.6 |
| 西　藏 | 25.8 | 67.72 | 1.2 |
| 黑龙江 | 25.32 | 27.9 | 6.9 |
| 陕　西 | 25.26 | 27.41 | 29.9 |
| 山　东 | 25.14 | 27.46 | 43.5 |
| 广　西 | 24.9 | 19.02 | 17.7 |
| 辽　宁 | 24.6 | 27.64 | 11.3 |
| 重　庆 | 24.42 | 28.5 | 12.8 |

数据来源：http：//www.xinhuanet.com/info/2019－02/27/c_ 137854505_ 2.htm。
注：本文中数据均不包括港、澳、台地区。

在全国省级政府门户网站无障碍服务能力指数排行中，北京市位列第一；新疆、青海、海南、上海和贵州等省（直辖市、自治区）人民政府网站的服务能力指数排名第二到第六。在全国省级政务服务网站无障碍服务效能指数排行中，北京市、上海市政务服务分别位列一、二位，湖南省、甘肃省、西藏自治区和贵州省政务服务网站分别占据排名的三至六位。从各省县、区以上政府门户网站无障碍建设指数，上海达到了100%，意味着所有的县、区以上政府门户网站均进行了无障碍建设；位列第二位的是安徽；省级政府门户网站无障碍服务能力指数较高的云南、青海、新疆等地的县、区以上政府门户网站无障碍建设指数却相对偏低。

## （四）中国无障碍社区服务状况

根据《无障碍环境建设条例》，无障碍社区服务包括社区公共服务设施应当逐步完善无障碍服务功能，逐步完善报警和医疗急救等紧急呼叫系统，对有需求的贫困家庭进行无障碍改造和提供盲文选票。随着《无障碍环境建设条例》的颁布实施，中国非常重视社区无障碍家庭的无障碍改造或建设。社区和家庭无障碍是改善残疾人人居环境和生活质量的重要前提和途径。

根据国务院批转的《中国残疾人事业“十二五”发展纲要》，提出安排专项资金支持各地实施贫困残疾人家庭无障碍改造项目。国务院颁布的多个文件，如《中国老龄事业发展“十二五”规划》《“十三五”加快残疾人小康进程规划纲要》，都提出了家庭无障碍改造。2019 年 5 月，中国残疾人联合会发布了《关于切实做好建档立卡重度残疾人家庭无障碍改造工作的通知》，要求集中做好农村建档立卡重度残疾人家庭无障碍改造工作，确保到 2020 年实现家庭无障碍改造全覆盖。经过近几年的投入和建设，家庭无障碍改造工作取得了一定成绩，如图 4 所示。2016 年、2017 年、2018 年分别为 13.0 万、10.5 万、16.6 万户贫困重度残疾人家庭实施了无障碍改造。自 2012 年以来，累计为 97.4 万户贫困残疾人家庭和贫困重度残疾人家庭进行了家庭无障碍改造。

社区无障碍建设也取得了重要进展。根据 2015 ~ 2017 年全国残疾人基本服务状况和需求信息数据动态更新数据，本报告整理了村（社区）综合服务中心、医院（卫生室、所）和学校、幼儿园的无障碍建设情况，结果如图 5 所示。从村（社区）具有综合服务中心的无障碍设施覆盖率来看，出入口平整或有坡道的比重从 2015 年的 72.9% 上升到 2017 年的 78.3%；拥有低位服务台的比重由 2015 年的 32.17% 增长到 2017 年的 45.0%；无障碍厕所或厕位覆盖率为从 2015 年的 18.0% 上升到 2017 年的 26.4%。从医院（卫生室、所）和学校、幼儿园的无障碍设施覆盖率来看，基本呈现相似的发展趋势。综合来看，社区无障碍设施覆盖率从 2015 年到 2017 年呈现明显的上升趋势；从无障碍设施类型来看，出入口的无障碍设施覆盖率最高，其次是低位服务台，最低的是无障碍厕所。

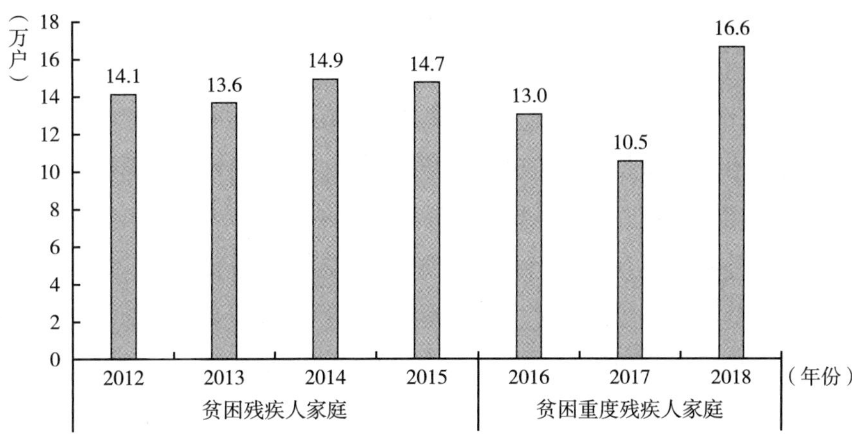


**图 4　2012～2018 年贫困残疾人和贫困重度残疾人家庭无障碍改造数量**

数据来源：2012～2018 年《残疾人事业发展统计公报》，http：//www.cdpf.org.cn/sjzx/tjgb/。

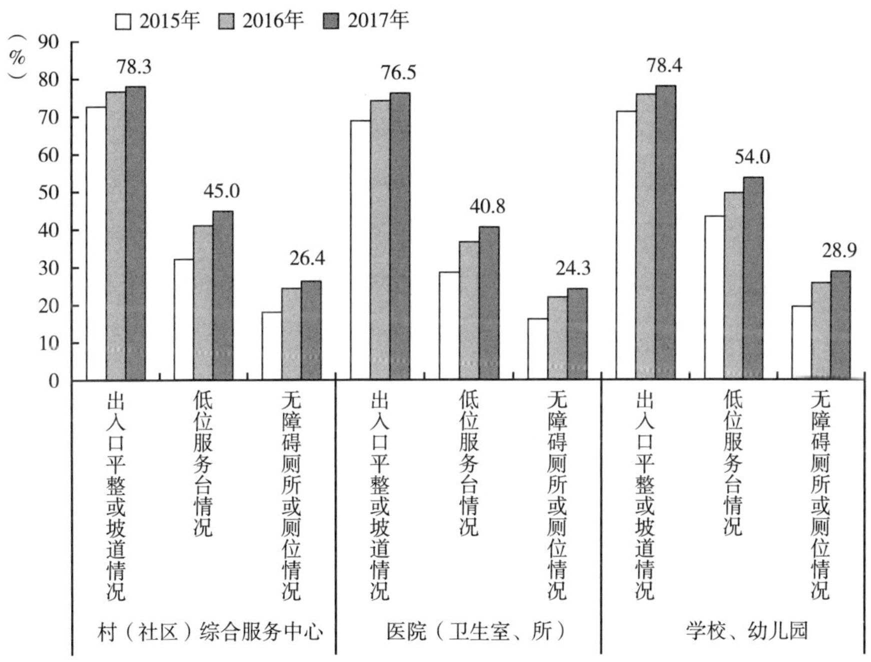


**图 5　2015～2017 年社区无障碍设施覆盖率情况**

数据来源：根据 2015～2017 年全国残疾人基本服务状况和需求信息数据动态更新数据整理。

## （五）中国无障碍关注度

20 世纪 80 年代以后，关注无障碍建设已成为全球共识。对社会公众普及无障碍理念和知识是无障碍建设的基础。发达国家的无障碍建设之所以做得较好，是因为公民清楚地意识到无障碍建设不仅仅是政府为了完善城市的功能，其亦使全国民众从中受益，改变其生活质量。尽管中国已经建立了相关的法律法规推动无障碍建设，但公众无障碍意识的普及度不够，人们对无障碍的关注度还不是很高。

大数据时代，网络数字痕迹成为彰显公众议题关注及政策偏好的新途径。① 本报告使用百度指数②反映中国公众对无障碍的关注度。公共关注度是基于个体对某公共议题的兴趣而产生的搜索行为，是在线大数据中较有代表性的信息。基于搜索行为而得的百度指数，是公众在某段时间内对该议题主观探索和注意力分配的体现。本报告使用 2011 年 1 月到 2019 年 6 月的百度指数作为测量无障碍关注度的数据来源。需要说明的是，百度指数提供了每天的搜索指数，为反映月度的变化趋势，本报告对每月的搜索指数进行了加总，结果如图 6 所示。从中可以看出，自 2011 年以来，无障碍关注度呈明显的上升趋势。从时段来看，在《无障碍环境建设条例》发布实施之前的一年多时间里，搜索指数明显上升；在 2013 年和 2018 年之间，波动幅度较大，但仍呈现微弱的上升趋势；2018 年以来，上升趋势比较明显。

从区域和城市来看，“无障碍”百度指数存在较大的区域和城市差异，其中华东地区的搜索指数最高，其次是华南、华北，而西北和东北的搜索指数相对较低。从“无障碍”百度指数的城市排名来看，北京、上海、广州、深圳位居前四，杭州、成都、郑州、武汉、重庆和天津分别位居三到十位。

---

① 孟天广、赵娟：《大数据时代网络搜索行为与公共关注度：基于 2011—2017 年百度指数的动态分析》，《学海》2019 年第 3 期，第 41 ~ 48 页。

② 百度指数是以百度海量网民行为数据为基础的数据分析平台，是当前互联网和整个数据时代最重要的统计分析平台之一，自 2011 年开始提供搜索指数。

可以初步判断，无障碍关注度和区域经济发展水平呈明显的正相关关系，经济社会的发展会提高人们对无障碍的关注和需求。

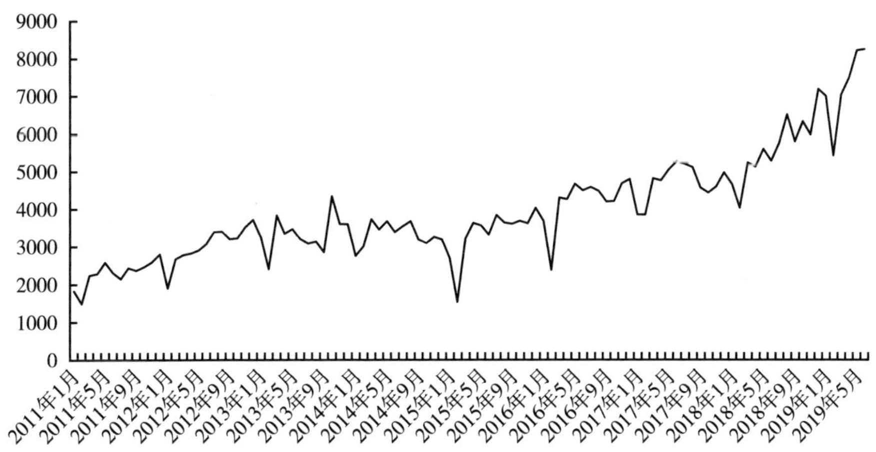


**图6　2011 年 1 月 ~2019 年 6 月“无障碍”百度指数变化趋势**

数据来源：http：//index. baidu. com。

## 三　中国无障碍环境建设存在的问题分析

在政府主导、部门协调和社会参与下，中国无障碍环境建设取得了重要进展，政策法规体系不断丰富，标准规范逐渐完善，无障碍覆盖面稳步提升。但同时也应该看到，中国无障碍环境建设尚存在亟待解决的问题，主要表现在以下四个方面。

### （一）无障碍政策法规不完善

加快无障碍环境建设，立法是保障。国外无障碍建设发展经验证明，若要保证无障碍环境建设取得成效，必须立法先行。随着社会经济的发展和文明程度的提高，国家对无障碍的需求会越来越高，很多国家和地区比较重视无障碍立法，为适应社会发展的需要，新制定法律或不断修订现有法律，以法律的强制性保障无障碍环境建设严格执行。从20世纪60年代起，美国先后制定了《建筑无障碍条例》《康复法》，日本先后出台了《残疾人基本法》《爱心建筑法》《老年人福利保健政策》，使无障碍设计具有某种强制性。①

虽然我国目前已经在《残疾人保障法》等五部法律文件中涉及了无障碍相关内容，同时也制定了许多推进无障碍环境建设的政策，但从整体来看这些关于无障碍的法规和政策比较宏观，适用性与实操性不足，体系尚不完善。从效力级别上看，《无障碍环境建设条例》属于行政法规，尚无关于无障碍的专门法律。《残疾人保障法》等法律只是宏观性地涉及无障碍，缺乏系统性的、立体化的实施方案。相关立法规定零散地分布于部分法律法规的少数条款中，法律之间的衔接性不强，缺少一部国家级法律法规系统地对无障碍环境涉及的相关问题进行全面系统规定，也未设立一套完备的无障碍环境建设标准，因此无障碍相关的标准法律效力不强，实施力度偏软。

### （二）无障碍评审和管理不规范

中国关于省、地市、县级无障碍建设与管理的法规、规章在2018年多达475个。中共中央、国务院出台的多项文件对无障碍环境建设提出了具体要求。然而，一项政策的出台需要严格的顶层设计、反复论证和试运行。中国目前关于无障碍的政策多是零星地嵌入其他政策规划之中，使得无障碍环境建设呈现碎片、重叠和无序的现象。中国残疾人联合会副主席吕世明在2019年全国两会上指出，尽管国家制定了《无障碍环境建设条例》和《无障碍设计规范》，但无障碍环境建设还远未达到基本要求，规范、标准、管理机制都比较缺乏，设计标准难以落实，施工质量不达标，残疾人在信息获取方面仍存在较大障碍。

无障碍评审管理不规范的主要表现和后果有，无障碍设施建成后，在实际使用中却难以发挥作用。残疾人无障碍停车位被占用，盲道破损、断头和

---

① 樊行：《国内外无障碍设施规划建设情况的比较及启示》，中国城市规划学会编：《转型与重构——2011中国城市规划年会论文集》，东南大学出版社，2011，第11页。

被占用；人行道无缘石坡道，公共场所供轮椅行走的坡道过陡；公共厕所无障碍厕位过小或没有。导致后期改造成本大，维护严重缺位，使建好的设施形同虚设。商场、酒店、旅游景点、车站、文体活动中心、行政服务中心等公共活动场所（场馆）无障碍设施规划建设和规范管理仍未达标。无障碍设施的设计、建设和管理不是一个有机的整体，相互之间呈现隔离的状态。以交通部门主管的盲道为例，从设计建设到运行管理，没有形成一个整体，导致盲道在居住区盲道和道路之间、各个道路之间、道路与公共场所之间不能有效地相互连接，进而不能很好地满足视障群体的使用。①

### （三）不平衡不充分特征明显

党的十九大报告指出，“中国特色社会主义进入新时代，我国社会主要矛盾已经转化为人民日益增长的美好生活需要和不平衡不充分的发展之间的矛盾”。无障碍环境建设同样存在发展不平衡不充分的显著特征。20 世纪 80 年代，中国无障碍建设是从北京开始的。无障碍环境建设从大城市试点推进，存在比较严重的城乡发展不平衡。直到 2015 年，住房和城乡建设部等部门才发布《关于加强村镇无障碍环境建设的指导意见》，重视村镇的无障碍建设。2018 年，全国系统开展无障碍建设的市、县、区数量为 1702 个，占中国三级行政区数量的 60%。

从目前无障碍设施覆盖率和关注度来看，中国无障碍环境建设存在明显的区域不平衡和发展不充分的特点。根据《2017 年百城无障碍设施调查体验报告》，无障碍设施实地体验普及率仅为 40.6%，离完全普及尚有不小差距。从此也可以推断，其余小城市、县、镇、村的普及率更低，发展不充分的特征更明显。在区域差异上，华北和东北地区的普及率相差 15.9 个百分点。在无障碍信息交流上，以政务信息无障碍建设情况为例，全国各省县、区以上政府门户网站无障碍建设平均指数仅为 29.8%，说明有 70% 的政府门户网站

① 樊行：《国内外无障碍设施规划建设情况的比较及启示》，中国城市规划学会编：《转型与重构——2011 中国城市规划年会论文集》，东南大学出版社，2011，第 11 页。

尚没有进行无障碍建设，特殊群体获取政务信息仍存在不小困难。在无障碍社区服务上也存在较大的不平衡不充分问题，以学校、幼儿园综合服务中心无障碍设施覆盖率为例，如表4所示。从2015年到2017年，城乡无障碍设施覆盖率始终存在差异，低位服务台的差距最大，无障碍厕所或侧位的覆盖率最低。

**表4　学校、幼儿园无障碍设施覆盖率的城乡差异**

单位：%

| | | 2015年 | 2016年 | 2017年 |
|---|---|---|---|---|
| 出入口平整或坡道情况 | 城　镇 | 75.51 | 80.11 | 82.25 |
| | 农　村 | 68.6 | 73.14 | 75.66 |
| 城乡差距 | | 6.91 | 6.97 | 6.59 |
| 低位服务台情况 | 城　镇 | 52.17 | 59.04 | 62.72 |
| | 农　村 | 37.26 | 43.41 | 47.84 |
| 城乡差距 | | 14.91 | 15.63 | 14.88 |
| 无障碍厕所或厕位情况 | 城　镇 | 23.51 | 31.31 | 34.88 |
| | 农　村 | 16.57 | 21.82 | 24.75 |
| 城乡差距 | | 6.94 | 9.49 | 10.13 |

数据来源：根据2015～2017年全国残疾人基本服务状况和需求信息数据动态更新数据整理。

## （四）认知和重视程度不够高

公众认知和社会重视是实现无障碍设施建设和无障碍环境营造的重要基础和前提条件。美国北卡罗来纳州立大学通用设计研究中心和英国索尔福德大学通用设计研究中心都开展了通用设计研究，推动了无障碍建设的发展。相较之下，中国对于无障碍的相关研究仍处于初始阶段，高等院校、科研院所的无障碍科研和教育力量薄弱，对于无障碍环境的认识落后于世界先进水平。在无障碍保障的对象上，现行的无障碍建设标准大多将保障对象定义为残疾人、老年人、母婴及未成年人等，而广义上的无障碍设计是为适应大众的需求而设计的产品，能方便地为人使用，同样也适用于残障人士。根据通用设计理念的趋势，无障碍设计也不应当仅仅为了一部分有特殊需求的人群来设计，应当通用地考虑所有人群的需求，使得环境、设施的建设更加人性化。像美国和日本这样的发达国家在建设无障碍环境的同时，还很重视无障碍理念在整个社会上的传播，不仅仅将无障碍理念运用在设计以及管理等政府部门，更想让社会公民接受无障碍的理念。英国、德国、法国、加拿大、丹麦、以色列、芬兰等几十个国家和地区都相应地制定和完善了无障碍环境建设法律法规，并将通用设计的理念融入相关政策之中。[①] 直到2016年，《"十三五"加快残疾人小康进程规划纲要》和《无障碍环境建设"十三五"实施方案》等文件才明确提出将公共交通工具无障碍设施的配备、家居无障碍通用设计的推广、互联网信息服务无障碍的推进作为该阶段无障碍设施建设的重点。

## 四 加快中国无障碍环境建设的政策建议

### （一）完善无障碍政策法规体系

完善无障碍政策法规体系是加快环境无障碍建设的重要保障。中国关于无障碍环境建设的法律法规和政策还不健全，相关法规整体零散未成系统。已有的与无障碍环境建设相关的规定来自政策规范、倡导和法律的部分条文，尚未建立一部专门的法律。《无障碍环境建设条例》从效力级别上看是属于行政法规。因此，应尽快制定缺失的法律法规。政府可通过制定专门性法规，将《残疾人保障法》《老年人权益保障法》等基本法中与无障碍有关的规定进行细化与补充，增强法律之间的衔接，强化信息无障碍建设法律法规体系的保障功能。例如，有学者提出可借鉴美国的经验，残疾人在无障碍方面应具备的各项专有权利，可以通过基本法进行立法明确。[②]《残疾人保障法》是我国环境无障碍建设法律法规保障体系的基本法，可对残障人士

① 成斌：《国内外无障碍环境建设法制化之比较研究》，《西南科技大学学报（哲学社会科学版）》2005年第9期，第48～56页。

② 赵媛、张欢、王远均、章品：《我国信息无障碍建设法律法规保障体系研究》，《图书馆论坛》2011年第31（06）期，第266～274页。

在无障碍享有的各项基本权利进行明确规定，其他专门性法规则对这些权利进行细化。

### （二）建立健全无障碍评审机制

建立无障碍评审机制是避免无障碍形同虚设的有力措施，不仅可以从源头上完善无障碍建设系统，保证无障碍高标准高质量，而且可以避免无障碍设施建设走弯路或返工，有助于降低成本、节约资源，从而使得人文价值和经济价值并存。[①] 北京新机场、雄安新区和西湖大学的建设，从无障碍环境建设的源头及早介入、强化推动，取得了一定的经验和成效。积极借鉴国外有益经验，比如美国无障碍标准建设的主要特点是技术标准与法律相配套，并且采取强制惩罚为主、鼓励措施为辅的标准实施方式。日本则是由“通用设计”理念设计无障碍标准体系，并且鼓励公众参与，采取以奖励制度为主的无障碍标准设计。为建立完善无障碍评审机制，政府应加强对无障碍标准研究的资助，以专业科研作为无障碍标准的依据；推动多主体合作参与无障碍标准体系的建设；加强管理，严格执法，落实处罚措施。

### （三）促进无障碍环境建设和经济社会发展水平的协调发展

加强无障碍环境建设是社会文明进步的重要标志。受经济社会发展不平衡不充分的制约，无障碍环境建设也表现出明显的不平衡不充分发展特征。在此背景下，促进无障碍环境建设和经济社会发展水平的协调发展是加快环境无障碍建设的有效路径。由于无障碍设施起步较晚，存在大量尚未按标准配建无障碍设施的既有建设项目，改造成本高，需要投入大量的资金。对于经济发展落后地区，投入大量资金进行无障碍改造并不现实。“十三五”期间，中央财政资金仅能改造 4 万余户，残疾人家庭无障碍改造经费不足。也正是由于资金等因素的限制，使得家庭无障碍改造项目还仅限于简易改造，改造标准偏低，改造水平不充分，提供的改造项目与残疾人实际需求存在较

① 全国人大代表、中国残联副主席吕世明在 2019 年全国两会上的建议。

大差距。所以，在无障碍改造方面，各地政府应结合当地经济社会发展水平，一方面给予一定的财政支持，另一方面从资金、税收等方面给予奖励和优惠。

## （四）加强科普无障碍和通用设计理念

加强无障碍环境建设，提升全社会无障碍法治意识、人文意识和文明意识是当务之急。[①] 在整个无障碍环境建设中，社会各界对无障碍规划建设工作的意义和重要性认知程度不高，缺乏深入了解，表现在对无障碍不够重视，态度消极，意识淡薄，不进行无障碍建设和改造，或改造不彻底。结果造成许多建筑至今没有无障碍设施，或未达标。因此形成全社会关心残疾人，关心无障碍设施建设风气的任务还很艰巨。目前无障碍设施最初主要是针对残疾人、老年人以及行动不便者进行设计的。然而随着社会的发展、文明程度的提高，以及人口老龄化的趋势，使人们认识到人类能力的差异性和个人生理能力的变化，残疾是全生命周期的，从出生到老年，每个生命阶段都会面临残疾风险，不是有和无，而是多和少的问题。要将普遍认为的无障碍设施建设只为残疾人等弱势群体的相对狭隘的观念，拓展为“为大家，为人人，为全民”的思想。由此，无障碍设施不再只是针对某些特定人群服务，而是将面向全人类全生命周期的一种公共基础设施。

① 《全国人大代表吕世明：让无障碍环境不再“障碍重重”》，http：//www. wust. edu. cn/tw/2019/0315/c309a189173/page. htm。

# 分 报 告

**Topical Report**

## B.3
## 中国视力残疾人无障碍发展报告（2019）

蔡翮飞*

**摘 要：** 视力残疾人的教育、生活、就业以及康复，都需要无障碍环境作为保障，而无障碍环境的建成则需要法律法规及相关标准的建立及完善。本报告在分析与视力残疾人无障碍发展相关的法律法规及标准体系三个主要发展阶段的基础上，以近1~5年为重要时间节点，从无障碍生活设施、无障碍教育环境以及个人辅助器具三个方面阐述我国视力残疾人无障碍发展的现况。以日本为例，经过比照国外先进经验，明晰我国视力残疾人无障碍发展所存在的问题，即法制建设力度不足，无障碍生活设施体系不能完全满足社会需求，无障碍教育整体环境缺乏成熟机制，无障碍个人辅助器具不够适切以及公

* 蔡翮飞，博士研究生，南京特殊教育师范学院副研究员，研究领域：残疾人高等教育和教育社会学。

众意识存在明显的局限性等。最后，提出我国视力残疾人的无障碍环境可以从推动无障碍环境建设在实践层面落实，推动无障碍环境建设的区域无障碍发展，推动社会民众观念无障碍的发展以及推动通用无障碍设计范式的发展等方面开展工作的对策。

**关键词：** 视力残疾人　残疾人事业　无障碍环境　无障碍设施

## 一　中国视力残疾人无障碍发展建设背景

根据《2017 年中国互联网视障用户基本情况报告》显示，我国当前约有 1300 万视力残疾人，并且随着老龄化社会问题的严重，这一群体有不断扩大之势。在视力残疾人所从事的职业中，推拿按摩占了绝大多数，IT、盲文编辑、行政类和教育类等也占有一定比例，同时，各类在校视力残疾学生也是不容忽视的群体。据《2018 年残疾人事业发展统计公报》显示，2018 年全国有 1346 个残疾人康复机构为 120.5 万持有残疾人证的视力残疾人提供了基本的康复服务，《国家通用盲文方案》作为语言文字规范也正式发布。[①] 视力残疾人的生活、教育、就业及康复获得了一定程度的发展，这些都需要无障碍环境作为保障，而无障碍环境的建成则需要法律法规及相关标准的建立及完善。

我国的无障碍环境建设起步于 20 世纪 80 年代。从整体分析，无障碍环境法律法规及标准体系的发展大致划分为三个主要阶段：第一阶段为 20 世纪 80 年代的探索阶段（1989 年以前），第二阶段为全面实践阶段（1989 ~

① 中国残疾人联合会：《2018 年残疾人事业发展统计公报》，中国残疾人联合会网，2019 年 3 月 27 日，http://www.cdpf.org.cn/zcwj/zxwj/201903/t20190327_649544.shtml。

2007年），第三阶段为全面提升阶段（2008年以后）。① 以此为观照，视力残疾人无障碍发展的主要阶段大致如下。

### （一）探索阶段（1989年以前）

1985年3月，"残疾人与社会环境研讨会"的召开，标志着我国无障碍环境建设的正式启动。中国残疾人福利基金会、北京市残疾人协会、北京市建筑设计院提出"为残疾人创造便利的生活环境"的倡议。1986年7月，建设部、民政部以及中国残疾人联合会三方联合编制了我国第一部《方便残疾人使用的城市道路和建筑物设计规范（试行）》，其中规定"方便视力残疾者通行'人行道''人行天桥''人行地道''主要商业街及人流极为频繁的道路交叉口'""方便残疾人使用和通行的城市道路设施系以手摇三轮车为主要出行工具，并考虑视力残疾者的不同要求"等。

### （二）全面实践阶段（1989~2007年）

1990年12月，全国人大颁布《残疾人保障法》，提出逐步落实《方便残疾人使用的城市道路和建筑物设计规范（试行）》，强调"政府有关部门应当组织和扶持盲文的研究和应用""组织和扶持盲文读物、盲人有声读物""盲人可以免费乘坐市内公共汽车、电车、地铁、渡船"等。2001年6月，建设部、民政部、中国残疾人联合会共同编制《城市道路和建筑物无障碍设计规范》，修订了盲道的实施范围及盲道宽度，如"城市中心区道路、广场、步行街、商业街、桥梁、隧道、立体交叉及主要建筑物地段的人行道应设盲道"，同时，将《方便残疾人使用的城市道路和建筑物设计规范（试行）》废止。

### （三）全面提升阶段（2008年以后）

2008年4月和2018年10月，全国人大对《残疾人保障法》进行了第

---

① 郑功成：《中国残疾人事业发展报告（2017）》，人民出版社，2017，第179~180页。

二次和第三次修订，特别强调“根据盲人的实际需要，在公共图书馆设立盲文读物、盲人有声读物图书室”“国家鼓励和支持提供电信、广播电视服务的单位对盲人给予优惠”“国家举办的各类升学考试、职业资格考试和任职考试，有盲人参加的，应当为盲人提供盲文试卷、电子试卷或者由专门的工作人员予以协助”等。

2012 年 9 月，住房和城乡建设部批准及发布新的国家标准《无障碍设计规范》，原《城市道路和建筑物无障碍设计规范》同时废止。新的标准从无障碍设施的设计要求，城市道路、城市广场、城市绿地、居住区、居住建筑、公共建筑以及历史文物保护建筑无障碍建设与改造等方面进行了规定。对有关视力残疾人的无障碍设计也有明文规定，如“行进盲道应与人行道的走向一致”“行进盲道在起点、终点、转弯处及其他有需要处应设提示盲道”“电梯出入口处宜设提示盲道”“盲文标志可分为盲文地图、盲文铭牌、盲文站牌”等。

2016 年 9 月，中国残联联合住房和城乡建设部、教育部等多个部门制定了《无障碍环境建设“十三五”实施方案》，通过改善城乡无障碍环境的建设水平，为视力残疾人参与社会生活提供更加便利的条件。如“推动制定盲人信息消费支持政策”“制定导盲犬驯养管理无障碍国家、行业标准”“组织视障群体行为特点和对盲道需求、城市标识体系与无障碍标识体系整合等方面的课题研究”。

2017 年 6 月，在北京召开的全国政协第 68 次双周协商座谈会上，全国政协委员江利平围绕无障碍环境建设提出，导盲犬是帮助视力残疾人参与社会生活、改善生活质量的重要手段。在很多国家及地区，免费使用导盲犬是视力残疾人的社会福利。国际上普及使用导盲犬的标准是盲人总人口的 1%，而目前我国每 17 万盲人拥有 1 只导盲犬，远不能满足其现实需求。2018 年 5 月，中国盲人协会、全国伴侣动物标准化技术委员会编写《导盲犬》国家标准，引领了导盲犬行业的发展，标志着视力残疾人无障碍环境建设水平得到了进一步提升，是全社会弘扬人道主义情怀和人文关爱的具体体现。

2018 年 4 月，中国银行业协会团体标准《银行无障碍环境建设标准》发布，视力残疾人无障碍主要体现在外部环境、内部环境以及信息无障碍三个

方面。首先，外部环境主要是银行根据场地和用途等实际情况，设置室外盲道。盲道应连续铺设，避开树木或树穴、电线杆及拉线等各类障碍物；盲道颜色为中黄色（与四周地面材料颜色较为接近时除外），与相邻地面的铺面颜色形成对比；盲道纹路须凸出地面 4 毫米。同时，盲道应连续且防滑、无积水、无阻挡，各种设施不占用盲道。其次，内部环境则主要包括“室内盲道”“导盲犬可入引导标志”“无障碍分区引导牌”“无障碍楼梯（如距踏步起点和终点 250～300 毫米宜设提示盲道）”“无障碍电梯（如轿厢侧壁上应设高 1000 毫米且带盲文的横向选层按钮，盲文宜设置于按钮旁）”“业务区域专属服务设施（如大堂服务台处应设置盲文版银行业务指南、振动闪光叫号提示设备、助盲识币签名卡、导盲犬进入登记簿以及应急求助呼叫按钮接收器等）”。最后，信息无障碍则主要是指在普通客户金融消费权益保护的基础上，为视力残疾人提供有针对性的无障碍信息服务。2018 年，中国盲人协会成立了信息无障碍促进委员会与通用盲文推广和研究委员会，开展“随手拍”盲人无障碍调查活动及相关研讨会，并完成多项无障碍标准的编制工作，如《移动终端无障碍标准》，努力促进视力残疾人群的无障碍建设与发展工作。

天津、河北、山西、内蒙古、辽宁、吉林、浙江、福建、江西、山东、河南、湖北、广东、陕西、甘肃和宁夏等 16 个省（直辖市、自治区）自 2010 年起，逐步实施《无障碍环境建设管理办法》（或相关办法），并对视力残疾人无障碍进行了规定。而仅在 2018 年，就有天津、内蒙古、辽宁、浙江、江西和河南等 6 个省（直辖市、自治区）发布并执行了相关管理办法。2019 年，湖北、山东和宁夏等也相继实施相关管理制度，并对视力残疾人无障碍进行了说明。

## 二　中国视力残疾人无障碍现状描述

### （一）视力残疾人无障碍生活设施现状

#### 1. 视力残疾人无障碍生活设施总体情况

从《2017 年百城无障碍设施调查体验报告》数据来看，目前我国实地体验盲道设施的整体满意度处于中等水平与层次，为73.1分。具体分析，关于实地体验银行盲道的满意度存在明显差异，在60.0～80.0分之间，工商银行盲道的满意度只有60.0分，刚刚达到合格水平；关于交通运输盲道的满意度也存在差异，在74.3～86.7分之间，而实地体验火车站盲道的满意度较高，超过了85.0分；关于实地体验公共服务领域盲道的满意度则位于较低的水平，在66.7～73.8分之间，如表1所示。

**表1　实地体验盲道满意度情况统计**

单位：分

| 项　目 | 盲道总体情况 | 银行盲道 | | | 交通运输盲道 | | | |
|---|---|---|---|---|---|---|---|---|
| | | 建设银行 | 工商银行 | 农业银行 | 客运站（含公交站） | 火车站 | 地　铁 | 机　场（含代售点） |
| 满意度 | 73.1 | 80.0 | 60.0 | 80.0 | 79.2 | 86.7 | 74.3 | 75.0 |

| 项目 | 公共服务领域盲道 | | | |
|---|---|---|---|---|
| | 中国移动 | 中国电信 | 中国联通 | 国家电网 |
| 满意度 | 66.7 | 73.8 | 70.0 | 73.3 |

数据来源：中国消费者协会和中国残疾人联合会发布的《2017年百城无障碍设施调查体验报告》。

注：1. 实地体验银行盲道，建设银行样本量为19个，工商银行样本量为17个，农业银行样本量为14个，总计50个样本。2. 实地体验交通运输盲道，客运站样本量为43个，火车站样本量为19个，地铁样本量为17个，机场样本量为5个，总计84个样本。3. 实地体验公共服务领域盲道，中国移动样本量为35个，中国电信样本量为29个，中国联通样本量为17个，国家电网样本量为27个，总计108个样本。

对《2017年百城无障碍设施调查体验报告》数据做进一步分析，我国大众感知部分规模企业盲道普及率处于较低的水平，民众感知交通运输中的地铁盲道普及率最高，达到49.1%；民众感知电信营业厅中的中国移动盲道普及率最低，仅为18.9%。经过统计分析，民众感知交通运输盲道普及率为42.3%（计算方法为相关项目盲道普及率的平均数，下同），感知公共服务盲道普及率为38.2%，而感知电信营业厅盲道普及率为22.5%，感知金融服务盲道普及率为40.0%，感知商业中心盲道普及率为35.3%，同时，感知电商自提网点盲道普及率为26.4%。整体而观之，民众感知的电信营

业厅和电商自提网点盲道普及率处于非常低的水平，与其他企业的盲道普及率存在较为明显的差异，如表2所示。

**表2　部分规模企业大众感知调查盲道普及率情况统计**

| 项　目 | 交通运输 | | | 公共服务 | | | | | | |
|---|---|---|---|---|---|---|---|---|---|---|
| | 地铁 | 汽车站（含公交站） | 火车站 | 人民公园（市民公园） | 派出所 | 水务 | 国家电网 | 燃气 | 南方电网 | 广电网络 |
| 盲道普及率(%) | 49.1 | 41.7 | 36.0 | 42.9 | 40.0 | 39.7 | 43.7 | 44.1 | 25.6 | 31.3 |

| 项　目 | 电信营业厅 | | | 金融服务 | | | | | | |
|---|---|---|---|---|---|---|---|---|---|---|
| | 中国联通 | 中国电信 | 中国移动 | 交通银行 | 建设银行 | 中国银行 | 邮储银行 | 农商银行 | 工商银行 | 农业银行 |
| 盲道普及率(%) | 20.0 | 28.6 | 18.9 | 41.7 | 46.5 | 35.6 | 37.4 | 36.4 | 42.0 | 40.1 |

| 项　目 | 商业中心 | | 电商自提网点 | | | | |
|---|---|---|---|---|---|---|---|
| | 万达 | 大润发 | 沃尔玛 | 顺丰 | 韵达 | 邮政 EMS | 中通 |
| 盲道普及率(%) | 37.5 | 38.9 | 29.4 | 27.5 | 24.3 | 23.2 | 27.4 |

数据来源：中国消费者协会和中国残疾人联合会发布的《2017年百城无障碍设施调查体验报告》。

注：1. 大众感知样本量为9205。2. 交通运输调查样本量为1009；在公共服务领域，旅游景区调查样本量为1003，政府服务消费者窗口调查样本量为1002，水电气暖调查样本量为1001，电信营业厅调查样本量为1005；金融服务调查样本量为1000；商业中心调查样本量为1003；电商自提网点调查样本量为997。

关于视力残疾人的日常出行情况，30%的调查对象表示，由于视力的局限，他们基本待在家里不外出，其日常生活、工作和娱乐以按摩和上网为主，而70%的视力残疾者提及平日里有外出习惯。同时，关于视力残疾者的日常出行方式，在1805份有效调查问卷中，37%的调查对象选择乘坐公交车或地铁出行，15%的视力残疾者只是短距离步行出行，而17%的人乘坐出租车出行，9%的调查者由家人开私家车接送出行，余下22%的视力残疾人士则使用新型互联网打车软件（如滴滴、优步或快的）出行。[①] 通过数

① 中国信息无障碍产品联盟秘书处：《中国互联网视障用户基本情况报告》，http：//www.chinadevelopmentbrief.org.cn/news-18491.html。

据分析，3 成人士选择不外出，而出行者中，24% 的调查者（15% 为短距离出行，9% 为家人接送）存在出行困难，由此可以看出，视力残疾人士的日常出行还是存在一定程度的限制与障碍。

2. 视力残疾人无障碍生活设施差异情况：以宁波、石家庄和广州为例

首先，以宁波市为例。根据宁波市主城区 2016 年的无障碍设施调查数据显示，涉及视力残疾人无障碍城市公共空间和城市公共建筑主要包括道路无障碍设施和社区无障碍环境两个部分。在道路无障碍设施建设方面，被调查的 310 条道路中，提示盲道的合格率最高，为 83%；行进盲道宽度的合格率次之，为 79%；危险地段或障碍物旁设置警示性、提示性盲道合格率最低，仅为 12%。而在社区无障碍环境建设方面，盲道合格率非常低，如表3 所示。由此可见，在宁波市，与视力残疾人有关的道路无障碍设施建设处于一般水平，各组成部分存在较大差异；而与视力残疾人有关的社区无障碍环境建设则处于比较低的水平。

同时，对宁波市 177 位残疾人进行问卷调查，其中视力残疾者表示，他们出行最大的障碍是盲道被占用、道路交叉口无语音提示。据此，视力残疾人士较少外出，即使出门也不会使用盲道，而是用盲杖沿着路缘石走，在增加危险的同时，盲道也形同虚设。

总体分析，宁波市以盲道为例的无障碍生活设施亟待进一步完善。

**表 3　宁波市主城区的无障碍设施调查数据情况统计**

| 项　目 | 道路无障碍设施建设 | | | | | | 社区无障碍环境建设 |
|---|---|---|---|---|---|---|---|
| | 盲道颜色对比 | 提示盲道 | 行进盲道连续性 | 行进盲道宽度 | 公交站台盲道 | 危险地段或障碍物旁设置警示性、提示性盲道 | 社区内道路盲道 |
| 合格率(%) | 65 | 83 | 72 | 79 | 58 | 12 | 13 |

数据来源：宁波工程学院于 2016 年对宁波市主城区的无障碍设施进行的整体性摸底调查。

注：调研的 310 条道路包括城市的主干路、次干路和支路等；调研的 79 个社区包括新老住宅区、历史街区、文化旅游街区、创意产业园区等。

其次，以石家庄市为例。随机选取石家庄市桥西区、裕华区和新华区的 30 条街道（每条街道选取盲道 200 米），通过实地调研，研究发现，69% 的

现有盲道可以正常使用，31%的盲道不能正常使用，具体而言，铺设不合理、损坏和被占用分别占比为8%、12%和11%。而铺设不合理主要体现在盲道缺失，距离周围设施很近，行进与提示盲道铺设相混等方面；盲道损坏包括砖块破损和失去突起感等；盲道被占用主要基于车辆占用，城市基础设施占用，绿化物、建筑物占用，小摊货物占用等方面，如表4所示。整体来看，石家庄市以盲道为例的无障碍生活设施存在进一步提升的必要。

**表4　石家庄市不能正常使用的盲道情况统计**

| 项　目 | 盲道铺设不合理 | | | | 盲道损坏 | | |
|---|---|---|---|---|---|---|---|
| | 盲道缺失 | 距离周围设施很近 | 行进与提示盲道铺设相混 | 其　他 | 砖块破损 | 失去突起感 | 其　他 |
| 所占比例(%) | 55.00 | 29.00 | 10.00 | 6 | 66.43 | 33.22 | 0.35 |

| 项　目 | 盲道被占用 | | | | |
|---|---|---|---|---|---|
| | 车辆占用 | 城市基础设施占用 | 绿化物、建筑物占用 | 小摊货物占用 | 其　他 |
| 所占比例(%) | 44.51 | 11.65 | 28.28 | 7.66 | 7.90 |

数据来源：河北中医学院2016年大学生创新创业训练项目（项目编号：14432012）。

最后，再以广州市为例。在无障碍建设方面，2014年，广州市共完成6500户视力残疾人家庭无障碍改造任务。同时，2014年至2016年间，广州市政府积极建设国内首创、国际领先的公交导盲智能系统，以保障视力残疾人出行无障碍。2014年，广州实施为视力残疾人出行提供点对点式精准服务，依托于智能公交平台，创新运用现代化前沿技术，为0.7万个站点和1.2万辆公交车安装电子标签，为0.3万辆公交车安装车载导盲终端，并免费推送“听听巴士”智能手机应用。2015年，广州市交通运输委员会和市残联共同为视力残疾人安装公交导盲系统，实现市区公交线路全覆盖。2016年，建成公交智能导盲系统，开发全国首创、可提供实时服务的智能系统，实现城区系统全覆盖。① 广州市以家庭无障碍改造和公交导盲智能系统为例的无障碍生活设施获得了长足发展。

---

① 杨松才：《广州残疾人事业发展报告（2018）》，社会科学文献出版社，2018，第192～198页。

## （二）视力残疾人无障碍教育环境现状

1. 视力残疾人无障碍教育环境总体情况

3～6岁视力残疾儿童接受学前教育的主要形式有两种：一是在特殊幼儿园或普通幼儿园的特殊班；二是进入普通幼儿园，与明眼儿童一起学习和生活。基于经费短缺、园舍无障碍建设不足以及实际操作困难，目前这两种学前教育形式在我国都比较少，视力残疾儿童接受学前教育的实际人数偏少。①

根据2017～2018年《全国教育事业发展统计公报》数据显示，2018年，全国有2152所特殊教育学校，比2017年增加2.10%；招收12.35万名各类特殊教育学生，比2017年增加11.43%；在校生总人数为66.59万，比上年增加15.05%。这亦从侧面体现出视力残疾学生接受中等教育的机会越来越多，需要关注义务教育阶段学校的无障碍建设，以适应特殊教育的发展趋势。

在高等教育阶段，2014年为"视力残疾人士普通高考元年"，河南省46岁的视力残疾者李金生争取到参加普通高考的权利，并顺利参加考试。2015年，《残疾人参加普通高等学校招生全国统一考试管理规定（暂行）》《国家手语和盲文规范化行动计划（2015～2020年）》颁布与执行，全国有8个省份为视力残疾考生提供了盲文试卷。2017年4月，教育部和中国残疾人联合会正式发布《残疾人参加普通高等学校招生全国统一考试管理规定》，其中提到"为视力残疾考生提供现行盲文试卷、大字号试卷（含大字号答题卡）或普通试卷""允许视力残疾考生携带答题所需的盲文笔、盲文手写板、盲文作图工具、橡胶垫、无存储功能的盲文打字机、无存储功能的电子助视器、盲杖、台灯、光学放大镜等辅助器具或设备""适当延长考试时间"等。② 2018年，来自山西和西藏的两名盲人考生使用盲文试卷参加全

① 彭霞光：《早期教育：视障儿童人生发展的重要起点》，《现代特殊教育》2006年第1期，第5页。

② 中国残疾人联合会：《残疾人参加普通高等学校招生全国统一考试管理规定》，中国残疾人联合会网，2017年4月28日，http：//www.cdpf.org.cn/zcwj/zxwj/201704/t20170428_590042.shtml。

国统一高考，同时，来自上海市盲童学校的王蕴，在高考中考出623分的优异成绩。视力残疾学生通过普通高考或单招考试进入大学，需要获得相应的学业支持并享有无障碍环境，以保障学习和生活的有序进行。

同时，《中国残疾人事业统计年鉴》数据显示，视力残疾儿童接受学前教育的人数比较少，2017年与2015年相比，人数不增反减，减少64人，降幅达15.4%。与2015年进行比较，2017年盲普通高中减少4所，但是在校视力残疾学生人数增加159人，增幅为12.3%；残疾人中等职业学校人数增加886人，增幅为52.1%。同时，2017年高等特殊教育学院视力残疾学生的录取人数比2015年增加54人（增幅为18.0%），2017年普通高等院校视力残疾学生的录取人数比2015年增加139人（增幅为11.6%），如表5所示。各类学校教育机构应当关注无障碍环境的建设以适应视力残疾学生人数的变化。

**表5　视力残疾人接受教育情况统计**

单位：人，个

| 年　份 | 学前教育人数 | 高　中 | | 残疾人中等职业学校人数 | 高等教育 | |
|---|---|---|---|---|---|---|
| | | 盲普通高中数 | 在校生人数 | | 高等特殊教育学院录取人数 | 普通高等院校录取人数 |
| 2015 | 415 | 16 | 1297 | 1702 | 300 | 1194 |
| 2017 | 351 | 12 | 1456 | 2588 | 354 | 1333 |

数据来源：中国残疾人联合会：《中国残疾人事业统计年鉴》（2016、2018），中国统计出版社。

2. 特殊教育学校无障碍教育环境情况

2003年12月，建设部和教育部共同发布了《特殊教育学校建筑设计规范》，在“建筑设计”方面规定，“盲学校校舍的功能分区、体部组合、水平及垂直联系空间应简洁明晰，流线通畅，严禁采用平面弧形组合”“盲学校宿舍内应设单层床，每生应有独用的存贮空间”；在“室外空间设计”方面规定，“盲学校在游泳池周边应设置防止学生不慎掉入泳池的设施”；在“各类用房面积指标、层数、净高和建筑构造”方面规定，“盲学校房间名称标牌除应统一设置在门的开启一侧墙壁上部外，还应在门扇的中部设置”；在“交通与疏散”方面规定，“盲学校校舍出入口，不应设置弹簧门或旋转门”；在“室内环境与建筑设备”方面规定，“盲学校的按摩教室，冬季室内采暖设计温度不宜低于22℃”等。

除了物理环境无障碍，特殊教育学校无障碍教育环境还包括教育资源无障碍。以中国残疾人福利基金会发起的“我送盲童一本书”公益项目为例，分析无障碍教育环境的建设情况。在我国，6～14岁学龄盲童大约有13万。中国残疾人福利基金会发起的这一项目旨在向公众筹集善款，帮助贫困盲童在阅读中成长，2015～2018年，这一项目筹集的善款呈逐年递增趋势，特别在2018年有大幅增加，同时，捐赠大批量盲文读物套装、大字本读文套装以及阳光听书郎，并为61所盲校或特殊教育学校捐建盲文阅览室，总计839.1万元，覆盖了26个省（直辖市、自治区），受助盲童基本达到8300名，如表6所示。总体来看，这一项目改善了视力残疾学生的教育资源，促进了无障碍教育环境的形成。

**表6　“我送盲童一本书”公益项目情况统计**

单位：万元，人

| 年　份 | 筹资金额 | 项目主要内容 | 覆盖省、直辖市、自治区 | 受益群体 |
|---|---|---|---|---|
| 2015 | 85 | 1. 为9所特教学校捐赠盲文读物套装，大字本读文套装，阳光听书郎，总计15万元；<br>2. 为5所特教学校捐建盲文阅览室，总计60万元；<br>3. 为山东9所特教学校捐赠爱心小书包，总计10万元。 | 贵州、辽宁、安徽、陕西、天津、江苏、福建、广东、河北、山东、甘肃、江西、湖南 | 2100 |
| 2016 | 104.1 | 1. 为山东省菏泽市特教中心捐赠盲人文化学习用品，总计2.1万元；<br>2. 为10所特教学校捐建盲文阅览室，总计102万元。 | 山东、江西、安徽、湖北、江苏、青海、浙江、湖南 | 1200 |
| 2017 | 150 | 为15所特教学校捐建盲文阅览室，总计150万元 | 云南、江苏、河北、陕西、内蒙古、安徽 | 2000 |
| 2018 | 500 | 为31所特教学校捐建盲文阅览室，总计150万元 | 广西、河南、海南、西藏、贵州、新疆、宁夏、吉林、四川 | 3000 |

数据来源：中国残疾人福利基金会网站，http：//www. cfdp. org. cn/jjhwmdxm/。

3. 高等院校无障碍教育环境情况

为了贯彻《"十三五"加快残疾人小康进程规划纲要》和《第二期特殊教育提升计划（2017—2020年）》，加快我国残疾人高等融合教育发展步伐，根据中国残疾人联合会教育就业部《关于开展残疾人高等融合教育试点工作的函》要求，在北京、吉林、江苏、河南、湖北和四川等省、直辖市选择北京联合大学、长春大学、南京特殊教育师范学院、郑州工程技术学院、武汉理工大学和四川大学等6所高等院校开展高等融合教育试点工作。

以南京特殊教育师范学院为例。学校制定《残疾人高等融合教育试点工作实施方案》，成立融合教育资源中心及工作领导小组，为21名视力残疾大学生（全盲14人，低视力7人，统计日期截至2018年12月31日）提供学业支持。融合教育资源中心购置盲用文档编辑软件、（快速）盲文刻印机、盲文制图机、明盲对照彩色打印机、电动梳式环装机、热敏制图机、一键式智能阅读机、高清台式电子助视器以及便携式电子助视器等教育教学辅助设备，建造视力残疾大学生学业支持室；利用校园语音导航地图，为视力残疾大学生创建无障碍校园环境提供基础条件；召开专场座谈会，了解视力残疾新生在学习和生活方面的适应情况以及所需支持；开展金盲杖活动，与"一加一"有人公益基金会、声波残障社会服务中心联合举办，训练盲人大学生独立出行，旨在提高他们融入社会的能力；提供入学适应支持，如练习乘坐公交车、购物，以提升其适应社会的能力。同时，中心开展视力残疾学生课程与教学改革，在制定《关于本科人才培养方案中残障融合学生课程与教学调整的意见》的基础上，召开视力残疾大学生公共体育课、公共英语课和信息技术基础课建设研讨会，并为他们提供专业电子教材和盲文点字教材。在考试支持方面，中心为视力残疾大学生设置专门考场，提供一对一服务的志愿者、懂盲文的监考教师、盲文点字试卷或大字号试卷，根据学生实际情况延长考试时间50%或30%。在提升社会服务能力方面，中心与江苏省教育考试院共建，成立江苏视障人员教育考试支持研究中心，为视力残疾学生参加各类国家教育类考试提供合理便利（如译制试卷、考务管理、阅评试卷等）；研发视力残疾人员普通话水平测试系统，并通过国家语委鉴定，面向社会提供服务，为视力残疾人员从事教师、主持等相关工作打开通道，便于他们更好地融入社会。

### （三）视力残疾人个人辅助器具（技术、项目）现状

1. 视力残疾人个体物理辅助项目情况

我国视力残疾人个体物理辅助项目可以从基本康复服务、辅助器具供应服务以及康复训练服务机构三个方面进行描述。2017 年接受基本康复服务的视力残疾人数少于 2015 年的受益人数，且这两个年份的服务内容是有所差别的。2017 年与 2015 年相比，两者在辅助器具供应服务人数方面趋于一致，且 2017 年的项目内容多于 2015 年。同时，2017 年的康复训练服务机构数量和在岗人员均多于 2015 年的具体数目，增幅分别为 29.6% 和 48.8%，如表 7 所示。总体分析，我国视力残疾人个体物理辅助项目获得了较大发展。

**表 7　视力残疾人个体物理辅助项目情况统计**

单位：例，人

| 年　份 | 基本康复服务 | | | | 辅助器具供应服务 | 康复训练服务机构 | |
|---|---|---|---|---|---|---|---|
| | 白内障复明 | 低视力康复 | 盲人定向行走训练 | 总　计 | 助视器 | 机构数量 | 在岗人员 |
| 2015 | 738594 | 191044 | 125746 | 1055384 | 216244 | 921 | 15319 |
| 年　份 | 复明手术、定向行走等训练 | 盲杖、助视器等辅助适配服务 | 其　他 | 总　计 | 接受盲杖及助视器适配服务 | 机构数量 | 在岗人员 |
| 2017 | 114063 | 376311 | 445017 | 935391 | 200847 | 1194 | 22790 |

数据来源：中国残疾人联合会：《中国残疾人事业统计年鉴》（2016、2018），中国统计出版社。

视力残疾人群使用的物理辅助器具还有另一种分类方法，即可以分为餐具类器具（如盲用感温杯和盲人餐具）、助行类器具（如导盲杖、导盲眼镜和穿戴式助行产品）、便利生活类器具（如盲用手表和读屏软件）以及休闲娱乐类器具（如盲文象棋及魔方）等。2016 年中国视障产品市场份额统计数据显示，餐具类产品占比 10%；助行类的市场份额最大，比例高达 63%；

便利生活类产品占比为23%；休闲娱乐类仅占4%的份额。基于市场的现实状况，我国应加大不同类别视障产品的开发。具体如下。

第一，餐具类器具：盲用保温杯。基于视力残疾人群在使用保温杯时的行为限制和认知限制，盲用保温杯应体现无障碍的设计思路与理念，即在“寻”水杯的过程中，能够有智能语音提示；在进行“倒”的过程中，有对准杯口及防止溢水的功能；在“饮”的过程中，增加感温装置并有提示水温的功能。①

第二，助行类器具：标准盲杖。标准盲杖的杖身为白色，又称作白手杖。有的盲杖贴有红纸是为了便于明眼人辨认，还有的盲杖贴有反光带是为了保障盲人在夜间行走的安全性。具体而言，盲杖主要有三种类型，即折叠杖、伸缩杖和直杖。同时，不同的盲人对盲杖杖头的选择也有不同的要求，正如盲人A所说：“我不喜欢橡胶的软头，因为敲到地上听不到声音。我希望能是硬头，这样能通过回声判断路上的情况。”盲人还可以使用智能盲杖，即利用传感器采集外界环境的信息，通过语音设备进行播报，然而，在嘈杂的环境中，语音信息的采集较为困难。

第三，便利生活类器具：药品无障碍识别标识。国家食品药品监督管理总局发布的《药品说明书和标签管理规定》未提及药品信息添加盲文信息的相关强制性规定。然而，《关于加快推进残疾人小康进程的意见》中提出，“鼓励食品药品添加无障碍识别标识”。2018年12月，国家市场监督管理总局和中国国家标准化管理委员会联合发布的《包装药品包装上的盲文》，规定了药品标签上盲文使用的要求和指南，在产品标识、盲文间距规定和盲符设置三个方面规定了“药品包装一般要求”，而“盲文清晰度判定”则主要是从符合盲文清晰度原则、点高以及更换盲文标签三个方面展开。同时，英国药品行业协会、盲协以及通信供应商三方协作，为视力残疾人士开通特别渠道以电话收听的形式告知药品说明书的详细内容。因此，除了药品

① 裴雪原：《基于无障碍理念下的盲用感温杯的设计研究》，湖北工业大学硕士学位论文，2018，第24~30页。

包装，相关服务指南无障碍也是保障视力残疾者安全用药的重要内容。

第四，休闲娱乐类器具：魔方。在市场上，视力残疾人使用的魔方采用了六种不同触感的盲文标识，或者是六种不同的基础材料（如石头、塑料、橡胶、纺织品、木材以及金属）。他们通过触感接触触摸区，以体验魔方带来的趣味。

2. 与视力残疾人无障碍有关的信息技术辅助情况

与视力残疾人无障碍有关的信息技术（软件）辅助工具有很多，并且随着经济发展，呈现日新月异的发展趋势。如 ISO 平台盲用软件、上网软件、无障碍网站、读屏软件、盲人导向系统、QQ 即时通信软件等。

首先，读屏软件。关于视力残疾人士对读屏软件功能的依赖情况，83% 的调查对象表示完全依赖读屏功能操作手机和电脑，14% 的视力残疾者用眼睛看且结合读屏软件操作电子设备，仅有 3% 的人完全不使用读屏软件操作手机或电脑。[①] 由此表明，读屏软件已成为视力残疾人士的“眼睛”。

其次，智能手机膜和网上盲道。阿里巴巴达摩院与清华大学人机交互联合实验室联合开发智能手机膜 SmartTouch，支持以触觉交互的六点盲键，通过屏幕盲键按钮提供触觉的感受，促使视力残疾人能够轻松完成购物、移动支付等行为。同时，阿里巴巴是全国首个发布助残报告的企业，与中国残疾人联合会共同发布的《阿里公益助残报告》显示，企业技术工作人员从 2011 年起成立信息无障碍小组，搭建“网上盲道”来辅助视力残疾人士无障碍体验平台产品及基本服务。当前，淘宝已有超过 1.7 万名视力残疾人士开店，有 59.7 万视力残疾者享受到淘宝及天猫购物的畅通。

最后，智能手机辅助功能。为了吸引消费者及刺激消费，生产商越来越注重产品的视觉界面设计，这在一定程度上对视力残疾人士（特别是盲人）

① 中国信息无障碍产品联盟秘书处：《中国互联网视障用户基本情况报告》，http://www.chinadevelopmentbrief.org.cn/news-18491.html。

使用电子信息类产品造成障碍，致使他们很难正常地融入社会生活和学习之中。2009 年，苹果公司在研发的智能手机产品 Iphone 上设置了 VoiceOver 辅助功能，便于盲人无障碍使用移动通信设备，支持包括汉语、英语、法语、日语、德语、意大利语以及捷克语在内的 30 余种语言。2011 年，苹果公司将智能语音助手（SIRI）集成至智能手机，并于 2016 年和 2017 年不断地推出了新功能，如支持上下文预测。

3. 与视力残疾人无障碍有关的康复项目情况

据《中国残疾人福利基金会年报（2015 ~ 2018 年）》记载，与』视力残疾人相关的公益康复项目主要包括“集善扶贫健康行——眼病项目（白内障）”以及“启明行动”中的“白内障复明项目”和“青光眼助残项目”。细而观之，4 年以来，“集善扶贫健康行”项目的资助金额、资助省市及资助对象的变化呈“抛物线”模式，即由低点转向高点并再次渐至低点。“白内障复明项目”在资助金额、资助省市及资助对象的变化中表现为“K线”模式，即高点和低点交替出现。通过分析现有数据，“青光眼助残项目”在资助金额、资助省市及资助对象的变化中表现为不规则的模式，如表 8 所示。同时，也有其他公益项目，如 2018 年“农村助困——青光眼防治项目”的资助金额为 56 万元，资助宁夏、陕西等 10 个地区，免费手术 70 例，免费药物治疗 368 例。

**表 8　中国视力残疾人公益康复项目情况统计**

| 年　份 | 集善扶贫健康行：眼病项目(白内障) | | | 启明行动：白内障复明项目 | | | 启明行动：青光眼助残项目 | | |
|---|---|---|---|---|---|---|---|---|---|
| | 资助金额（万元） | 资助省市（个） | 资助对象（万人） | 资助金额（万元） | 资助省市（个） | 资助对象（万人） | 资助金额（万元） | 资助省市（个） | 资助对象（万人） |
| 2015 | 1021 | 10 | 1 | 1856 | 18 | 1. 7 | 1100 | 2 | 1 |
| 2016 | 8298 | 27 | 8 | 403 | 1 | 0. 38 | 500 | 6 | 0. 05 |
| 2017 | 4316 | 20 | 4 | 765 | 11 | 0. 7 | 400 | 2 | — |
| 2018 | 631 | 11 | 0. 3 | 80 | 2 | 0. 06 | 600 | 2 | — |

数据来源：中国残疾人福利基金会网站，http：//www. cfdp. org. cn/jjhnb/。

## 三 日本视力残疾人无障碍发展经验借鉴

### （一）日本视力残疾人无障碍发展建设背景

日本的无障碍环境建设位于世界前列，将细节处理得十分周到、完善，与完备的法律法规及标准体系是紧密相关的。从法令层面到国土交通省令层面，再到地方政府都制定了配套的规章制度，国家层面颁布《促进老龄人、残障人无障碍移动法》《促进老龄人、残障人无障碍移动的法律施行令》，省级层面制定《无障碍设计标识省令》《无障碍设计诱导基准省令》《促进老龄人、残障人无障碍移动施行规则》，地方政府则出台《无障碍设计条例》。日本无障碍环境建设的制度依据形成了一个完整的体系，在横向层次，有不同的法律法规作为基础保障；在纵向层次，各级政府均设计了相关的无障碍制度。细化及实用的法律条文为视力残疾人的无障碍发展提供了基础性保障。

### （二）日本视力残疾人无障碍发展现状

1. 建筑物无障碍的连续性

日本建筑物内的无障碍建设体现了无缝对接的特点，具有一定的连续性。第一，室内盲道。日本部分公共建筑物设置了室内盲道，并将室内、室外盲道连成一体，这在我国是较为鲜见的。这些公共建筑主要是指视力残疾人经常出入的场所，如车站、行政办公类建筑以及各类活动中心等。室内盲道设计充分考虑视力残疾人在场所内的各种需求，如行进、咨询、办事以及日常生活等，盲道的设计与公共建筑物中电梯或楼梯、问询台、服务台以及卫生间等紧密相连。第二，电梯。在日本，公共建筑物无论高层或低层，一般都会设置电梯。最新设计的电梯会安置各个楼层的盲文介绍图。除了盲文楼层按键，电梯内亦会进行语音播报，以方便视力残疾人进出。第三，楼梯。日本楼梯的无障碍设计注重考虑其安全性，包括设置高、低双层扶手，为所有楼梯设计防滑条，在楼梯段间（或称休息平台）设置盲道以提醒即将转角或进入下一段楼梯等。

2. 道路与交通无障碍的普遍性

日本室外盲道的设置是非常普遍的，如在步行街、公园和海边绿带随处可见。室外盲道设计的细致之处在于“人行横道设置盲道”，这致使室外盲道的连贯性变强，保障视力残疾人穿越人行横道的安全性，同时，为他们设置专用过街按钮以及盲用信号灯。日本公交车站的无障碍设计主要体现在盲道，有的车站在站台处设置配有盲文的按钮，视力残疾人上车前可按此按钮提醒司机。以日本东京的高速巴士总站为例，它位于新宿站区域内，而新宿站区域日均客流量逾400万人次，是东京最为繁忙的交通中枢系统之一。东京高速巴士总站为视力残疾人提供了完整的无障碍路线，室内室外盲道遍及各处，基本实现无缝对接。中黄色盲道加设了黑色边缘，便于其他乘客辨认，也是引导至各个服务点的重要提示。

3. 公园无障碍的人性化

以日本大阪的大泉绿地公园内的感官花园为例。20世纪90年代，设计师三宅祥介将通用设计理念应用到感官花园的设计中。第一，道路两侧的墙体嵌入高低两种不锈钢扶手，并贯通整个园区，扶手背面刻有描述景致的盲文信息，不同区域使用特定的墙体纹理材质以便于视力残疾者辨识所处位置，进而形成完善的无障碍物理导航系统。第二，园区设置各种信息牌，包括音频信息牌、盲文信息牌和触觉显示器等。如盲文导航图在盲文标识的基础上增加语音提示，使用者通过触摸音频系统来获取相关信息。第三，在景观设计部分，感官花园安置抬高的植物种植床与水面，让所有人（包括视力残疾人）都能够更直观地接触水生植物或水面，丰富使用者感官体验的同时，增加其游玩的娱乐性和趣味性。

### （三）日本视力残疾人无障碍发展的经验

第一，完善的立法机制。日本的无障碍环境建设拥有完善的立法机制，立法注重细节及实用、操作性极强，且有落实、详细的罚则。第二，基于结果标准的普及化评价制度。日本将无障碍评价制度的关注焦点从设计过程转向对环境无障碍实施效果的后期验证，即普遍采用公共交通综合体无障碍度评价，而评价者为无障碍化设计的使用者，也就是说，除了视力残疾人群，特定情形下受益于无障碍环境的普通人也会成为无障碍化的评价者。第三，通用设计的理念。公共空间的视力残疾人无障碍建设在考虑服务这一群体个性化特征的基础上（如日本国家法令针对视力残疾者，对盲道砖的种类、材质、铺设组合方式做出了细节化的要求），从通用设计的理念出发，不断地扩展适用对象，如大泉绿地公园的景观设计。[①] 第四，以人为本的理念。日本的无障碍环境建设体现了人文关怀与以人为本，注重全民无障碍意识的培养，重视无障碍设施建设的连续性、普遍性以及人性化。

## 四　中国视力残疾人无障碍发展的问题分析

### （一）法制建设力度仍显不足

纵观无障碍环境法律法规及标准体系发展的探索阶段、全面实践阶段和全面提升阶段，《方便残疾人使用的城市道路和建筑物设计规范（试行）》《城市道路和建筑物无障碍设计规范》《导盲犬》国家标准以及《银行无障碍环境建设标准》等文件中均提及视力残疾人无障碍环境建设，这些规范的颁布与执行表明视力残疾人无障碍逐渐受到社会各界的关注。同时，《残疾人保障法》等虽然涉及视力残疾人的无障碍发展，但是多为宏观性条款。与残疾人无障碍发展相关的关键性事件多为“规范”“通知”“方案”与“标准”的颁布，虽然也有翔实及细致的规定，但依然有很多内容较为笼统，其操作空间受到限制。国家层面的立法较为缺失，尚未有针对视力残疾人无障碍的专项立法，宣传性引导或倡议性措施无法满足视力残疾人无障碍

① 宫晓东、〔日〕高桥仪平：《日本无障碍环境建设理念及推进机制分析》，《北京理工大学学报（社会科学版）》2018 年第 2 期，第 168～172 页。

环境建设的发展，难以从现实中真正满足他们在生活中的需求，甚至是最基本的需求，更加无法谈及整体环境的无障碍。

### （二）无障碍生活设施体系还不能完全满足社会需求

视力残疾人无障碍生活设施的建设现状能够很好地体现这一区域的文明程度，对区域现代化文明形象的塑造具有非常重要的意义。就我国视力残疾人无障碍生活设施发展现状而言，近年来，政府在不断地批量投入人、财、物来建构视力残疾人无障碍生活设施，但实际效果并非特别理想，存在的主要问题表现在如下几个层面：第一，无障碍生活设施的种类相对比较单一，需要逐步完善。相关设施比较少且并不配套，如音响信号、声响标志、室内盲砖以及专用导盲设备等均相对不足。第二，无障碍生活设施的建设在人性化方面的考虑不够突出。有关视力残疾人的表达有“Persons with Visual Disabilities”和“Visual Disabled Persons”两种，究竟是突出“人”，还是突出“视力残疾”，是值得我们深虑的，以人为本应是建设无障碍生活设施所遵从的理念。第三，无障碍设施设计不够规范，难以满足实际需求。部分居民住宅与社区、公共交通和过街通道在无障碍建设方面存在薄弱环节，即便有，也仅局限在点上，是散状的，区域性无障碍发展亟待进一步加强。第四，无障碍设施的监督力度和管理力度不够。无障碍设计标准与规范没有被规范的执行，工程验收关没有有效把牢。很多已建成生活设施的日常管理和后期维修不善，造成无障碍设施无法正常使用，形同虚设。

### （三）无障碍教育整体环境缺乏成熟的机制

无障碍教育环境的建设主要体现在学前教育、义务教育以及高等教育三个阶段。首先，在学前教育阶段，基于入园人数偏少，无障碍教育环境还未受到社会各界足够的重视与关注。其次，在义务教育阶段，无障碍教育环境主要体现在特殊教育学校物理环境的建设以及公益项目的开展。特殊教育学校无障碍物理环境的建设标准需要进一步地细化及更新，如呼和浩特特殊教育学校是地区规模最大，成立最早，并集视障、听障及培智于一体的综合型公办特殊教育学校，然而其在交通空间内无法满足视力残疾学生行走畅通，需要进行无障碍空间设计改造；[①] 公益项目的开展不应仅关注物质层面，资助的范围、形式及内容也需要进一步的扩大。最后，在高等教育阶段，为突出引领示范作用，树立了建设无障碍教育环境的六所试点高校，但这是远远不够的。现阶段，接收残障学生接受高等教育的院校越来越多，残疾人高等教育无障碍环境的整体建构需要进一步提升。

### （四）无障碍个人辅助器具（项目）不够契合

从基本康复服务、辅助器具供应服务以及康复训练服务机构方面分析，近年来，我国视力残疾人个体物理辅助情况发生了一些变化，获得了一定的发展，但不够明显。而基于视障市场的现实状况，我国各类视障产品的市场份额不足，亟待进一步开发。随着现代文明理念的发展，视力残疾无障碍个人辅助器具不够契合，存在进一步改进及优化的空间，通过获得相应合理便利，以满足其基本的生活需要。同时，随着现代科学技术的极速发展，视力残疾无障碍个人辅助器具不断地融入新技术、新能源和新手段，视力残疾人通过替代方式实现了很多过去无法完成的事情。然而，这种无障碍亦会引发另一种问题，即视力残疾人群体的实际外出、面对面交流等最基本的社会互动形式也会随之减少，这对于他们的社会性发展来说是不利的。

### （五）公众意识存在明显的局限性

美国学者威廉·肯纳德提出，“无障碍环境体现的是设计特色，而不是附加的成分”，这便是无障碍意识的体现。一方面，法律法规及标准通过“自上而下”的模式引导社会公众无障碍意识；另一方面，社会公众无障碍意识亦通过民众经验的累积以“自下而上”的方式推动制度变迁，两者之

① 吴启峰、白胤、薛芸：《呼和浩特特殊教育学校交通空间无障碍环境设计改造研究》，《甘肃科技纵横》2019 年第 5 期，第 44～47 页。

间相辅相成，相得益彰。借此，在制度建设力度明显不足的社会背景下，民众的无障碍意识存在一定的局限性，如对视力残疾人的认识存在传统误区，对他们有习惯性的不尊重，对其帮助不够契合。社会民众普遍认为，视力残疾人无障碍建设覆盖面小、利用率低，抑或说，无障碍环境与健全人士是无关的，而实际上，相关的无障碍设施不仅可以服务于视力残疾人群体，更与每一位社会成员息息相关，是一项基本的公共服务供给。因此，无障碍环境不足与社会成员的个体认知紧密相关，存在时代特征的局限性，即制度建设尚处于补充与完善的阶段。作为无障碍环境建设的重要组成部分，公众无障碍意识的建设还存在很大的提升空间与提升必要。

## 五 中国视力残疾人无障碍发展对策建议

### （一）推动无障碍环境建设在实践层面的落实

如果视力残疾人无障碍建设还只是停留在研讨层面，或等待下一个关键性历史事件（如北京 2022 年冬残奥会）的推动，抑或处于标准及规范的新增及修订，或者停留在宣传与倡议阶段，那么，无障碍建设的实质性发展及变化究竟会出现在何时？与视力残疾人无障碍发展有关的制度体系应予以完善，国家层面的无障碍法规建设应将标准规范细化及提高，并做出明确规定；地方层面结合区域特色制定针对性条款；各级政府择取适当时机制定视力残疾人无障碍建设专项法规。在无障碍发展有法可依、有法必依的前提下，践行执法必严和违法必究。即视力残疾人无障碍发展应落到实处，在充分调研的前提下，制订视力残疾人无障碍发展计划，并将无障碍理念融入区域发展整体规划，严格执行问责制度，在考虑细节与整体并重的基础上，促进视力残疾人无障碍建设的实质性发展。

### （二）推动无障碍环境建设的区域无障碍发展

我国可以借鉴日本在无障碍环境建设中采取的“优先发展区域”项目

推进策略，从公共建筑领域和公共交通出行入手，推进区域系统性无障碍环境建设。优先发展区域是通过调查民众意见，选取急需改进的片区，以公共交通中心或重要的基础设施为中心，用无障碍路线将片区串联起来，从而形成系统性的区域无障碍环境。从单体无障碍向区域无障碍的转变，表明我国的无障碍发展不再只是强调单体设施，而是强调区域无障碍，将无障碍设施与周边环境一体化考虑。当更多的优先发展区域完成了无障碍建设或改造，并串联在一起，便会形成更大的、更系统的区域无障碍环境。在这样一种模式下，视力残疾人无障碍环境亦会获得显著发展。

### （三）推动社会民众观念无障碍的发展

环境无障碍属于视力残疾人无障碍发展的外部保障，观念无障碍则为其发展的内在动力。环境无障碍是前提与基础，观念无障碍能够起到催化与推动作用。关注观念无障碍体现了无障碍建设重视民众意识和责任的培养。观念无障碍的实施路径主要从三个层面开展，一是政府制定法律法规体系，健全的法律法规体系和一系列奖惩政策为观念无障碍的发展奠定基础；二是各类媒介进行积极的宣传和倡导，为观念无障碍的发展提供良好的文化氛围；三是各级各类教育机构进行无障碍意识的培养，包括从小学阶段开始培养，也包括除学校以外的教育培训机构融入无障碍教育内容。国民意识的提高加上完善的环境体系建设，将为推动视力残疾人无障碍发展奠定潜移默化的社会基础。

### （四）推动通用无障碍设计范式的发展

根据《世界残疾报告》数据显示，全世界的残疾率为15%左右，涉及的人口总量逾10亿大关，其中接近2亿人有着相当严重的功能性障碍。在未来几十年，全世界残疾率将进一步上升，视力残疾人群体也必然随之增长，这也成为21世纪可持续发展所面临的重要社会问题之一。在此背景下，并伴随社会经济文明的发展，发达国家的无障碍建设产生新的动向，其中包括适用对象的扩展，也就是从个性化设计向通用设计转变。如美国2010年

颁布的《残疾人法案无障碍设计标准》即体现了通用设计的发展趋势。通用设计强调了经济性、公平性、省力性和容错性等特征。清华大学于2018年10月召开“包容与多样：无障碍发展趋势国际学术大会”，并发布《通用无障碍发展北京宣言》，呼吁全社会各个层级都以通用无障碍的范式为基础。[①] 我国视力残疾人无障碍设施及环境建设需要从个性化设计向通用设计转变，将通用无障碍发展范式作为行动关键，包括视力残疾在内的所有残疾人士的出行率等都将大幅提升，城市文明程度显著提高，并充分体现以人为本的理念和人道主义精神。

## 参考文献

〔英〕科林·巴恩斯、杰弗·默瑟：《探索残障：一个社会学引论》，葛忠明、李敬译，人民出版社，2017。

吕世明：《我国无障碍环境建设现状及发展思考》，《残疾人研究》2013年第2期。

刘琼莲：《残疾人均等享有公共服务问题研究》，天津人民出版社，2015。

孙玉梅：《残疾人社会融合支持体系研究》，南京师范大学出版社，2016。

① 邵磊：《通用无障碍发展的理念与挑战——〈通用无障碍发展北京宣言〉侧记》，《残疾人研究》2018年第4期，第22~26页。

**B**.4

# 中国听力和言语残疾人无障碍发展报告（2019）

杨会良　黄璐娅*

**摘　要：** 本报告回顾了改革开放以来我国无障碍环境建设的发展历程，并以2012~2018年为时间段，从生活、教育、康复及服务四个方面阐述了我国听力和言语残疾人无障碍发展的现状，分析了当前听力和言语残疾人无障碍发展所面临的法律法规和标准体系仍不完善、无障碍设施建设的针对性不足、影视易用服务的适切程度不高、手语翻译服务状况不佳、社会公众对听力和言语无障碍认识不到位等问题，并提出应从提高法律法规和标准体系的完备性、加强听力和言语残疾人无障碍设施建设的针对性、改善影视易用服务提供的适切性、促进手语翻译服务在全社会的推广和普及、强化社会公众的无障碍观念和意识等五个方面进行优化。

**关键词：** 听力残疾人　言语残疾人　无障碍环境

## 一　中国听力和言语残疾人无障碍建设背景

### （一）我国听力和言语残疾人现状

听力残疾是指人由于各种原因导致双耳不同程度的永久性听力障碍，听

* 杨会良，博士，南京特殊教育师范学院管理学院（无障碍管理学院）院长、教授、博士生导师，研究领域：公共管理、无障碍管理；黄璐娅，河北大学管理学院教育经济与管理专业2018级硕士研究生，研究领域：教育经济与管理。

不到或听不清周围环境声及言语声，以致影响其日常生活和社会参与。① 言语残疾则是指由于各种原因导致的言语障碍（经治疗 1 年以上不愈或病程超过 2 年者），不能进行正常的言语交往活动（3 岁以下不定残）。包括：失语、运动性构音障碍、器质性构音障碍、发声障碍、儿童言语发育迟滞、听力障碍所致的言语障碍、口吃等。②

根据第六次全国人口普查及第二次全国残疾人抽样调查的相关数据，中国残疾人联合会（以下简称“中国残联”）推算出 2010 年末我国残疾人口数为 8502 万。其中听力残疾 2054 万，言语残疾 130 万，二者合计占残疾总人数的 25.69%，是我国第二大残疾群体。③ 2017 年 11 月，国家卫生和计划生育委员会在中国防聋大会上表示，我国听力残疾人数每年还将以 2.3 万的速度增长。④ 随着听力和言语残疾人数量的不断增多，促进听力和言语残疾人无障碍的发展刻不容缓。

## （二）我国听力和言语残疾人无障碍环境建设发展历程

无障碍环境建设作为全新概念，是伴随着我国改革开放和经济社会快速发展的进程以及我国残疾人事业、老年人事业不断发展引入我国的。20 世纪 80 年代，我国无障碍设施建设开始起步，从无到有，从点到面，渐次展开。回顾无障碍 40 多年的发展历程，我国听力和言语残疾人无障碍环境建设经历了 4 个阶段。

### 1. 初步探索阶段（1985～1988年）

1985 年 3 月，中国残疾人福利基金会、北京市残疾人协会、北京市建筑设计院联合举办“残疾人与社会环境研讨会”，共同发出“为残疾人创造

---

① 出自《残疾人残疾分类和分级》国家标准第 4.3 条。

② 出自《残疾人残疾分类和分级》国家标准第 4.4 条。

③ 中国残疾人联合会：《2010 年末全国残疾人总数及各类、不同残疾等级人数》，中国残疾人联合会网，2012 年 6 月 26 日，http://www.cdpf.org.cn/sjzx/cjrgk/201206/t20120626_387581.shtml。

④ 国家卫计委：《残疾性听力损失每年新增 2.3 万人》，央视网新闻频道，2017 年 11 月 11 日，http://news.cctv.com/2017/11/11/ARTIl0TuKFEp6vYBb1GIXPhD171111.shtml。

便利的生活环境”的倡议，首次提出了无障碍概念。

1986年7月，建设部、民政部、中国残疾人福利基金会合作编制《方便残疾人使用的城市道路和建筑物设计规范（试行）》，这一《规范》主要面向肢体残疾人与视力残疾人，但也对日后听力和言语残疾人的无障碍发展蓄力立规起到了一定的促进作用。

这一阶段，我国听力和言语残疾人无障碍环境的建设开始起步，揭开了听力和言语残疾人无障碍发展的序幕。

2. 建章立规阶段（1989~2008年3月）

1989年4月，《方便残疾人使用的城市道路和建筑物设计规范（试行）》颁布实施，标志着我国无障碍环境建设规制化的开始。

1990年12月，第七届全国人大会常务委员会第十七次会议通过《中华人民共和国残疾人保障法》（以下简称《残疾人保障法》），对包括听力和言语残疾人在内的残疾人康复、教育、文化生活等方面做出相关规定。其中，“特殊教育教师和手语翻译，享受特殊教育津贴”“政府有关部门应当组织和扶持盲文、手语的研究和应用”“开办电视手语栏目，在部分影视作品中增加字幕、解说”从听力和言语残疾人享有的师资、辅助手段和文化生活方面提出了较为具体的要求。

1993年12月，我国政府通过《残疾人机会均等标准规则》，承诺制定办法使信息服务和各种文件做到对各类残疾人均无障碍，使用适当技术使听力残疾人无障碍地获得语言信息；考虑在聋童教育中使用手语；以及提供手语传译服务方便聋人交流，体现了对听力和言语残疾人在信息交流方面所拥有的特殊权利的保障。

2008年3月，中共中央、国务院颁布《关于促进残疾人事业发展的意见》，指出公共机构要提供文字提示、手语等无障碍服务，影视作品和节目要加配字幕，网络电子信息和通信产品要方便残疾人使用，体现了国家为听力和言语残疾人信息交流无障碍创造条件的考虑。

至此，我国听力和言语残疾人无障碍环境的建设走上正轨，国家开始从文化生活、信息交流等多方面入手，推动听力和言语残疾人无障碍的发展。

3. 内涵拓展阶段（2008年4月~2011年）

2008 年 4 月，第十一届全国人大常委会第二次会议对《残疾人保障法》进行了修订，我国无障碍环境建设得到了进一步强化。修订后的《残疾人保障法》将“无障碍环境”专设一章，不仅提出国家要与社会一同研制、开发适合残疾人使用的信息交流技术和产品，同时也指出公共服务机构和公共场所应当为听力和言语残疾人提供文字提示、手语等信息交流服务。我国听力和言语残疾人无障碍的发展取得了较大进步。

2009 年 5 月，国务院转发《关于进一步加快特殊教育事业发展意见的通知》，除了对不同地区的听力、视力和智力残疾儿童的义务教育入学率分别做出规定，还提出要继续开展手语研究，使其更具科学性、实用性。

2011 年 12 月，财政部、中国残联印发《中央专项彩票公益金支持残疾人事业项目资金管理办法》，对包含承担贫困听力残疾人佩戴助听器支出的康复项目等 5 个项目资金的使用范围、组织实施、预算编制和监督检查做出了相关规定，规范了中央专项彩票公益金在支持听力和言语残疾人事业方面的使用和管理。

这一时期，听力和言语残疾人无障碍环境的建设得到进一步强化，涉及内容延伸至特殊教育、康复等方面，丰富了听力和言语残疾人无障碍发展的内涵。

4. 依法全面推进阶段（2012年至今）

2012 年 6 月，国务院颁布《无障碍环境建设条例》，标志着我国无障碍环境建设进入依法全面推进的新阶段。在第三章“无障碍信息交流”中，从信息发布、电视新闻、公共活动等多方面制定了听力和言语残疾人无障碍的相关条例，有效地促进了听力和言语残疾人无障碍的发展。

2012 年 9 月，住房和城乡建设部批准发布了《无障碍设计规范》，这一设计规范将听力和言语残疾人无障碍环境的建设纳入其中，提出要为其设置提示报警器等服务设施以及视频手语等服务设备，以满足其信息交流无障碍的发展。

2014 年 1 月，教育部、国家发展改革委员会等 7 个部门联合制定发布了《特殊教育提升计划（2014—2016年）》，提出到2016年视力、听力、智力残疾儿童少年义务教育入学率要达到90%以上①，还指出要研究制定聋校课程标准并编制义务教育课程教材，为听力和言语残疾学生接受教育提供了更为规范的指导。

2015年10月，中国残联、教育部、国家语委、国家新闻出版广电总局联合制定的《国家手语和盲文规范化行动计划（2015—2020年）》正式颁布，加快手语规范化工作进程的同时也突出了对听力和言语残疾人语言文字权利的保障。

2016年8月，国务院颁布《“十三五”加快残疾人小康进程规划纲要》，在信息交流、辅助器具以及手语等方面制定了相关条例，为“十三五”期间促进听力和言语残疾人无障碍发展指明了方向。其中，信息交流方面，提出开展窗口服务行业通用手语学习活动，推动全国大中城市聋人信息中转服务平台建设等要求；辅助器具方面，提出要普及助听器等辅助器具；手语方面，提出要推广国家通用手语，开展手语人才培养并建立手语翻译相关制度。

2016年9月，中国残联、住房和城乡建设部等13个部门联合发布《无障碍环境建设“十三五”实施方案》，强调推广信息交流服务、研制信息无障碍通用产品和技术以外，还提出要推动聋人信息消费支持政策的制定，推进聋人手机短信服务平台建设及全面实施方便聋人短信报警服务，为听力和言语残疾人的生活提供了更多便利。

2017年12月，中国残联、工业和信息化部颁布《关于支持视力、听力、言语残疾人信息消费的指导意见》，提出基础电信企业、互联网企业及数字电视企业等要给予听力和言语残疾人适当费用优惠，还要求各地残联、通信管理局积极争取信息消费补贴，有效减少了听力和言语残疾人的信息交流成本。

① 2017年7月，《第二期特殊教育提升计划（2017—2020年）》将残疾儿童少年义务教育入学率及实现年限修改为“到2020年达到95%以上”。

2018年6月，中央宣传部、中国残联等5个部门联合印发《关于推广国家通用手语和国家通用盲文的通知》，要求努力打造国家通用手语骨干队伍，强化关键领域人员使用国家通用手语的能力以及提高国家通用手语的社会关注度，将通用手语的推广工作提上日程。

2018年7月，国务院颁发《关于建立残疾儿童康复救助制度的意见》，提出为0~6岁听力、言语等残疾儿童提供康复手术、辅助器具配置和康复训练等方面的救助，对改善听力和言语残疾儿童的康复状况起到了显著作用。

2018年8月，最高人民法院、中国残联印发《关于在审判执行工作中切实维护残疾人合法权益的意见》，提出在诉讼过程中为听力和言语残疾当事人提供手语辅助服务，对被告人依法实施从宽量刑，切实保障了听力和言语残疾人的合法权益。

30多年来，我国听力和言语残疾人无障碍环境建设的内容已由单纯的物质环境硬件建设，向全方位的社会环境建设延伸；已从听力和言语残疾人的专用品发展到通用设计；从有形的公共设施、设备、信息等到无形的法规制度、行为习惯、社会心理、公共意识等转变。目前，无障碍环境建设法律法规及标准体系逐步完善，形成了较为完备的听力和言语残疾人无障碍环境建设的法规体系，为其依法推进提供了法制保证，极大地推动了听力和言语残疾人无障碍事业的发展。

## 二　中国听力和言语残疾人无障碍发展现状

尽管无障碍环境理念进入我国较晚，但近些年来，在国家的大力支持和推动下，听力和言语残疾人无障碍生活（文化、语言、居家等）、无障碍教育（学前、义务、高中段、高等教育等）、无障碍康复（个体物理辅助项目、接受听力言语功能训练、接受公益项目救助等），以及无障碍服务（字幕化文字提示、短信报警求助、手语翻译等）等方面都得到了蓬勃发展，取得了显著成就。

## （一）听力和言语残疾人无障碍生活现状

1. 电视手语栏目的开设

1984 年 10 月 30 日 10 点 30 分，广东电视台《聋人手语》栏目正式开播，标志着我国第一个电视手语栏目的诞生。[①] 近年来，我国电视手语栏目的发展势头良好，促进了听力和言语残疾人无障碍文化生活的发展。

从整体分析，由表 1 可见，除 2013 年，2012 ~ 2018 年我国开设的省级电视手语栏目数量为 29 ~ 31 个，数量波动幅度很小，说明我国省级电视手语栏目发展相对平稳。地市级电视手语栏目的开设数量上，2018 年为 264 个，较 2012 年增长了 80 个，涨幅达到 43.48%，6 年间除 2014 年，其余所有年份较前一年而言均有所增加，说明我国地市级电视手语栏目的发展从 2012 年至今大致呈增长趋势，体现了各地对听力和言语残疾人无障碍文化生活的重视。

**表 1　十八大以来我国省级、地市级电视手语栏目数量**

单位：个

| 年　份 | 省　级 | 地市级 | 年　份 | 省　级 | 地市级 |
|---|---|---|---|---|---|
| 2012 | 30 | 184 | 2016 | 29 | 240 |
| 2013 | 36 | 227 | 2017 | 31 | 254 |
| 2014 | 30 | 201 | 2018 | 31 | 264 |
| 2015 | 29 | 233 | | | |

数据来源：2013 ~ 2018 年《中国残疾人事业统计年鉴》及《2018 年中国残疾人事业发展统计公报》。

注：本文中数据均不包括港澳台地区。

从不同地区分析，表 2 说明的是 2017 年我国省级、地市级电视手语栏目分地区的开设情况。从省级电视手语栏目的开设情况来看，除河北、江西、山东、湖北、湖南、西藏、宁夏、新疆以及黑龙江垦区，其余 24 个地

① 穆晓林：《荧屏上一道亮丽的风景线——记广东电视台聋人手语节目》，《中国残疾人》2000 年第 4 期，第 4 ~ 6 页。

区的开设情况差异不大，均设有至少 1 个省级电视手语栏目，其中，北京、天津、黑龙江、江苏以及青海分别设有 2 个，浙江为 3 个，居首位。从地市级电视手语栏目的开设情况来看，江苏、安徽和重庆的开设数量较多，均在 15 个及以上，其中重庆为 25 个，居首位；北京、湖南和海南开设数量较少，均在 3 个及以下，其中海南仅设有 1 个，居末位。

**表 2　2017 年分地区我国省级、地市级电视手语栏目数量**

单位：个

| 地　区 | 省　级 | 地市级 | 地　区 | 省　级 | 地市级 |
|---|---|---|---|---|---|
| 全　国 | 31 | 254 | 湖　北 | — | 8 |
| 北　京 | 2 | 3 | 湖　南 | — | 3 |
| 天　津 | 2 | 4 | 广　东 | 1 | 11 |
| 河　北 | — | 10 | 广　西 | 1 | 6 |
| 山　西 | 1 | 5 | 海　南 | 1 | 1 |
| 内蒙古 | 1 | 8 | 重　庆 | 1 | 25 |
| 辽　宁 | 1 | 13 | 四　川 | 1 | 7 |
| 吉　林 | 1 | 8 | 贵　州 | 1 | 6 |
| 黑龙江 | 2 | 6 | 云　南 | 1 | 10 |
| 上　海 | 1 | 14 | 西　藏 | — | — |
| 江　苏 | 2 | 15 | 陕　西 | 1 | 8 |
| 浙　江 | 3 | 11 | 甘　肃 | 1 | 13 |
| 安　徽 | 1 | 16 | 青　海 | 2 | 4 |
| 福　建 | 1 | 8 | 宁　夏 | — | 4 |
| 江　西 | — | 5 | 新　疆 | — | 4 |
| 山　东 | — | 10 | 新疆生产建设兵团 | 1 | — |
| 河　南 | 1 | 8 | 黑龙江垦区 | — | — |

数据来源：《中国残疾人事业统计年鉴（2018）》。

2. 手语的普及与规范化建设

手语作为听力和言语残疾人的语言，近年来，国家开展了许多手语普及与规范化建设的工作，促进了听力和言语残疾人语言生活的无障碍。

2011 年，教育部、国家语委等部门共同设立重大科研课题，支持国家通用手语标准的研制。2015 年，“国家通用手语标准研制”课题研究工作顺利完成，形成《国家通用手语常用词表》草案，在全国26个省（直辖市、自治区）的55个单位进行了为期一年半的试点工作，而后进行进一步完善。2018年5月24日，收录听力和言语残疾人使用频率较高、较稳定的5300个手语常用词的《国家通用手语常用词表》作为语言文字规范发布，自2018年7月1日起实施。作为推广国家通用手语重要载体之一的《国歌》国家通用手语版，也于2018年9月1日正式发布。

与此同时，手语信息采集活动的开展工作和国家通用手语骨干人员培训班的举办工作也在持续进行。2017年，我国手语信息采集点数量增加至12个，在国家手语和盲文研究中心、中国聋协手语研究和推广委员会的指导下完成了6期手语词语采集（主要涉及购物、饮食、交通、医疗和法律行业）。2018年，中国聋人协会分别在北京、贵阳、苏州、长沙举办了国家通用手语骨干培训班，200人顺利结业。

3. 听力残疾人普通话的培训和测试

许多听力残疾人的言语机能并未完全丧失，对其进行普通话的培训和测试既是保障其平等享有语言权益的重要措施，也是促进听力残疾人实现语言生活无障碍的有效途径。

2015年4月12日至17日，中国盲文手语推广服务中心①在南京市举办了全国首场听障人员普通话水平测试，来自江苏省34所特殊教育学校的近70名听障从教人员参加了集训，其中，39人普通话水平达到江苏省教师从业要求的二级标准。2018年4月23日至26日、11月24日至29日中国盲文手语推广服务中心分别举行了第四、第五期听障人员普通话集训班。不同于以往，这两期普通话集训班不仅面向全国听障人员开放，同时还接收了许多非特殊教育从教人员，扩大了培训和测试范围。2015年至今，听力残疾人普通话水平的测试总人数达372人，涉及24个省（直辖市、自治区），得到听力残疾人的热烈反响。

① 国家语委与南京特殊教育师范学院共建，成立于2013年。

4. 听力和言语残疾人家庭的无障碍改造

对听力和言语残疾人进行家庭无障碍改造是提高其生活质量的重要举措，同时也能够有效推进听力和言语残疾人居家生活无障碍的发展。

2016～2018 年，中国残联联合各地党委和政府，在全国范围内推动家庭无障碍改造。分析家庭无障碍改造总数，如表 3 所示，共有 298 万户残疾人家庭受益，其中贫困重度残疾人家庭无障碍改造 40.1 万户。残疾人家庭无障碍改造工作的顺利开展，反映出国家对包括听力和言语残疾人在内的残疾人家庭无障碍改造需求的重视。

**表 3　2016～2018 年我国残疾人家庭无障碍改造情况**

单位：万户

| 年　份 | 残疾人家庭改造数 | 贫困重度残疾人家庭改造数 |
|---|---|---|
| 2016 | 115.8 | 16.6 |
| 2017 | 89.2 | 10.5 |
| 2018 | 93 | 13 |

数据来源：2016～2018 年《中国残疾人事业发展统计公报》。

从各地出台的政策上分析，江西、湖北、黑龙江等多省（直辖市、自治区）都将听力和言语残疾人家庭无障碍改造的具体内容写入了家庭无障碍改造工作相关文件中，例如 2017 年 12 月，贵州省残联等 4 部门共同印发《贵州省贫困重度残疾人家庭无障碍改造实施方案》，提出为听力和言语残疾人家庭安装闪光可视门铃，配置闪光报警水壶、专用电磁炉等，并为有需求的听力残疾人配置助听器，为有需求的言语残疾人配置交流板；2018 年 2 月，广西壮族自治区残联印发《广西贫困残疾人家庭无障碍改造工作实施方案》，将听力和言语残疾人家庭无障碍改造内容划分为 4 类，分别是助听器或助听电话、辅助家庭幼儿监护系统、辅助门铃提醒系统以及辅助唤醒或报警系统。改造内容的具体化、制度化为开展听力和言语残疾人家庭无障碍改造工作提供了方向。

从听力和言语残疾人家庭无障碍改造实例上分析，浙江、安徽、江西等各地积极响应国家号召，为听力和言语残疾人无障碍居家生活创造了条件。例如 2017 年 3 月，洋浦经济开发区残联对患有听力一级、言语一级残疾的陈金桃家庭进行无障碍改造，为其免费购置了闪光门铃、闪光水壶、震动闹钟及书写电子屏，满足了陈金桃对交流和生活自主方面的无障碍需求；2018 年 11 月，家住广东省江门市棠下镇的听力二级残疾患者邓学存，成为家庭无障碍改造的受益者，家中新添的智能电磁炉、智能电饭煲和闪光水壶，为其生活提供了很大便利。

## （二）听力和言语残疾人无障碍教育现状

### 1. 听力和言语残疾人接受教育情况

2017 年 2 月，国务院颁布《残疾人教育条例》，提出“国家保障残疾人享有平等接受教育的权利，禁止任何基于残疾的教育歧视”，体现了对残疾人平等接受教育权的尊重。由此可见，听力和言语残疾人顺利进入学校接受教育是其无障碍教育发展的一大体现。

如表 4 所示，我国听力和言语残疾人接受学前教育的人数在 2012 ~ 2015 年大致稳定在 3100 ~ 3400 人，2016 年有较大增长，2017 年达到 4390 人，相较于 2012 年增加了 1012 人，增幅达到 29.96%。可见，自 2016 年起，越来越多听力和言语残疾儿童接受学前教育，对其生长发育、智力发展及顺利适应义务教育都有重大意义。

**表 4　十八大以来我国听力和言语残疾人接受教育情况**

单位：人，个

| 年　份 | 学前教育人数 | 高中教育 | | | 高等教育 | |
|---|---|---|---|---|---|---|
| | | 聋普通高中数 | 聋普通高中在校生数 | 残疾人中等职业学校在校生数 | 高等特殊教育学院录取人数 | 普通高等院校录取人数 |
| 2012 | 3378 | 121 | 5555 | 4978 | 803 | 849 |
| 2013 | 3278 | 125 | 5704 | 5101 | 1133 | 1097 |
| 2014 | 3339 | 122 | 6173 | 5083 | 1343 | 966 |
| 2015 | 3153 | 85 | 6191 | 3612 | 1162 | 1092 |

续表

| 年　份 | 学前教育人数 | 高中教育 | | | 高等教育 | |
|---|---|---|---|---|---|---|
| | | 聋普通高中数 | 聋普通高中在校生数 | 残疾人中等职业学校在校生数 | 高等特殊教育学院录取人数 | 普通高等院校录取人数 |
| 2016 | 3890 | 84 | 6129 | 4406 | 1445 | 1333 |
| 2017 | 4390 | 84 | 7010 | 4717 | 1194 | 1478 |
| 总增长率(%) | 29.96 | -30.58 | 26.19 | -5.24 | 48.69 | 74.09 |

数据来源：2013～2018 年《中国残疾人事业统计年鉴》。

在义务教育阶段，教育部于2016年11月发布《聋校义务教育课程标准（2016年版）》，这一标准囊括了品德与生活、历史、生物等14门学科，其中还结合听力和言语残疾学生的身体特征，开设了沟通与交往、律动两门特色学科。2017年7月，《第二期特殊教育提升计划（2017—2020年）》提出到2020年，残疾儿童少年义务教育入学率要达到95%以上，充分展现了对听力和言语残疾学生无障碍教育的重视。

高中教育阶段是听力和言语残疾儿童完成义务教育后提升教育水平的重要环节。2014年1月，《特殊教育提升计划（2014—2016年）》提出要"全面推进全纳教育"；2016年8月，《"十三五"加快残疾人小康进程规划纲要》也规定要"大力推行融合教育"。由此，2012～2017年，我国特殊教育聋普通高中学校（班）数量由121个降至84个，大幅减少约三成，一定程度上反映了国家推进融合教育工作的积极进展。此外，5年间聋普通高中的听力和言语残疾在校学生人数由5555人增加至7010人，增幅达到26.19%；残疾人中等职业学校的听力和言语残疾在校学生人数则由4978人减少至4717人，降幅为5.24%，如表4所示。中等职业学校在校生数的降低与聋普通高中学校在校生数的增加有一定的对应关系，侧面也反映出近年来我国听力和言语残疾人的受教育水平有所提高。

我国残疾人高等教育始于1985年，滨州医学院创办残疾人临床医学系，截至2018年，已有33年的历史。近年来，残疾人高等教育事业的发展越发蓬勃。在无障碍考试招生条件建设方面，2017年4月，教育部、中国残联颁布并实施《残疾人参加普通高等学校招生全国统一考试管理规定》，提出考点、考场应根据实际情况设置文字指示标识、交流板等，允许听力残疾考生携带助听设备，对免除外语考试的听力残疾考生另计得分等规定，为听力和言语残疾学生考试无障碍提供了合理便利。2012～2017 年，进入高等特殊教育学院就读的听力和言语残疾学生由 803 人增至 1194 人，增幅达到 48.69%。进入普通高等院校就读的听力和残疾学生则由 2012 年的 849 人增至 2017 年的 1478 人，增加了七成多，高等融合教育的发展水平不断提升（见表 4）。此外，我国专业手语翻译人才的培养也依托于高等院校。目前全国专门设置手语翻译专业的高校有以下 5 所（见表 5），同时，也有一些高校在不同专业下增设了手语相关方向（见表 6），为我国听力和言语残疾人信息交流无障碍的建设工作输送了更多人才。

**表 5　手语翻译人才培养高校**

<table>
<tr><th>序　号</th><th>高校名称</th><th>专业名称</th><th>招生时间</th><th>办学层次</th></tr>
<tr><td>1</td><td>郑州工程技术学院<br>（原中州大学）</td><td>特殊教育专业<br>手语翻译方向</td><td>2004 年</td><td>本　科</td></tr>
<tr><td rowspan="2">2</td><td rowspan="2">南京特殊教育师范学院<br>（原南京特殊教育职业技术学院）</td><td rowspan="2">手语翻译专业</td><td>2005 年</td><td>专　科</td></tr>
<tr><td>2017 年</td><td>本　科</td></tr>
<tr><td>3</td><td>营口职业技术学院</td><td>特殊教育专业<br>手语翻译方向</td><td>2009 年</td><td>专　科</td></tr>
<tr><td>4</td><td>郑州师范学院</td><td>特殊教育专业<br>手语翻译方向</td><td>2010 年</td><td>本　科</td></tr>
<tr><td>5</td><td>浙江特殊教育职业学院</td><td>手语翻译专业</td><td>2015 年</td><td>专　科</td></tr>
</table>

**表 6　手语相关专业设立高校**

| 序　号 | 高校名称 | 专业、方向名称 | 招生时间 | 学历层次 |
|---|---|---|---|---|
| 1 | 复旦大学 | 语言学及应用语言学专业<br>手语语言学方向 | 2003 年 | 硕　士<br>博　士 |
| 2 | 华东师范大学 | 外国语言学及应用语言学专业<br>手语音系方向 | 2008 年 | 硕　士<br>博　士 |
| 3 | 江苏师范大学 | 播音与主持专业<br>手语播音与主播方向 | 2012 年 | 学术硕士<br>专业硕士 |

综合而言，接受各级教育的听力和言语残疾学生数量在近些年有不同程度的波动，各类学校教育机构应当关注无障碍环境的建设以适应听力和言语

残疾学生人数的变化。

2. 听力和言语残疾人校园无障碍环境建设情况

在无障碍硬件建设方面，2003 年 12 月，建设部和教育部发布《特殊教育学校建筑设计规范》，对包括聋校在内的特殊教育学校的建筑提出相应的设计要求。在“建设设计”一章中，提出聋校普通教室宜设置推拉黑板；美术教室和律动教室应当确保空间的充足性和噪音的隔断性；应设置相关语训教室进行听觉语言训练、听力检查等；宿舍教工值班室内应设置振动唤醒聋生的装置等规定。在“各类用房面积指标、层数、净高和建筑构造”一章中，提出聋校学生用房不应设置在 4 层以上；宿舍使用面积按每床 $3m^2$ 计算等规定。在“室内环境与建筑设备”一章中，提出教师面部垂直照度不宜小于 300lx；灾害广播系统应增设发出闪动信号的装置等规定。一系列设计规定为听力和言语残疾在校学生能够无障碍地学习和生活提供了良好的条件。

以广州聋人学校和杭州聋人学校为例。广州聋人学校普通教室的座位布局呈半环形，保证每位学生都能够面向教师；教室内均配置了完善的助听设备，包括 FM 射频、单独语训系统、电子扩音器、多媒体器材等，听力和言语残疾学生能够在各自班级内完成语训课程，此外，也另配有多间一对一语训教室供单独使用；教学楼均为外廊式建筑，听力和言语残疾学生在进行手语和视线交流时不会受到遮挡，为无障碍沟通提供了便利。杭州聋人学校的普通教室内也配备了包括定向 FM 射频在内的各种助听及多媒体设备，满足了听力和言语残疾学生的教学需要；专业及公共教学楼中不仅设有实验室、计算机教室、实习教室等专业用房，还设有心理教室、语训教室等康复用房；而会产生大幅度动作或噪声的律动教室、体育康复室等康复用房则设于风雨操场二层，避免对教学区的学生和教师造成干扰；学生宿舍每个床位下都配有聋机叫醒装置，起到提醒、报时、安防的作用。①

在无障碍教学方面，为解决听力残疾学生因声信号获取困难对教学造成

---

① 张翼：《基于特殊儿童障碍特征的我国特殊教育学校建筑设计研究》，华南理工大学硕士学位论文，2017。

的影响，2016 年起，部分特殊教育学校积极引进“讯飞听见智能语音课堂系统”。该系统能在课堂上将教师语音实时转化为文字信息，显示在屏幕投影上。在它的辅助下，课堂教学实现“手语 + 语音口型 + 口语字幕 + 文字讲义”多渠道的信息输入，化解了现有手语难以教授专业性强的课程的困境，教师授课内容更为精准，师生交流也更加高效。目前，北京联合大学教育学院的 8 个教室、南京特殊教育师范学院的 30 个教室均使用该系统，长春大学特殊教育学院、杭州聋人学校、宁波特殊教育中心学校、北京启喑实验学校等特教学校也都成功引进该系统。现代化信息技术设备营造了无障碍教学环境，消除了听力和言语残疾学生的学习障碍，对其在课堂上无障碍地接受教育起到了积极的作用。

## （三）听力和言语残疾人无障碍康复现状

### 1. 听力和言语残疾人个体物理辅助项目情况

我国听力和言语残疾人个体物理辅助项目可以从基本康复服务、辅助器具供应服务以及康复训练服务机构三个方面进行描述。

2016 年，《残疾人康复服务“十三五”实施方案》提出：“普遍满足城乡残疾人的基本康复服务需求。到 2020 年，有需求的残疾儿童和持证残疾人接受基本康复服务的比例达 80% 以上。”近年来，我国听力和言语残疾人基本康复服务的覆盖率稳步提升。如表 7 所示，2016 ~ 2018 年，听力残疾人接受基本康复服务人数由 18.5 万人增加至 66.1 万人，涨幅达到 257.30%，年均增长 89.02%；言语残疾人接受基本康复服务人数则由 2017 年的 4.3 万人增加至 2018 年的 7.5 万人，涨幅达到 74.42%。

**表 7　2016 ~ 2018 年我国听力和言语残疾人接受基本康复服务人数情况**

单位：万人，%

| 项　目 | 2016 年 | 2017 年 | 2018 年 | 三年总增长率 | 三年平均增长率 |
|---|---|---|---|---|---|
| 听力残疾 | 18.5 | 40.7 | 66.1 | 257.30 | 89.02 |
| 言语残疾 | — | 4.3 | 7.5 | 74.42 * | 74.42 |

数据来源：2017 ~ 2018 年《中国残疾人事业统计年鉴》及《2018 年中国残疾人事业发展统计公报》。

* 《中国残疾人事业统计年鉴（2017）》中并未对 2016 年言语残疾人接受康复服务的总体情况进行陈述，故此处数据空缺，相关增长率的计算由 2017 年开始。

听力和言语残疾人接受的辅助器具供应服务以助听器适配和人工耳蜗手术为主。近年来，听力和言语残疾人无障碍地接受辅助器具供应服务的情况良好。如表 8 所示，2012 年接受辅助器具供应服务的听力和言语残疾人数为 15826 人，之后五年均在 16400 人以上，其中 2014 年达到 26338 人，2016 年的受益人数为 177318 人，2017 年更是高达 306063 人。虽然统计口径有所差别，但从数值上能明显看出越来越多听力和言语残疾人的辅助器具适配问题得到了解决。分地区而言，如表 9 所示，2017 年，浙江、河南、甘肃接受辅助器具供应服务的听力和言语残疾人数较多，均超过 2 万人，其中浙江为 29222 人，居首位；上海、西藏、黑龙江垦区的受益人数较少，均不足 400 人，其中西藏仅有 55 人，居末位。

**表 8　十八大以来我国听力和言语残疾人接受辅助器具供应服务情况**

单位：人

| 年　份 | 辅助器具供应服务 | 年　份 | 辅助器具供应服务 |
|---|---|---|---|
| 2012 | 15826 | 2015 | 21269 |
| 2013 | 16414 | 2016 | 177318 |
| 2014 | 26338 | 2017 | 306063 |

数据来源：2013～2018 年《中国残疾人事业统计年鉴》。

注：此处数据 2012～2015 年为该年度接受国家人工耳蜗、助听器项目救助及地方项目救助的总人数；2016 年为 0～6 岁接受人工耳蜗植入手术及服务和助听器适配及服务、7～17 岁和成人接受辅助器具适配及适应练习的总人数；2017 年为接受人工耳蜗植入手术及服务、助听器适配的总人数。

**表 9　2017 年我国分地区听力和言语残疾人接受辅助器具供应服务情况**

单位：人

| 地　区 | 人　数 | 地　区 | 人　数 |
|---|---|---|---|
| 全　国 | 306063 | 湖　北 | 4963 |
| 北　京 | 3891 | 湖　南 | 17064 |
| 天　津 | 4496 | 广　东 | 5557 |
| 河　北 | 16711 | 广　西 | 6145 |
| 山　西 | 8168 | 海　南 | 1140 |
| 内蒙古 | 9970 | 重　庆 | 9204 |
| 辽　宁 | 8098 | 四　川 | 6762 |
| 吉　林 | 4299 | 贵　州 | 9509 |

续表

| 地　区 | 人　数 | 地　区 | 人　数 |
|---|---|---|---|
| 黑龙江 | 3097 | 云　南 | 19273 |
| 上　海 | 388 | 西　藏 | 55 |
| 江　苏 | 12791 | 陕　西 | 14450 |
| 浙　江 | 29222 | 甘　肃 | 24473 |
| 安　徽 | 17239 | 青　海 | 1930 |
| 福　建 | 4409 | 宁　夏 | 3802 |
| 江　西 | 12743 | 新　疆 | 6335 |
| 山　东 | 15957 | 新疆生产建设兵团 | 1233 |
| 河　南 | 22423 | 黑龙江垦区 | 266 |

数据来源：《中国残疾人事业统计年鉴（2018）》。

**表 10　十八大以来我国听力和言语残疾康复训练服务机构情况**

单位：所，人

| 年　份 | 康复训练服务机构 | |
|---|---|---|
| | 机构数量 | 在岗人员 |
| 2012 | 1044 | 13650 |
| 2013 | 1047 | 13606 |
| 2014 | 1056 | 14188 |
| 2015 | 993 | 14068 |
| 2016 | 1088 | 16468 |
| 2017 | 1417 | 16498 |

数据来源：2013～2018 年《中国残疾人事业统计年鉴》。

康复训练服务机构方面，如表 10 所示，机构数量自 2012 年连续 5 年波动于 990～1100 前后，于 2017 年达到 1417 所，较 2012 年增加了 373 所，增幅达到 35.73%；在岗人员也由 2012 年的 13650 人增加至 2017 年的 16498 人，增幅达到 20.86%，为今后听力和言语残疾人的无障碍康复训练提供了更为充足的力量。

总体分析，我国听力和言语残疾人个体物理辅助项目自 2012 年至今取得了较大进展，促进了听力和言语残疾人无障碍康复环境的形成。

2. 听力和言语残疾人接受听力言语功能训练情况

对于听力和言语残疾人而言，听力言语功能训练是促进其身体机能康复，进而实现无障碍沟通交流的重要环节。由表 11 可见，2012 ~ 2015 年接受听力言语功能训练的听力和言语残疾人数波动幅度较小，大致在 50300 ~ 52700 人，2016 年接受听力言语功能训练的听力和言语残疾人数为 17587 人，2017 年减少至 10068 人。接受听力和言语功能训练的人数大幅减少反映了需要接受基本康复服务的听力和言语残疾人缺口缩小，也侧面体现了前期大规模聋儿语训工作开展的积极成效。分地区而言，如表 12 所示，2017 年，除上海、四川、西藏、黑龙江垦区统计数据缺失，江苏、山东、广东接受听力言语功能训练的听力和言语残疾人数较多，均超过 1000 人，其中江苏为 1673 人，居首位；天津和新疆生产建设兵团的受益人数较少，均不足 10 人，其中天津仅为 2 人，居末位，需要加以重视。

**表 11　十八大以来我国听力和言语残疾人接受听力言语功能训练情况**

单位：人

| 年份 | 听力言语功能训练 | 年份 | 听力言语功能训练 |
| --- | --- | --- | --- |
| 2012 | 51230 | 2015 | 50310 |
| 2013 | 52649 | 2016 | 17587 |
| 2014 | 51102 | 2017 | 10068 |

数据来源：2013 ~ 2018 年《中国残疾人事业统计年鉴》。

注：此处 2012 ~ 2015 年数据为新收训与在训聋儿的总人数；2016 ~ 2017 年数据为听力言语功能训练的总人数。

**表 12　2017 年我国分地区听力和言语残疾人接受听力言语功能训练情况**

单位：人

| 地　区 | 人　数 | 地　区 | 人　数 |
| --- | --- | --- | --- |
| 全　国 | 10068 | 湖　北 | 331 |
| 北　京 | 120 | 湖　南 | 478 |
| 天　津 | 2 | 广　东 | 1422 |
| 河　北 | 399 | 广　西 | 305 |
| 山　西 | 165 | 海　南 | 14 |
| 内蒙古 | 44 | 重　庆 | 99 |
| 辽　宁 | 201 | 四　川 | — |

续表

| 地　区 | 人　数 | 地　区 | 人　数 |
| --- | --- | --- | --- |
| 吉　林 | 61 | 贵　州 | 197 |
| 黑龙江 | 33 | 云　南 | 78 |
| 上　海 | — | 西　藏 | — |
| 江　苏 | 1673 | 陕　西 | 238 |
| 浙　江 | 668 | 甘　肃 | 71 |
| 安　徽 | 464 | 青　海 | 30 |
| 福　建 | 637 | 宁　夏 | 97 |
| 江　西 | 283 | 新　疆 | 28 |
| 山　东 | 1014 | 新疆生产建设兵团 | 5 |
| 河　南 | 911 | 黑龙江垦区 | — |

数据来源：《中国残疾人事业统计年鉴（2018）》。

3. 与听力和言语残疾人无障碍有关的公益项目情况

在为听力和言语残疾人提供康复救助方面，不仅有来自国家的力量，社会各界也积极参与其中，推进听力和言语残疾人无障碍康复工作的开展。

据2015～2018年《中国残疾人福利基金会年度报告》记载，与听力和言语残疾人无障碍有关的公益项目主要是“集善工程——助听行动”。《2017年“集善工程——助听行动”项目完结报告》显示，截至2018年4月，“集善工程——助听行动”已累计为5万余名听力残疾人捐配了助听设备，培训聋人教师1000余名，资助听力康复机构100余家，带动地方项目救助听障人士30万余人。

“集善工程——助听行动”中最具代表性的是“听力重建 启聪行动”项目。自2005年，台塑集团创办人王永庆先生向中国残疾人福利基金会捐赠人工耳蜗，“听力重建 启聪行动”正式启动，至今已有14年。截至2017年底，该项目已使2654名重度听力残疾儿童免费得到人工耳蜗救助及康复。如表13所示，2015～2018年已有618名听力残疾儿童手术成功，2018年还将有74人会得到免费康复救助。

**表 13　2015～2018 年“听力重建 启聪行动”项目执行情况**

单位：人

| 年　份 | 计划手术 | 手术成功 | 未手术 |
|---|---|---|---|
| 2015 | 180 | 180 | 0 |
| 2016 | 112 | 112 | 0 |
| 2017 | 200 | 200 | 0 |
| 2018 | 200 | 126 | 74 |

数据来源：中国残疾人福利基金会：《“王永庆人工耳蜗捐赠”项目 2018 年总结》。

听力残疾儿童接受“听力重建 启聪行动”项目救助后，康复成效十分显著。如表 14 所示，2015 年 179 名受助儿童术前平均康复成效综合得分仅为 14. 44 分，6 个月后提高至 51. 7 分，12 个月后达到 83. 59 分；2016 年 112 名受助儿童的平均得分由 11. 50 分升至 51. 65 分，109 人在 12 个月后达到 92. 00 分；2017 年 66 名受助儿童术前平均得分为 18. 90 分，6 个月后提高至 61. 20 分。可见，听力残疾儿童不仅能无障碍地接受康复救助，且我国娴熟的康复技术能使其更好地恢复身体机能，解决听力障碍。

**表 14　2015～2017 年“听力重建 启聪行动”项目康复成效平均综合得分统计**

单位：人，分

<table>
<tr><th>年　份</th><th>人　数</th><th>术　前</th><th>康复 6 个月</th><th>康复 12 个月</th></tr>
<tr><td>2015</td><td>179</td><td>14. 44</td><td>51. 70</td><td>83. 59</td></tr>
<tr><td rowspan="2">2016*</td><td>112</td><td rowspan="2">11. 50</td><td rowspan="2">51. 65</td><td>—</td></tr>
<tr><td>109</td><td>92. 00</td></tr>
<tr><td>2017</td><td>66</td><td>18. 90</td><td>61. 20</td><td>—</td></tr>
</table>

数据来源：中国残疾人福利基金会：《“王永庆人工耳蜗捐赠”项目 2018 年总结》。

* 进行 2016 年“康复 12 个月”成效评估的人数与进行“康复 6 个月”成效评估的人数不同，在此分别表示。

除此之外，2015～2018 年，主要还有以下 11 项公益救助项目为广大听力残疾人的无障碍康复带去了福音（见表 15）。

**表 15　2015～2018 年“集善工程——助听行动”主要项目**

单位：万元

| 项目名称 | 年份 | 项目资金 | 项目主要内容 |
|---|---|---|---|
| 听力教育基金项目 | 2016 | 15 | 资助中国听力语言康复研究中心用于人员培训、项目科研等 |
| | 2017 | 15 | |
| | 2018 | 43 | |
| 索诺瓦听力项目 | 2016 | 63 | 资助河北省 19 名听力残疾人 |
| | 2017 | 351 | 资助云南、福建等 9 省（直辖市、自治区）151 名听力残疾人 |
| 西万拓捐赠项目 | 2017 | 1219 | 资助新疆、青海等 6 省（直辖市、自治区）743 名听力残疾人 |
| | 2018 | 200 | 资助河南、湖北等 6 省（直辖市、自治区）200 名听力残疾人 |
| 峰力公司捐赠项目 | 2015 | 989 | 资助吉林、新疆等 5 省（直辖市、自治区）600 台助听器 |
| 漫步者项目 | 2015 | 90 | 资助 49 名听障儿童进行语训 |
| 诺尔康人工耳蜗项目 | 2015 | 50 | 资助中国听力语言康复研究中心用于国产人工耳蜗项目病源筛查、康复评估，技术人员培训、项目科研等 |
| 阿里巴巴国产人工耳蜗项目 | 2016 | 227 | 资助北京、江苏等 8 省（直辖市、自治区）45 名听力残疾人 |
| 瑞声达助听器项目 | 2016 | 110 | 资助中国听力语言康复研究中心 100 台助听器 |
| 爱可声传递助听项目 | 2018 | 2158 | 资助陕西、宁夏等 9 省（直辖市、自治区）多台助听器 |
| 中远海运助听行动 | 2018 | 13 | 资助湖南、云南省 3 名听力康复师、176 名听力残疾人，捐建 3 个听障服务机构 |
| 中国银行积分捐赠项目 | 2018 | 5 | 资助陕西省 532 台助听器 |

数据来源：2015～2018 年《中国残疾人福利基金会年度报告》。

## （四）听力和言语残疾人无障碍服务现状

### 1. 字幕化文字提示服务

字幕化文字提示服务为听力和言语残疾人考取驾照提供了便利。《机动车驾驶证申领和使用规定》指出，佩戴助听设备后听力达标的听障人士可申请机动车驾驶证。针对听力和言语残疾考生无法获取语音命令信息这一问题，2017 年 7 月，在辽宁省残联、大连市残联、省市公安等部门的协调下，在大连市公安局驾管处的指导下，正兴驾校在考试车上安装了电子屏、文字牌等信息无障碍设备。北京、四川、山西等许多地区同样也建立了电子屏幕考试系统，优化了听力和言语残疾考生驾照考取的流程。

字幕化文字提示服务也为听力和言语残疾人看病减轻了负担。北京大学第三附属医院在信息无障碍服务的提供方面较为突出，挂号、会诊、开药、交费等各个环节都设立了指示牌和电子显示屏，优化了听力和言语残疾患者的就诊流程。

2. “12110”短信报警求助服务

移动通信工具的普及和无障碍环境建设的推动让听力和言语残疾人使用手机短信进行报警的愿望成真。2008 年底，公安部与工业和信息化部将“12110”定为全国公安机关统一的公益性短信报警号码，在部分省市进行试点；2012 年 9 月在全国范围内推行。目前，上海、江苏、海南等地已全部开通“12110”短信报警服务，另有 44 个地级市、15 个县级市也开通了此项服务，还有部分城市正在建设中。上海还将为听力和言语残疾人提供水、电、气维修纳入了社区短信急救报警呼叫服务的内容。此外，北京市还相继在 2015 年 11 月和 2016 年 10 月分别推出“事故 e 处理”和“北京110”手机 App，为听力和言语残疾人在手机上实时报警求助提供了更多便利。这些举措切实地维护了听力和言语残疾人的权益，加强了信息交流无障碍的建设。

3. 手语翻译培训、认证、派遣服务

为提高手语翻译员和手语主持人的质量，各级残联正逐步建立手语翻译培训、认证、派遣服务制度。2006 年 9 月，上海出现首批 50 名通过专业培训和认证的手语翻译员。2007 年 1 月，国家劳动和社会保障部将手语翻译员正式列入我国统一规范的新职业。2008 年，中国劳动技能鉴定中心颁布了手语翻译员职业资格等级，目前，获得手语翻译员职业资格证书的人数已达 8200 余人。2017 年 4 月 5 日，中国残联、教育部等 4 部门联合举办了为期 10 天的全国电视台手语翻译培训班，对来自全国各省份的 40 余名手语主持人进行了国家通用手语、新闻播音等方面的培训，为电视手语栏目的顺利开展奠定了坚实的基础。

与此同时，手语翻译也开始进入部分医院惠及听力和言语残疾患者。2012 年 9 月，上海市东方医院正式开启全国首家“助聋门诊”，每周五配备一名专业手语翻译员，为医生和患者进行“同声传译”，并提供全程陪同的导诊导医服务。2018 年 11 月，河南科技大学第二附属医院正式挂牌成立“手语沙龙”，由洛阳聋协派出手语翻译员协助听力和言语残疾患者就医。

## 三　中国听力和言语残疾人无障碍发展问题分析

### （一）法律法规和标准体系仍不完善

我国无障碍环境建设近 40 年来，国家出台了一系列法律法规和标准体系，促进了残疾人无障碍的发展。然而不难发现，与听力和言语残疾人相关的法律法规和标准体系的建立仍较不完善，主要体现在以下三方面。

第一，我国尚无以听力和言语残疾人无障碍为主题制定的针对性法律法规，促进其无障碍发展的相关规定零星散落在《残疾人保障法》《无障碍环境建设条例》等中，缺乏一定的系统性。第二，现有规定中与听力和言语残疾人相关的篇幅较少，即使在倡导建设信息交流无障碍环境的背景下，政策的侧重点也多偏向互联网方面的信息无障碍，对听力和言语残疾人急需的交流无障碍涉及较少；已有的例如《信息无障碍　身体机能差异人群网站设计无障碍技术要求》《信息无障碍　公众场所内听力障碍人群辅助系统技术要求》等标准尚为推荐性标准，强制性的缺失使其在真正的实施和管理过程中存在一定困难。第三，法律和政策的文本内容较为重复，大多集中于“电视手语栏目、手语解说或字幕配备、信息消费支持”方面，且内容较为宏观，没有对听力和言语残疾人应当享受的无障碍设施、服务等规定进行细化或量化。

### （二）无障碍设施建设的针对性不足

虽然近些年，国家大力推进无障碍环境建设，但针对听力和言语残疾人进行的无障碍设施建设在力度上稍显不足，体现在以下两方面。

一方面，听力和言语残疾人家庭的无障碍改造仍需进一步推进。我国听力和言语残疾人总数为肢体残疾人总数[①]的 88.35%，人数差距较小，但现有的家庭无障碍改造成果大多集中于肢体残疾人和视力残疾人家庭。相较而言，听力和言语残疾人家庭的无障碍改造内容相对简单，操作较方便，但许多地区对其家庭无障碍改造需求的关注较少。且各省（直辖市、自治区）虽然出台了相关文件对听力和言语残疾人家庭无障碍改造内容进行细化，但内容的完善程度不尽相同，未形成统一的规定标准，例如浙江省残联仅将“助听电话”一项列入改造内容参考目录中，而湖北省残联提供的改造参考内容不仅包括闪光门铃（可视门铃）、震动闹钟等无障碍生活用品，还涉及卫生间地面的平整防滑、厨房燃气灶具的安全等。

另一方面，服务于听力和言语残疾人的无障碍设施种类较少，建设较不力。2012 年 9 月施行的《无障碍设计规范》中针对听力残疾人的无障碍设施仅有电子显示屏、同步传声助听设备、提示报警灯（音响频闪显示灯）三类，而针对言语残疾人的无障碍设施并未提及。目前无障碍设施的普及程度不高，在就业、教学、医疗等日常场景中未能实现大范围覆盖，难以充分满足听力和言语残疾人的实际需求。随着听力和言语残疾人教育水平的提高和就业前景的看涨，学校、公共服务机构等场所中无障碍设施的重要性逐渐突出。

### （三）影视易用服务的适切程度不高

影视易用服务是指便于观众获取包括电影、电视剧、新闻节目等影视所传递的信息的服务，对于听力残疾人而言，主要指的是手语翻译和字幕配备。然而，目前这两方面服务的提供与听力和言语残疾人的需求较不适切。

手语方面，听力残疾人在观看影视作品时常常面临信息获取不全、内容

---

① 根据第六次全国人口普查及第二次全国残疾人抽样调查的相关数据，中国残联推算出 2010 年末我国肢体残疾人为 2472 万。

理解不易及视觉感受不佳的问题。主要体现在国家通用手语词汇不够丰富，许多专业用词只能用笼统词语进行概括表达，影响了信息的精准性和完整性；现有手语主持人多为健全人，且均使用文法手语，其表达方式与自然手语差别较大，在通用手语未大范围普及的情况下，听力残疾人难以完全理解其表达的内容；手语主持人所占画面比例较小，为追赶口语表达速度而翻译过快，且容易出现注重信息传递，忽视情感表现的情况，造成听力残疾人的观感不佳。

字幕方面，听力残疾人在观看影视作品时常常面临字幕丰富度不够的问题。现有的字幕大多是根据健全人的需求制定的，他们能够通过音质、语调等因素的变化，接收画面中的多角色、情绪等非语言信息，但听力残疾人在这方面存在获取障碍，大部分影视作品在字幕制作上未能采取相应补偿措施，大大影响听力残疾人的观看体验。

### （四）手语翻译服务状况不佳

手语是听力和言语残疾人与他人进行沟通的重要语言，但多数健全人并未学习手语基本知识，与听力和言语残疾人进行沟通时容易出现障碍。国内有学者对成年聋人对手语翻译员的需求与态度进行研究，结果显示，仅有14.67%的被试聋人认为不需要手语翻译员，但实际生活中有超过半数的聋人从未请过手语翻译员①，而44.20%接受过手语翻译服务的聋人对手语翻译员的质量感到不满意②。手语翻译服务的使用状况不佳，原因体现在两方面。

一方面，面对面手语翻译服务的价格对于听力和言语残疾人而言偏贵，使用流程较为烦琐，均需提前预约，不能很好地解决紧急需求；且高水平的手语翻译员稀缺，翻译过程中也存在文法手语与自然手语交流不畅，信息传

① 张宇、彭援援、彭飞扬：《成年聋人群体对手语翻译员的需求与态度研究》，《现代特殊教育（高等教育研究）》2019年第4期。

② Xiao Xiaoyan, Yu Ruiling, 2009. “Survey on Sign Language Interpreting in China”, *Interpreting* 2：149.

递不准确的现象。另一方面，远程视频手语翻译服务普及度较低，虽然市面上已出现一些手机 App 致力于为听力和言语残疾人提供在线手语翻译服务，但推广效果尚不理想；由此引出的“服务 + 流量”的双重费用，也成为影响听力和言语残疾人使用手语翻译服务的一大因素。

### （五）社会公众对听力和言语无障碍认识不到位

社会公众意识的局限性使其对无障碍的认识较不到位，一定程度上影响了听力和言语残疾人无障碍的发展，主要体现在以下两方面。

一方面，部分公民不重视听力和言语残疾人的无障碍需求，认识中存在缺失。因听力和言语残疾人视力可见，肢体健全，一般的公共环境和建筑结构对他们而言不太困难，导致社会公众对其无障碍发展的关注度较低，无形中忽视了他们的特殊需求。由此也出现了类似银行办理信用卡仍需电话语音确认、新近高端人机对话设施未能加配字幕等窘境，影响了听力和言语残疾人的无障碍体验。

另一方面，部分公民不正视听力和言语残疾人的无障碍需求，认识中存在偏见。许多健全人未意识到任何人的生命周期都会面临听力和言语机能的退化或损伤，无障碍的真正受益人是每一个人，于是很多人认为相关无障碍设施的建设、服务的提供是多此一举，且一些设计方、生产方会抱有“兼顾无障碍仅是为听力和言语残疾人提供福利”的片面观点，推出的产品、技术等在无障碍的体现上稍显敷衍，同样影响了听力和言语残疾人的无障碍体验。

## 四　中国听力和言语残疾人无障碍发展对策建议

### （一）提高法律法规和标准体系的完备性

健全听力和言语残疾人无障碍的法律法规和标准体系能够使各部门有法可依。第一，出台专门性听力和言语残疾人无障碍发展的法律法规。以听力和言语残疾人为主体，围绕其无障碍教育、就业、康复、服务等方面的强制要求进行总结，形成专门性法律法规以便各部门执行。第二，丰富并细化法律法规的文本内容。将现有的法律法规内容从微观层面进行填充，扩大涉及范围，更新老旧制度。例如，对电视手语栏目的最低开设数量、信息消费收费或补贴标准等进行规定；对仍然停留在1984年民政部等部门协同制定的规章之中的手语工作津贴①进行更新。第三，充分听取并合理采纳听力和言语残疾群体的意见和建议。2004年国际残疾人日的主题是"没有我们的参与，不能做出与我们有关的决定"，体现了决策过程中残疾人主体的重要性。国家在制定与听力和言语残疾人相关的法律法规、标准体系时，应当就该群体进行民意收集，并保证有专业听力和言语残疾人员参与其中，以避免健全人将自己的想法与听力和言语残疾人的真实需求画等号，从而导致法规政策实践性、科学性不强的情况。

### （二）加强听力和言语残疾人无障碍设施建设的针对性

为切实加快针对性无障碍设施的建设，可以从以下方面推进。第一，加快听力和言语残疾人家庭无障碍改造的步伐。家庭是听力和言语残疾人生活的第一环境，建设、改造无障碍设施能够增强其居家舒适感，各地政府和残联应当推进家庭无障碍改造工作的实施，尤其是对于较其余改造项目而言工程量小、成本低的闪光门铃、可视化门铃的安装，逐步填补广大听力和言语残疾人的无障碍改造需求缺口。第二，扩充无障碍设施的种类。目前服务于听力残疾人的无障碍设施较为单一，服务于言语残疾人的无障碍设施更是少之又少，有关部门应当加强建设多样性设施并纳入规范中，例如信息交流板、振动提示器、语音文字转换器等。第三，提高无障碍设施的利用率。一方面，各级学校、公共服务场所等应当自觉建设、使用并维护听力和言语残疾人无障碍设施。例如，特殊学校积极引进智能语音课堂系统，教师充分利用电子显示屏进行授课；公共交通工具上的电子显示屏要时刻为听力和言语

① 《民政部、劳动人事部、财政部、中国盲人聋哑人协会关于发给聋哑人手语教师和翻译干部15%特教津贴的联合通知》，https：//www. pkulaw. com/chl/db3d0606dec69ba3bdfb. html。

残疾人提供到站信息等必要提示；商场、楼宇的闪光报警设备要时常检修，确保其正常运作以保障听力和言语残疾人的安全。另一方面，可结合举办重大国际文体活动的契机，推动听力和言语残疾人无障碍设施的建设。2008年奥运会期间，北京实施了1.4万多项无障碍改造项目，无障碍设施建设总量相当于申奥前20年的总和；2009年上海开展的“迎世博无障碍环境建设100天行动计划”和2010年广州举办的亚残运会，大力推进了两地的无障碍建设工作。[①] 由此，各地可在重大国际文体活动举办之际，加强推进听力和言语残疾人无障碍设施的建设。

### （三）改善影视易用服务提供的适切性

影视易用服务适切性的增进能够提高听力和言语残疾人文化生活的质量。这就需要：第一，大力培养高层次听力和言语残疾人才。国家要重视听力和言语残疾高级人才的培养，让作为手语创造者的他们研究、增制通用手语词汇，早日解决专业词汇匮乏的问题。第二，推广国家通用手语。可定期开展类似“国家通用手语教授”“通用手语与自然手语区别分析”等专题栏目，逐步普及国家通用手语的使用率，提高听力和言语残疾人手语表达的正规性，从而促进其理解手语主持人传递的信息。第三，提高字幕的服务质量。提高对字幕字体、切换速度、内容等方面的关注度，确保语言信息字幕的实施，再逐步加强非语言信息字幕的推进。第四，出台影视易用服务规范。以行业标准的形式对例如必须采用字幕或手语的节目类型、字幕是否需要提供无障碍版本等进行规定，让影视供应方有法可依，保障听力和言语残疾人的正当权益。

### （四）促进手语翻译服务在全社会的推广和普及

针对手语翻译服务使用状况不佳的问题，可以从以下四方面进行优化。其一，加大高校手语翻译人才的培养力度。我国应考虑利用现有的翻译人才

① 祝长康：《全面推进我国的无障碍环境建设》，《标准生活》2018年第10期，第22～27页。

培养框架，在开设翻译专业的高校中增设手语翻译方向，扩大手语翻译人才的培养规模，从而提高供给。其二，提高手语翻译员的待遇和补贴。实施“基本报酬＋专项补助”薪资制度，使手语翻译员不仅能得到听力和言语残疾人支付的基本翻译报酬，还能得到国家为其提供的工作时长补贴以及在岗空窗期补贴，这样既降低了听力和言语残疾人的付费压力，又能够充分调动手语翻译员的从业积极性。其三，推广在线手语翻译软件的应用。各地残联应与一些运营良好、公益性强的远程视频手语翻译 App 合作，提高其在听力和言语残疾群体中的知名度与使用率，让听力和言语残疾人能够切身感受到在线手语翻译服务的便利性。其四，细化信息消费支持政策的内容。为听力和言语残疾人设立专用资费标准，将收费降低百分比等指标具体化；各地残联、通信管理局也应主动建立信息消费补贴制度，减轻听力和言语残疾人享受信息服务的消费负担。

### （五）强化社会公众的无障碍观念和意识

社会公众无障碍观念的树立与否及正确与否都在一定程度上影响着无障碍环境建设、维护的成效，因此，应从以下两方面强化社会公众的无障碍观念和意识。第一，积极开展听力和言语障碍体验。各地残联可定期开展障碍体验活动，通过物理辅助使健全体验者的听力和言语机能处于暂时性减弱或丧失的状态，进行日常场景的模拟演练，使其切身体会听力和言语残疾人长期面临的障碍以及自身未来随时可能面临的不便，从而由内而外地激发社会大众的无障碍需求心理，培养其无障碍意识。第二，大力宣传无障碍文化。一方面，各级各类教育机构应考虑在思想品德等课程中融入无障碍教育的内容，对学生进行无障碍意识的培养，进而逐渐消除公众对听力和言语残疾人的歧视、排斥情绪，促使社会公众自发参与到无障碍环境的建设中去；另一方面，要充分利用电视、互联网等媒介的宣传优势，通过多种渠道形成外部推力，向公众普及无障碍环境建设的基本知识，宣传无障碍环境建设工作中的优异成绩，逐步树立社会公众的无障碍观念和意识，为推动听力和言语残疾人的无障碍发展奠定潜移默化的社会基础。

## 参考文献

高原：《听障人士公共电视服务研究》，《东南传播》2014 年第 5 期。

中国残疾人联合会：《中国残疾人——无障碍特刊》，2019 年 6 月。

凌亢、孙友然、白先春主编《残疾人蓝皮书：中国残疾人事业发展报告（2018）》，社会科学文献出版社，2018。

国家语言文字工作委员会：《中国语言文字事业发展报告（2018）》，商务印书馆，2018。

杨洋：《聋人迫切需要的信息无障碍环境探究》，中国残联无障碍环境建设推进办公室指导、无障碍环境建设智库策划：《全国无障碍环境建设成果展示应用推广——无障碍文汇》，辽宁人民出版社，2019。

中国残疾人联合会维权部、中国残联无障碍环境建设推进办公室：《全国无障碍环境建设成果展示应用推广——地方残疾人家庭无障碍改造工作成果与案例选编》，全国无障碍环境建设成果展示应用推广暨第十四届中国信息无障碍论坛，2019。

B.5

# 中国肢体残疾人无障碍发展报告（2019）

杨会良　侯雨彤*

**摘　要：** 报告首先回顾了改革开放以来肢体残疾人无障碍建设的发展历程，阐述了肢体残疾人无障碍生活、无障碍教育以及个人辅助器具三个方面的发展情况。其次，分析了我国肢体残疾人无障碍发展中存在的相关无障碍法律法规体系不完善，无障碍生活设施建设缺乏实用性，无障碍教育环境建设不平衡、不充分，肢体残疾个人辅具服务不够适切，社会对于肢体残疾人的无障碍意识较弱等问题。最后从建立健全肢体残疾人无障碍法律体系、提高肢体残疾人无障碍建设的专业化水平、加强肢体残疾人无障碍教育环境建设、加强肢体残疾人个人辅助器具服务、营造良好的无障碍社会氛围五方面提出了相应的建议。

**关键词：** 肢体残疾人　无障碍设施　无障碍环境　残疾人无障碍发展

## 一　肢体残疾人无障碍的建设背景

肢体残疾是指人运动系统的结构、功能损失造成的四肢残缺或四肢、躯干麻痹（瘫痪）、畸形等导致人体运动功能不同程度丧失以及活动受限或参

* 杨会良，博士，南京特殊教育师范学院管理学院（无障碍管理学院）院长、教授、博士生导师，研究领域：公共管理、无障碍管理；侯雨彤，河北大学管理科学与工程专业2019级博士研究生，研究领域：管理科学与工程。

与的局限。肢体残疾主要包括上下肢因伤、病或发育异常所致的缺失、畸形或功能障碍；脊柱中枢或周围神经因伤、病或发育异常造成躯干或四肢的功能障碍。[①]

### （一）我国肢体残疾人现状

根据第二次全国残疾人抽样调查、第六次全国人口普查获得的数据，1987 年，我国共有 755 万肢体残疾人口，占全部残疾人口的 14.6%。截至 2006 年，我国肢体残疾人口增长至 2412 万，占全部残疾人口的 29.1%[②]，短短 20 年时间，我国肢体残疾人口的数量在不断递增，在全部残疾人口中的占比高于其他的残疾类别，是残疾人口中的数量之首。根据全国第二次残疾人抽样调查的结果来看，致使肢体残疾的主要原因有脑血管疾病、骨关节疾病、骨髓灰质炎以及其他外伤，其中，脑血管疾病、骨关节病和其他外伤是肢体残疾的主要原因，分别占比 20.1%、18.5% 和 17.1%。[③] 肢体残疾人数众多，致残原因复杂，随着社会老龄化程度加剧，肢体残疾人的状况将会面临更加严峻的挑战。

根据第六次全国人口普查及第二次全国残疾人抽样调查的相关数据，中国残疾人联合会推算出 2010 年末全国残疾人总数为 8502 万，肢体残疾人数为 2472 万。[④] 肢体残疾人数占残疾人总人数的比例为 29.08%，仍为残疾人口数量中最大的群体。

### （二）我国肢体残疾人无障碍建设的发展历程

我国于 20 世纪 80 年代开始展开无障碍建设，通过在实践中不断探索，我国无障碍环境经历了从无到有、由点到面的过程，获得了诸多显著的建设

---

① 中华人民共和国国家质量监督检验检疫总局、中国国家标准化管理委员：《残疾人残疾分类和分级》国家标准第 4.3 条。

② 第二次全国残疾人抽样调查办公室：《第二次全国残疾人抽样调查主要数据手册》，华夏出版社，2007。

③ 栾承、刘民：《我国肢体残疾预防策略的探讨》，《中国康复医学杂志》2008 年第 4 期。

④ 中国残疾人联合会：《中国残疾人事业统计年鉴》，中国统计出版社，2018。

成果。根据无障碍环境的法律建设、服务对象和建设内容，我国肢体残疾人无障碍建设，主要经历了如下三个发展时期：

1. 起步时期（1984～1988年）

1984 年，专为残疾人服务的中国残疾人福利基金会成立，基金会以残疾人为中心，动员社会力量、为残疾人事业发展筹集资金，推进公益项目，为千万残疾人谋福祉。中国残疾人福利基金会的成立，使肢体残疾人的出行、教育、就业等生存、生活环境开始改善，掀开了我国残疾人事业发展的新篇章。

1985 年，中国残疾人福利基金会、北京市残疾人协会、北京市建筑设计院联合举办“残疾人与社会环境研讨会”，首次提出了无障碍建设的观点。强调通过无障碍建设，为我国残疾人提供更加便利的生活。北京市政府响应会议中提出的倡议，率先在北京市内展开了无障碍改造试点工作，改造试点范围为北京市政府、西单至西四、东单至东四、王府井、朝阳门以及美术馆等四条街道，这一系列改造使肢体残疾人出行环境开始改善。

1988 年，中国残疾人联合会成立。同年 4 月，我国接受了美国前总统卡特的捐赠，建立了北京假肢厂现代假肢生产线，为广大肢体残疾人提高生活质量创造了条件。

在这一阶段，虽然只有北京和上海等大城市展开了无障碍建设，但是我国对无障碍设计和改造进行的尝试，为日后我国肢体残疾人无障碍环境的建设积累了宝贵经验。

2. 初具规模时期（1989～2011年）

1989 年 4 月，由建设部、民政部、中国残疾人福利基金会联合编制的《方便残疾人使用的城市道路和建筑物设计规范（试行）》正式实施，文件中考虑了轮椅者、拄拐杖者的不同需求，专门针对下肢残疾者的需要制定了一系列措施。该设计规范的落实，标志着我国正式开启肢体残疾人无障碍设施的建设工作。

1990 年，第七届全国人大会常务委员会第十七次会议通过《中华人民共和国残疾人保障法》，用法律形式明确了国家和社会建设无障碍环境的责任，同时也为随后各项开展无障碍环境建设的规划文件明确了目标及具体方针。

1998年4月，建设部正式发布要求各地区加强无障碍环境建设的通知，提出在各地区建设公共建筑和居住区域时，必须做好无障碍环境规划和环境设计工作。同年6月，中国残联、民政部以及建设部颁布了建标177号文件，在该项文件中明确提出我国在新建高层住宅、公共建筑、公共设施、新建道路、立体交叉人行道、单位门口、居住小区中，应当针对肢体残疾群体进行无障碍设计，相关监督部门也应当做好无障碍规划和设计的审批工作。①

2000年，建设部对《方便残疾人使用的城市道路和建筑物设计规范》重新修订，修订后的规范提出了24项关于无障碍环境建设的强制性标准，要求有关部门必须严格按照设计规范中的标准执行，并制定了未按照标准执行的相关惩罚措施。随即，各有关行业或部门也相继颁布了《民用机场旅客航站区无障碍设施设备配置标准》《铁路旅客车站无障碍设计规范》《特殊教育学校无障碍设计规范》等无障碍建设规范或标准。

2002年，我国选定北京、天津、上海、秦皇岛、厦门、青岛、西安、大连、杭州、苏州、南京、广州等城市作为我国无障碍环境建设的示范城市，通过建设示范城市活动，在全社会范围内宣扬人性化设计理念，构建完善的肢体残疾人无障碍环境建设标准，并建立点、线、面相结合的无障碍建设规范布局，扩大无障碍建设的辐射范围，遍及市辖区以及县乡镇。

2007年，建设部、民政部联合国家老龄委和中国残联，共同开展了百城创建无障碍环境建设活动。

2008年，第十一届全国人民代表大会常务委员会对《中华人民共和国残疾人保障法》进行修订，规定各级人民政府应当对无障碍环境建设进行统筹规划，综合治理，加强监督管理。

2011年，铁道部、民政部、中国人民解放军总政治部、中国残疾人联合会等4部门联合发布《关于做好铁路残疾人旅客专用票额车票发售工作

① 建设部、民政部、中国残联：《关于贯彻实施〈方便残疾人使用的城市道路和建筑物设计规范〉的若干补充规定的通知》，1998年6月。

的通知》，为维护残疾人旅客的合法权益、方便残疾人旅客乘坐火车出行，该通知规定了每趟旅客列都预留出一定数量的残疾人旅客专用票额，专门发售给符合购票条件的残疾人旅客。并且为肢体残疾人旅客设置了专用座位、专用座席设置处。

在这一时期，我国无障碍环境建设取得了令人瞩目的成果，尤其是经济较发达城市，其肢体残疾人无障碍环境建设的效果初显，我国逐渐形成了以政府为主导的无障碍环境建设模式。

3. 法制化时期（2012年至今）

2012 年，为了创设无障碍环境以及保证残疾人能够平等地参与社会生活，国务院颁布《无障碍环境建设条例》，条例中针对肢体残疾人的通行道路、出入、相关建筑物、搭乘的公共交通工具、获得社区服务所进行的建设活动进行了规定。其中，第三章“无障碍设施建设”第十五条专门提到“无障碍停车位为肢体残疾人驾驶或者乘坐的机动车专用”。同年，住房和城乡建设部发布了《无障碍设计规范》，针对方便肢体残疾人的缘石坡道、无障碍出入口、轮椅坡道、无障碍通道、无障碍楼梯、无障碍电梯与升降平台、轮椅席位等进行了规定。

2014 年，中国民航局发布《残疾人航空运输管理办法》，该《办法》明确规定：“具备乘机条件的残疾人托运其轮椅的，可使用机场的轮椅”“机场以及机场地面服务代理人，应当为残疾人提供廊桥，协助残疾人登机、离机”此协助包括为肢体残疾人提供服务人员、普通轮椅、机上专用窄型轮椅、升降设备等。

2016 年，中国残疾人联合会发布《关于切实做好单眼视力障碍人士和上肢残疾人驾驶汽车相关工作的通知》，该规定放开一只手掌缺失、另一只手拇指健全、其他手指有两指健全的上肢残疾人等驾车。

2016 年，国务院颁发《“十三五”加快残疾人小康进程规划纲要（2016—2020 年）》，住房和城乡建设部、中国残联、教育部、公安部、民政部、交通运输部、工业和信息化部、国家新闻出版广电总局、国家互联网信息办公室、中国铁路总公司、国家旅游局、中国民航局、全国老龄工作委员会办公室联合发布了《无障碍环境建设“十三五”实施方案》。该方案以解决残疾人无障碍日常出行、完善无障碍环境建设相关政策标准、解决影响残疾人日常起居和基本生活的家庭环境障碍为目标。主要着手于全社会无障碍意识、无障碍建设的相关技术标准、已建无障碍设施的改造与家庭无障碍的改造等工作。

自《无障碍环境建设条例》和《无障碍设计规范》颁布实施后，我国无障碍建设正式进入法制化阶段。目前我国已经有 50 多部法律法规涉及肢体残疾人的权益保障，我国各级地方政府也从实际情况出发制定了关于保护肢体残疾人合法权益的规章制度以及实施办法。2012 年至今，我国已经逐渐形成了以《宪法》为根本，以《残疾人保障法》为核心内容，以地方行政法规为支撑的保证肢体残疾人群体权益的法律体系。

## 二　肢体残疾人无障碍发展现状

随着我国社会主义事业的蓬勃发展，国家政府对肢体残疾群体的生活越来越重视。在各级政府以及住房和城乡建设部、铁道部、交通运输部、工业和信息化部、国家旅游局、中国残联等部门的支持下，无障碍建设得到蓬勃发展，并取得了显著成效。本节从生活、教育以及个人辅助器具三个方面讨论肢体残疾人的无障碍现状。

### （一）肢体残疾人无障碍生活现状

1. 无障碍生活设施总体情况

《无障碍环境建设条例》颁布实施以来，在政府部门推动、各级残联组织配合、残疾人参与建设，以及社会各界的大力支持下，“平等参与、共享融合”的无障碍理念逐步深入人心。

作为无障碍环境建设的重要组成部分，无障碍设施对于保障残疾人的权益具有十分重要的意义。2012 年以来，住建部会同有关部门展开了无障碍市、县创建工作，全国 650 多个市、1600 多个县的无障碍环境得到改善，肢体残疾人的无障碍设施及环境的建设工作逐步拓展到村镇、老旧社区及肢体残疾人家庭。

（1）无障碍设施普及状况

从《2017 年百城无障碍设施调查体验报告》[①] 中的相关统计数据来看，我国实地体验无障碍设施整体普及率为 40.6%，大众感知的无障碍设施整体普及率为 37.0%。整体上而言，我国的无障碍设施普及度不足。实地体验无障碍出入口和无障碍扶手的普及率分别为 84.7% 和 63.5%，实地体验无障碍电梯以及无障碍卫生间的普及率远远低于无障碍扶手和无障碍出入口的普及率，其实地调研数据均在 20.0% 以下，未来各地区在无障碍设施建设时，应当尤其注重提高无障碍电梯和无障碍卫生间的普及率（见图 1）。

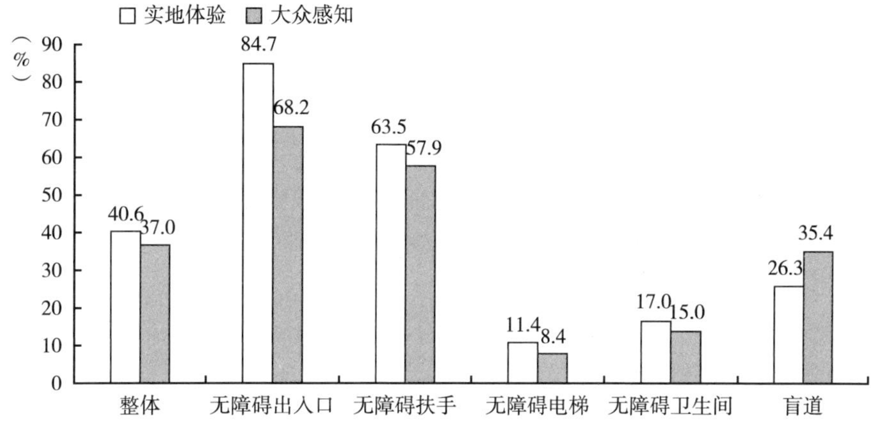


**图 1　我国各类型无障碍设施整体普及率**

数据来源：《2017 年百城无障碍设施调查体验报告》。

（2）无障碍设施整体满意度

从该次调查得到的数据来看，关于国内无障碍设施整体满意度得分为 70.8 分和 70.4 分，分数处于中等偏下。[②] 从不同类型的无障碍设施满意度来看，分数超过 80 分的为无障碍出入口和无障碍扶手，分别为 82.9 分和

① 中国消费者协会、中国残疾人联合会：《2017 年百城无障碍设施调查体验报告》，2017 年 12 月 15 日。

② 该调查体验报告对数据的分析采用百分制评价：90～100 分为优，80～90 分为良，70～80 分为中，60～70 分为及格，60 分以下为不及格。

83.1 分，分数最低的是无障碍卫生间，为 66.7 分。总体感知度仅有 63.8 分，代表我国无障碍设施建设还有待进一步努力（见图 2）。

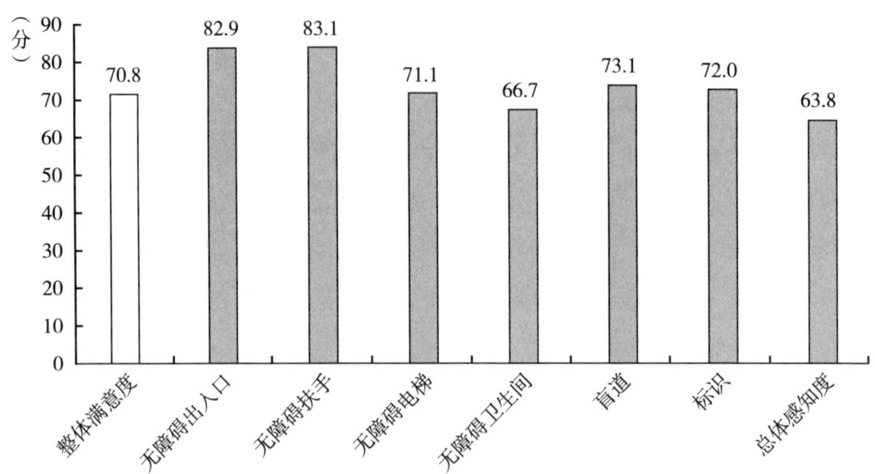


**图 2　各类型无障碍设施的实地体验满意度得分**

数据来源：《2017 年百城无障碍设施调查体验报告》。

2. 无障碍生活设施具体情况

（1）交通出行无障碍

交通运输部对肢体残疾人无障碍出行工作高度重视。在立法保障方面，结合交通运输部改革，统筹考虑铁路、公路、水路、民航等各种交通方式立法资源，出台了一系列保障措施。交通部联合中国残联等 6 部门制定了《关于进一步加强和改善老年人残疾人出行服务的实施意见》，颁布施行的《城市公共汽车和电车客运管理规定》也对肢体残疾人群体乘坐公交车提出了相关制度要求，《水路旅客运输规则》明确了有关肢体残疾人乘船等优惠政策。在标准规范方面，《公共汽车类型划分及等级评定》《出租汽车运营服务规范》对公交车、出租汽车配置残疾人轮椅通道或轮椅固定装置提出相关要求。批准修订《内河船舶法定检验技术规则》，明确普通客船和客渡船应当设置残疾人轮椅停放专用区域。在运营服务方面，《关于进一步提升高速公路服务区服务质量的意见》和《全国公路服务区工作要点》等，要求各地在服务区建设和改造过程中，完善肢体残疾人的专用通道，残疾人卫生间等人性化服务设施，并将“有完好可用的残疾人专用卫生间设施”“残疾人专用通道”等作为重要评价标准。

近年来，全国各地在综合客运枢纽、普通公路客运站、高速公路服务区、地铁站、客运码头、机场等交通基础规划建设中，加大对无障碍设施的配套建设力度。针对肢体残疾人的楼梯坡道、轮椅升降机和专用电梯等无障碍通道和服务设施不断完善。建成北京南站、上海虹桥、深圳福田等一大批综合客运枢纽，配备了高标准、人性化的无障碍服务设施。同时，在道路客运站、水路客运站、机场、火车站等重要场所开辟爱心通道，合理设置无障碍坡道、无障碍卫生间、残疾人停车位等设施，极大方便了有需要的肢体残疾群众，提升了肢体残疾群体的体验度。

根据《2017 年百城无障碍设施调查体验报告》中 84 个交通体验点的实地体验，包括客运站（含公交站）、火车站、地铁和机场（含代售点），各分别体验了 43 家、19 家、17 家和 5 家，具体数据如表 1 所示。

客运站（含公交站）无障碍设施整体满意度得分为 80.2 分，火车站无障碍设施整体满意度得分为 75.2 分，地铁无障碍设施整体满意度得分为 82.0 分，机场（含代售点）无障碍设施整体满意度得分为 81.0。相对而言，火车站满意度得分偏低。从本次调查来看，交通行业整体满意度较高，这与交通领域无障碍相对设备普及率高、设备齐全等有一定关系。

**表 1　2017 年百城无障碍设施调查实地体验交通运输领域各类别满意度情况**

单位：分

| 交通类型 | 整体满意度 | 无障碍出入口 | 无障碍扶手 | 无障碍电梯 | 无障碍卫生间 | 总体感受 |
|---|---|---|---|---|---|---|
| 客运站（含公交站） | 80.2 | 91.2 | 81.3 | 72.0 | 70.9 | 74.0 |
| 火车站 | 75.2 | 77.9 | 80.0 | 85.0 | 62.0 | 74.6 |
| 地铁 | 82.0 | 91.3 | 91.7 | 85.0 | 65.0 | 74.3 |
| 机场（含代售点） | 81.0 | 84.0 | 80.0 | 70.0 | 80.0 | 78.3 |

数据来源：《2017 年百城无障碍设施调查体验报告》。

（2）文化生活无障碍

近年来，文化和旅游部贯彻落实《中华人民共和国公共文化服务保障法》《无障碍环境建设条例》和《国家基本公共文化服务指导标准（2015—2020年）》要求，积极推进无障碍环境建设，将保障残疾人的基本文化权益作为统筹推进公共服务均衡发展的重要内容，促进肢体残疾人平等享受基本公共文化服务。

在丰富面向肢体残疾人的公共文化服务和产品供给方面，2018年，各地文化行政部门和群众文化机构鼓励文艺工作者深入生活，创作了一大批反映肢体残疾人生活、由肢体残疾人表演的优秀文艺作品，并通过专场文艺演出的形式，深入城乡基层为残疾人服务。同时，有关部门组织开展全国残疾人文化周、慰问特殊群体专场演出等示范性残疾人文化活动，带动全国各地区各单位面向肢体残疾人群体组织开展丰富多彩的文化活动，为肢体残疾人积极参与群众文艺作品的创作、演出和欣赏，丰富其精神文化生活。

在制定和完善全国旅游公共服务场所服务标准过程中，规定残疾人士服务标准和要求。党的十八大以来，国家旅游局发布实施的《国家康养旅游示范基地》《国家温泉旅游名地》《旅游特色街区服务质量要求》《风景旅游道路及其游憩服务设施要求》《绿道旅游设施与服务规范》《城市旅游公共服务基本要求》《旅游滑雪场质量等级划分》《旅游厕所质量等级的划分与评定》等标准均积极推动无障碍环境建设，对肢体残障人士可到达的公共娱乐场所，明确规定提出应配备轮椅、坡道等无障碍通道和无障碍设施，并应设置规范的无障碍标识，同时明确这些无障碍设施设备等应符合国家《残疾人保障法》规定，符合服务残障人士的国家强制性或推荐性标准的规定，符合安全规定，切实保障肢体残障社会成员平等参与公共旅游活动。

（3）家庭无障碍

我国肢体残疾人家庭无障碍改造工作起步于2008年，住房和城乡建设部与中国残联等部门启动制定《无障碍环境建设条例》的工作后，肢体残疾人家庭无障碍改造才开始逐步走上正轨。

在法规政策方面。2012年，国务院出台的《无障碍环境建设条例》明确规定："县级以上地方人民政府应当为贫困残疾家庭提供，关于无障碍环境改造的适当补助。"2016年，国务院《"十三五"加快残疾人小康进程规划纲要（2016—2020年）》进一步聚焦了贫困重度残疾人家庭无障碍改造工作，提出"切实加大贫困重度残疾人家庭无障碍改造力度"。2016年，中国残联、国务院扶贫办等26个部门和单位印发《贫困残疾人脱贫攻坚计划（2016—2020年）》，提出"到2020年稳定实现贫困残疾人家庭无障碍改造覆盖面有效扩大""加大对建档立卡残疾人贫困户易地扶贫搬迁的扶持力度，在制定和实施搬迁规划中同步做好家庭无障碍设施的规划与建设"。2017年，中国残联制定实施了《关于贫困重度残疾人家庭无障碍改造工作的指导意见》，明确工作原则、内容和保障措施；组织编写《残疾人家庭无障碍改造工程服务承接机构准入标准》《政府购买残疾人家庭无障碍改造服务评价标准》，为各地开展改造工作提供参考依据。

在家庭无障碍改造的补贴方面，2011～2015年间，残疾人事业专项彩票公益金共对贫困重度残疾人家庭实施无障碍改造给予专项支持，中央财政每年安排5600万元，5年共为8万多户城乡贫困残疾人家庭提供了补助，专门用于进行家庭无障碍环境改造。"十三五"期间中国残联向财政部争取中央财政补贴资金8.33亿元，拟完成改造任务23.8万户，约为"十二五"期间的3倍。截至2017年，中国彩票公益金已经为140万残疾人家庭实施了环境改造，通过降低厨房灶台、平整房屋地面、修建坡道、安装坐便器和煤气泄漏报警装置等手段，为残疾人提供了更加安全便利的家庭生活环境，便于残疾人参与社会生活。

肢体残疾人家庭无障碍改造工作的推进，切实改善了肢体残疾人的家居环境，显著提高了肢体残疾人的生活质量，广大肢体残疾人及社会各界亦对这项工作持积极态度，但是受限于起步时间、经费投入等现实原因，贫困重度肢体残疾人的基本需求远未得到满足。

## （二）肢体残疾人无障碍教育现状

### 1. 肢体残疾人接受教育情况

在无障碍考试招生条件建设方面，教育部参考中国残联的建议，正式颁布《残疾人参加普通高等学校招生全国统一考试管理规定》，在高校考试招生工作文件中明确要求，“关于能够进行生活自理，身体条件和心理条件能够完成所报专业学习活动的肢体残疾人，高校应当按照其录取分数线按规定录取，不得因残疾拒绝录取”。各省（直辖市、自治区）为残疾考生安排专人跟踪服务，确保肢体残疾考生不因身体残疾而影响录取。

我国正式实施残疾人事业专项彩票公益金助学项目以后，全国 1.9 万人次家庭获得了该项目的资金补助，使得残疾儿童能够参加学前教育，获得了良好的教育条件。我国 2017 年共开设了 112 个特殊教育普通高中班（部），132 个中等职业学校（班），在校学生分别有 8466 人、12968 人，其中 3501 人毕业，1802 名毕业生获得了职业资格证书。2017 年，我国普通高等院校共录取了 10818 名残疾人，高等特殊教育学院录取了 1845 名残疾人。

肢体残疾儿童接受学前教育的人数 6 年来呈总体上升趋势，2017 年与 2012 年相比，增幅达 90.51%。与 2012 年进行比较，2017 年肢体残疾中等职业学校在校学生人数减少了 791 人，降幅为 26.64%。2017 年普通高等专科（高职）学校肢体残疾学生的录取人数比 2012 年增加 606 人，增幅为 20.44%，2017 年普通高等本科院校肢体残疾学生的录取人数比 2012 年增加 359 人，增幅为 12.62%（见表 2）。各类学校教育机构应当关注无障碍环境的建设以适应肢体残疾学生人数的变化。

**表 2　肢体残疾人接受教育情况统计**

单位：人

| 年　份 | 学前教育 | 高中教育 | 高等教育 | |
|---|---|---|---|---|
| | | 残疾人中等职业学校在校生 | 专科(高职) | 本科 |
| 2012 | 1854 | 2969 | 2965 | 2844 |
| 2013 | 1724 | 3333 | 2823 | 2955 |
| 2014 | 1828 | 3314 | 2868 | 2848 |
| 2015 | 2087 | 1249 | 2726 | 2576 |
| 2016 | 2431 | 2029 | 3023 | 2873 |
| 2017 | 3532 | 2178 | 3571 | 3203 |

数据来源：《中国残疾人事业统计年鉴》，中国统计出版社，2018。

2. 校园无障碍建设情况

2012 年以来，教育部认真贯彻落实《无障碍环境建设条例》，不断完善法律法规和政策中关于校园无障碍环境建设的相关规定，指导各地和各学校不断加强无障碍设施建设，努力为肢体残疾学生提供便利、无障碍的校园环境。

在学校无障碍硬件建设方面，针对肢体残疾人，2017 年 1 月施行的《幼儿园建设标准》规定“招收残疾幼儿的幼儿园宜设电梯”。2018 年 10 月施行的《中等职业学校建设标准》规定“校园建筑、道路及场地应满足无障碍设计要求”。同时，指导各地加强普通学校特殊教育资源教室、无障碍设施等建设，为肢体残疾人提供必要的学习和生活便利，例如，上海市将“加快普通学校资源教室和无障碍建设”列为三年行动计划的重点推进项目，将无障碍环境建设纳入硬件建设的必备标准，提供市、区两级专项资金。目前部分学校已完成肢体残疾人的无障碍厕所、无障碍电梯、坡道等改建工程。

在营造无障碍无歧视的校园氛围方面，新修订的《残疾人教育条例》明确禁止任何对残疾人的教育歧视，积极推进融合教育。教育部正在修订的《普通中小学建设标准》《高等职业学校建设标准》等，制定《关于加强残疾儿童少年普通学校随班就读工作的指导意见》时，将进一步明确相关规定，指导各地在招收肢体残疾学生的学校，不断完善校园无障碍环境建设，为肢体残疾学生平等参与学校各项活动创造良好的校园环境和文化氛围，更好地促进肢体残疾学生融入和适应社会。

## （三）肢体残疾人无障碍个人辅助器具（服务）现状

1. 个人辅助器具研究开发情况

由于我国肢体残疾人数较多，残疾人在缺乏辅助器具的情况下，难以参与社会工作和生活，因此，大部分肢体残疾人都选择配置个人辅助器具，例如轮椅、手杖、假肢、坐便器，等等。未来很长一段时间，加强个人辅助器具研发技术、优化产品，通过科技的手段来减轻肢体残疾人家庭护理的负担将会是我国肢体残疾人个人辅助器具发展的主要趋势。

早期我国主要研究了轮椅、假肢、矫形器等个人移动辅助器具，经过多年发展，假肢、矫形器和轮椅车等辅助器具的生产水平得到提升，产业规模得到扩大；假肢、矫形器等传统的个人移动辅助器在我国已经实现了自给自足，尤其是矫形器零部件和假肢，已经凸显出成本优势，在国际上崭露头角，远销海外；科研院所和大专院校联合展开了关于个人移动辅助器具的研究，提出的足底矫形器 CAD/CAM 系统、假肢接受腔 CADC/AM 系统、肌电假手、钛合金下肢假肢组件、2C 运动储能脚等课题，其研究水平达到世界领先水平。

2. 辅助器具适配服务情况

2017 年，全国得到辅助器具供应服务的持证残疾人中，肢体残疾人 1373140 人。其中，四川省、山东省、河南省、江苏省、湖南省的接受辅助器具适配服务的肢体残疾人数最多，西藏自治区与黑龙江垦区的接受辅助器具的适配服务的肢体残疾人最少，西藏自治区仅有 153 人（见表 3）。

**表 3　2017 年全国各地区接受肢体残疾辅助器具适配服务情况统计**

单位：人

| 地　区 | 接受假肢、矫形器、轮椅等主要肢体残疾辅助器具适配服务 |
|---|---|
| 全　国 | 1373140 |
| 北　京 | 5813 |
| 天　津 | 6508 |
| 河　北 | 58169 |
| 山　西 | 41132 |
| 内蒙古 | 24860 |
| 辽　宁 | 30012 |
| 吉　林 | 26311 |
| 黑龙江 | 25063 |
| 上　海 | 17088 |
| 江　苏 | 81738 |
| 浙　江 | 24000 |
| 安　徽 | 27072 |
| 福　建 | 6023 |

续表

| 地区 | 接受假肢、矫形器、轮椅等主要肢体残疾辅助器具适配服务 |
| --- | --- |
| 江西 | 53899 |
| 山东 | 99972 |
| 河南 | 93291 |
| 湖北 | 18571 |
| 湖南 | 70699 |
| 广东 | 25836 |
| 广西 | 31171 |
| 海南 | 2205 |
| 重庆 | 17110 |
| 四川 | 445332 |
| 贵州 | 15397 |
| 云南 | 19895 |
| 西藏 | 153 |
| 陕西 | 47222 |
| 甘肃 | 28461 |
| 青海 | 6338 |
| 宁夏 | 11574 |
| 新疆 | 10133 |
| 新疆生产建设兵团 | 1748 |
| 黑龙江垦区 | 344 |

数据来源：《中国残疾人事业统计年鉴》，中国统计出版社，2018。

3. 康复服务情况

2017 年，我国基本康复的肢体残疾人总计有 854.7 万人，其中有 141239 人为 0～6 岁残疾儿童。得到康复服务的持证残疾人中，肢体残疾人 484.6 万。2017 年总计有 244.4 万名残疾人获得了专业的辅助器具适配服务。

截至 2017 年底，全国参加矫治手术、运动功能训练的肢体残疾人有 616678 人，接受假肢、矫形器等辅具适配服务的肢体残疾人有 1684794 人。

分地区而言，北京、河北、山东、河南、湖南接受基本康复服务的肢体残疾人人数较多，均在 3 万人以上。内蒙古、上海、浙江、福建、海南、西藏、贵州、青海、新疆、新疆生产建设兵团、黑龙江垦区等接受基本康复的肢体残疾人数较少，均在 1 万人以下，其中西藏自治区与黑龙江垦区人数最少，康复服务的无障碍应对这些地区加以重视（见表 4）。

截至目前，我国共有 8334 家残疾人康复机构，其中有 3088 家为肢体残疾康复服务机构。其中，上海市肢体残疾康复机构 326 家，机构数最多；西藏的肢体残疾康复机构最少（见表 5）。据相关统计数据显示，我国康复机构中拥有 24.6 万名在职员工，其中，16.5 万名为专业技术人员，管理人员和其他人员共有 8.1 万名。

**表 4　2017 年全国各地区接受肢体残疾基本康复服务情况统计**

单位：人

| 地　区 | 矫治手术、运动功能训练等 | 假肢、矫形器等辅具适配服务 |
|---|---|---|
| 全　国 | 616678 | 1684794 |
| 北　京 | 33322 | 16461 |
| 天　津 | 4252 | 11990 |
| 河　北 | 75226 | 109546 |
| 山　西 | 25197 | 87474 |
| 内蒙古 | 9340 | 37794 |
| 辽　宁 | 21650 | 57928 |
| 吉　林 | 12800 | 51125 |
| 黑龙江 | 26522 | 24014 |
| 上　海 | 52 | 1245 |
| 江　苏 | 21532 | 123846 |
| 浙　江 | 6920 | 45166 |
| 安　徽 | 22633 | 45904 |
| 福　建 | 3300 | 9354 |
| 江　西 | 17196 | 114130 |
| 山　东 | 45939 | 162692 |
| 河　南 | 78726 | 154666 |
| 湖　北 | 10203 | 36607 |
| 湖　南 | 37152 | 150767 |

续表

| 地　区 | 矫治手术、运动功能训练等 | 假肢、矫形器等辅具适配服务 |
|---|---|---|
| 广　东 | 15013 | 32704 |
| 广　西 | 15939 | 57417 |
| 海　南 | 931 | 2657 |
| 重　庆 | 10415 | 32773 |
| 四　川 | 21790 | 74288 |
| 贵　州 | 8288 | 39265 |
| 云　南 | 18534 | 40524 |
| 西　藏 | 17 | 239 |
| 陕　西 | 23110 | 68959 |
| 甘　肃 | 25260 | 49276 |
| 青　海 | 1814 | 7433 |
| 宁　夏 | 11720 | 17286 |
| 新　疆 | 6989 | 17668 |
| 新疆生产建设兵团 | 4829 | 3217 |
| 黑龙江垦区 | 67 | 379 |

数据来源：《中国残疾人事业统计年鉴》，中国统计出版社，2018。

**表 5　2017 年全国各地区肢体残疾康复机构情况统计**

单位：家

| 地　区 | 肢体残疾康复机构 | 地　区 | 肢体残疾康复机构 |
|---|---|---|---|
| 全　国 | 3088 | 湖　北 | 64 |
| 北　京 | 26 | 湖　南 | 88 |
| 天　津 | 11 | 广　东 | 181 |
| 河　北 | 189 | 广　西 | 78 |
| 山　西 | 133 | 海　南 | 18 |
| 内蒙古 | 91 | 重　庆 | 87 |
| 辽　宁 | 135 | 四　川 | 111 |
| 吉　林 | 80 | 贵　州 | 63 |
| 黑龙江 | 67 | 云　南 | 70 |
| 上　海 | 326 | 西　藏 | 4 |
| 江　苏 | 151 | 陕　西 | 190 |
| 浙　江 | 82 | 甘　肃 | 54 |
| 安　徽 | 79 | 青　海 | 20 |
| 福　建 | 62 | 宁　夏 | 21 |
| 江　西 | 51 | 新　疆 | 73 |
| 山　东 | 227 | 新疆生产建设兵团 | 42 |
| 河　南 | 154 | 黑龙江垦区 | 60 |

数据来源：《中国残疾人事业统计年鉴》，中国统计出版社，2018。

## 三 肢体残疾人无障碍问题分析

根据对肢体残疾人无障碍发展历程的梳理以及现状的研究，目前我国肢体残疾人的无障碍领域还存在许多问题，主要从以下方面进行分析。

### （一）相关无障碍法律法规体系不完善

自 20 世纪 80 年代起，我国开始着力于建设无障碍法律环境，先后颁布了《无障碍环境建设条例》《无障碍设计规范》等一系列法规政策，以求从立法层面出发，帮助肢体残疾人更好地参与社会生活。但不难发现，虽然这些法规政策对肢体残疾人的无障碍环境建设和设计规范提出了相关规定，但大多内容仍较为笼统、概括，缺乏具体、翔实的细化规定。与此同时，由于我国尚未有针对肢体残疾人建立的专项无障碍法律法规，因而在肢体残疾人无障碍环境建设中，容易出现因职责不清晰而无法将各项工作落到实处的情况。此外，在无障碍环境设施建设方面，目前我国尚未出台相关法律法规规定政府的拨款方式以及非政府组织的支持模式；面对当前已经建设投入使用的却不符合相关标准的无障碍设施，我国也并未从法律层面明确规定相关责任主体。法的缺失，导致我国各地政府无法有根据地、科学地制定关于肢体残疾人无障碍环境建设的实施细则。

国家层面与地方层面对于肢体残疾人相关立法的缺失，会使肢体残疾群体在日常生活中存在不同程度的障碍，更加难以实现整体的无障碍发展。

### （二）无障碍生活设施建设缺乏实用性

1. 无障碍建设大多是散点建设，缺乏系统性

三十多年来，我国政府投入了大量的资金和时间用于无障碍环境建设，但是从前文的分析可知，我国残疾群体对无障碍环境建设的满意度相对较低，究其原因，主要是因为在我国无障碍环境建设的进程中，存在着无序建设、重复建设和不规范建设等问题。

仅从肢体残疾人无障碍环境建设的某一环出发，可以认为我国无障碍环境设施建设较为完善。例如火车站通常会设置垂直电梯和轮椅坡道，为肢体残疾人的无障碍通行提供便利，公共场所一般也会设有无障碍卫生间，解决肢体残疾人的生理需求等。但从我国无障碍环境建设的整体表现来看，仍然存在散点建设、缺乏系统性的问题。无障碍设计包含了许多不同的系统，在进行无障碍设施建设时，必须保证系统的完整性，否则可能出现无法真正实现肢体残疾人无障碍的困境。例如，当建筑项目已经设计并建造了无障碍通道，但该通道上仍然存有诸如台阶之类的障碍物，就会导致肢体残疾人无法顺利通行，如此一来便破坏了建筑无障碍环境的系统完整性。而只有保证系统的完整性，才能保证肢体残疾人士的自如出行，由此，为方便肢体残疾人实现无障碍通行，散点建设和系统性缺失等问题的解决迫在眉睫。

2. 无障碍设计未能立足肢体残疾人需求

对于肢体残疾人而言，出入口、扶手、电梯、卫生间等生活设施的无障碍建设尤为重要。但许多设计师在进行无障碍环境设计时，未能真正站在肢体残疾人的角度，充分考虑其身体机能可能存在的缺陷，分析使用者可能会遇到的实际困难，因而较少立足于肢体残疾人的特殊需求，对肢体残疾人无障碍设施建设的设计标准把握不足。由此就会导致在无障碍设计中存在坡道不合理、楼梯扶手设置过高、卫生间内部没有配备呼叫器、无障碍电梯没有安全覆盖等问题，而这些问题的存在，使得许多现有的无障碍生活设施不仅难以为肢体残疾人带来实质意义上的帮助，而且在一定程度上造成了资源浪费。

### （三）无障碍教育环境建设不平衡、不充分

肢体残疾人无障碍教育环境的建设主要体现在学前教育、义务教育、高中教育以及高等教育四个阶段。在学前教育阶段，由于幼教对相关康复知识的储备不足，缺乏对肢体残疾儿童身心发展的系统认识，且教育资源分布存在的城乡差异，导致肢体残疾儿童入园人数较少，肢体残疾儿童的学前无障碍教育环境还未受到足够重视；在义务教育阶段，虽然肢体残疾入学儿童数

量较多，但这部分儿童因为起步较晚，普遍存在知识基础薄弱等问题；在高中教育阶段，肢体残疾学生在中等职业学校学习的比重较高，未来有必要提高我国普通高中的办学规模，便于接纳更多残疾学生，推进融合教育，使得肢体残疾学生也能够通过在普通高中学习，进入高等院校；在高等教育阶段，通过对我国41所重点高校的观察[①]，可以发现，相比于中西部地区而言，我国东部沿海地区高等院校的无障碍建设相对完善；相比于普通高校而言，我国特殊教育学校和义务教育学校的无障碍设施建设水平更高。根据项目的调查研究表明，我国大部分高校未配备肢体残障通道和无障碍电梯，82%的高校无障碍设施由于缺乏管理，存在被占用和毁坏的问题，导致肢体残疾学生即使考上心仪的高等院校，也常因学校无障碍设施的不完善而放弃就读机会，转而根据硬件条件选择其余能够学习的院校，陷入了恶性循环。“带母上清华”就是我国各大高校无障碍建设水平较低的典型表现。

现行的《残疾人保障法》和《无障碍环境建设条例》等相关法律法规中，提出的各项关于建设无障碍环境的规定集中于专业性较强的社会公共领域，但是并未明确学校的无障碍环境建设标准以及规范。另外，7部门联合印发的《第二期特殊教育提升计划（2017—2020年）》，以及我国修订后的《残疾人教育条例》中，大多只是倡议性地提及学校应当建设无障碍环境，并未明确学校建设无障碍环境应当肩负的责任，也并未提及学校无障碍环境建设的标准以及规范。另外，就学校无障碍设施维护以及监管期间发生的失职行为，现行的政策法规中也并未提出具体的惩戒措施。无障碍建设的标准和规范的缺失，使得学校和社会公益组织对学校的无障碍环境建设无从下手。

## （四）肢体残疾个人辅具服务不够适切

较当前国际先进水平而言，我国康复水平相对落后，肢体残疾个人辅具服务的提供更为不足。我国肢体残疾个人辅具的配置服务水平较低，数量较

---

① 国家自然科学基金重点项目“‘一带一路’与中国西部发展”（项目编号：71742004）阶段性研究成果。

少，仍然无法与国际前沿相比。

目前国内辅具企业数量少、规模小，仍以加工中低端产品为主，能够规模生产的电动轮椅、代步车等中高端产品70%以上为代工产品，中高端假肢、矫形器等主要依赖进口，这与我国肢体残疾群体迫切的康复需求不相适切。同时，我国的辅助器具服务机构普遍设置在大城市，农村地区和中小城市的残疾人无法就近获得专业的辅助器具服务，且大多服务机构并未配备专业的管理人员以及高水平技术人员。另外，我国相关部门还未制定完善的辅助器具资助制度，导致残疾贫困家庭无力负担基本型辅助器具的费用。

肢体残疾人在康复治疗以及购买个人移动辅助器具时，往往涉及大量专业知识，但由于缺乏专业的个人辅助器具适配服务，使得肢体残疾人在缺乏专业辅导的情况下，极有可能无法正确购买适合自己的个人辅助器具。一方面，由于缺乏科学的个人辅具使用指导，肢体残疾人在出现轮椅使用不当和腋拐不适用的情况时，很大可能会做出错误的处理，从而导致轮椅不适引发的压疮、臂丛神经损伤、肩关节损伤等继发病症，对肢体残疾人造成二次伤害。另一方面，我国大部分肢体残疾人的知识水平较低，且普遍年龄偏大，所以理解能力与接收能力较弱。所以在我国缺乏个人移动辅助器具知识宣传的情况下，肢体残疾人还无法真正了解和认识个人移动辅助器具，难以发挥个人移动辅助器具的辅助作用。

### （五）社会对于肢体残疾人的无障碍意识较弱

社会工作对肢体残疾群体的意识较弱，并未真正了解肢体残疾群体，不能积极主动地参与到肢体残疾人无障碍环境建设活动中去。

一是无障碍的设计者们无障碍意识比较薄弱，部分设计者一味遵循相应的规范以及条例去进行无障碍设施的设计，而没有充分展现个人的设计思路以及观点。有些设计者在进行无障碍设计时，往往只注重建筑美观性，甚至认为无障碍设施会破坏建筑的美感、妨碍使用效能。

二是建筑单位普遍认为无障碍设施会大量占用建筑面积，增加建设成本，且无障碍设施在实践中的使用率较低。因此，很多单位往往会忽视无障碍设施的建设，甚至有部分单位在建筑验收过后，会更改无障碍设施。

三是社会对肢体残疾人的关注度较低，对肢体残疾人的无障碍环境建设不关心。在我国公共建筑中，部分出入口以及台阶等处都并未进行无障碍设计，也未能给肢体残疾人提供专门的无障碍电梯；甚至有部分建筑中的无障碍设施形同虚设，无障碍设施常出现被占用、被损坏的情况。

## 四 肢体残疾人无障碍发展的对策建议

由于制度建设的不完善、生活设施建设的不科学、教育环境无障碍的不平衡、个人辅具的落后以及公众意识的局限，我国的肢体残疾人无障碍发展中有很多亟待解决的问题。为建设完善的无障碍设施、营造良好的无障碍环境，相关部门应在以下方面采取有效措施。

### （一）建立健全肢体残疾人无障碍法律体系

我国应加快制定针对肢体残疾人的专门无障碍建设条例，同时督促各地以肢体残疾人的无障碍建设条例为基础，要求各地方政府根据实际情况制定实施细则和实施办法，构建与当地实际情况相适应的肢体残疾人无障碍环境建设法规体系，推动肢体残疾人无障碍环境建设。

一是应当明确无障碍环境建设的主体，从立法层面明确管理主体的责任、义务、权限，并在相关实施细则和标准中规定无障碍环境建设的标准、途径、融资方式、建设原则。除此以外，还应该明确各管理部门的行政责任，肢体残疾人的无障碍环境建设涉及住建部、工信部、交通部、卫生委、教育部等多部门，必须明确不同部门在无障碍环境建设中的责任，并有效协调部门与部门之间的关系，能够针对相同的目标开展肢体残疾人无障碍环境建设工作。

二是要建立社会监督机制，确定处罚主体、处罚标准、处罚额度等，并尽快建立监察机制和评估机制，加大对肢体残疾人无障碍环境设施的监控力度。在无障碍环境建设的进程中，政府是主导者，但是不能只依靠政府的监督作用，特别是在肢体残疾人无障碍环境建设的监督方面。这就要求我国必须将非政府组织和残疾人联合会的作用充分发挥出来，建立社会监督机制和投诉机制，通过加强社会监督，落实我国的无障碍环境建设法律。

三是我国各部门应当尽快根据实际情况构建推进残疾人无障碍环境设施建设的配套机制，如制定《肢体残疾人既有居住区无障碍设施建设与改造标准》《旅游景区肢体残疾人无障碍改造标准》等，并及时根据我国肢体残疾人无障碍环境建设现状，对相关的技术标准以及法律法规做出调整。

## （二）提高肢体残疾人无障碍建设的专业化水平

肢体残疾人的无障碍环境建设是一项需要长期努力的系统工程，要求我国各单位以及各部门必须通力协作，从社区公共服务到家庭居住环境，构建标准化和规范化的无障碍设施，以求帮助肢体残疾人更好地融入社会生活。

我国建筑师在考试和继续教育中，也必须充分学习无障碍设计的相关内容以及技术。无障碍设计技术涉及的面较广，包括设备研发、人体工程学、人文科学等内容，学习国际上先进的无障碍环境建设专业知识。

未来我国各大高校应当以提高肢体残疾人无障碍建设专业化水平为己任，在校内开设无障碍环境设计技术课程，要求设计师和建筑师必须充分掌握无障碍设计的基本要领以及技术。此外，我国建筑部门也应当定期开展无障碍技术规范业务培训，要求设计人员、规划人员、无障碍设施管理和使用人员、施工人员等，必须充分掌握无障碍技术的相关专业知识，进而在我国无障碍环境的建设过程中发挥主观能动性。通过开设无障碍环境设计技术课程以及业务规范培训，为我国无障碍环境建设源源不断地输送专业化人才，以切实提高我国肢体残疾人无障碍建设的专业化水平。

### （三）加强肢体残疾人无障碍教育环境建设

首先，国家应确保贯彻落实《无障碍设计规范》，并构建统一的肢体残疾学生无障碍建设标准，要求在全国各大教育机构推广该项标准，提出无障碍建设的规范以及建设的时间节点，在各地区院校先行试点，再向全国范围推广。构建完善的考核评价机制和奖惩机制，在对学校进行审核时，将无障碍建设水平作为重要的评价指标，有效协调我国各区域的肢体残疾学生无障碍教育环境建设，改变部门“衔接空白”的现状。

其次，学校层面。在学前教育阶段应提高教学质量，一方面，加强特殊教育学校学前教育与普通幼儿园之间的沟通与互动，尤其是交流双方的育儿理念以及育儿方法，除此以外，加强学前特教教师与各类康复教师的合作，为肢体残疾儿童的教育、训练、转衔等提供咨询、指导服务。在义务教育阶段，扩大对肢体残疾儿童的招生，我国普通学校也应当扩大其肢体残疾学生的招生规模以及教学质量，真正提高我国肢体残疾人的教育普及率。国家应当从制度层面要求我国普通学校正式落实“两免一补”政策，尤其是针对我国偏远地区，应当以送教上门、社区教育等多种形式，为肢体残疾人提供便利的教育机会。在高中教育阶段，推动中等特殊职业教育的发展，为残疾人职业教育学校或特殊教育学校中的职业教育部提供硬件支持，帮助其完成无障碍环境的硬件设施建设，搭建交流平台，为普通教育学校和特殊教育学校提供交流机会，使得特殊教育学校的教师能够学习普通教育学校的优良教学方法。在高等教育阶段，建立点面结合的网络化无障碍环境，构建完善的评估体系，要求高等院校必须按年度向有关部门提交政策报告，并由社会第三方机构对高等院校无障碍环境建设进行评估。深化校企合作，为校园肢体残疾学生无障碍环境建设引入更多的社会资本，为肢体残疾学生打造良好的教育环境，帮助其实现自我人生价值。加强肢体残疾人无障碍环境建设理念和相关政策法规的宣传与推广，可通过开设课程的方式，帮助人们了解无障碍环境建设的专业知识以及现行法规。

## （四）加强肢体残疾人个人辅助器具服务

1. 建立健全辅助器具政策保障体系，提供更多好产品

健全的政策保障体系是残疾人获得辅助器具服务的基础。目前，尽管我国已经为部分残疾人配发了辅助器具，但由于其采用单一的配发方式，导致大部分肢体残疾人都无法得到帮助，政策的覆盖范围难以达到预期，无法满足我国肢体残疾人的实际需求。政府应当针对贫困肢体残疾人给予补贴，从真实需求出发给予优惠政策，确保贫困残疾人能够在政府政策的帮助下，解决基本生活问题。目前，需求最大的是小腿和大腿假肢、前臂假肢，建议政府应当针对这部分辅助器具给予较大的补贴，针对部分使用需求较小的辅助器具酌情减少补贴。通过改善补贴方式，便于扩大政府政策的辐射范围，同时也可以实现政府资金的合理配置，为更多的残疾人提供便利和帮助。

同时，必须贯彻国务院《关于加快发展康复辅助器具产业的若干意见》，落实政府的各项扶持政策，例如产业投融资政策、税收优惠政策、政府采购政策等，为我国辅助器具产业结构的转型升级铺平道路，切实提高我国辅助器具的质量以及生产规模，争取辅助器具产品在规模、质量和科技含量等方面登上一个新台阶。科技部应当与高等院校和相关企业建立战略同盟，联合开发智能化辅助器具，攻破智能化辅助器具的核心技术，提高国产辅助器具的技术水平，抢占中高端市场。

2. 提升服务能力，满足肢体残疾人多样化、个性化需求

专业的人才团队能够为肢体残疾人购买和使用专业个人辅助器具提供指导，避免残疾人在使用专业个人辅助器具时发生二次伤害。但我国专业辅助器具管理人才和技术人才较为匮乏，这已经对我国康复辅助器具的发展与建设带来了一定影响。未来我国必须尽快构建完善的人才网络体系，组建一支高素质的专业人才团队，才能真正解决肢体残疾人的价值需求问题。从实际情况来看，大部分辅助器具工作者都并不了解辅助器具的专业康复知识，在辅助器具使用指导，矫形器的制作、适配、质量检测、产品研发，以及康复

训练等工作上力不从心，未来我国应当投入更多的资源和资金，用于培养专业辅助器具人才。例如，在高等院校和专业机构中开设专门的课程，在政府年度计划中纳入辅助器具人才培养计划，并且为辅助器具专业人才提供外出学习和交流的机会，提升技术服务能力，为更多需要的人进行服务。拓宽视野，推动辅具事业的发展。

目前，中国残联已经初步建立了省、市、县三级残疾人辅助器具服务体系。今后我国必须加强市、县级服务机构的建设与发展，扩大我国辅助器具服务体系的辐射范围。与此同时，中国康复大学还应当肩负起推动我国辅助器具事业发展的重任，加速专业人才培养，并应当以国际化标准制定统一的辅助器具服务规范，进而满足肢体残疾人的多元化需求。

### （五）营造良好的无障碍社会氛围

公众对于肢体残疾人无障碍意识淡薄的主要原因是对这个群体的了解不深，所以应该充分利用媒体的宣传优势。使社会公众也能充分掌握肢体残疾人无障碍环境相关的知识，自觉遵守相关的法律法规，并且力所能及地去帮助肢体残疾人士，营造良好的无障碍社会氛围。

一是宣传《残疾人保障法》等法律法规，使公众意识到无障碍环境建设不只是为残疾人而建设，是涉及每一个人的。要让公众意识到应该自觉维护无障碍环境的建设，关爱肢体残疾群体。

二是普及《无障碍设计规范》和《无障碍环境建设条例》，在公共区域设置醒目的无障碍标识。一方面能够使肢体残疾人士充分使用无障碍设施；另一方面可以使公众了解无障碍设施的建设和使用方法，充分意识到无障碍建设的意义和价值。

三是发挥无障碍设计的引领作用，首先只有设计师在进行无障碍建筑的设计时树立无障碍意识，使无障碍建筑处处体现出对肢体残疾群体的关爱。才能使公众自觉主动地维护无障碍环境，使全社会能够逐步形成无障碍意识氛围。

我们应当将社会舆论作用充分发挥出来，并制定相应的惩处机制，惩罚对无障碍环境设施造成破坏和影响的言行，使得社会公众能够在相关政策和制度的引导下，自觉主动地爱护无障碍设施，并能够为肢体残疾人无障碍设施建设工作贡献自己的一份力量。

## 参考文献


程俊飞：《公共建筑和居室环境中的无障碍设施研究》，天津科技大学硕士学位论文，2011。

吕世明：《我国无障碍环境建设现状及发展思考》，《中国残疾人研究》2013 年第 2 期。

吴文博：《我国无障碍环境建设问题研究》，西北大学硕士学位论文，2015。

杨浩：《残疾人家庭无障碍改造设计研究》，清华大学硕士学位论文，2014。

郑功成、杨立雄主编《残疾人事业蓝皮书：中国残疾人事业研究报告（2018）》，社会科学文献出版社，2018。

凌亢、白先春：《中国残疾人事业发展报告（2006—2015）》，中国统计出版社，2017。

凌亢、孙友然、白先春主编《残疾人蓝皮书：中国残疾人事业发展报告（2018）》，社会科学文献出版社，2018。

中国残疾人联合会维权部：《国家无障碍环境建设法规与政策汇编》，全国无障碍环境建设成果展示应用推广暨第十四届中国信息无障碍论坛，2019。

中国残联无障碍环境建设推进办公室指导、无障碍环境智库策划：《全国无障碍环境建设成果展示应用推广——无障碍文汇》，辽宁人民出版社，2019。

# B.6
# 中国公共服务设施无障碍建设发展报告（2019）

夏　菁*

**摘　要：** 本报告以公益性公共服务设施为研究对象，明确共享的新时代我国公共服务设施无障碍建设理念，为所有人服务的建设目标。本报告聚焦于全国范围内各类公共服务设施无障碍建设的总体概况，分别从整体提升我国公共服务设施无障碍建设水平的法规标准、宏观建设环境、建设呈现的时间空间特征以及多方合力发挥的促进作用等四个方面展开具体分析。进而，提出中国公共服务设施无障碍建设存在各类标准指导实践模糊、建设过程缺乏长期性考虑以及建设内容难以适应不断变化的空间需求等问题，并从加强顶层设计、提高残疾人整体教育水平、优化公共服务设施无障碍改造时序以及发挥社会监督调查力量四个方面提出对策建议。

**关键词：** 公共服务设施　无障碍建设　残疾人事业

## 一　中国公共服务设施无障碍建设需要适应新环境

公共服务设施无障碍建设水平关乎民生福祉，是我国推进基本公共服

* 夏菁，清华大学建筑学院博士后，东南大学建筑学院博士，研究领域：弱势群体空间公平与共享。

务均等化的重要环节，是体现城市包容性发展与竞争力的综合体现，也与发展所处的阶段背景密切相关，中国公共服务设施无障碍建设需要适应新环境。就物质空间建设而言，自 20 世纪 80 年代开始无障碍设施建设以来，公共服务设施无障碍建设一直是无障碍环境建设的重要板块。因此，无论是新建的公共服务设施，还是规模不断扩大的改造设施，其总体的无障碍建设力度及覆盖的空间范围均在不断增大。这意味着我国公共服务设施无障碍建设在 40 年的实践过程中取得了显著成就，实现了从无到有、由点到面的全面建设。在我国老龄化程度不断加深、社会经济发展水平不断提升、无障碍设施建设已形成一定规模化覆盖的新环境下，中国公共服务设施需要在以人民为中心的原则下考虑共享、考虑残疾人等有需要者的实际使用。

共享是我国新时代社会经济发展的核心理念之一，也是公共服务设施面向所有人提供均等化服务的核心价值取向。残疾人是否能够全面融入社会，能否与非残疾人共享公共空间显得尤为重要。无论是无障碍设计中强调的“通用设计”理念，还是残疾人教育中倡导的“全纳教育”“融合教育”等，其均是倡导公共空间为所有人提供公共服务的功能属性。本报告也将聚焦于以空间共享为导向的方便所有人使用的公共服务设施无障碍建设的发展概况。

新时代人民群众的需要已经从“物质文化需要”发展为“美好生活需要”。对于公共服务设施无障碍建设而言，其目标也不应局限于物质空间的建设，而应该是满足残疾人及其他有需要者借力于无障碍设施而获得追求美好生活需要的机会和权利。进而，努力提升残疾人等有需要者的获得感、幸福感、安全感。

进一步审视我国公共服务设施无障碍建设与残疾人追求美好生活需要的关系，残疾人使用无障碍设施的频率偏低、残疾人使用满意度不高等也已经成为与高设施普及率同步存在的现象。我国有 8500 余万残疾人、2.49 亿老年人，随着社会经济发展水平的提升，公共服务供给水平是满足其追求美好生活的基本条件，而公共服务设施无障碍建设承担的空间载体角色亦将发挥重要作用。因此，面对庞大的有无障碍需求的人口规模，本报告着力于我国公共服务设施无障碍建设水平的整体性提升。

## 二　研究范围

《“十三五”推进基本公共服务均等化规划》中明确将残疾人服务作为政府履行职责和公民享有相应权利的八大领域之一。其在阐述“残疾人基本公共服务”时，明确规定“国家提供适合残疾人特殊需求的基本公共服务，为残疾人平等参与社会发展创造便利化条件和友好型环境，让残疾人安居乐业、衣食无忧，生活得更加殷实、更加幸福、更有尊严”①。残疾人教育、文化体育、无障碍环境等都属于“残疾人基本公共服务”领域的服务项目。

《城市公共服务设施规划标准 GB50442（修订）》中明确城市公共服务设施是为城市或一定范围内的居民提供基本的公共文化、教育、体育、医疗卫生和社会福利等服务的、不以营利为目的的公益性公共设施，其规划建设应遵循以人为本的发展理念，坚持集约共享、绿色开放的基本原则，合理配置、高效服务。②

本报告中的“公共服务设施无障碍建设”将聚焦于城乡空间内为居民提供基本公共服务的、不以营利为目的的公益性公共设施。基本公共服务设施讨论的重点是与残疾人等有需要者日常活动密切相关的各项设施的无障碍建设情况，包括道路交通、文化体育、教育、医疗卫生、休闲旅游等。其中，本报告涉及的各项公共服务设施主要是城市级及片区级，社区及家庭无障碍设施建设不在讨论范围内。

---

① 《国务院关于印发〈“十三五”推进基本公共服务均等化规划〉的通知》，http：//www. gov. cn/zhengce/content/2017 －03/01/content_ 5172013. htm。

② 住房和城乡建设部：《城市公共服务设施规划标准 GB50442（修订）》征求意见稿，http：//www. mohurd. gov. cn/zqyj/201805/t20180522_ 236167. html。

## 三　中国公共服务设施无障碍建设的特征

### （一）相关法规标准逐步完善

相关法律法规及技术标准的提出与完善不断推进了中国公共服务设施无障碍建设。具体表现在以无障碍为主题的法规标准中对公共服务无障碍建设的保障，以及各类公共服务设施的技术标准中对无障碍建设的保障。

在无障碍设施建设的法律法规方面，1985 年 4 月，在全国人大六届三次会议和全国政协六届三次会议上，部分人大代表、政协委员提出“在建筑设计规范和市政设计规范中，考虑残疾人需要的特殊设置”的提案及建议。① 1990 年颁布的《中华人民共和国残疾人保障法》是有关无障碍设施建设的最高法，随后在 2008 年、2018 年两次修订，新版《中华人民共和国残疾人保障法》更加注重体现以“平等、参与、共享”为核心的现代文明理念。其中明确了国家保障残疾人享有平等教育、参与文化生活、社会生活等各项权利，为教育、医疗、文化体育、道路交通等各项公益性公共服务设施建设过程中贯彻无障碍理念提供了法律保障。2012 年国务院颁布实施了《无障碍环境建设条例》，其中明确规定“城镇新建、改建、扩建道路、公共建筑、公共交通设施应当符合无障碍设施工程建设标准”，“无障碍设施工程应当与主体工程同步设计、同步施工、同步验收投入使用”，② 有效确保了我国新建的各类公共服务设施无障碍建设的普及率。对于已建成的共享型的公共服务场所，《无障碍环境建设条例》中也明确规定“优先推进县级以上人民政府对国家机关的公共服务场所，文化、体育、医疗卫生单位的公共服务场所，交通运输、金融、邮政、商业、旅游等公共服务场所进行无障

① 安天义：《我国无障碍法律环境研究及国际比较》，清华大学硕士学位论文，2010。

② 《中华人民共和国国务院令第 622 号》，http：//www. gov. cn/flfg/2012 - 07/10/content_2179947. htm。

碍设施改造"①。同时，地方为进一步落实《无障碍环境建设条例》，陆续出台的地方性无障碍环境建设实施或管理办法极大地促进了全国范围内公共服务设施无障碍建设及改造的力度。

在无障碍设施建设的技术标准方面，1986 年 7 月，建设部、民政部、中国残疾人福利基金会共同商定编制了我国第一部残疾人无障碍设计规范——《方便残疾人使用的城市道路和建筑物设计规范》，并于 1989 年正式颁布实施。这部规范开启了我国各类公共服务设施无障碍建设的科学化、标准化、体系化的实践工作，也成为我国无障碍设施建设在起步阶段具有指导性的建设标准。2001 年、2012 年，我国陆续颁布了《城市道路和建筑物无障碍设计规范》和《无障碍设计规范》。新一版技术标准的出台意味着上一版技术标准的废止。比较三版技术标准的内容，城市道路无障碍设施一直是我国无障碍设施建设的重点，公共服务设施无障碍建设经历了从大城市重点建筑重点空间向各级公共服务全覆盖的转变（见表 1）。

**表 1　三版技术标准对公共服务设施无障碍建设的影响**

| 名　称 | 主要技术内容 | 主要修订技术内容 | 对公共服务设施无障碍建设的影响 |
|---|---|---|---|
| 《方便残疾人使用的城市道路和建筑物设计规范》 | 总则;城市道路设计;建筑物设计;国际通用标志 | — | 实现了城市道路及大城市公共服务设施无障碍建设从无到有的突破 |
| 《城市道路和建筑物无障碍设计规范》 | 总则;术语;城市道路无障碍实施范围;城市道路无障碍设计;建筑物无障碍实施范围;居住区无障碍实施范围;建筑物无障碍设计;建筑物无障碍标志与盲道 | (1)修订了缘石坡道的类型、坡度及宽度,盲道的实施范围及盲道宽度,建筑入口形式及坡道宽度,门及电梯配件,无障碍厕所及浴室面积,轮椅席及客房的数量;(2)增加了术语,桥梁及立体交叉无障碍设施;学校、居住建筑及居住小区无障碍设计内容;(3)扩展了城市道路和建筑物无障碍环境和无障碍设施建设 | 细化了城市道路交通无障碍设施建设需要规范的内容,拓宽了公共建筑建设无障碍设施的空间范围 |

① 《中华人民共和国国务院令第 622 号》，http：//www.gov.cn/flfg/2012－07/10/content_2179947.htm。

续表

| 名　称 | 主要技术内容 | 主要修订技术内容 | 对公共服务设施无障碍建设的影响 |
| --- | --- | --- | --- |
| 《无障碍设计规范》 | 总则;术语;无障碍设施的设计要求;城市道路;城市广场;城市绿地;居住区;居住建筑;公共建筑及历史文物保护建筑无障碍建设与改造 | 新标准在内容上对“城市广场”“城市绿地”与“历史文物保护建筑”进行专章阐述。在“公共建筑”章,以公共建筑类型为导向做具体的无障碍设计要求,摒弃了原标准在“建筑物无障碍设计”章节以及入口、坡道、道路、楼梯、扶手等节点导向的规定方式 | 突出了公共空间类型的多样性,强调了以公共空间为整体导向的公共服务设施无障碍建设 |

我国陆续更新的相关公共服务设施技术规范中也在不断增加无障碍建设的内容，为从多维度、多层次提升公共服务设施无障碍建设水平做出保障（见表2）。

**表2　相关公共服务设施技术规范中有关无障碍建设的内容**

| 规范类型 | 技术规范名称 | 对无障碍建设内容的关注情况 |
| --- | --- | --- |
| 道路交通类设施 | 《民用机场旅客航站区无障碍设备配置标准》 | 对无障碍标志与盲道作专章叙述;以《方便残疾人使用的城市道路和建筑物设计规范》作为引用标准之一 |
|  | 《铁路旅客车站无障碍设计规范》 | 新标准在统筹兼顾铁路运输、综合交通体系构建和城市发展等需求,努力追求交通建筑、时代要求和地域环境的有机结合,在完善客站主体建筑设计内容的基础上,增加了车站总体设计、绿色建筑设计、地下车站设计、空间环境设计、建筑节能设计和无障碍设施设计等规定,内容更加系统全面 |
| 教育类设施 | 《中小学校设计规范》 | 规定接收残疾生源的中小学校,除应符合本规范的规定,还应按照《城市道路和建筑物无障碍设计规范》中的有关规定设置无障碍设施 |
| 医疗类设施 | 《综合医院建筑设计规范》 | 明确规定“无障碍专用卫生间和公共卫生间的无障碍设施与设计,应符合现行标准《无障碍设计规范》的有关规定” |
| 文化体育类设施 | 《文化馆建筑设计规范(试行)》 | 新标准保留了原标准中“关于无障碍卫生间设计要求的内容” |
|  | 《文化馆建筑设计规范》 |  |

续表

| 规范类型 | 技术规范名称 | 对无障碍建设内容的关注情况 |
| --- | --- | --- |
| 文化体育类设施 | 《博物馆建筑设计规范》 | 规定公众区域的厕所"应符合现行国家标准《无障碍设计规范》的规定……特大型馆、大型馆应设无障碍厕所和无性别厕所" |
| | 《体育建筑设计规范》 | 规定"总平面设计中有关无障碍的设计应符合现行行业标准《城市道路和建筑物无障碍设施规范》的有关规定" |
| 休闲旅游类设施 | 《公园设计规范》 | 规定"公园主要园路及出入口应便于轮椅通过,其宽度、坡度及面层材料的设计应符合现行国家标准《无障碍设计规范》的有关规定" |

## (二)宏观建设环境不断优化

中国公共服务设施无障碍建设的宏观环境不断优化，既包括理论规划层面注重从理论高度推进公共服务设施无障碍的系统性建设，又包括实践建设层面注重依托城市重大活动、重点项目推进落实公共服务设施的无障碍建设。

1. 理论规划层面

近年来，从理论层面加快公共服务设施无障碍整体性、系统性建设的力度不断增强。如依托高校成立无障碍研究中心的数量不断增加、覆盖的地域范围不断拓展（见表3），为推进城市包容性发展、充分发挥公共服务设施的公平性以及结合地方实际开展因地制宜的无障碍实践工作提供了理论支撑。

**表3　截至2018年底我国主要无障碍设施建设研究中心**

| 序　号 | 机构名称 | 成立时间 | 备　注 |
| --- | --- | --- | --- |
| 1 | 同济大学无障碍建设工程联合研究中心 | 2011年 | 我国首个无障碍建设研究中心,开展国际交流、学术合作,开设无障碍建设专业课程,为各地无障碍设施建设提供技术和咨询服务 |
| 2 | 清华大学无障碍发展研究院 | 2016年 | 加强无障碍环境建设基础理论研究、实际应用研究和各类人才培养 |

续表

| 序　号 | 机构名称 | 成立时间 | 备　注 |
| --- | --- | --- | --- |
| 3 | 山东建筑大学无障碍研究中心 | 2016 年 | 聚焦无障碍国情研究与政策咨询、无障碍人居环境、无障碍技术开发、无障碍技术与标准体系、无障碍产品产业体系的推广和应用、无障碍人文理念的传播与人才培养等多方面研究 |
| 4 | 武汉理工大学无障碍标准化研究与服务中心 | 2017 年 | 依托武汉理工大学残疾人联合会*、武汉理工大学高等融合教育资源中心等机构，运用法学、新闻传播学、教育技术学等专业的优势，在无障碍环境的法制化、标准化、信息化等领域，特别是校园无障碍领域，开展了积极的研究探索和实践 |
| 5 | 东北财经大学无障碍发展研究中心 | 2017 年 | 把无障碍研究与人文科学系统结合在一起，在无障碍公共产品供给、无障碍法律与经济学、无障碍非营利组织研究、城市无障碍设计与规划等方面进行学术研究、政策咨询、社会引导、国际合作 |
| 6 | 江苏开放大学无障碍环境建设协同研究中心 | 2018 年 | 正在开展江苏省无障碍建设施工图审核、无障碍设施施工验收及维护、江苏省创建全国无障碍示范城市、江苏省无障碍示范市县与示范乡镇创建、评比等研究工作 |

* 武汉理工大学设有全国高校首家残疾人联合会。

在城乡规划中将无障碍理念贯穿于规划建设全过程极大地提升了公共服务设施无障碍建设的系统性以及面向建成后管理的可持续性。如在理念上，从城市整体发展理念出发探讨无障碍环境建设的内容选择、设计措施等①，从生态城市建设维度探讨无障碍城市交通、公共空间环境等建设②。在规划编制中，结合城市总体规划等全局性、战略性规划，统筹考虑公共服务设施无障碍建设。如《北京城市总体规划（2016 年—2035 年）》中，提出从街道空间环境、老旧小区综合整理、赛事场馆建设等方面为残疾人及有障碍群体提供无障碍的公共服务环境。雄安新区将无障碍环境建设作为落实共享理念、体现以人民为中心的战略举措，从城市战略规划视角考虑系统性、整体

① 潘海啸、熊锦云、刘冰：《无障碍环境建设整体理念发展趋势分析》，《城市规划学刊》2007 年第 2 期，第 42～46 页。

② 沈湘璐、王娟、陈天：《生态城市的无障碍环境建设思考》，《残疾人研究》2016 年第 3 期，第 19～22 页。

性的无障碍环境营建，公共环境、公共设施、公共交通、公共服务等全方位融入城市无障碍环境中。[①] 2018 年，深圳市颁布的《深圳市创建无障碍城市行动方案》中将各类公共服务设施无障碍建设作为实施城市无障碍的重点项目，包括以覆盖政务办公、中心区、旅游景区等城市功能区的公共服务设施无障碍建设试点，以龙华区中心公园为代表的无障碍主题公园建设试点，在交通枢纽区、中央商务区、风景名胜区、核心商业区等区域推进“无障碍厕所”计划，等等。[②]

2. 实践建设层面

我国公共服务设施无障碍建设实践主要依托于重大事件、项目承办以及文明城市、无障碍示范城创建等活动开展，这在一定程度上也是由公共服务设施无障碍改造经费来源决定的。如陕西省西安市以创建无障碍市县为契机，2014 年发布《西安市创建无障碍环境市县实施方案》，规定中小学建筑无障碍改造率不低于 40%。改造资金中，中央政府拨款 260 万元，陕西省政府拨款 5000 万元。[③]

2007 年上海特奥会、2008 年北京奥运会和残奥会、2022 年杭州亚运会、2022 年北京冬奥会等重大活动极大地推进了我国公共服务设施的无障碍建设。北京市依托 2008 年奥运会，以“人文奥运”为契机，实施 1.4 万多项无障碍改造项目，无障碍设施建设总量相当于申奥前 20 年的总和。上海市对特奥会 31 个比赛场所及宾馆、社区进行了全面无障碍化建设。2009 年上海市财政投入 1200 万元专门用于上海动物园、植物园、古猗园、共青森林公园、滨江森林公园等 5 座公园进行无障碍设施改造，通过无障碍坡道、电梯、厕所、停车位等改造实现主要园路、主要景区和景点以及各类场馆全面无障碍。[④]

---

① 《雄安新区将建设无障碍共享之城》，http：//www. xiongan. gov. cn/2018 - 02/10/c _ 129810266. htm。

② 《深圳市创建无障碍城市行动方案》，http：//www. cjr. org. cn/contents/115/54981. html。

③ 宋亮：《融合教育需要“无障碍”——残疾孩子如何进入普通学校接受优质教育调查》，《教育》2015 年第 17 期，第 46 ~ 47 页。

④ 杜安：《公园绿地无障碍环境建设不容忽视》，《建筑时报》2012 年 11 月 1 日。

青岛市借力2006年、2007年国际帆船赛等重大赛事，全市公共服务场所的无障碍环境得到极大改善。全市新建道路的人行道路口全部坡化处理，主要路口设置了人行道过街音响提示系统，安装了多处盲文游览导游图和多部低位公共电话。海滨步行道全程设置连续平滑的木扶手，设置了多处大型无障碍标志牌。对香港路、澳门路等路段和八大关、青啤博物馆等一批旅游景点及医院、公交汽车站等进行了大量改造，增设出入口坡道，多数营业厅设置了低位服务台，基本实现无障碍化。奥运村建设无障碍房间，在每一条公交线路车上安装了电子显示屏和语音报站器，增设无障碍公交车与无障碍出租车。①

北京市为更好地迎接2022年冬奥会，在2018年9月7日北京冬奥组委与中国残联、北京市政府、河北省政府联合正式发布《北京2022年冬奥会和冬残奥会无障碍指南》。张家口市为保障冬奥会和冬残奥会的圆满举办，在2018年初出台了《张家口市无障碍环境建设三年（2018—2020年）工作方案》，提出用三年时间分区域、分重点、分步骤对全市无障碍设施进行全面改造。其中，城市公共设施、公共交通将成为改造的重点内容。②

2018年拉萨市在落实重新修订的《全国文明城市测评体系（2018年版）》过程中，颁布了《全国文明城市测评体系实地考察任务分解表》③。其中，在“和谐宜居的生活环境”测评项目的“城市规划建设”指标中需要对“无障碍设施”进行测评。政务、文化、医疗、交通、学校、机场、车站、码头、景区景点等公共服务设施的无障碍建设情况是中央文明办测评覆盖的内容。中央文明办实地考察这些公共服务设施点的内容包括：考察政务大厅、公共文化设施、医院、机场、火车站、长途汽车站、码头是否设有

---

① 王莹：《山东省无障碍环境建设研究》，山东大学硕士学位论文，2011。

② 《北京2022无障碍指南发布》，http：//www.mohurd.gov.cn/dfxx/201809/t20180911_237540.html。

③ 《关于印发〈2018年全国文明城市（地级以上）测评体系任务分解表〉的通知》，http：//www.lasa.gov.cn/lasa/zwgk/201811/926b4b5eb67d4272a4fd4407c9e6996d.shtml。

轮椅坡道、扶手或缘石坡道等无障碍设施以及无障碍设施管理、使用情况是否良好；考察机场、车站、政务法庭、医院、景区景点是否设有无障碍卫生间以及无障碍设施管理、使用情况是否良好。

### （三）建设呈现一定的时间空间特征

各类公共服务设施受社会经济发展水平的历史局限性和阶段性影响，其在时间和空间维度上均呈现一定的规律性特征。

1. 建设时间的阶段性特征

在时间维度上，中国公共服务设施无障碍建设呈现新建无障碍建设水平超前于老旧设施，优化改造区域的无障碍设施建设水平超前于其他区域的特征。例如，山东省在公共场所开展的无障碍设施调查体验结果显示，老旧公共场所如车站、医院等地的无障碍设施普遍出现缺失、落后的问题。[①] 北京市借助2008年奥运会契机对二环以内重点地区进行了公交站点无障碍环境改造。2018年学者对北京市五环内公交站点进行无障碍环境评价时，发现二环内的无障碍建设水平明显高于二环到五环，西城区公交站点的无障碍建设水平最高。[②] 2012年《无障碍环境建设条例》的施行在时间上极大地提升了全国层面对公共服务设施无障碍建设的重视程度（见图1），如城市道路在新建或改造施工过程中，会优先考虑盲道的铺设。

2. 建设空间的非均衡性特征

（1）区域空间非均衡分布

在空间维度上，中国公共服务设施无障碍建设呈现经济发达地区超前于欠发达地区，省会城市超前于省内其他城市，城市地区超前于农村地区的差异性特征。

---

① 王宇、王建忠、李佳等：《山东省公共场所无障碍设施调查体验研究》，《残疾人研究》2018年第3期，第92~96页。

② 袁周、邵磊：《基于街景地图数据北京五环内公交站点无障碍环境研究》，《住区》2018年第1期，第42~46页。

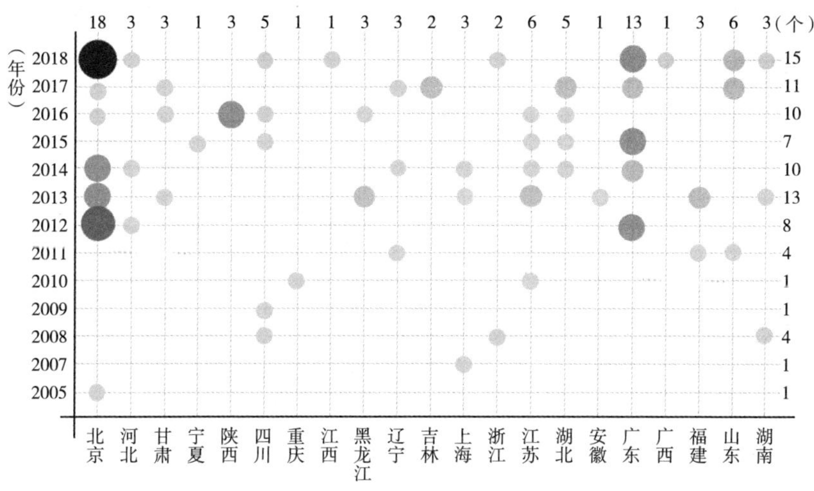


**图 1　基于相关文献分析的中国公共服务设施无障碍建设年限关注度情况**

注：本报告中的相关主要文献是笔者以中国知网、万方数据库作为文献来源，对我国2000年以后有关共享性公共服务设施无障碍建设收集到的86篇有效文献。本报告侧重于共享性公共服务设施无障碍环境建设，故在文献筛选过程中，不包含康复中心、特殊教育学校等向残疾人倾斜的公共服务设施，无障碍标识等有关信息无障碍的内容不纳入，社区、居住区、家庭层面的内容不纳入，不涉及具体场所空间调查结果的文献不纳入，2019年见刊的文献不纳入。下文中若无特别说明“文献分析”指的便是这86篇文献。

文献分析结果显示，文献调查的公共服务设施无障碍建设状况涉及的空间集中在我国的城镇密集区，其对应的空间大多表现为城市群的组织形态，包括京津冀与长三角沿线区域、珠三角城市群、哈长城市群、成渝城市群。从东中西部的整体格局审视，哈长城市群、京津冀与长三角沿线区域以及珠三角地区构成我国国土空间的东部连绵区域，这也是残疾人公共服务设施无障碍建设关注度相对较高、整体建设水平相对较好的区域。中西部地区涉及残疾人公共服务设施无障碍建设的省份呈现普遍以省会城市为典型的研究实践特征，如安徽省的合肥市、湖北省的武汉市、陕西省的西安市、甘肃省的兰州市、宁夏回族自治区的银川市，等等（见表4）。

**表4　基于相关文献分析的中国公共服务设施无障碍建设覆盖数量**

| 名称 | 北京 | 秦皇岛 | 保定 | 张家口 | 兰州 | 银川 | 西安 | 成都 | 绵阳 |
|---|---|---|---|---|---|---|---|---|---|
| 数量 | 18 | 1 | 1 | 1 | 3 | 1 | 3 | 4 | 1 |
| 名称 | 重庆 | 南昌 | 哈尔滨 | 齐齐哈尔 | 沈阳 | 大连 | 长春 | 上海 | 杭州 |
| 数量 | 1 | 1 | 1 | 2 | 2 | 1 | 2 | 3 | 1 |
| 名称 | 宁波 | 南京 | 镇江 | 武汉 | 合肥 | 深圳 | 广州 | 阳江 | 贵港 |
| 数量 | 1 | 5 | 1 | 5 | 1 | 8 | 4 | 1 | 1 |
| 名称 | 福州 | 山东省 | 济南 | 青岛 | 菏泽 | 长沙 | 益阳 | | |
| 数量 | 3 | 2 | 1 | 2 | 1 | 1 | 2 | | |

在86篇文献中，只有4篇聚焦县及县以下行政级别区域研究，其余均聚焦城市区域，部分只集中在中心城区。随着乡村振兴战略的推进，在美丽乡村建设过程中，乡村公共服务设施无障碍建设也逐渐融入乡村整体人居环境改善之中。如北京市结合美丽乡村建设，将乡村无障碍环境建设工作纳入其中，并将农村无障碍公共环境建设纳入考核内容。①

部分城市结合所在区域的自然条件及气候特征，开始展开面向“本土化”的公共服务设施无障碍建设探索。如以哈尔滨市为例开展的寒地城市户外空间无障碍建设探讨，以重庆市为例开展的山地城市无障碍公共步行空间探讨，等等。对地域公共服务设施无障碍设计及规划的关注体现了我国无障碍设施建设“以人民为中心”的价值导向，这将丰富我国无障碍设施建设实践，优化我国无障碍设施建设标准体系，但总体上该类文献及实践的探索仍相对薄弱。

（2）不同类型公共服务设施无障碍建设水平非均衡分布

我国各类公共服务设施之间存在建设水平不同的现状特征。《2017年百城无障碍设施调查体验报告》结果显示，医疗卫生单位、交通运输和政府服务消费者窗口三类场所无障碍设施普及率相对较高，分别达到了67.4%、

① 致公党北京市委课题组、宋煜：《坚持以人为本，建设高水平无障碍公共环境》，《北京人大》2018年第11期，第56～57页。

49.8%和44.5%。① 这三类高无障碍普及率的公共服务设施之间存在普及水平的差异性，如第一位的医疗卫生设施与第三位的政府服务消费者窗口之间存在超过20%的差距。

文献分析结果显示，休闲旅游、道路交通两类公共服务设施的无障碍建设在文献中覆盖率较医疗卫生、文化体育等其他设施高。其中，休闲旅游类文献在调查过程中主要覆盖四种类型空间的无障碍设施建设，分别是城市公园、旅游景区、专项公园以及城市广场。旅游景区中主要关注历史景区和自然景区的无障碍设施建设，专项公园中覆盖了体育公园、防灾公园等。道路交通设施无障碍建设的相关文献聚焦于特定场所或各类型交通设施的建设，如城市轨道交通、交通枢纽、公交站点、人行天桥以及无障碍停车位，等等。对于医疗卫生、文化体育、教育科研与政务办公类公共服务设施的无障碍建设而言，医疗卫生与文化体育类服务设施的无障碍在文献中调查覆盖率高于教育科研与政务办公（见图2）。

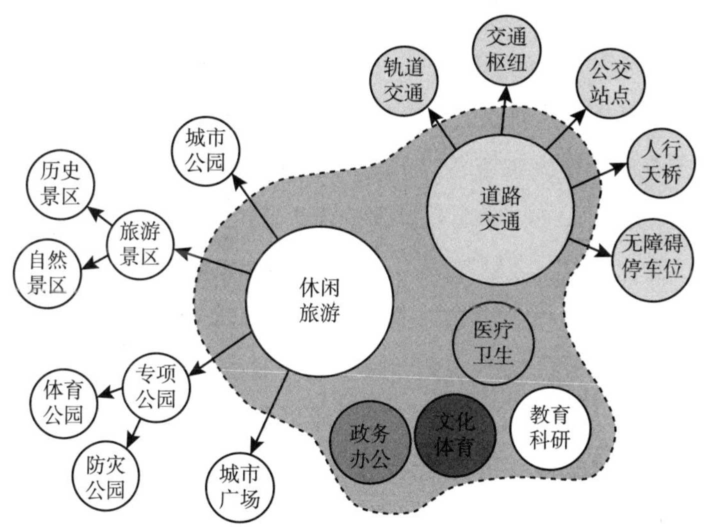


**图2　基于相关主要文献统计的公共服务设施无障碍建设类型分布示意**

① 《中消协中残联发布〈2017年百城无障碍设施调查体验报告〉无障碍设施普及率低》，http：//www.gov.cn/xinwen/2017－12/15/content_5247238.htm。

(3) 各类公共服务设施无障碍建设内容及服务对象非均衡分布

出入口坡道与盲道缘石坡道、无障碍厕所、无障碍电梯等设施在公共服务设施无障碍建设及改造中的普及率相对较高。近年来关于增加无障碍停车位的内容关注度上升。在具体的建设内容上，往往呈现单项设施比整体的公共服务空间无障碍建设水平高，水平方向的无障碍设施建设水平比垂直方向高等情况。既有的公共服务设施无障碍建设内容，特别是改造工程，其更多地指向为肢体残疾人服务，更为准确地说是为轮椅使用者服务。残疾人的残疾类型多样，不同类型残疾人的身体损伤功能不同，其需要的空间关怀也不同。

## （四）多方合力发挥的促进作用不断凸显

中国公共服务设施无障碍建设工作的推进离不开政府、残疾人组织、残疾人及设施所有权人或管理人等多方利益主体的共同努力。

接受义务教育及高等教育的残疾人口数量不断增加，各级残联组织及残疾人社会公益组织力量的不断壮大，极大地提升了残疾人对公共服务设施为其提供无障碍服务的权利意识。《2018 年残疾人事业发展统计公报》数据显示，2018 年全国共建立省级及以下各类残疾人专业协会 1.6 万个，全国助残社会组织 2562 个，11154 名残疾人被普通高校录取。[①]

各地以融合教育、全纳教育为理念积极推进普通中小学开展融合教育（见图 3）。截至 2015 年，北京市共有 1356 所普通中小学开展融合教育，占北京市所有中小学数量的 94.2%，接受融合教育的残疾学生达到 5227 人，15.63% 的融合学校建立了资源教室。[②] 政府助力提升残疾人教育水平，残疾人教育水平的提升激发残疾人权利意识的觉醒，从而在促进公共服务设施无障碍建设水平提升的同时，也为更多有需要的人提供了帮助。例如，河南

---

① 《2018 年残疾人事业发展统计公报》，http：//www.cdpf.org.cn/zcwj/zxwj/201903/t20190327_649544.shtml。

② 颜廷睿、关文军、邓猛：《北京市中小学融合教育实施情况的调查研究》，《残疾人研究》2017 年第 6 期，第 90 ~ 96 页。

省焦作市环南一小教学楼前新建的无障碍通道，不仅可为学校怀孕的老师以及因故受伤的孩子提供便利，还可以为校园里搬运课本、书桌的工作人员提供便利。①

各级残联组织及残疾人社会公益组织积极开展各类活动鼓励残疾人积极走出家门，更多与社会接触。他们组织各类改善城市公共服务设施无障碍建设的体验调查活动，在过程中积极与责任主体面对面沟通，调查完成后持续跟踪改造情况，这对于增强公共服务设施运营管理主体了解残疾人实际需求、强化公共服务设施无障碍改造的实用性发挥了积极的促进作用。同时，更大规模残疾人参与公共服务设施无障碍建设调查监督工作，外加大众媒体对社会事件的关注及传播，对社会大众了解公共服务设施无障碍建设的重要性以及公共服务设施运营管理主体加快推进无障碍改造工作都发挥了正效应。

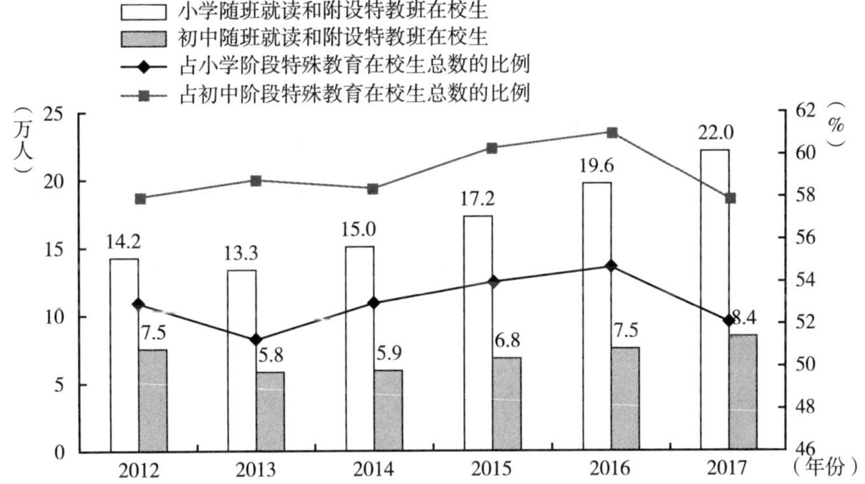


**图3　2012～2017年义务教育阶段随班就读和附设特教班在校生分布情况**

数据来源：教育部发展规划司《全国教育事业发展基本情况》（2012～2017）。

① 靳岩：《校园无障碍设施建设助力“四城联创”》，http：//epaper. jzrb. com/jzwb/html/2018－11/15/content_ 509141. htm。

2016年，南京萤火虫助残站组织残疾人参与调查南京所有地铁线路站点无障碍建设情况，整理制作出全国首个地铁无障碍电子地图，通过网络上线为残疾人出行提供方便。[①] 在地铁无障碍调研过程中，南京地铁列车车厢地板比站台高5厘米，轮椅使用者往往需要依靠其他行人或地铁站管理人员的帮助才可以进入列车车厢。2018年，南京市秦淮区残疾人联合会组织肢体残疾人对秦淮区地铁站点、水务、燃气、银行、电力、邮局以及商业服务业等残疾人日常活动场所展开调研。在认识到问题对更多残疾人出行带来的障碍时，调研组经与地铁管理人员协商后，持续跟踪该项事宜。最终，双方以增加简易坡道板的形式达成一致意见。这是残疾人不断走出家门，并积极与不同公共服务设施运营管理主体面对面交流的结果，也是政府、残疾人组织、残疾人、运营方等多方力量合力共赢形成的格局。

## 四　中国公共服务设施无障碍建设的主要问题分析

### （一）各类标准之间缺乏统一性，指导具体实践存在模糊性

不同公共服务设施参照的主要设计标准及规范的施行时间不同，而作为其中对应的无障碍设施建设的参照标准也在不断更新。标准之间的不协调可能会引起标准对指导建设实践的引领性薄弱，进而影响整体的建设水平。如中小学校园设计参照的是《中小学校设计规范》，其中明确相关无障碍建设应参照行业标准《城市道路和建筑物无障碍设计规范》，而《城市道路和建筑物无障碍设计规范》在2012年更新为新标准《无障碍设计规范》。如何协调规范之间不断更新的问题以更好地发挥指导建设的作用对于整体性提升公共服务设施无障碍建设水平十分关键。

此外，我国现行各项规范在整体性和区域均衡性建设上较为薄弱。如各

---

① 《全国第一份地铁无障碍出行电子地图在南京上线》，http：//www. sohu. com/a/75453190_374979。

类公共建筑的设计规范中在场地与城市空间链接，以及对乡村地区公共服务设施无障碍建设的内容等方面较为薄弱。我国乡村残疾人口规模远高于城市，从实践角度，乡村未来对无障碍公共服务设施的需求量更大。但是，乡村本身的空间组织方式与城市不同，乡村居民点的集中度远低于城市，乡村残疾人使用公共服务的方式也与城市不同。因此，如何统筹各类公共服务设施的规范标准，如何制定适应乡村发展需求的公共服务设施无障碍建设规范，如何统一各类设施使其合力为残疾人提供无障碍的公共服务是我国下一步高质量发展的重点，也是当前法规标准面向发展实践存在的主要问题。

## （二）建设过程缺乏长期性考虑，建设难以发挥持续的社会效益

我国公共服务设施建设在时间和空间上均呈现一定的集中性与运动式，往往在建设过程中投入了大量的资源，却并未充分发挥出其长期的社会效益。就北京公共服务设施无障碍建设状况而言，部分在奥运期间发挥效用的无障碍设施并没有在“后奥运”阶段持续性发挥作用。如 2008 年奥运会前，北京市政府在 39 条重要路段增设了无障碍停车位，2010 年 11 月对其中 3 处曾经改造过的路段进行调研，无障碍停车位已被重新划线，改为普通停车位。[①] 以重大活动推进公共服务设施无障碍建设带来的社会影响力是巨大的，这是加快我国无障碍设施建设的契机和着力点，只是考虑到如果将建设能够持续性地发挥为残疾人等有障碍群体服务的效用，那么其将更加充分地在城市建设过程中贯彻“以人民为中心”的理念，更加突出城市的可持续发展，也将助力于残疾群体更好地融入社会、共享城市。

城市公共服务设施建设阶段缺乏对使用过程的考虑也会造成建成后使用困难现象，进而使设施建设面向使用的持续性偏低。如设计建设阶段缺乏对残疾人使用的流线以及残疾人使用过程中可能与其他人流接触时的应对，等等。我国公共服务设施在无障碍建设的节点上内容不断完善、普及率不断提

① 赵立志、洪再生、周庆等：《关于北京市无障碍停车位的思考》，《城市发展研究》2013 年第 5 期，第 17 ~20 页。

升，但实际往往难以充分发挥其为残疾人使用便捷提供服务的社会效益。如很多城市公共服务设施内配置了无障碍厕所，按既有的无障碍建设成绩计算，处于高普及率的状态。但在后续的使用过程中经常出现被占用等现象，若按其实际发挥的效用考核，其仍处于低水平状态。同样地，城市盲道建设按盲道铺设率计算，其覆盖率很高，但按其为盲人发挥的实际效用考核，其发挥的效用远远不够。

### （三）建设内容固化，难以适应不断变化的空间需求

“通用设计”最早是由美国北卡罗来纳州立大学教授罗纳德·马赛在20世纪70年代参与美国第一部提升可达性的建筑规范后，于20世纪80年代首次提出，该理念是国际通用的无障碍建设理念，也是我国公共服务设施无障碍建设的主导理念。通用设计有七大原则：公平性原则、使用可变原则、简单直观原则、信息可觉察原则、容错性原则、低体力消耗原则、尺度空间可接近使用原则。这意味着通用设计的价值正是体现在“通用”上，即无差别化和面向各类使用者的弹性。但我国目前公共服务设施无障碍建设现状显示，面向轮椅使用者的实践内容更多，设计及建设过程中缺乏对视觉感官功能外的其他功能的补偿性设计等，从而造成了当前无障碍建设内容的模块化与固定化，其将约束面向不同需要主体的匹配性设计，也将约束不同场地环境、不同功能类型的公共建筑在无障碍设计内容及手法上的多样性。公共服务设施无障碍建设的目标是为所有有障碍的群体提供无障碍化的公共服务，设施是为其提供服务的载体，他们在接受服务时不仅需要物质空间上为其提供辅助支持，还需要在心理等社会空间上为其提供关怀。如将无障碍入口设计与公共建筑本身的入口设计融合，使其形成兼具功能与美观的建筑设计。即公共空间的无障碍建设源于无障碍设计，无障碍设计源于无障碍服务的理念，多样性、无差别化、有弹性的无障碍公共服务设施是对通用设计的具体落实，而以规范标准、具体节点为唯一参照的无障碍建设内容将会趋于固化状态，难以适应不断变化的空间需求。

随着社会经济水平的提升，残疾人出行需求的不断增加也对我国已经建成的公共服务设施无障碍建设提出新的挑战。《中国残疾人事业“八五”计划纲要》明确提出“残疾人温饱问题初步解决”的目标，到《“九五”计划纲要》明确提出“残疾人温饱问题基本解决”，《“十五”计划纲要》明确提出“经济发达地区残疾人生活基本达到小康，欠发达地区稳定解决温饱”，《“十一五”发展纲要》明确提出“残疾人基本生活总体初步达到小康水平”，《“十二五”发展纲要》明确提出“残疾人生活总体达到小康”，《“十三五”加快残疾人小康进程规划纲要》中明确提出“残疾人社会保障和基本公共服务水平明显提高，共享全面建成小康社会的成果”。国家层面应对残疾人保障的目标不断变更，意味着为残疾人提供公共服务的无障碍设施也应该适应新的环境、新的需求。既有的无障碍设施若持续以固定思维去应对不断变化的需求，那么公共服务设施无障碍建设的供给与需求之间的矛盾将越发凸显。因此，如何从规划建设的源头上调整公共服务设施无障碍供给的思路与方式，不断适应残疾人与非残疾人共享公共空间的需求，是我国公共服务设施无障碍建设面临的主要问题。

## 五　提升中国公共服务设施无障碍建设水平的对策建议

### （一）加强顶层设计，推进公共服务设施无障碍建设的系统性与协调性

公共服务设施类型多样，关系到残疾人生活的方方面面。公共服务设施无障碍建设水平直接关系到残疾人的日常行为活动能否安全、便捷地完成，其各项生活需要能否得到基本满足。因此，公共服务设施无障碍建设必须从残疾人的空间需要出发，从顶层设计着手，系统、科学地思考如何让城乡公共服务设施更多地为残疾人等有需要的群体提供无障碍化的公共服务，同时实现残疾人与非残疾人在空间使用上的协同与共享。顶层设计是对无障碍全过程的战略统筹与科学规划，是从残疾人无障碍共享文明成果、无障碍地追求美好生活的空间需要出发，考虑实现这一目标需要无障碍硬件设施承担哪

些功能，进而在有需要的各个空间节点做出具体的无障碍规划设计。如需要从顶层设计角度整合优化公共交通与医院、学校、文体设施、城市公园等不同功能公共设施布局，使其满足残疾人出行过程与出行目的地的便捷、通畅。顶层设计视角提升公共服务设施无障碍建设水平的目标不仅满足残疾人“进出”公共空间的基本需求，更是满足其以最省气力的方式“进出”，体现的是全方位的人文关怀。

### （二）提高残疾人整体教育水平，增加残疾人参与公共服务设施无障碍建设的力度

残疾人更能体会无障碍设施的重要性以及便利程度，残疾人参与公共服务设施无障碍建设的力度将会大大提升其为实现残疾人空间需要发挥的实效性。一方面需要增加残疾人在规模上的参与度，如通过整体提升残疾人教育水平，多渠道、多方式宣传公共服务设施无障碍建设信息，呼吁并组织更多的残疾人参与到公共服务设施的规划、建设过程中。另一方面需要加大残疾人实质性参与规划设计、施工管理、监督维护等过程的力度。这些过程中涉及专业知识，这就需要提高残疾人的整体教育水平，提升残疾人在公共服务设施无障碍建设过程中涉及的各个工作岗位的就业率。残疾人整体教育水平的提升既包括义务教育的普及，还应该扩大高等教育及社会教育的力度。后者对于直接推进公共服务设施无障碍改造的成效可能更明显。这可以依托各个无障碍研究中心，制定相应的培训课程体系，采取以研究中心培训残疾人，接受培训的残疾人再继续培训其他残疾人的培训传播模式，以迅速地提升残疾人维护自身享有公共服务设施无障碍权利，进而推动整体公共服务设施的无障碍建设水平。

### （三）优化公共服务设施无障碍改造时序，因地制宜地推进无障碍改造

针对我国公共服务设施中新建设施较老旧设施无障碍建设水平高的现状，老旧公共服务设施无障碍改造将成为下一步工作的重点。改造的目标是

希望既有的人力、物力、财力投入能发挥更大的社会效益。因此，应针对残疾人密集区以及残疾人偏好的公共服务场所进行优先改造。在改造的内容上需要增加对使用公共服务设施无障碍群体的各项需求的评估，针对多元化的需求主体需要增加多样性的无障碍空间设计，以发挥改造后投入使用的实效。这既包括应对多样性需求需要增设的无障碍内容，还包括降低甚至是去除部分不适合当前残疾人空间需要的无障碍设施，进而强化建成空间与无障碍使用者需求的匹配度。如公园在无障碍改造过程中，如果周边的盲人集聚度高，来此公园的意愿强烈，那么改造过程中可能需要增设声环境区等有利于盲人开展休闲活动的空间；对于公园中常提及的“低位电话”，部分区域残疾人的日常生活如果对其需要度很低，那么这项设施的无障碍改造可以考虑减少覆盖数量；盲道铺设若是在寒地区域，冬季长期冰雪，需要考虑是否需要全覆盖式建设。如果不需要全覆盖，又有哪些是全域道路必要建设内容，哪些是重点地区和一般地区需要差异化建设的内容等，均需要根据具体情况采取因地制宜的供给方式，以实现公共服务设施无障碍服务的整体利益最大化。

### （四）发挥社会监督调查力量，建立奖励与惩罚并举的考核机制

公共服务设施无障碍覆盖面广，涉及内容多样，发挥残疾人及社会公众的监督调查力量是促进其在面上整体得到改造提升的路径之一。充分发挥残疾人及社会公众的监督调查积极性，开放残疾人与公众反馈监督调查意见的平台，并建立公共服务设施无障碍建设水平高低的奖励与惩罚机制。这既能让需求方感受到提出需求后能得到改善的欣慰，也能让供给方意识到提供更好的服务可以带来正面效应，而缺乏服务供给则会带来直接的不良影响。对于供给方的奖惩机制不仅有利于增加其提高服务水平的积极性，也有利于增加残疾人进一步反馈无障碍设施状况的积极性。大规模的供需双方互动平台与供给方应对需求方合理要求的改造，将带来我国公共服务设施无障碍建设水平的整体性提升，这也是确保公平与效率协同发展的有效手段之一。

## 参考文献

孙超、王波、张云龙等:《基于通用设计思考的深圳市无障碍交通体系规划探索》,《城市规划学刊》2012 年第 3 期。

王兴平:《面向社会发展的城乡规划:规划转型的方向》,《城市规划》2015 年第 1 期。

夏菁:《“城市人”视角残疾人聚居空间满意度研究——以南京市为例》,《城市规划》2019 年第 2 期。

杨立雄:《残疾人服务设施利用率低的原因分析及对策建议》,《甘肃社会科学》2013 年第 1 期。

赵立志、杨戈、周庆等:《中外城市环境无障碍建设的比较与反思》,《城市发展研究》2014 年第 4 期。

潘海啸、〔法〕杜雷编著《城市机动性和无障碍环境建设》,同济大学出版社,2008。

周文麟编:《城市无障碍环境设计》,科学出版社,2000。

C. Bates, R. Imrie, K. Kullman, *Care and design.* Wiley Blackwell, 2017.

R. Imrie, Barried and Bounded Places and the Spatialities of Disability. *Urban Studies.* 2001 (38).

R. Imrie, Universalism, Universal Design and Equitable Access to the Built Environment. *Disaiblity and Rehabilitation.* 2012 (34).

# B.7
# 中国残疾人服务机构无障碍发展报告（2019）

康　丽*

**摘　要：** 残疾人服务机构是为残疾人提供专业化服务的专门机构，是残疾人康复、托养、就业、教育等公共服务供给的骨干力量。残疾人服务机构的无障碍环境建设为残疾人安全、便捷地享受服务提供了良好的环境保障，是习近平新时代以人民为中心的中国特色社会主义思想的重要体现。本报告首先对残疾人服务机构进行了界定、分类，并分析了残疾人服务机构的基本情况，进一步围绕残疾人服务机构无障碍环境建设相关法律法规、技术标准、战略规划、设施建设等方面，梳理其发展情况并总结取得的建设成效。在此基础上，指出当前残疾人服务机构无障碍发展尚存在法治建设有待完善，系统化、规范化建设水平有待提升，基层服务机构建设有待深入，理论研究及专业人才培养有待加强等不足，并从法治体系建设，多方协同系统化推进，聚焦需求提升精准化服务能力，科技助力提升智能化水平，群策群力集智研究等方面提出发展建议。

**关键词：** 残疾人服务机构　无障碍环境　无障碍服务

---

* 康丽，博士，南京特殊教育师范学院管理学院副教授，研究领域：残疾人事业管理。

# 一　残疾人服务机构发展概况

残疾人事业的发展水平在很大程度上体现为残疾人所能享受服务的有无、多寡及服务质量的高低，残疾人服务机构承担着残疾人服务供给的重要职责，是残疾人服务政策的落实者，是残疾人服务内容的实施者，是解决我国残疾人问题的主要力量，残疾人服务机构的无障碍环境建设必须提到足够的高度来加以重视。

## （一）残疾人服务机构的界定、分类

2012 年 6 月 13 日，国务院第 208 次常务会议通过了《无障碍环境建设条例》（以下简称“条例”）。“条例”的出台充分体现了党和国家对残疾人权益保障工作的重视，是我国全面践行《残疾人权利公约》，加强残疾人社会保障和服务体系建设的重要成果。“条例”第二章无障碍设施建设部分第十二条规定了优先推进无障碍改造的范围。其中，第一点为“县级以上人民政府应当优先推进特殊教育、康复、社会福利等机构、场所”的无障碍设施改造。[①] 可见，在优先推进改造的范围中，残疾人服务机构位于优先中的优先位置。特殊教育、康复、托养等机构是直接为残疾人提供教育、康复、托养、照料等服务的专业机构，理应具备“更完善、更专业”的无障碍环境。

为加强和规范残疾人服务机构管理，2018 年 3 月 5 日，民政部、人社部、国家卫计委、中国残联联合制定下发了《残疾人服务机构管理办法》（以下简称“办法”）。“办法”第二条指出残疾人服务机构指国家、社会和个人举办的，依法登记的专门为残疾人提供供养、托养、照料、康复、辅助性就业等相关服务的机构。[②] 从“办法”对机构提供服务内容的强调来看，

① 《无障碍环境建设条例》，http：//www.gov.cn/flfg/2012－07/10/content_ 2179947. htm。

② 《民政部　人力资源和社会保障部　国家卫生计生委　中国残联关于印发〈残疾人服务机构管理办法〉的通知》，《中华人民共和国国务院公报》2018 年 11 月 10 日。

此处所指残疾人服务机构主要指残疾人托养、残疾人康复、残疾人就业服务等相关机构。

依据不同的标准，残疾人服务机构可以划分为不同的类型。根据服务对象范围和服务职能的不同，可以分为专门性服务机构和一般性服务机构。专门性服务机构是专门为残疾人提供服务，对残疾人事业特定业务领域负有责任的专门性组织，主要提供残疾人康复、托养、就业、特殊教育服务等方面的专业技术性服务。一般性的服务机构是为残疾人等社会成员提供服务，涉及交通、金融、邮政、商业、旅游等广泛的服务职能的一般性组织。残疾人专门性服务机构依据服务内容不同，又可以进一步划分为残疾人托养机构、残疾人康复机构、残疾人就业服务机构、特殊教育机构、残疾人法律援助服务机构、残疾人文体服务机构、残疾人综合服务机构等。

本报告主要研究残疾人服务机构无障碍的发展，综合“条例”对优先推进无障碍改造机构、场所的规定以及“办法”对残疾人服务相关机构的说明，本报告所指残疾人服务机构主要特指依法登记，为残疾人提供康复、教育、就业、托养照料等相关服务的专门性服务机构。

## （二）残疾人服务机构发展的基本情况

党中央、国务院高度重视残疾人事业工作，特别是党的十八大以来，以习近平同志为核心的党中央对残疾人事业发展做出了一系列重要部署，为解决各类残疾人在身心康复、教育、就业、权益保障等方面的实际困难，为广大残疾人实现人生价值、创造更加幸福美好的新生活提供了更多的机会和更好的条件。

### 1. 残疾人康复机构发展情况

残疾人康复机构主要定位于为残疾人提供专业化康复服务，对于残疾人恢复身体机能、更好地融入社会、参与社会生活提供重要的支持与保障，是开展残疾人康复工作、为残疾人提供康复服务的重要载体。近年来，残疾人康复机构的建设工作不断得到加强，如表 1 所示。

**表 1　2012～2018 年我国残疾人康复机构发展情况统计**

| 指标名称 | 2012 年 | 2013 年 | 2014 年 | 2015 年 | 2016 年 | 2017 年 | 2018 年 |
|---|---|---|---|---|---|---|---|
| 机构数量（个） | — | — | 6914 | 7111 | 7858 | 8334 | 9036 |
| 服务人数（万人） | 760.2 | 746.8 | 751.5 | 754.9 | 279.9 | 854.7 | 1074.7 |
| 在岗人员（万人） | — | — | 23.36 | 23.2 | 22.3 | 24.6 | 25.0 |

数据来源：2012～2018 年《中国残疾人事业发展统计公报》。
注："—"表示《中国残疾人事业发展统计公报》未公布此项数据。

由表 1 可知，残疾人康复机构数量由 2014 年的 6914 个增加到 2018 年的 9036 个，年均增长 6.96%，且呈现持续增长趋势。2014 年至 2018 年，残疾人康复机构服务人数方面，2012 年与 2016 年两个时间节点需要关注。2012 年，党的十八大开启了全面建成小康社会的伟大征程，残疾人事业保持了良好的发展势头。中国残联通过实施一批重点康复工程，开展全国残疾人社区示范县（市、区）培育活动，加强残疾人康复服务机构建设力度，让更多的残疾人得到了实惠。2016 年残疾人康复机构服务人数的急剧变化需要关注。推测这一急剧变化主要与精神残疾人、肢体残疾人接受康复服务人数的显著变化以及统计口径变化有关。残疾人康复机构在岗人员方面，2018 年较 2014 年增长 7.02%，但综合考虑残疾人康复机构增长数量情况，每个残疾人康复机构在岗人员数由 2014 年的 34 人下降到 2018 年的 28 人，降幅达 17.65%。康复机构在岗人员数量总体不足，需进一步加强人才培养及供给，以确保康复服务质量以及"人人享有康复"目标的实现。

2. 残疾人托养机构的发展情况

"十二五"期间，国家通过大力加强托养服务机构和托养服务基础设施建设，初步建立起残疾人托养服务体系基本框架。"十三五"期间，为贯彻落实《国务院关于加快推进残疾人小康进程的意见》有关要求，残疾人托养服务工作进一步全面推进、深入发展，如表 2 所示。

**表 2　2012～2018 年我国残疾人托养服务机构发展情况统计**

| 指标名称 | 2012 年 | 2013 年 | 2014 年 | 2015 年 | 2016 年 | 2017 年 | 2018 年 |
|---|---|---|---|---|---|---|---|
| 机构数量(个) | — | 5677 | 5917 | 6352 | 6740 | 7923 | 8435 |
| 服务人数(万人) | 74.7 | 94.4 | 93.2 | 100.6 | 104.2 | 101.1 | 111.1 |
| 专业培训人员(万人) | — | — | 4.9 | 2.3 | 2.0 | 1.9 | 2.2 |

数据来源：2012～2018 年《中国残疾人事业发展统计公报》。

注：“—”表示《中国残疾人事业发展统计公报》未公布此项数据。

由表 2 可知，我国残疾人托养服务机构数量增长迅速，2013 年至 2018 年，残疾人托养服务机构数量由 5677 个增加到 8435 个，年均增长 8.34%，且呈现持续增长趋势。残疾人托养机构服务人数虽有波动，但总体呈增长趋势。残疾人托养机构专业培训人员方面，2014～2017 年，专业培训人员逐年下降，2018 年略有回升。目前，我国托养机构服务供给能力与残疾人迫切的托养需求相比仍存在较大差距，专业人员不足、服务质量不高、机构发展不平衡等问题突出。① 今后需要继续加强残疾人托养服务能力建设，加强残疾人托养服务专业人才培训及业务学习，不断提升机构服务能力。

3. 残疾人就业服务机构发展情况

就业是民生之本，对残疾人而言，就业更是其全面参与社会活动，实现自我价值的关键。加强残疾人就业服务机构建设，有利于不断增强残疾人就业服务机构的专业化、精细化服务能力。十八大以来，我国通过落实就业优先战略，残疾人就业状况得到明显改观。截至 2018 年，全国共有 2811 家残疾人就业服务机构，城乡持证残疾人就业人数达到 948.4 万人。② 各地区残疾人就业服务机构情况如表 3 所示。

① 冯善伟、任占斌：《我国残疾人托养服务的现状及标准体系建设》，《残疾人研究》2017 年第 3 期，第 13～21 页。

② 中华人民共和国国务院新闻办公室：《平等、参与、共享：新中国残疾人权益保障 70 年》，《人民日报》2019 年 7 月 26 日。

**表3　2012～2017年我国残疾人就业服务机构发展情况统计**

| 年份 | 指标名称 | 总量 | 华北 | 东北 | 华东 | 中南 | 西南 | 西北 |
|---|---|---|---|---|---|---|---|---|
| 2012 | 就业服务机构(个) | 2777 | 434 | 315 | 621 | 667 | 356 | 384 |
| | 就业人数(万人) | 2215.1 | 221.7 | 155.5 | 567.3 | 613 | 465.5 | 192.1 |
| 2013 | 就业服务机构(个) | 2760 | 429 | 315 | 616 | 667 | 352 | 381 |
| | 就业人数(万人) | 2202.7 | 225.1 | 154.5 | 542.1 | 617.8 | 465.4 | 197.8 |
| 2014 | 就业服务机构(个) | 2798 | 427 | 315 | 626 | 673 | 372 | 385 |
| | 就业人数(万人) | 2159.6 | 218.5 | 154.8 | 525.0 | 615.5 | 452.8 | 193.0 |
| 2015 | 就业服务机构(个) | 2820 | 427 | 311 | 642 | 675 | 395 | 370 |
| | 就业人数(万人) | 2108.2 | 214.2 | 153 | 495.5 | 621.4 | 436.4 | 187.7 |
| 2016 | 就业服务机构(个) | 2811 | 424 | 308 | 646 | 675 | 395 | 363 |
| | 就业人数(万人) | 896.1 | 130.5 | 69.1 | 244 | 180.5 | 189.2 | 82.8 |
| 2017 | 就业服务机构(个) | 2787 | 412 | 309 | 632 | 679 | 392 | 363 |
| | 就业人数(万人) | 942.1 | 133.6 | 72.7 | 252.9 | 203.4 | 194.5 | 85.0 |

数据来源：2012～2017年《中国民政统计年鉴》。

由表3可知，2012～2017年残疾人就业服务机构规模总体上稳定发展，不同地区机构建设格局也基本保持稳定。需要注意的是，2016年就业人数有所下降，但在2017年就业人数即有所回升，推测数据变化的原因是农村残疾人就业统计口径变化所致。2016年之前，残疾人就业统计中农村残疾人只笼统地统计农村残疾人在业人数，从2016年起，主要统计从事农业种养加在业人数。

4. 特殊教育机构发展情况

特殊教育是国家教育事业的重要组成部分，是提升残疾人素质，促进残疾人全面发展的基本途径，是彰显教育公平、保障残疾人享有平等受教育权的重要内容。党的十八大以来，我国的特殊教育事业取得了巨大进步，建立起从学前教育到高等教育的日趋完备的残疾学生教育体系。如表4、表5、表6所示。

**表4　2012～2018年我国残疾儿童学前教育发展情况统计**

单位：人

| 指标名称 | 2012 | 2013 | 2014 | 2015 | 2016 | 2017 | 2018 |
|---|---|---|---|---|---|---|---|
| 彩票公益金助学项目资助 | 10000 | 10000 | 11000 | 12000 | 14000 | 19000 | 17000 |
| 其他学前助学项目资助 | 4429 | 3489 | 2908 | 1767 | 2607 | 2971 | 4993 |

数据来源：2012～2018年《中国残疾人事业发展统计公报》。

**表 5　2012～2018 年残疾人高级中等教育发展情况统计**

| 指标名称 | 2012 | 2013 | 2014 | 2015 | 2016 | 2017 | 2018 |
| --- | --- | --- | --- | --- | --- | --- | --- |
| 特教普高(个) | 186 | 194 | 187 | 109 | 111 | 112 | 102 |
| 特教普高班在校生(人) | 7043 | 7313 | 7227 | 7488 | 7686 | 8466 | 7666 |
| 中等职业教育机构(个) | 152 | 198 | 197 | 100 | 118 | 132 | 133 |
| 中等职业教育在校生(人) | 10442 | 11350 | 11671 | 8134 | 11209 | 12968 | 19475 |

数据来源：2012～2018 年《中国残疾人事业发展统计公报》。

**表 6　2012～2018 年残疾人高等教育发展情况统计**

单位：人

| 指标名称 | 2012 | 2013 | 2014 | 2015 | 2016 | 2017 | 2018 |
| --- | --- | --- | --- | --- | --- | --- | --- |
| 普通高等院校录取考生 | 7229 | 7538 | 7864 | 8508 | 9592 | 10810 | 11154 |
| 高等特教学院录取考生 | 1134 | 1388 | 1678 | 1678 | 1941 | 1845 | 1873 |

数据来源：2012～2018 年《中国残疾人事业发展统计公报》。

由表 4 可知，残疾儿童学前教育方面，彩票公益金助学项目资助人数远高于其他助学项目资助人数，但其他助学项目资助人数在 2015 年后人数快速增长。由表 5 可知，残疾人高级中等教育发展方面，中等职业学校在校生数一直高于特教普高班在校生数，并且在 2015 年后，特教普高班人数与中等职业学校在校生数差距有扩大趋势。由表 6 可知，残疾人高等教育发展方面，高等特教学院录取考生数呈现先增长后逐渐趋于平稳态势，普通高等院校录取残疾考生数则呈现逐年递增态势。

残疾人服务机构建设是一项重要的民生工程，是体现社会福利水平的重要工程，体现着社会对残疾人群体的关爱，彰显着社会主义核心价值观。加强残疾人服务机构无障碍环境建设是残疾人服务机构建设的重要内容，不仅为残疾人安全、便捷地享受各类服务创造了良好的环境条件，也为残疾人平等参与社会生活，不断提升其生活质量、实现其对美好生活的向往奠定了良好的基础。

## 二　残疾人服务机构无障碍发展进展及成效

残疾人服务机构是我国公共服务机构的重要组成部分，残疾人服务机构无障碍环境建设是我国公共服务机构无障碍环境建设的重要内容，国家将残疾人服务机构的无障碍建设纳入国家无障碍建设全局进行部署和推进，并将残疾人服务机构的无障碍设施改造列于优先推进之重点。在党和国家的重视下，尤其是党的十八大以来，残疾人服务机构无障碍环境不断改善，这为促进残疾人更好地享受快捷、便利、优质的服务，平等参与社会生活、融入社会创造了更好的条件。

### （一）与残疾人服务机构无障碍相关的法规不断完善，服务广度和深度不断拓展延伸

1.《残疾人保障法》中残疾人服务机构无障碍相关主要内容

1990 年，国家颁布《中华人民共和国残疾人保障法》（以下简称《残疾人保障法》），标志着我国残疾人事业开始走上法制化轨道。2008 年，国家对《残疾人保障法》进行了修订，修订后的《残疾人保障法》进一步强化了无障碍环境建设的内容，由原来的一条拓展为一章共七条无障碍相关规定，同时增加了法律责任相关条文。2018 年，国家对《残疾人保障法》进一步进行了修正。

新版《残疾人保障法》中，多处条文涉及残疾人服务机构无障碍环境建设相关内容。无障碍设施建设与改造方面，《残疾人保障法》规定将与残疾人日常工作、生活密切相关的公共服务设施的无障碍改造列为各级人民政府和有关部门优先推进的工程建设项目，并规定应对无障碍设施进行及时维修和保护。信息无障碍方面，《残疾人保障法》规定国家举办的各类考试，有盲人参加的，应为盲人参加考试提供便利。公共服务机构应创造条件，为残疾人提供便利的信息交流服务、优先服务和辅助性服务。法律责任方面，《残疾人保障法》对不符合国家有关无障碍设施工程建设标准建设等违法情

形应承担的相关法律责任进行了规定。这些内容对于残疾人服务机构依法进行无障碍环境建设起了推动引领的作用。

2.《无障碍环境建设条例》中残疾人服务机构无障碍相关主要内容

2012 年 6 月 28 日，国务院令第 622 号公布《无障碍环境建设条例》，其中多处条文涉及残疾人服务机构无障碍环境建设相关内容。① 无障碍设施建设方面，明确规定县级以上人民政府应当优先推进特殊教育、康复、社会福利等机构的公共服务场所的无障碍设施改造。无障碍信息交流方面，明确规定国家举办的各类考试，有视力残疾人参加的，应为视力残疾人参加考试提供便利。公共服务机构应创造条件为残疾人提供便利的信息交流服务，应对工作人员进行无障碍服务技能培训。此外，对不符合无障碍设施工程建设标准应承担的相关法律责任进行了规定。《无障碍环境建设条例》将为残疾人提供教育、康复、托养等专业服务机构的无障碍环境改造排在第一优先的位置，并对残疾人服务机构相关的信息无障碍建设、工作人员无障碍服务技能培训等进行了规定，这些内容为残疾人服务机构无障碍环境建设奠定了良好的法制基础。

3. 与残疾人服务机构无障碍相关的其他法规主要内容

2018 年，国家颁布了《残疾人服务机构管理办法》，其中明确指出残疾人服务机构应按照国家有关规定建立完善的无障碍环境管理制度，制定服务标准和工作流程，并予以公开；应按照《无障碍环境建设条例》要求，为残疾人提供无障碍设施。2017 年国家颁布了《残疾人教育条例》，其中第五十条规定新建、改建、扩建各级各类学校应符合《无障碍环境建设条例》要求，县级以上地方人民政府及其教育行政部门应逐步推进各级各类学校无障碍校园建设。② 2017 年国家颁布《残疾预防和残疾人康复条例》，其中第十九条规定康复机构应当具有符合无障碍环境建设要求的服务场所以及

① 《无障碍环境建设条例》，中国政府网政府信息公开专栏，http：//www. gov. cn/zwgk/2012 - 07/10/content_ 2179864. htm。

② 《残疾人教育条例》，中国政府网政府信息公开专栏，http：//www. gov. cn/zhengce/content/2017 - 02/23/content_ 5170264. htm。

与所提供康复服务相适应的专业技术人员、设施设备等条件。①

同时，各省市也根据上位法的内容，制定实施了地方性法规、规章，其中包含残疾人服务机构无障碍环境建设的相关规定为进一步规范各省市残疾人服务机构无障碍环境建设提供了法规保障。

## （二）残疾人服务机构无障碍相关技术标准体系逐步形成，无障碍建设规范化程度稳步提高

2012 年国家颁布《无障碍设计规范》。《无障碍设计规范》共分九章和三个附录，主要包括总则、术语、无障碍设施的设计要求、公共建筑等九个方面。涉及残疾人服务机构无障碍环境建设的内容主要集中在第八章公共建筑部分，涉及特殊教育学校无障碍设计有关规定、康复中心建筑无障碍设施规定、残疾人托养中心等其他残疾人集中或使用频率较高的建筑无障碍设施的有关规定，设施建设内容较为全面。②《无障碍设计规范》的颁布实施，显著促进了残疾人服务机构无障碍建设的规范化。

此外，如表 7 所示，在无障碍设施建设标准方面，国家组织编制并发布了《无障碍设施施工验收及维护规范》（2011）等系列建设标准；在信息无

**表 7　我国残疾人服务机构无障碍环境建设相关规范标准**

| 序　号 | 标准名称 | 标准类别 |
|---|---|---|
| 1 | 《无障碍设计规范》（GB50763 －2012） | 国家标准 |
| 2 | 《标志用公共信息图形符号：第 9 部分无障碍设施符号》（GB/10001. 9 －2008） | 国家标准 |
| 3 | 《老年人、残疾人康复服务信息规范》（GB/T24433 －2009） | 国家标准 |
| 4 | 《无障碍设施施工验收及维护规范》（GB50642 －2011） | 国家标准 |
| 5 | 《网页内容可访问性指南》（GB/T29799 －2013） | 国家标准 |
| 6 | 《公共信息导向系统基于无障碍需求的设计与设置原则》（GB/T31015 －2014） | 国家标准 |

① 《残疾预防和残疾人康复条例》，中国政府网政府信息公开专栏，http：//www. gov. cn/zhengce/content/2017 －02/27/content_ 5171308. htm。

② 《中华人民共和国住房和城乡建设部：关于发布国家标准〈无障碍设计规范〉的公告》，http：//www. mohurd. gov. cn/wjfb/201205/t20120504_ 209758. html。

续表

| 序　号 | 标准名称 | 标准类别 |
|---|---|---|
| 7 | 《公共建筑标识系统技术规范》(GB 51223－2017) | 国家标准 |
| 8 | 《就业年龄段智力、精神及重度肢体残疾人托养服务规范》(GB/T37516－2019) | 国家标准 |
| 9 | 《残疾人社会福利机构基本规范》(MZ009－2001) | 行业标准 |
| 10 | 《特殊教育学校建筑设计规范》(JGJ76－2003) | 行业标准 |
| 11 | 《信息无障碍 身体机能差异人群网站设计无障碍技术要求》(YD/T1761－2008) | 行业标准 |
| 12 | 《信息无障碍 身体机能差异人群网站设计无障碍评级测试方法》(YD/T1822－2008) | 行业标准 |
| 13 | 《地方残疾人综合服务设施建设标准》(建标[2010]135号) | 行业标准 |
| 14 | 《特殊教育学校建设标准》(建标 156－2011) | 行业标准 |
| 15 | 《网站设计无障碍技术要求》(YD/T 1761－2012) | 行业标准 |
| 16 | 《网站设计无障碍评级测试方法》(YD/T 1822－2012) | 行业标准 |
| 17 | 《残疾人康复机构建设标准》(建标 165－2013) | 行业标准 |
| 18 | 《残疾人托养服务机构建设标准》(建标 166－2013) | 行业标准 |
| 19 | 《残疾人就业服务中心建设标准》(建标 178－2016) | 行业标准 |

障碍方面，国家也陆续发布了《公共信息导向系统基于无障碍需求的设计与设置原则》（2014）等系列标准。这些规范、标准，对于提升我国残疾人服务机构的无障碍环境建设水平，促进我国残疾人服务机构无障碍环境建设的规范化、标准化具有重要的意义。

### （三）残疾人服务机构无障碍纳入国家战略部署，建设重点及方向不断明晰

目前，国家虽然没有制定专门的残疾人服务机构无障碍发展规划，但是将其列为我国无障碍环境建设的重要组成部分并纳入国家发展规划进行了通盘考虑。从国家“八五”计划时期开始，我国残疾人事业与国家整体发展规划同步制定，目前已发布六个五年计划纲要。残疾人服务机构无障碍建设在不同时期的残疾人事业发展规划中均有不同程度体现，大多列入公共建筑无障碍、公共服务设施无障碍、综合服务设施无障碍、公共服务机构无障碍、公共服务机构信息无障碍等相关内容中加以部署和谋划。

在残疾人事业发展的“八五”“九五”时期，主要强调《方便残疾人的城市道路和建筑物设计规范》的实施、宣传与推广以及重要公共建筑的无

障碍建设，未明确指出残疾人服务机构建筑的无障碍建设。残疾人事业发展“十五”时期，在注重建筑物无障碍建设的基础上，强调了信息和交流无障碍建设方面的目标，并为实现目标制定了系列举措，其中明确提出制定《特殊教育学校建筑设计规范》的具体措施，促进了特殊教育学校的无障碍建设。残疾人事业发展“十一五”时期，主要强调无障碍建设相关法规、规范的严格执行，信息无障碍法规、标准的制定以及城市现有建筑物、公共服务设施的无障碍改造、维护和管理等内容，未明确指出残疾人服务机构无障碍建设内容。[①] 残疾人事业发展“十二五”时期，确立了加快推进城乡无障碍环境建设的目标，并将制定无障碍建设条例作为促进目标实现的重要保障。同时，提出加强公共服务领域信息无障碍建设、开展全国无障碍建设市、县、区创建等系列任务、措施。其中，明确指出新建残疾人综合服务设施要符合规范要求；已建不规范的应进行改造，极大地推动了残疾人综合服务设施的建设与改造进程。[②] 残疾人事业“十三五”时期，明确了全面推进无障碍环境建设的主要任务，并进一步提出贯彻落实《无障碍环境建设条例》、完善无障碍环境建设政策和标准、开展无障碍环境市县村镇创建、加快推进公共服务机构无障碍设施改造等系列措施，并将公共服务机构网站无障碍改造列入残疾人基本公共服务重点项目加以推进。其中，明确指出特殊教育、托养等残疾人集中的机构系统制定自然灾害和紧急状态下残疾人无障碍应急管理办法，加强残疾人无障碍应急救助服务，这些内容为“十三五”时期残疾人服务机构的无障碍建设指明了方向。

为进一步促进我国无障碍环境建设的快速发展，我国从残疾人事业发展“十五”计划期间起，开始制定无障碍建设专项实施方案。无障碍建设实施方案主要依据同期残疾人事业发展规划制定，是对残疾人事业发展规划中无障碍环境建设目标、任务、措施等内容的进一步细化，其中涉及残疾人服务机构无障碍建设的内容总体上与规划保持一致。此外，《国家人口发展规划

① 《国务院批转中国残疾人事业“十一五”发展纲要的通知》，法宝引证码：CLI. 2. 76987。

② 《国务院关于批转中国残疾人事业“十二五”发展纲要的通知》，法宝引证码：CLI. 2. 152045。

（2016—2030年）》《“十三五”国家信息化规划》《国家人权行动计划（2016—2020年）》《国家残疾预防行动计划（2016—2020年）》《“十三五”推进基本公共服务均等化规划》《全国民政科技中长期发展规划纲要（2009—2020年）》《第二期特殊教育提升计划（2017—2020年）》等规划文件中均有强调残疾人服务机构无障碍建设的相关内容，是国家对残疾人服务机构无障碍建设工作的前瞻性部署，既体现了国家对残疾人服务机构无障碍建设工作的重视，也为其未来工作指明了方向。

### （四）残疾人服务机构无障碍依托我国无障碍建设的发展，覆盖面不断扩大、无障碍化标准不断提高

从“八五”到“十三五”期间，中国残疾人事业无障碍建设从城市到农村，逐步在更大的空间范围推开，无障碍建设不断深入。同时，无障碍建设内容从起步阶段关注无障碍设施建设到逐步加强无障碍信息交流、无障碍服务，建设内容不断丰富。依托我国无障碍建设工作的快速发展，各级各类残疾人服务机构无障碍建设取得了显著成绩。

1. 不同时期残疾人服务机构无障碍建设比较

“八五”“九五”时期，国家重点进行了城市道路、重要的公共建筑和公共服务设施的无障碍建设试点。“十五”计划开始，我国开展无障碍建设示范城、区活动。2002年，建设部、民政部、全国老龄委办公室、中国残联联合下发了《全国无障碍设施建设示范城（区）工作的通知》，发布了《全国无障碍设施建设示范城（区）实施方案》《全国无障碍设施建设示范城（区）标准（试行）》。[①] 在关于建筑物无障碍设施建设与改造标准中将新建的福利院（所）等公共建筑无障碍设施建设率列入重要建设指标，如表8所示。[②] 这一时期，残疾人服务机构无障碍建设列入公共建筑无障碍建

① 《建设部　民政部　中国残疾人联合会　全国老龄工作委员会办公室关于开展创建全国无障碍建设城市工作的通知》，法宝引证码：CLI. 4. 99696。

② 《建设部　民政部　全国老龄工作委员会办公室　中国残疾人联合会关于命名全国无障碍设施建设示范城市的决定》，法宝引证码：CLI. 4. 58438。

**表 8　我国“十五”至“十三五”期间残疾人服务机构无障碍建设对照**

| | 十五 | 十一五 | 十二五 | 十三五 |
|---|---|---|---|---|
| 创建标准文件 | 《全国无障碍设施建设示范城(区)标准(试行)》(2002年) | 《创建全国无障碍建设城市工作标准》(2007 年) | 《创建无障碍环境市工作标准》《创建无障碍环境县工作标准》(2013 年) | 《创建无障碍环境工作标准》(含市、县、村)(2018 年) |
| 建设率 | 建设率达 100%<br>100% -5 分;80% -2 分;<br>80% 以下 -0 分 | 应实现无障碍化 | 应实现无障碍化 | 市、县、村均为应达到 100% |
| 建设技术要求 | 《城市道路和建筑物无障碍设计规范》《老年人建筑设计规范》 | 《城市道路和建筑物无障碍设计规范》《老年人建筑设计规范》《特殊教育学校建筑设计规范》《残疾人综合服务设施无障碍标准》等技术要求 | 《无障碍设计规范》《老年人居住建筑设计标准》《特殊教育学校建筑设计规范》《残疾人综合服务设施建设标准》等技术要求 | 《无障碍设计规范》《特殊教育学校建筑设计规范》《老年人照料设施建筑设计标准》等技术要求 |
| 改造率 | 已经建成的各类公共建筑的相应设施进行无障碍改造 | 80% | 市:100%<br>县:50% | 市:应达到 100%<br>县、村:应达到 50% |
| 主要改造内容 | — | 出入口坡化处理、安全走道及楼梯、有条件的设无障碍电梯、无障碍厕所及厕位、低位服务台、室内外主要位置地面铺设行进盲道和提示盲道 | 在“十一五”基础上,进一步加强无障碍通道、无障碍楼梯、无障碍电梯的改造 | 同“十二五” |
| 信息交流无障碍 | — | 在重点公共场所建立信息屏幕系统;开发适合残疾人使用的专用网站 | 公共服务机构和公共场所应为残疾人提供语音和文字提示、手语、盲文等信息交流服务 | 市、县:同“十二五”<br>村:强调信息无障碍基础设施建设,鼓励和支持有条件的农村地区实现光纤到户,提高 4G 网络覆盖率 |

注：表中建设率主要指新建（扩建、改建）与残疾人密切相关的特教学校、康复中心等服务设施的无障碍化程度。表中改造率主要指已建特教学校、康复中心等服务设施无障碍改造的程度。

设指标，未单独设立指标及标准。

“十一五”时期，我国全面推进无障碍设施建设，城市无障碍化工作基本格局初步形成。2007 年，建设部、民政部、中国残联、全国老龄办联合发布了《关于开展创建全国无障碍建设城市工作的通知》①，同时发布《创建全国无障碍建设城市工作标准》②。在《创建全国无障碍建设城市工作标准》第五条特殊设施无障碍建设与改造中，对新建、扩建、改建特教学校、康复中心等服务设施无障碍建设程度、技术要求，以及已建特教学校、康复中心等服务机构无障碍改造程度、主要改造内容等进行了明确，如表 8 所示。“十一五”时期，残疾人服务机构无障碍建设在《创建全国无障碍建设城市工作标准》中有了专门、明确的指标内容及标准，建设取得了显著成效。截至“十一五”末，95% 的特殊教育学校、68.1% 的康复中心、74.1% 的福利企业、88.9% 的老年人服务设施、78% 的养老机构完成了无障碍建设和改造，为今后在更高的起点上推进无障碍建设奠定了坚实的基础。③

“十二五”时期国家提出加快推进城乡无障碍环境建设，开展全国无障碍建设市、县、区创建工作。2013 年，住建部、工信部、民政部、中国残联、全国老龄办发布了《关于开展创建无障碍环境市县工作的通知》以及《创建无障碍环境市工作标准》《创建无障碍环境县工作标准》。④“十二五”时期，残疾人服务机构无障碍建设不仅在《创建全国无障碍建设城市工作标准》中有专门、明确的指标内容及标准要求，而且在《创建无障碍环境县工作标准》中也相应建立了专门、明确的内容及标准要求，市、县残疾

① 《建设部　民政部　中国残疾人联合会　全国老龄工作委员会办公室关于开展创建全国无障碍建设城市工作的通知》，法宝引证码：CLI. 4. 99696。

② 《中华人民共和国住房和城乡建设部：关于表彰“十一五”全国无障碍建设先进城市的决定》，http：//www. mohurd. gov. cn/wjfb/201201/t20120111_ 208374. html。

③ 吕世明：《我国无障碍环境建设现状及发展思考》，《残疾人研究》2013 年第 2 期，第 3 ~ 8 页。

④ 《住房和城乡建设部　工业和信息化部　民政部等关于开展创建无障碍环境市县工作的通知》，法宝引证码：CLI. 4. 197773。

人服务机构无障碍建设不断推进。

“十三五”时期，我国无障碍建设范围进一步扩大，农村无障碍环境得到较大改善，无障碍建设整体水平明显提升。2018 年，住建部等部门联合发布了《关于开展无障碍环境市县村镇创建工作的通知》，同时下发了《创建无障碍环境工作标准》。在《创建无障碍环境工作标准》第六项福利及特殊服务建筑无障碍环境建设与改造标准中，分别就新建与已建福利及特殊服务建筑，按市、县、村三级提出无障碍环境建设及改造要求、内容。① 在残疾人服务机构无障碍建设率与改造率指标方面上，“十三五”时期比“十一五”“十二五”时期更为明确或提高，市、县、村三级建设率均为应达到100%，改造率则有程度差异，市级改造率应达到 100%，县、村改造率应达到 50%，改造内容如表 8 所示。“十三五”时期，我国残疾人服务机构无障碍建设纳入城乡一体化无障碍环境建设不断深入推进。

2. 残疾人服务设施建设成效

十八大以来，在中央和地方的共同努力下，残疾人服务设施无障碍环境条件大为改善。《残疾人康复机构建设标准》《残疾人托养服务机构建设标准》均对机构无障碍建设做出明确要求：凡残疾人所到之处，建筑出入口及室内、室外场地均应有无障碍设施，并符合《无障碍设计规范》的规定；二层及以上建筑应设置无障碍电梯或残疾人专用坡道；应设置完善、清晰、醒目的标识系统或便于残疾人使用的触摸式语音或光学识别提示系统；应配套建设车辆停放设施，残疾人专用停车位设置应符合《无障碍设计规范》的规定。2018 年国家出台的《创建无障碍环境建设标准》中明确要求：新建的与残疾人密切相关的康复中心和综合服务设施等无障碍建设率均应达到100%；已建康复中心、残疾人综合服务设施等无障碍改造率，市级应达到100%，县、村级应达到 50%。依据上述政策法规和规范标准，残疾人康复、托养、综合服务设施建设取得了显著成效。

---

① 《住房城乡建设部等部门关于开展无障碍环境市县村镇创建工作的通知》，法宝引证码：CLI. 4. 326143。

（1）残疾人康复设施建设成效

十八大以来，国家对残疾人康复设施建设的投入不断加大。如图1所示，2012～2018年，残疾人康复设施建设已竣工并投入使用数量、总建设规模、总投资均呈现逐年递增的发展态势，体现了国家对残疾人康复工作的高度重视和支持。

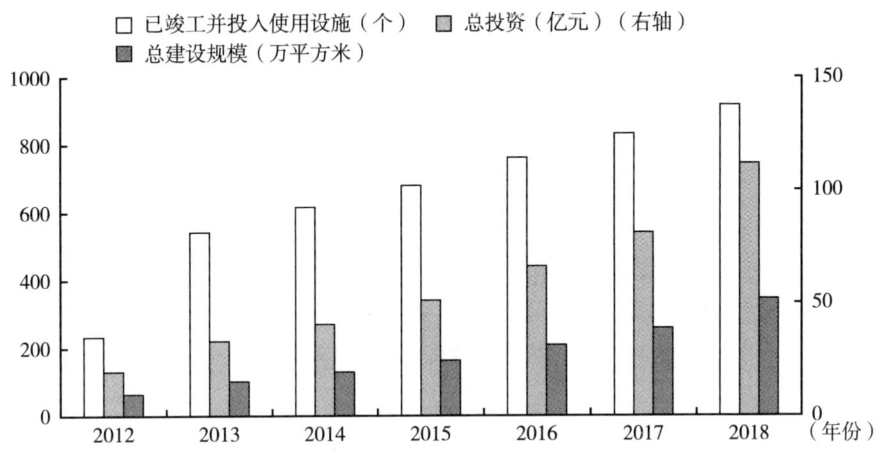


**图1　2012～2018年残疾人康复设施建设示意**

（2）残疾人托养设施建设成效

“十二五”期间，国家通过大力加强托养服务基础设施建设，初步建立起了残疾人托养服务体系基本框架。“十三五”期间，进一步贯彻落实残疾人事业发展规划要求，残疾人托养服务工作进一步全面推进、深入发展。如图2所示，2012～2018年，残疾人托养设施建设已竣工并投入使用数量、总建设规模、设施建设总投资额三项指标均呈现逐年递增态势。

（3）残疾人综合服务设施建设成效

残疾人综合服务设施是为残疾人提供全面、高效的服务，实现服务资源共享、提升服务残疾人能力的重要载体。依托城乡社区综合服务设施，可为辖区内残疾人提供“一站式”服务。十八大以来，国家非常重视基层残疾人综合服务设施建设，如图3所示。2012～2018年残疾人综合服务设施建设总投资、总建设规模、已竣工并投入使用数量均呈逐年递增态势。截至2018年，全国村（社区）综合服务设施中已有75%的出入口、40%的服务柜台、30%的厕所进行了无障碍建设和改造。①

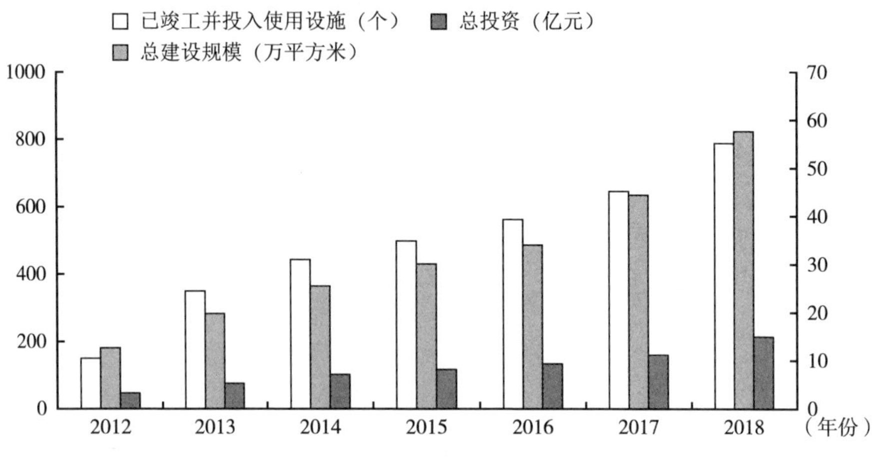


**图2　2012～2018年残疾人托养设施建设示意**

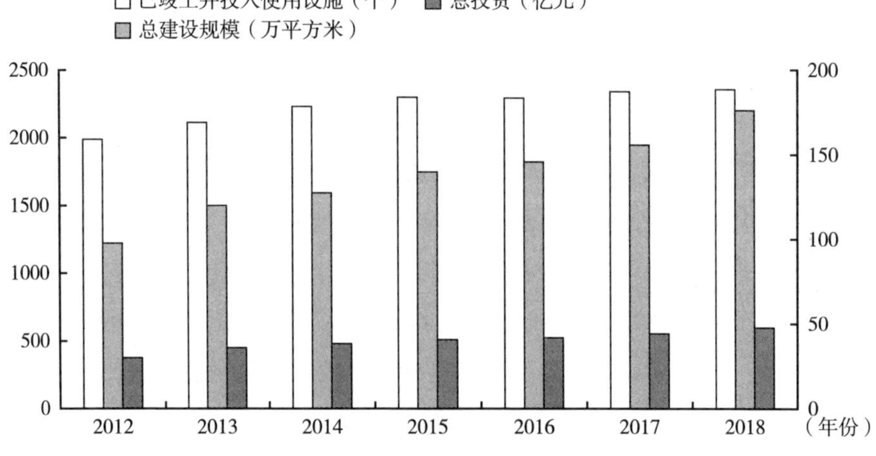


**图3　2012～2018年残疾人综合服务设施建设示意**

① 中华人民共和国国务院新闻办公室：《平等、参与、共享：新中国残疾人权益保障70年》白皮书，《人民日报》2019年7月26日。

## 三　残疾人服务机构无障碍发展存在的不足

### （一）残疾人服务机构无障碍政策法规、技术标准尚需进一步完善

目前，我国残疾人服务机构无障碍法治建设已建立起以《残疾人保障法》为核心，以《无障碍环境建设条例》等相关法规和《无障碍设计规范》《特殊教育学校无障碍设计规范》《残疾人康复机构建设标准》《残疾人托养服务机构建设标准》《信息无障碍身体机能差异人群网站设计无障碍技术要求》等相关规范为补充的无障碍政策法规、标准体系。残疾人服务机构无障碍环境建设，目前尚无专门的政策法规，相关规定零散分布于一些法律法规的少数条款中，还没有一部国家法律、法规比较系统地对残疾人服务机构无障碍建设涉及相关问题进行全面、系统的规定。信息无障碍方面，我国残疾人服务机构网站无障碍设计等技术方面取得了一些进展，但与先进国家相比，还存在配套标准不完善，标准执行不到位等问题。[①] 未来还需要充分调研，把握需求，加强标准体系研究和顶层设计，积极开展标准研究工作。此外，残疾人职业教育学校的无障碍建设、服务机构安全应急无障碍建设、基层无障碍创建等方面的政策、标准、规范都有待进一步完善。

### （二）残疾人服务机构无障碍环境建设的规范化、系统化有待进一步提升

残疾人服务机构无障碍环境建设是一项复杂的系统工程。从参与主体角度而言，主要涉及各级政府部门、残疾人、残疾人服务机构等多元主体。从国家发布的一系列无障碍环境建设文件的发文方来看，这一特征非常突出。从无障碍环境建设流程而言，涉及无障碍环境规划、设计、施工、建设、管

① 代红、徐洋、张群、赵菁华：《国内外信息无障碍法律法规及标准研究》，《建筑科技》2019 年第 13 期，第 37 ~ 39 页。

理、维护、监督等环节，这些环节环环相扣，紧密衔接。从无障碍环境建设内容而言，涉及法规体系建设、设施建设、信息无障碍建设、服务无障碍建设等，这些内容不可或缺，总体上构成无障碍建设的重要内容。总之，残疾人服务机构无障碍环境建设具有牵涉主体较多、涉及流程较长、建设领域较广等突出特征，目前建设存在信息无障碍建设薄弱，村镇无障碍建设滞后，建设不规范、不系统等问题，亟待进一步改善和提升。

### （三）残疾人基层服务机构无障碍建设有待进一步深入

我国无障碍环境建设发展历程，是一个从大城市试点开始起步，历经大城市示范，直辖市、省会城市、计划单列市全面开展，城市层面全面推进，市县村镇全面深入开展的由点到面，层层推进，不断深入的过程。无障碍环境建设“十二五”实施方案中建立了市县无障碍创建标准，提到新农村和城镇化建设内容，“十三五”实施方案中建立了市县村无障碍建设标准，将全面提升城乡无障碍建设水平作为主要任务目标。由此可见，基层服务机构开展无障碍环境建设历程较短，整体建设水平滞后。以残疾人托养机构为例，我国目前残疾人托养机构主要集中于大中城市，而在残疾人人口数量居多、对托养服务需求更迫切的广大农村地区机构少，呈现出城乡严重不平衡状态。[①] 因此，在残疾人广泛分布的农村建立托养机构，并同步加强机构无障碍环境建设，让农村残疾人也能便利地获得托养服务。

### （四）残疾人服务机构无障碍相关理论研究与专业人才培养有待进一步加强

以中国知网为数据来源，以“无障碍”为主题，时间范围为1984年1月1日至2018年12月31日，选择“期刊”“博硕士学位论文”数据库进行跨库检索，共检索到8302条文献记录。以主题“残疾人”或“残障人

---

① 冯善伟、任占斌：《我国残疾人托养服务的现状及标准体系建设》，《残疾人研究》2017年第3期，第13～21页。

士”在首次检索结果中进行二次检索，共检索到2332条文献记录。为检索残疾人服务机构无障碍相关的研究文献，进一步以“残疾人服务机构”为主题对二次检索结果进行再次检索，得到208条文献。显然，与无障碍主题研究文献数量、残疾人无障碍主题研究文献数量相比，残疾人服务机构无障碍相关研究成果数量较少，需要进一步加强。

目前，北京大学、清华大学、中国人民大学、复旦大学、浙江大学、天津大学、同济大学、东南大学、吉林大学、南京特殊教育师范学院、四川大学等高校、研究机构在无障碍领域，取得了一系列研究成果。但我国无障碍研究尚处于起步阶段，针对无障碍领域的基础研究、政策研究、技术研发和应用研究尚未形成体系化成果。相较于一般的无障碍研究而言，针对残疾人服务机构无障碍这一细分领域的相关研究成果较少，研究力量不足，仅有少数学者主要围绕残疾人康复中心、特殊教育学校等，从建筑无障碍设计方面开展了少量针对性研究。作为专业的残疾人服务机构，虽然在提升残疾人生活质量、促进其社会融入等方面发挥了重要作用，但其无障碍环境建设并没有成为学术界的研究热点，对残疾人服务机构无障碍建设的政策法规、标准规范、建设实践、建设效果等都缺乏系统研究。必须加强对残疾人服务机构无障碍环境建设的相关研究，以更好地指导其无障碍环境建设实践。同时，由于我国无障碍环境建设发展历史较短，尚没有建立系统的专业人才培养机制。是否有高素质人才供给将直接影响残疾人服务机构无障碍环境建设水平及可持续发展能力。因此，必须重视和加强相关专业人才的培养。

## 四　残疾人服务机构无障碍发展对策建议

### （一）立法先行，引领推动，促进残疾人服务机构无障碍环境建设法治体系不断完善

无障碍环境建设的重点是立法，加强残疾人服务机构无障碍法规和标准建设，建立和完善残疾人服务机构无障碍建设法律法规、标准规范，有利于指引各地在国家宏观政策框架下，因地制宜地制定实施细则，促进无障碍环

境建设政策法规体系日趋完善。目前，残疾人服务机构无障碍环境建设尚无专门的政策法规对相关问题进行全面、系统的规定。现有的规定也以无障碍设施建设相关规定居多，信息无障碍、服务无障碍等领域法规、标准制定亟待加强。未来需要进一步对各级残疾人服务机构充分调研，结合不同类型机构特点、服务对象特点，加强顶层设计，制定法规、标准体系建设总体规划，明确建设思路，对法规体系建设、标准体系研制进行总体部署。既要学习研究发达国家残疾人服务机构无障碍建设经验，更要结合我国国情制定具有前瞻性的法规、标准。要加强法规、标准应用的跟踪研究，不断根据反馈信息优化建设工作。随着我国无障碍环境建设的全面推进，残疾人服务机构无障碍法治体系也需随着使用者及其需求、技术等因素的变化而变化，与时俱进，不断创新，不断发展完善。要召集相关政府部门、研究院所、大专院校、社会团体、企业等力量，开展服务机构安全应急无障碍建设办法等急需领域的法规、标准研究，不断提升我国残疾人服务机构无障碍建设的规范化水平。

### （二）多方协同，系统推进，促进城乡各级各类残疾人服务机构无障碍建设水平不断提升

残疾人服务机构无障碍环境建设牵涉主体较多、流程较长、建设领域较广，因此必须要综合考虑各种因素，进行系统化建设才能营造一个良好的无障碍环境。从牵涉主体而言，目前，我国已初步建立起多部门协同的无障碍建设工作机制。中央各部门协同成立了无障碍建设领导小组，各地市、县成立了无障碍建设组织协调机构，残疾人、老年人、媒体等相关代表组建了无障碍监督员队伍，有条件的地方成立了无障碍发展促进会，这些组织机构积极联合，整合资源，形成合力，协同开展工作取得了一定成效。今后，需进一步明确职责，优化分工，加强协作，提高运行效率。同时，残疾人的参与是提升无障碍环境建设成效的重要因素，必须加强作为使用者的残疾人的参与，才能使残疾人服务机构的无障碍环境真正的建其所想，切实满足其利益和期望。

从残疾人服务机构无障碍环境建设涉及流程而言，主要涉及无障碍环境建设相关政策法规、技术标准、建设规划的制定、落实，无障碍设计、施工、验收及监理、管理与维护以及监督检查、宣传、培训等环节。建设涉及流程较长，影响因素复杂，其中健全的无障碍环境法治体系，规范化、人性化的无障碍设计，高素质的无障碍建设人才，充足稳定的建设资金等因素都是无障碍环境建设过程中非常关键的因素。首先，要加强政策法规、标准体系、建设规划的制定及执行，这是系统化、规范化建设的首要保障。其次，从源头上提前介入，严格无障碍规划设计的预先评审审查，确保设计与施工同步达到优质。人才方面，加强残疾人无障碍专门人才的培养，加强机构服务人员手语、盲文培训，提升无障碍服务质量。资金方面，政府是无障碍环境建设的主力军，所以必须加大政府公共预算，设立无障碍环境建设专项资金。此外，随着居民生活水平的提高，企业数量的增多，创新方式方法筹集资金，挖掘社会捐赠及企业捐赠的潜力将是未来的发展趋势。

在建设内容及领域方面，需要深入推进基层机构服务网络的无障碍建设和改造，需要进一步加强信息无障碍建设。特殊教育、残疾人就业等领域的信息无障碍建设，要确保残疾人无障碍地获取所需教育信息、就业信息，要为残疾人学习、就业创造良好的无障碍环境。要大力加强残疾人服务机构无障碍网站建设、无障碍服务平台建设、提供在线无障碍服务并定期开展机构信息无障碍服务测评。此外，进一步完善机构无障碍设施相关使用信息，建立机构无障碍设施建设数据库，系统提升机构信息化水平。通过系统化建设工作的开展，建设理念前瞻，设计科学，功能布局合理，环节流程顺畅，人文环境优美的无障碍环境，为残疾人提供更安全、便捷、舒适的服务。

### （三）聚焦需求，注重实效，促进残疾人服务机构无障碍精准化服务能力不断增强

坚持以人民为中心是习近平新时代中国特色社会主义思想的核心内容，落实到残疾人服务机构无障碍建设方面，就是要以残疾人为本，聚焦残疾人的需求，消除他们在学习、生活、就业等过程中遇到的障碍，使其能安全、

便捷地获得优质服务。不同类型残疾人服务机构虽专门定位于为残疾人提供服务，但在具体的面向对象上尚有一定差异。比如托养机构，主要服务于就业年龄段的智力残疾人、精神残疾人、重度残疾人，这三类残疾人由于存在身心障碍，普遍教育程度低，生活自理能力、社会适应能力不足，所以托养机构无障碍建设中清晰易懂的无障碍符号标识、安全应急无障碍系统建设就显得非常重要。而就业机构则主要服务于肢体残疾人、听力障碍残疾人、视觉残疾人。不同类型的残疾人，其对无障碍环境的需求存在差异。因此，在残疾人服务机构的无障碍建设方面，必须深入开展调研，深入了解不同类型残疾人的需求特点，提供高度契合需求的无障碍环境服务，提高供给与需求的匹配度，进而提升残疾人服务满意度水平。只有站在不同使用者角度认真理解和了解他们的需求，才能真正建设无障碍环境。

我国农村残疾人口占全国残疾总人口的比例为75.04%，残疾人大多生活在农村。[①] 而我国目前无障碍环境建设的现实情况是针对农村残疾人无障碍服务建设相对城市而言发展滞后。随着我国市县村镇无障碍环境建设的进一步推进，各级残疾人服务机构无障碍环境建设取得了显著成效，但也面临基层服务机构建设薄弱、服务设施利用率低等问题。今后需进一步加强三级服务网络差异化发展体系建设。市、县级残疾人综合服务中心可定位于“培训与学习中心”，主要利用自身资源优势，为下一级服务机构提供业务培训、指导。社区残疾人服务站则定位于“服务中心”，主要发挥服务的可及性优势，针对残疾人服务需求量大、服务手段、技术手段要求不高、场地要求不高的服务项目。各级残疾人服务机构结合自身定位差异，加强无障碍环境建设，推进城乡无障碍环境建设的均衡发展。此外，在未来几年内，我国同其他国家一样，因老致残的比例将迅速增加。随着年龄的增大，老年人行动能力是下降最快的，其次是听力和视力的下降。因此，农村残疾人、老年残疾人的需求及变化趋势应该被重视，并在无障碍环境建设上给予支持。

---

① 《中国发布第二次全国残疾人抽样调查主要数据公报》，中国政府网，http：//www. gov. cn/jrzg/2007 -05/28/content_ 628517. htm。

## （四）科技助力，开拓创新，促进残疾人服务机构无障碍环境建设智能化水平不断提升

近年来，以社会化网络与移动互联网应用为代表的新兴科技对残疾人的生活方式、行为模式产生了深刻的影响。将智能化技术与残疾人服务机构无障碍环境建设相结合，创造更好的用户体验，让残疾人享受到数字化带来的便捷是高科技时代残疾人服务机构无障碍环境建设的重要方向。如科大讯飞听见智能语音课堂系统主要面向听障学生，着力解决特教教学场景下的教学障碍，将老师的教学语言通过系统实时转化成文字，通过投影大屏幕显示输出，辅助听障学生对教学信息的理解，有效提升教学成效。[①] 南京特殊教育师范学院、北京联合大学特殊教育学院等多所学校已成功应用这一系统进行教学。建筑设计上，关注残疾人的避难和安全疏散是残疾人服务机构无障碍领域的发展趋势，在美国的设计中，一种被称作是“电梯疏散操作系统（EEO）”的自动系统，使得消防管理部门也开始认可未来电梯可用于火灾的疏散。[②] 未来，需要进一步积极探索，不断创新，促进新兴技术应用于无障碍建设领域，不断拓展开发新的公共服务项目，切实为残疾人提供更多的便利。

## （五）群策群力、集智攻关，推动残疾人服务机构无障碍建设研究和人才培养快速发展

目前，我国无障碍基础研究、政策研究、技术成果和应用研究等各个领域尚未形成体系化成果，中央及地方应积极建立专项经费支持大学、专业机构开展残疾人服务机构无障碍理论与技术研究，不仅有利于丰富现有研究成果，也能更好地指导实践业务的开展。比如，可以围绕典型案例开展研究，促进成功案例转化推广；可以通过在《残疾人研究》《中国残疾人》等残疾人相关主流期刊开设无障碍环境建设专栏，促进学者对相关领域开展研究。

---

① 宋振、吕旭、王玮：《科大讯飞无障碍建设案例》，《建筑科技》2019 年第 13 期，第 85 ~ 87 页。

② 焦舰：《无障碍设计与通用设计》，《建筑科技》2019 年第 13 期，第 18 ~21 页。

同时，积极开展残疾人无障碍服务能力建设项目。加强无障碍学科专业体系建设，有条件的地方依托有关高校或研究机构试点研究制定科学的专业设置标准，发展完善的无障碍专业教学规范。加大残疾人无障碍服务人才的培养力度，探索并初步形成机构无障碍服务专业人才培养模式。加强高级研修班、高层次人才培养工程方式的人才培养，重点培养无障碍领域的骨干专业人才，不断提升从事机构无障碍服务人员的专业素质和职业能力。同时，积极推动机构无障碍服务专业岗位设置，研究制定机构无障碍服务工作岗位设置数量、人员配备比例、职责要求、任职条件、薪酬待遇、职业发展通道等。

总之，残疾人服务机构无障碍建设必须以残疾人为中心，牢固树立新发展理念，将机构无障碍环境建设融入智慧城市、文明城市建设和乡村振兴战略大局，加快推进、规范建设，切实提高建设水平，努力营造更为安全、便捷、舒适、自如的无障碍环境，为保障残疾人平等参与社会生活权益，共享经济社会发展成果，追求更为幸福美好的新生活创造良好的环境条件。

## 参考文献

陈功、张旭：《北京市残疾人基本服务状况及需求分析》，《残疾人研究》2016 年第 2 期。

蔡聪：《我国实现残障人信息无障碍的挑战与新方向：以〈残疾人权利公约〉为视角》，《人权》2018 年第 2 期。

葛忠明：《残疾人公共服务的发展趋势和潜在问题》，《山东社会科学》2015 年第 5 期。

吕世明：《与时俱进求创新　探索机制有突破——试论无障碍环境建设落地实施之效》，《建筑科技》2019 年第 13 期。

杨立雄：《残疾人服务设施利用率低的原因分析及对策建议》，《甘肃社会科学》2013 年第 1 期。

张东旺：《中国无障碍环境建设现状、问题及发展对策》，《河北学刊》2014 年第 1 期。

赵英、傅沛蕾：《我国信息无障碍研究现状及发展态势分析》，《情报探索》2015 年第 5 期。

**B**.8

# 中国残疾人信息无障碍发展报告（2019）

岳中刚*

**摘　要：** 在信息化程度不断提高的背景下，残疾人将面临较为严峻的“数字鸿沟”问题，如何通过包括互联网和移动互联网在内的信息环境向残疾人提供机会均等的无障碍信息技术、产品和服务，正在成为社会各界关注的热点。在总结和回顾国内外信息无障碍建设的进程、政策与标准的基础上，本报告分析了我国政府、专业机构和信息服务或设备企业“三位一体”的信息无障碍建设推进机制，然后进一步探讨了智能化技术在信息无障碍建设中的应用场景，如人机交互、自动驾驶、机器人等，最后针对我国信息无障碍建设的短板与瓶颈问题，提出了我国信息无障碍建设的发展趋势及政策建议，如高新智能信息技术进入无障碍建设领域，政府和公共部门将信息无障碍列入相关采购标准，鼓励全社会提供信息无障碍综合服务举措等。

**关键词：** 残疾人　信息无障碍　数字鸿沟　无障碍环境建设

无障碍环境建设是社会文明进步的重要标志。党中央、国务院高度重视并做出工作部署，“十三五”规划纲要明确提出要全面推进无障碍环境建设。在信息社会背景下，相对于物理空间的无障碍信息化建设，信息无障碍建设

* 岳中刚，博士，南京邮电大学经济学院教授，中国残疾人数据科学研究院特聘教授，研究领域：信息经济学。

愈发受到关注。在信息爆炸的大数据时代，信息无障碍的定义被赋予了更广泛的内涵，如何真正推动和构建依托云计算、大数据、人工智能等技术的新型平台，如何通过包括互联网和移动互联网在内的信息环境向残疾人提供机会均等的无障碍信息技术、产品和服务，正在成为社会各界关注的热点。

2005 年，国际电信联盟（ITU）在信息社会世界高峰会议上提出要“鼓励设计和推出信息通信技术设备和服务，使包括老年人、残疾人、儿童和其他处境不利群体和弱势群体在内的所有人，都能方便地并以可承受的价格使用这些设备和服务”。我国工信部等发布的文件对信息无障碍概念进行了明确定义：信息无障碍是指无论健全人还是残疾人，无论年轻人还是老年人都能够从信息技术中获益，任何人在任何情况下都能平等地、方便地获取信息和使用信息。[①] 随着信息技术的进步和跨领域无障碍建设工作的推进，从技术的角度看，信息无障碍还包含两方面的含义：一是信息领域自身技术、硬件设备/设施、软件服务的无障碍化；二是信息领域与建筑、交通等其他领域无障碍环境建设的融合。

## 一　国内外信息无障碍建设的政策与标准

从国际上看，各国政府纷纷采用了将法规政策与技术标准相结合的手段来推进信息无障碍工作的开展，法规政策对信息无障碍工作提出了原则性的规定，技术标准则是为工作开展提出了具体的指导性要求。在网络化时代，各国政府都将互联网信息无障碍建设作为重点推进的领域。

### （一）美国：W3C 规范和 508 法案

美国在 1996 年颁布的《电信法案》对电话服务提高无障碍能力提出了具体要求，明确指出新的电话产品设计必须能够被残障人士使用。在网站无障碍建设方面，美国的技术标准主要是采用 W3C 规范，为了保障标准的实

① 工业和信息化部：《信息无障碍身体机能差异人群网站设计无障碍技术要求》标准（YD/T 1761－2008）。

施，美国政府于2006年修订了《残疾人康复法案》第508节（又称“508法案”）。其中规定，美国联邦政府在采购IT产品和服务时（包括软件、网站、电信、音频和视频、PC及笔记本电脑、复印机、打印机、信息亭等），供应商必须主动证明其产品能够满足由美国无障碍委员会制定的关于信息无障碍的标准，要求联邦机构所采用的电子和信息技术都不能对残障人士形成障碍，要求从事商业活动的网站必须和一般的商业机构一样遵守《美国残疾人法》中有关无障碍设施的规定。

### （二）英国：实施纲要与定期调查

2002年5月，英国颁布了《商品、设备、服务无障碍的权利：实施纲要》，其中对网站无障碍问题做了明确的规定。为了帮助网站开发人员理解《残疾人反歧视法》中的要求，英国的残疾人权利委员会对英国网站的无障碍状况进行了为期一年的正式调查，提出了《Web：对残疾人的无障碍和包容性》报告，并在2004年4月发布，用于推进网站的无障碍建设。

### （三）日本：政策性支持与标准制定

2001年，日本政府由IT政策指挥部发布了政策指导，要求政府机构网站中的信息可以被视障人群访问，官方报纸发布在网站上的信息可以被视障人群访问，要求为医院就诊儿童通过网站进行学习、老龄残疾群体使用互联网等工作提供政策性支持。为了保障视障和听障群体可以像健全人一样享受广播服务，要求为封闭字幕、叙述性描述、手语等研究提供相应财政补贴。2004年，日本标准化协会研究制定了《JIS X 8431－3标准》，这是一份正式的工业标准，主要针对网站内容。除此之外，日本政府还通过行政手段将网络信息无障碍要求纳入了政府采购政策，要求所有政府网站招标时要明确信息无障碍要求，不能支持无障碍技术的企业不具备应标资格，以行政手段保证了网络无障碍建设工作在政府机构的展开。

### （四）韩国：《数字设备法》和《网页无障碍指南》

2002年，韩国修订了《数字设备法》第7条，要求保障残障人士和老年人都能利用信息交流技术（ICT）服务。韩国信息无障碍工作重点放在无障碍上网和无障碍使用移动应用上，也扩展到救灾和对残疾人广播的监管等其他领域。2004 年，韩国民间的“ICT 标准化组织电力通信技术协会”（TTA）参考《Web 内容无障碍指南》（WCAG）的标准，制定了韩国的《网页无障碍指南 1.0》，这部韩国版网页无障碍指南于 2005 年被作为韩国信息通信标准采用。2015 年，韩国修订了《无障碍收听广播条例》，以将自然灾害等特殊情况考虑在内。在某些情况下，政府将为无障碍方案的费用提供支持，以保障残疾人无障碍获取广播的权利。

## （五）中国：政府推动与政策完善

2012 年，国务院发布了《无障碍环境建设条例》。这是我国第一部关于无障碍环境建设的专项政策，对包括信息无障碍在内的无障碍环境建设提出了明确具体的政策规定，特别是针对互联网信息无障碍这一社会普遍关注的焦点问题，提出了“残疾人组织的网站应当达到无障碍网站设计标准，设区的市级以上人民政府网站、政府公益活动网站，应当逐步达到无障碍网站设计标准”。2016 年，国务院《“十三五”加快残疾人小康进程规划纲要》提出“贯彻落实《无障碍环境建设条例》，完善无障碍环境建设政策和标准，加强无障碍通用产品和技术的研发应用”，要求大力推进互联网和移动互联网信息服务无障碍，要求公共服务机构、公共场所和公共交通工具为残疾人提供信息无障碍服务。2018 年，住建部、工信部、民政部、中国残联和全国老龄办联合发布了《关于开展无障碍环境市县村镇创建工作的通知》，随同文件下发的《创建无障碍环境工作标准》中，列出了关于“信息交流无障碍环境建设”的专项规定，对于为残疾人提供语音和文字提示的信息交流服务、影视节目手语播报、公共图书馆的无障碍设施、残疾人组织和政府网站、公共服务机构和公共场所的无障碍信息服务、基础电信企业的资费优惠等方面提出了更加翔实具体的规定。

## 二　我国"三位一体"的信息无障碍建设推进机制

就整体而言，我国的信息无障碍事业发展还处于起步阶段，相较于发达国家，仍面临着立法、政策以及社会认同等方面的不足。我国政府对信息无障碍工作高度重视，推出了一系列政策法规，为信息无障碍建设提供了制度保障。工信部先后发布了一系列信息无障碍技术标准，为信息无障碍建设提供了技术依据。社会各界也纷纷行动起来，开始对信息产品进行无障碍优化，提供更有针对性的信息无障碍服务，反映了政府和社会各界高度重视为广大残疾人群提供信息获取的无障碍服务。从环境无障碍到信息无障碍，将"数字鸿沟"转化为"数字机遇"，消弭了残疾人与健全人交流的鸿沟，使平等和融合在虚拟世界也变得可能和得以实现。

### （一）政府推动政务信息无障碍建设

为促进中国政务信息无障碍服务标准统一、技术先进、安全高效和可持续发展，在中国政务信息无障碍公益行动的推动下，中国互联网协会联合国家相关机构、社会组织持续开展了"全国公共服务网站无障碍建设情况及服务效能调查活动"，并于2019年4月发布了《全国各省（市、区）政务信息无障碍建设情况报告》，对各省、市、县（区）人民政府及所属党政机关、公共事业单位约13万个网站，各民主党派、社会团体、新闻媒体、金融服务、电子商务等10万个重要公共服务网站无障碍建设情况及其服务效能进行了全面检测。本报告由省级政府门户网站无障碍服务能力指数，省级政务服务网站无障碍服务效能指数，各省县、区以上政府门户网站无障碍建设指数和各省县、区以上政府门户网站无障碍客户端建设情况四项内容组成。网站无障碍服务能力测评指标包括：政策落实、规范化建设和服务效能等三大维度。

1. 省级政府门户网站无障碍服务能力指数

在全国省级政府门户网站无障碍服务能力指数排行中，北京市人民政府门户网站（首都之窗）凭借规范化建设、服务效能优异的突出成绩位列第一。新疆维吾尔自治区和青海、海南、上海和贵州等省（直辖市、自治区）人民政府均以网站无障碍建设满足规范，服务效能好等优势，分别位列服务能力指数二到六名。

**表1　我国省级政府门户网站无障碍服务能力指数**

| 排　名 | 省　份 | 建设指数 | 规范化及用户体验指数 | 综合指数 |
|---|---|---|---|---|
| 1 | 北　京 | 40 | 49.92 | 89.92 |
| 2 | 新　疆 | 40 | 48.59 | 88.59 |
| 3 | 青　海 | 40 | 48.54 | 88.54 |
| 4 | 海　南 | 40 | 48.36 | 88.36 |
| 5 | 上　海 | 40 | 46.88 | 86.88 |
| 6 | 贵　州 | 40 | 46.74 | 86.74 |
| 7 | 山　东 | 40 | 37.74 | 77.74 |
| 8 | 云　南 | 40 | 30.30 | 70.30 |
| 9 | 吉　林 | 40 | 30.30 | 70.30 |
| 10 | 天　津 | 40 | 30.24 | 70.24 |
| 11 | 河　北 | 40 | 30.06 | 70.06 |
| 12 | 宁　夏 | 40 | 30.00 | 70.00 |
| 13 | 湖　北 | 40 | 29.52 | 69.52 |
| 14 | 湖　南 | 40 | 29.04 | 69.04 |
| 15 | 江　苏 | 40 | 28.62 | 68.62 |
| 16 | 四　川 | 40 | 28.62 | 68.62 |
| 17 | 福　建 | 40 | 28.50 | 68.50 |
| 18 | 甘　肃 | 40 | 27.84 | 67.84 |
| 19 | 江　西 | 40 | 27.48 | 67.48 |
| 20 | 山　西 | 40 | 27.48 | 67.48 |
| 21 | 河　南 | 40 | 27.3 | 67.30 |
| 22 | 内蒙古 | 40 | 26.4 | 66.40 |
| 23 | 安　徽 | 40 | 25.8 | 65.80 |
| 24 | 广　东 | 40 | 25.32 | 65.32 |
| 25 | 浙　江 | 40 | 23.88 | 63.88 |
| 26 | 西　藏 | 0 | 25.80 | 25.80 |
| 27 | 黑龙江 | 0 | 25.32 | 25.32 |
| 28 | 陕　西 | 0 | 25.26 | 25.26 |

续表

| 排名 | 省份 | 建设指数 | 规范化及用户体验指数 | 综合指数 |
|---|---|---|---|---|
| 29 | 广西 | 0 | 24.90 | 24.90 |
| 30 | 辽宁 | 0 | 24.60 | 24.60 |
| 31 | 重庆 | 0 | 24.42 | 24.42 |

注："建设指数"是网站无障碍建设指标，开展无障碍建设得40分，未开展建设不得分；"规范化及用户体验指数"是网站无障碍建设是否符合规范以及有障碍用户（主要是盲人用户）无障碍体验的情况，满分60分。下同。

注：本文中数据均不包括港澳台地区。

### 2. 省级政务服务网站无障碍服务效能指数

在全国省级政务服务网站无障碍服务能力指数排行中，北京市、上海市政务服务网站凭借规范化建设、服务效能优异的突出成绩，分别列第一、二位。湖南省、甘肃省、西藏自治区和贵州省政务服务网站由于开展了相关的建设工作，分别占据排名的第三至六位。

**表2　我国省级政务服务网站无障碍服务效能指数**

| 排名 | 省份 | 建设指数 | 规范化及用户体验指数 | 综合指数 |
|---|---|---|---|---|
| 1 | 北京 | 40 | 48.76 | 88.76 |
| 2 | 上海 | 40 | 47.88 | 87.88 |
| 3 | 湖南 | 40 | 28.92 | 68.92 |
| 4 | 甘肃 | 40 | 28.50 | 68.50 |
| 5 | 西藏 | 40 | 27.72 | 67.72 |
| 6 | 贵州 | 40 | 27.24 | 67.24 |
| 7 | 广东 | 0 | 39.76 | 39.76 |
| 8 | 天津 | 0 | 29.16 | 29.16 |
| 9 | 重庆 | 0 | 28.50 | 28.50 |
| 10 | 江苏 | 0 | 27.90 | 27.90 |
| 11 | 黑龙江 | 0 | 27.90 | 27.90 |
| 12 | 宁夏 | 0 | 27.72 | 27.72 |
| 13 | 辽宁 | 0 | 27.64 | 27.64 |
| 14 | 吉林 | 0 | 27.56 | 27.56 |
| 15 | 青海 | 0 | 27.56 | 27.56 |
| 16 | 新疆 | 0 | 27.51 | 27.51 |

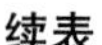
续表

| 排　名 | 省　份 | 建设指数 | 规范化及用户体验指数 | 综合指数 |
|---|---|---|---|---|
| 17 | 山　东 | 0 | 27.46 | 27.46 |
| 18 | 陕　西 | 0 | 27.41 | 27.41 |
| 19 | 山　西 | 0 | 25.36 | 25.36 |
| 20 | 河　北 | 0 | 25.24 | 25.24 |
| 21 | 浙　江 | 0 | 25.24 | 25.24 |
| 22 | 湖　北 | 0 | 24.68 | 24.68 |
| 23 | 安　徽 | 0 | 24.62 | 24.62 |
| 24 | 福　建 | 0 | 19.50 | 19.50 |
| 25 | 河　南 | 0 | 19.44 | 19.44 |
| 26 | 江　西 | 0 | 19.14 | 19.14 |
| 27 | 云　南 | 0 | 19.08 | 19.08 |
| 28 | 四　川 | 0 | 19.08 | 19.08 |
| 29 | 广　西 | 0 | 19.02 | 19.02 |
| 30 | 内蒙古 | 0 | 18.78 | 18.78 |
| 31 | 海　南 | 0 | 18.72 | 18.72 |

### 3. 各省（直辖市、自治区）县、区以上政府门户网站无障碍建设指数

从排名中看，上海市、县、区各级人民政府门户网站无障碍建设比例达到100%，成为全国各省（直辖市、自治区）政府门户网站无障碍建设的领头羊。安徽、湖南、北京、江西、四川和广东等6省、直辖市政府门户网站无障碍建设，也取得建设比例超过50%的较好成绩。

**表3　我国各省（直辖市、自治区）县、区以上政府门户网站无障碍建设指数**

| 排　名 | 省　份 | 网站总数 | 无障碍建设数量 | 比例(%) |
|---|---|---|---|---|
| 1 | 上　海 | 17 | 17 | 100.00 |
| 2 | 安　徽 | 122 | 102 | 83.60 |
| 3 | 湖　南 | 137 | 101 | 73.72 |
| 4 | 北　京 | 17 | 13 | 72.31 |
| 5 | 江　西 | 113 | 69 | 61.06 |
| 6 | 四　川 | 205 | 113 | 55.12 |
| 7 | 广　东 | 155 | 83 | 53.55 |
| 8 | 山　东 | 154 | 67 | 44.16 |

续表

| 排　名 | 省　份 | 网站总数 | 无障碍建设数量 | 比例(%) |
|---|---|---|---|---|
| 9 | 浙　江 | 101 | 44 | 43.56 |
| 10 | 江　苏 | 114 | 35 | 30.70 |
| 11 | 陕　西 | 117 | 35 | 29.91 |
| 12 | 河　南 | 173 | 47 | 27.17 |
| 13 | 湖　北 | 123 | 29 | 23.58 |
| 14 | 吉　林 | 70 | 16 | 22.86 |
| 15 | 山　西 | 130 | 26 | 20.00 |
| 16 | 福　建 | 93 | 17 | 18.28 |
| 17 | 宁　夏 | 28 | 5 | 17.86 |
| 18 | 广　西 | 124 | 22 | 17.74 |
| 19 | 甘　肃 | 101 | 17 | 16.83 |
| 20 | 海　南 | 26 | 4 | 15.38 |
| 21 | 贵　州 | 98 | 14 | 14.29 |
| 22 | 重　庆 | 39 | 5 | 12.82 |
| 23 | 河　北 | 189 | 24 | 12.70 |
| 24 | 天　津 | 17 | 2 | 11.76 |
| 25 | 辽　宁 | 115 | 13 | 11.30 |
| 26 | 内蒙古 | 113 | 11 | 9.73 |
| 27 | 新　疆 | 92 | 8 | 8.70 |
| 28 | 黑龙江 | 145 | 10 | 6.90 |
| 29 | 云　南 | 146 | 8 | 5.48 |
| 30 | 青　海 | 52 | 1 | 1.92 |
| 31 | 西　藏 | 82 | 1 | 1.22 |

4. 各省（直辖市、自治区）县、区以上政府门户网站无障碍客户端建设情况

门户网站电脑无障碍客户端和移动无障碍 App，对于帮助残障人士便捷上网、无障碍访问信息有一定的帮助，特别是移动无障碍服务对于各类残障人士无障碍获取信息意义重大。北京、海南、贵州、青海和新疆维吾尔自治区，以及河北雄安新区、北京市海淀区等 32 个省（直辖市、自治区）、市、区（县）人民政府在网站无障碍建设和服务工作中，切实把门户网站无障碍客户端建设做到实处，为中国政务信息无障碍建设工作起到积极推动作用。

## （二）专业机构推进信息无障碍开展

2013 年，中国残联发出了《关于进一步加强省级残联网站信息无障碍建设的通知》，要求各省（直辖市、自治区）残联和专业机构以工信部标准为依据，全面开展信息无障碍建设。《公众场所内听力障碍人群辅助系统技术要求》等服务类标准在 2008 年奥运会、2010 年世博会等重大国际活动中，以及北京、广州、上海等地的无障碍场馆示范建设中得到实施应用。《无线通信设备与助听器的兼容性要求和测试方法》《移动通信手持机有线耳机接口技术要求和测试方法》等技术和产品类标准已经用于无障碍终端技术和产品的检验测试。2018 年，工信部发布了 YD/T 3329 – 2018《移动通信终端无障碍技术要求》标准，中国泰尔实验室依据标准要求开展了检测认证工作，华为公司成为第一家获得无障碍移动通信终端产品检测合格证书的企业。

我国的公共服务部门还开展了各具特色的助残服务。电信运营商提供的服务包括向障碍群体赠送通信终端，提供优惠资费或赠送话费，为听障群体提供专用折扣套餐，等等。一些运营商根据障碍群体的需要，提供了有针对性的特色产品和特色服务。民航等公共服务部门也积极行动起来，对网站进行了无障碍开发建设，为视障者提供便利，满足了有障碍群体的迫切需要，得到了障碍群体的广泛好评。我国的一些专业助残企业开发了读屏软件及专业的助盲 App 软件，帮助视障者使用 PC、手机并访问互联网。专业助残机构还开办了视障者网络电台和配套热线电话，开发了助盲信息服务系统及其 App 软件，为视障者提供图片辨识、视频协助等服务功能。

## （三）企业积极参与信息无障碍建设

1. OPPO：移动终端无障碍智能优化

智能手机的出现，不仅推动了科技的进步，也改变了有障碍群体尤其是视障群体的生活方式。中国的视障群体有 1700 多万人（视障人士如盲人、视力退化的老年人等），他们也可以自主地在手机上使用各种功能，参与互联网生活和学习，享受和健全人一样的服务。自2017年以来，OPPO开始意识到信息无障碍的重要性，主动对有障碍用户进行调研，并针对ColorOS开展信息无障碍优化工作。OPPO从用户调研、产品方案落实、技术打通、无障碍测试等方面开展了对产品的无障碍优化工作，同时，积极参与制定无障碍技术要求和测试标准、加入信息无障碍产品联盟以及参与信息无障碍相关的宣传活动，推动信息无障碍行业发展。截至2018年11月，R15搭载的ColorOS 5.0版本已支持无障碍使用，OPPO还作为标准单位参与了工信部主导的《移动终端无障碍技术要求》行业标准的讨论和制定。

2. 滴滴：以无障碍信息化助力残疾人出行

自2015年12月起，滴滴出行针对App开展信息无障碍产品开发及相应功能适配等方面的优化工作。滴滴出行App每一个版本发布前，都会经过专业无障碍工程师的测试，确保产品能够和读屏软件兼容，满足视障群体通过读屏软件使用滴滴出行App的需求，享受出行叫车服务。为实现障碍人群通过滴滴App顺畅叫车出行，享受更好的出行服务。优先对滴滴App进行无障碍优化，主要工作聚焦在通过对Android及IOS系统的信息无障碍功能进行适配，实现App内信息能通过读屏软件准确读取Android系统自带的talkback，为障碍群体提供无障碍相关功能，所以滴滴App在进行信息无障碍优化时优先考虑使用Android系统自有的无障碍功能。但在实际体验中发现Android系统的无障碍功能并不完善，只是简单地遍历了当前页面的视觉元素，然后添加了文案读取功能，面对复杂的页面会出现阅读困难等情况。滴滴客户端针对这种情况在使用系统无障碍功能的同时对滴滴已有的页面元素按优先级进行分类，针对无障碍功能屏蔽了许多界面美观的组件，降低页面的复杂度和阅读理解难度，这样能够更方便视觉障碍人士出行。

除了技术层面的无障碍优化，滴滴还不断在产品中加入更多人性化服务，更广泛的帮助各类用户群体便捷出行。平台先后上线“无障碍专车”等特殊功能，为了让障碍人群也能自由出行，滴滴对部分专车进行无障碍改装，并在线上加设“无障碍专车”入口，方便行动不便的用户提前预约车辆，降低出行过程中的困难，为障碍用户打造专业、周到的出行服务。滴滴推出的“无障碍专车”也是滴滴与联合国开发计划署共同发起的“联合国无障碍出行”项目内容之一。2018 年 5 月，滴滴在礼橙专车司机中推广接受导盲犬上车的活动，希望通过倡导，能够促进司机对导盲犬的认知，增加对视障群体的关注。大连礼橙专车团队为在大连导盲犬基地接受义诊的导盲犬及导盲犬使用者提供了接送服务，同时在全国范围内有超过 7000 名专车司机报名，希望长期服务携导盲犬出行的视障乘客。目前，滴滴仍在持续更新无障碍相关产品的开发规划，并制定滴滴无障碍服务标准，从产品到服务全方位考虑在出行领域中如何通过信息无障碍来促进障碍人群出行难的问题，从而以更有效的方式、更人性化的产品，更深入的实践完善滴滴信息无障碍整体发展。

3. 科大讯飞：用智能语音推动信息无障碍

科大讯飞积极利用自身的技术优势服务于解决残疾人、老年人的无障碍信息获取，并取得了一系列显著的成效。对于听障群体想要无障碍交流、知识学习、表达，可以把语音实时转化成文字；对于视障群体想要读书、看报、上网冲浪、路途导航，可以把所有信息用语音播报，通过语音识别、语音合成、机器翻译。

为了帮助视障群体适应时代的变化、了解书籍知识，中国盲文出版社通过科大讯飞提供的核心语音技术，主持研发了新式阅读终端——阳光听书郎，这是一款支持电子书朗读、语音菜单导航的多功能便携硬件终端设备，利用科大讯飞的语音合成技术，不仅能够把 TXT、DOC、HTML 等格式的电子书用自然的真人语音效果朗读出来，而且支持普通话、粤语朗读切换，为视障群体带来便利。2015 年底，科大讯飞推出针对聋哑人教育场景的智能会议系统——讯飞听见智慧语音课堂，有效弥补了上述不足。通过在校园教室、会议室部署讯飞听见智能会议系统，将教师授课内容实时转写成文字呈现在教室屏幕上，便于学生理解教学内容，提高教师授课效率。2016 年，科大讯飞隆重推出讯飞听见产品，并定做面向特教方向的“听见智能语音课堂”，能够将教师教学发言实时、完整、有序的转成文字，在课堂上实时上屏、辅助学生更好的理解教学内容；对课程内容形成知识化管理，且文字与音频一一对应、全文检索，学生可以带走教学内容进行课后复习。不仅如此，讯飞听见系统还实现网络教学、电视节目直播的实时字幕，方便听障群体便捷地获取信息、学习知识，为聋哑人教育更是提供了极大便利。

## 三 智能化技术在信息无障碍建设的应用场景

### （一）智能机器人技术与产品在无障碍领域创新活跃

从应用的角度区分，智能机器人可以分为工业机器人、个人/家用服务机器人、公共服务机器人和特种机器人四类，目前个人/家用服务机器人在无障碍服务中得以广泛应用。Fourier M2 是傅利叶智能自主开发的新一代上肢康复机器人，它能减少治疗师的重复劳动，令患者的上肢康复训练更有趣味。在实际应用场景中，上肢康复机器人通过力反馈技术，可以模拟治疗师的手感，像治疗师的手一样，牵引中风、脑瘫、上肢功能障碍等患者的上肢进行康复训练。机器人还可以判断每个动作是否标准，根据患者的反馈实时智能进行调整，不断根据训练的数据库，给予最优的方案。设备的多个方位上都内置了各类高精度传感器，让整个训练过程做到有量可循，即每一次训练后系统会自动生成图文并茂的报表，帮助康复治疗师为患者制定个性化的康复训练方案。目前傅利叶智能正在构建一个大型的步态数据库，机器人通过深度学习，形成可根据外部力学环境动态调整的步态轨迹，并针对使用者的用力情况提供对应的助力，在未来将用于让偏瘫、截瘫患者通过训练重获行走的能力，回归正常的生活，同时还能够辅助行动不便的老人行走。

在精神疾病的治疗领域，陪护机器人也是一种重要的康复手段。2017 年 9 月，哈尔滨市儿童医院点医人工智能认知康复中心揭牌。该中心将采用人工智能、类脑计算等先进手段对自闭症儿童进行康复治疗，为中国首家应用人工智能治疗儿童自闭症的医疗机构。目前，哈尔滨点医科技致力于类脑计算、人工智能、医疗机器人在儿童医疗方面的创新与实施，并开发出了情感机器人 RoBoHoN，其作用是医疗用陪护式机器人。据了解，RoBoHoN 可用于来医院就诊后病儿的诊后跟踪、用药提醒、日常陪护、用药数据反馈、家庭医生远程连线以及儿童自闭症、儿童孤独症等多种儿童病的康复治疗工作，也将广泛应用于未来线上医疗及社区家庭医生领域。

## （二）智能家居在家庭无障碍环境中广泛普及

人工智能在家居领域的应用场景主要包括智能家电、家庭安防监控、智能家居控制中心等，通过将生物特征识别、自动语音识别、图像识别等人工智能技术应用到传统家居产品中，实现家居产品智能化升级，为残疾人提高居家生活质量提供了技术保障。一是打造智能家电终端产品。通过图像识别、自动语音识别等人工智能技术实现冰箱、空调、电视等家用电器产品功能的智能升级，促进家用电器控制智能化、功能多元化，提升家用电器的使用体验。如澳柯玛与京东联合研发推出的一款智慧大屏互联冰箱，内置摄像头可自动捕捉成像，基于图像识别技术自动识别 120 多种食材，为用户建立食材库，实现食物自动监测，并可跟踪学习用户习惯，为用户智能推荐食谱。长虹推出的 Alpha 人工智能语音空调，搭载智能语音控制模块，通过自动语音识别技术，实现 6 米内语音交互、全语义识别操控，高效识别及语音操控准确度达到 95% 以上。二是实现家庭安防监控。基于图像识别、生物特征识别、人工智能传感器等技术实现家庭外部环境监测（如楼宇）、家庭门锁控制（如智能门锁、猫眼）、家庭内部环境探测（如空气质量、烟雾探测、人员活动等）等功能。如 LifeSmart 云起与英特尔合作打造的人脸识别可视门锁，通过摄像头采集含有人脸的图像或视频流，自动在图像中检测和跟踪人脸，基于人的脸部特征信息进行身份识别，实现人脸识别、远程可视、智能门锁的联动防御。斑点猫的智能猫眼产品人脸识别综合准确率可达到 99.6%，采集家人信息后，智能猫眼会迅速识别出家人，并进行家人回家信息播报，构建温馨的智能家居生活场景；而如果陌生人到访，智能猫眼会进行陌生人报警提示，并可识别多种人脸属性，将年龄、性别等信息发送到用户手机，让用户及时应对，构建安全的家庭外部环境。三是打造智能家居控制中心。基于自动语音识别、语义识别、问答系统、智能传感器等人工智能技术，开发智能家居控制系统（整体解决方案），实现家电、窗帘、照明等不同类型设备互联互通，从简单的设备开与关，逐步走向智能化、便利化、个性化设定。当前智能家居控制中心具有 App 控制、智能设备控制（如智能音箱）和智能机器人控制三种控制模式。Google Assistant、三星 Smart Things 智能家居控制中心采用 App 控制模式。通过在 Google Pixel 手机终端中安装 Google Assistant 软件，并在 Google Assistant 中添加基于自动语音识别技术的全新功能“Home Control”，用户能够向 Pixel 手机发出语音指令，完成调节屋内温度、控制照明、切换电视频道、播放音乐等操作。亚马逊 Echo、谷歌 Home 采用智能设备控制模式。海尔 Ubot 采用智能机器人控制模式。

### （三）可穿戴智能设备在无障碍服务中市场广阔

人工智能与可穿戴智能设备融合带来全新的科技体验。可穿戴设备包含智能手表、智能眼镜、智能服装、计步器等多种产品形态，通过采用感知、识别、无线通信、大数据相关技术实现用户互动、生活娱乐、医疗健康等功能，为佩戴者提供一个完美的科技体验。可穿戴智能设备将会成为人的一部分，作为传感器的载体，进一步补充和延伸人体感知能力，实现人、机、云端更高级、无缝的交互，实现情景感知。全球可穿戴设备将持续高增长，据市场调研机构 ABI Research 数据显示，2018 年全球可穿戴设备市场出货量将达 4.85 亿台，市场调研机构 IHS 测算，2018 年可穿戴智能设备销售额将达 336 亿美元，年均复合增长率高达 22.9%。可穿戴智能设备被广泛应用在社会多个领域，在医疗、金融支付、身份认证甚至工业领域发挥重要作用。就目前来看，可穿戴设备市场仍处于初期阶段，继苹果、三星、华为等企业进入智能可穿戴领域后，康佳、联想等越来越多的企业开始瞄准细分领域，并纷纷推出相关产品，如三星 Galaxy Gear 智能手表、爱普生智能手表 PS－500 等。国内厂商也在积极布局，如果壳电子的智能手表 Geak Watch、百度联合 TCL 发布的 Boom Band 手环、华为的 TalkBand B1 等。然而，目前智能穿戴市场的同质化严重，很多产品即无痛点又非刚需，实用性难以让人满意，消费者对可穿戴设备的依赖性并不强。如健康手环种类很多，核心功能就是测步、监控睡眠等。

对于很多下肢瘫痪的患者来说，行走就是他们最大的愿望。“悠行（UGO）”可穿戴设备不仅让下肢瘫痪的人站了起来，还可以实现日常行走及上下楼梯等简单动作。这是一款外骨骼机器人，使用者可以靠意识进行操控。另外，智能轮椅的出现解决了该人群的快速移动以及复杂地形的快速行进问题，他们甚至可以去爬山，进行简单的户外运动。这些产品的诞生最大程度解决了下肢瘫痪人群的行走问题，为他们减轻病痛苦恼。“HoloLens”可穿戴式耳机计算机的问世让广大盲人群体看到了光明，这款设备通过CARA系统，帮助使用者识别周围物体，有效避免了各种碰撞。

## 四　我国信息无障碍建设的发展趋势及政策建议

信息无障碍工作已经由单纯的为某个用户群体服务上升到创建全社会的信息无障碍环境。在信息多元化的今天，如何让具有不同年龄阶段、身体机能、语言文化背景的人在同一环境下都能平等、便捷、无障碍地获取和使用信息，成为信息无障碍理念所探讨和追求的核心；以移动互联网、物联网、大数据、云计算为代表的新一轮信息技术变革浪潮，给信息无障碍事业的发展带来了全新的机遇和挑战；跨行业开展的无障碍建设正在为人类生活环境带来全面的改善。

### （一）发展趋势

#### 1. 现有信息产品的无障碍优化

目前电脑、手机等个人终端设备是人们必不可少的信息通信工具，ATM取款机、自助售卖机、登机值机设备、无人商店等无人值守的公共设备普遍采用了信息化操作界面，网站、App是各行各业向用户提供服务的信息窗口，人们在日常生活中处处要使用信息化的设备和服务。要保障所有人平等参与社会生活，就需要对现有的所有信息设备和信息服务进行无障碍优化，将信息无障碍理念融入信息设备的开发和信息服务的运营中，才能构建残健融合的高度文明的信息化社会，为全体人民提供民生福祉和社会保障。

在我国的一些地区，公共服务窗口、无人值守自助设备的信息无障碍改造正在相继开展，各行各业将逐步落实以人为本的理念，为用户提供无障碍服务。目前，在金融行业，一些银行已经率先行动起来，为用户提供支持信息无障碍要求的公用自助终端（例如无障碍 ATM 取款机），有些终端可以支持读屏功能，帮助视障者在语音引导下完成操作；有些终端采用了低位操作界面，为乘坐轮椅的下肢伤残者使用设备提供了方便。在交通领域，一些城市采用了无障碍红绿灯，方便视障者根据声音指示穿过马路。在建筑行业，增加了信息无障碍规定的行业规范已经制定，相关要求（例如电梯的盲文按键、语音报楼层、低位操控面板等要求）正在落实过程中，并在一些城市的主要建筑中开展了示范建设。在提供信息无障碍公共设施设备的同时，培养从业人员为障碍群体服务的意识和能力，建立健全相应服务应急预案，也逐步成为各行各业履行社会责任的自觉行动。

2. 高新智能信息技术进入无障碍领域

目前信息无障碍领域吸引了越来越多的高科技企业的关注，很多企业开始进行信息无障碍技术研究，信息无障碍理念正在推动着产品创新。信息无障碍产品不仅能解决特殊人群的信息障碍问题，而且给每一个人带来了更多的便利。例如，服务于听障者的语音转文字功能，能够在不方便听的场景下帮助用户读取信息；服务于视障者的语音播报功能，能够在不方便看的场景下帮助用户使用地图导航；实时翻译功能，能够帮助人们在环球旅行时跨越语言障碍顺畅交流。信息技术的发展让人们有更多通用技术可以选择，人工智能、大数据等都可以作为障碍群体使用的辅助技术，在为特殊人群带来便利的同时，也会为所有人改善生活环境。

为了支持精准化、个性化服务，做好信息化支撑与保障服务，开展大数据研究工作、建设残疾人数据库被我国政府提上了议事日程。我国高度重视残疾人事业大数据和信息化建设，目前已建立了全国残疾人人口基础数据库，支持残疾人基本服务状况和需求信息数据动态更新机制，为助残特殊政策落实做依据。基于大数据，可方便实现残疾人无障碍供需对接。如，残疾人个体对轮椅、盲杖的需求都能在数据中体现，第三方可搭建对接平台，引导企业进行产品研发量产，方便残疾人选购。大数据信息的管理方在满足用户服务需求的同时，也可以对产品提供方的资质进行严格审核，对其数据访问权限进行严格管控，有效地保护残疾人的个人信息的私密性，避免网络信息欺诈给残疾人带来伤害。

3. 跨行业无障碍建设相互结合

无障碍环境的建设是残障人士、老人、妇幼、伤病等相对弱势人群充分参与社会生活的前提和基础，是方便他们日常生活的重要条件，是精神文明和物质文明的集中体现。同时，也从一个侧面反映了一个社会文明的进步水平，对推动和谐社会的建设具有重要作用。目前国内外大型复杂建筑物在提供位置服务方面，主要采用人工指路、路标和信息亭等定位导航方式。但随着信息时代的到来，通过信息化手段将导航定位、移动互联网、云计算等技术融合形成的位置服务，应用于室内导航，通过信息标识手段，支持无障碍地图功能，对无障碍电梯、卫生间等无障碍设施进行标注，帮助障碍群体快速找到相关设施，为他们走出家门、步入社会创造更好条件。此外，传感器的使用很大程度上方便了建筑物的远程控制和自动控制，伴随着感应门、红外灯、智能门锁等应用的不断普及，智能楼宇和智慧社区的建设未来将极大推动建筑行业信息无障碍事业的发展。

在我国，公交车是人们日常出行使用较为频繁的交通工具之一，公交无障碍是城市环境无障碍化的重要保证。基于无障碍设计理念，在设施与道路上部署标准化标签，可以方便障碍群体识别环境；借助 GPS、AGPS 辅助定位、云计算、大数据技术，可实现无障碍导航 App，提高出行便利性和安全性。此外，网约车的出现，结合语音识别技术、定位技术等，可方便人们远程约车；智能网联汽车、车联网的发展，将在出行领域更大程度地减少信息鸿沟，保障通行有序、安全、顺畅。随着新技术、新业务的不断更迭，加强信息无障碍技术的研究，不断推动适合残疾人、老年人等特定人群使用信息通信产品和服务的建设，让残疾人等特殊群体能够全面融入信息社会，缩小数字鸿沟，建设以人为本的包容性信息社会是开展无障碍建设的最终目的。

### （二）政策建议

1. 政府和公共部门将信息无障碍列入相关采购标准

在信息无障碍的建设中，政府和公共部门是牵头人，对全社会有着风向标的示范效应。特别是在智慧城市建设上，不能因技术问题而让残障群体掉队。建议在政府和公共部门（如医院、地铁、公交、银行）提供的公共信息服务上，率先实现信息无障碍要求，如政府服务的应用程序能够达到手机无障碍要求；规范公交车的入站语音报站流程，加快公交车的服务数据化和辅助残障人士便利出行的应用的建设，如可考虑基于地理定位向残障人士的手机推送语音出行信息提示；银行的自助业务办理系统（自动柜员机、网站和应用程序）能够达到信息无障碍的基础要求等。建议政府部门在采购移动终端、智能硬件以及软件服务（网站、应用程序）时，能够将信息无障碍要求列入采购标准。

2. 制定人工智能物联网信息无障碍标准

人工智能物联网已经成为信息产业的新风口，我国已经建成全球最大的消费级物联网平台，接入智能硬件数量处于领先地位。基于人工智能物联网与智能硬件的联动，可以大大降低残障群体和老年人等群体接入信息社会的成本。比如视障及肢障群体通过语音交互的方式，借助智能音箱便利地完成启动扫地机器人、开启空调、获取文图视听资讯等操作。建议相关部委制定人工智能物联网的信息无障碍标准，对产品设计、硬软件结合进行通用性规范，达到残障群体与健全人可以同样使用产品的目标。同时，建议各地政府对残障人士购买智能音箱、智能灯具等能明确帮助残障人士提升生活水平的智能硬件给予相应的购买补贴。此外，将符合无障碍标准、能切实帮助残障人士的智能硬件纳入残疾人辅助器具名录，有助于让残障同胞更方便地享受万物互联带来的美好生活。建议统一残疾人数据标准和交换标准，让智能硬件厂商可以基于标准开发产品，从而推进全国残疾人大数据联网建设。

3. 鼓励全社会提供信息无障碍综合配套服务举措

信息无障碍是一个需要全社会参与的系统工程，教育机构是重要参与者，特别是在信息无障碍服务技能和意识的培养，以及产学研结合方向上有着不可替代的作用。建议在高等院校和科研机构的计算机、软件工程专业的开发课程中增加无障碍开发课时，在工业设计系增加通用设计课程；鼓励教育机构将信息无障碍列入通识教育；鼓励全社会提升信息无障碍意识，并提供综合配套服务举措。建议地方政府设置配套资金，用于给残障人士学习使用移动终端、智能硬件的学习培训。鼓励相关机构和企业积极参与国际相关标准制订，特别是在移动互联网、人工智能物联网等新领域输出中国经验。

## 参考文献

赵芳：《国外政府网站无障碍研究及启示》，《图书与情报》2011 年第 4 期。

麦肯锡全球研究院：《中国的数字化转型：互联网对生产力与增长的影响》，麦肯锡咨询公司，2014。

信息无障碍产品联盟：《信息无障碍建设实践成果案例集锦》，信息无障碍研究会，2019。

中国信息通信研究院：《中国信息无障碍发展白皮书》，信息无障碍研究会，2019。

中国信息技术公益发展联盟：《2017 年中国信息技术公益发展白皮书 V2. 0》，中国信息技术公益发展联盟，2017。

H. Fernandes, P. Costa, V. Filipe, H. Paredes & J. Barroso, A review of assistive spatial orientation and navigation technologies for the visually impaired. *Universal Access in the Information Society*. 2017.

L. Holloway, K. Marriott & M. Butler, Accessible Maps for the Blind: Comparing 3D Printed Models with Tactile Graphics. In *Proceedings of the 2018 CHI Conference on Human Factors in Computing Systems* . 2018.

**B**.9

# 中国无障碍法治建设发展报告（2019）

张新岭*

**摘　要：** 自2012年《无障碍环境建设条例》实施以来，中国已经基本形成全面保障公民无障碍权利和促进无障碍环境发展的法律体系。在无障碍环境法律体系规范下，中国建立了比较健全的无障碍环境建设组织管理体系，城乡无障碍环境建设依法系统推进。本报告从法律、行政法规、国务院部门规章、地方性法规、地方政府规章以及无障碍建设标准等几个层面分别阐述了中国无障碍法治建设取得的进展。分析了存在的立法理念有待革新、《无障碍环境建设条例》地位需要提升、法规可操作性需要加强、法律权利救济措施需要完善、地方无障碍立法有待加强等问题，并提出了相应的对策建议，包括转变无障碍立法理念、提高无障碍立法效力、提高无障碍法规可操作性、完善法律权利救济措施、完善地方无障碍立法等。

**关键词：** 无障碍法治　无障碍环境建设条例　残疾人保障法　无障碍环境技术标准

为了促进残疾人、老年人、伤病人员等人群无差别融入社会生活，并为经济社会发展做出更大贡献，世界各国普遍重视无障碍环境的建设和维护。作为一种适用对象范围非常广泛的社会公共服务，政府必须尽最大努力保障

* 张新岭，博士，南京邮电大学管理学院副教授，研究领域：残疾人力资源开发及管理。

无障碍环境建设健康发展，而法治建设是无障碍环境建设的先行基础和重要推动力量，是政府必须做好的顶层设计。

中国政府历来关心无障碍环境法治建设工作，随着改革开放以来经济社会的发展，文明程度的提高，中国越来越重视在法制层面促进公民无障碍权利保护，以2008年《中华人民共和国残疾人保障法》修订和北京奥运会、残奥会的召开为标志，中国无障碍法治建设进入了新的发展阶段。截至2019年9月，中国涉及无障碍环境建设的法律已经有5部、行政法规6部、国务院部门规章20多部、地方性法规和地方政府规章数百部①，涉及无障碍环境建设的标准规范几十部，为推动中国无障碍环境建设提供了有力的法律保障。目前，中国已经形成以《残疾人权利公约》为国际框架，以《中华人民共和国宪法》为根本依据，以《中华人民共和国残疾人保障法》为基础，以《无障碍环境建设条例》为主导，以地方无障碍环境建设法规为主体，以相关法律法规为辅助，全面保障公民无障碍权利和促进无障碍环境发展的法律体系。

自2012年《无障碍环境建设条例》（以下简称《条例》）实施以来，无障碍环境建设发展规划已经纳入各级政府国民经济和社会发展规划以及城乡规划之内。“无障碍”已不仅是针对残疾人的专用概念，已经发展成为适用全体社会成员的通用概念，无障碍环境建设的内涵也不仅限于硬件设施的改善，而是已经扩展为包括设施建设、信息交流、社区服务在内的全方位无障碍环境营造。在无障碍环境法治体系规范下，中国建立了比较健全的无障碍环境建设组织管理体系，城乡无障碍环境建设依法系统推进，城乡无障碍设施不断完善，城市全方位无障碍建设格局基本形成，有力保障了人民群众的无障碍权益，促进了社会文明进步。

本报告将系统梳理中国无障碍法治建设进展情况，总结中国无障碍法治建设取得的成绩，分析存在的问题，提出改进的思路建议。

---

① 2019年8月司法部网站法律法规数据库以“无障碍”为检索词，按正文内容检索结果。http：//search. chinalaw. gov. cn/SearchLaw？effectLevel = &SiteID = 124&PageIndex = &Sort = PublishTime&Query = % E6% 97% A0% E9% 9A% 9C% E7% A2% 8D&Type = 2。

## 一　中国无障碍法治建设进展

无障碍法治包含的内容非常丰富，本报告将从法律、行政法规、国务院部门规章、地方性法规、地方政府规章以及无障碍环境技术标准等几个层面分别阐述中国无障碍法治建设取得的进展。

### （一）法律层面的进展

可以从国际和国内两个层面来分析无障碍环境建设的法律规范。

国际层面对无障碍环境建设的规范主要是《联合国残疾人权利公约》（以下简称《公约》），这是联合国2007年发布的旨在保障残疾人平等参与社会生活权利和促进残疾人具有公平发展机会的国际人权公约，全球共有146个国家签署了这一公约。《公约》第九条专门针对缔约国在无障碍环境建设方面提出了许多具体要求，主要目的是通过促使缔约国查明和消除影响无障碍环境的因素，并采取积极的促进无障碍环境建设的措施，达到确保残疾人可以与健全人一样平等的使用公共设施和服务，包括无障碍的进出物质环境、使用交通工具、获取信息和进行通信等，实现残疾人独立生活和充分参与社会生活的各个方面。2008年中国全国人大常委会批准加入了《公约》，承诺履行《公约》规定的义务，加入《公约》以来，中国积极践行《公约》精神，积极修订和出台与无障碍环境相关的法律法规，并通过法律、政策、经济、科技、文化等途径不断推动无障碍环境建设取得新的进展。

国内法治系统中，与无障碍环境建设相关的法律很多，作为根本大法的《中华人民共和国宪法》主要从保障基本人权的角度，明确残疾人在各方面享有与其他公民同等的权利，规定国家和社会帮助安排残疾人的劳动、生活和教育。作为无障碍环境建设基础依据的《中华人民共和国残疾人保障法》则是从维护残疾人的合法权益，保障残疾人平等充分地参与社会生活，共享社会物质文化成果的角度，对残疾人无障碍出行和获取信息的相关问题进行了规定。1990 年，首次颁布的《中华人民共和国残疾人保障法》，就从法律上明确了中国无障碍设施建设的内容，规定“国家和社会逐步实行方便残疾人的城市道路和建筑设计规范，采取无障碍措施”，这使我国无障碍环境建设获得了初步的法治引领和保障。2008 年，全国人大常委会通过了对《中华人民共和国残疾人保障法》进行的修正，其中“无障碍环境”部分由一条扩展成了一章，对国家和社会的责任、无障碍设施的建设、残疾人信息交流、公共服务、政治参与等方面进行了全面的规定，丰富了内容，明确了要求，增强了操作性。

1996 年 8 月，中国颁布了《中华人民共和国老年人权益保障法》，其中规定在新建或者改造城镇公共设施、居民区和住宅时，应当考虑老年人的特殊需要，建设适合老年人生活和活动的配套设施。《中华人民共和国老年人权益保障法》自颁布以来，已经经过了 2009 年、2015 年、2018 年三次修正，现行《中华人民共和国老年人权益保障法》明确规定新建、改建和扩建道路，公共交通设施，建筑物，居住区等，应当符合国家无障碍设施工程建设标准。要求各级人民政府和有关部门应当按照国家无障碍设施工程建设标准，优先推进与老年人日常生活密切相关的公共服务设施的改造。对无障碍设施的管理和使用进行了规定，规定无障碍设施的所有人和管理人应当保障无障碍设施正常使用。对老年宜居社区建设做出了规定，提出国家将推动老年宜居社区建设，引导、支持老年宜居住宅的开发，推动和扶持老年人家庭无障碍设施的改造。对相应的违法责任进行了规定，规定涉及老年人的工程不符合国家规定的标准，或者无障碍设施所有人、管理人未尽到维护和管理职责的，由有关主管部门责令改正；造成损害的，依法承担民事责任；对有关单位、个人依法给予行政处罚；构成犯罪的，依法追究刑事责任。

此外，2016 年 12 月通过的《中华人民共和国公共文化服务保障法》，规定在设计和建设公共文化设施时，应当配置无障碍设施设备，并且符合国家规定的标准。2017 年 11 月通过的《中华人民共和国公共图书馆法》规定政府设立的公共图书馆应当积极创造条件，提供适合老年人和残疾人等群体需求特点的文献信息、无障碍设施设备和服务等。

## （二）行政法规层面的进展

在行政法规层面，最重要的是2012年国务院颁布实施的《无障碍环境建设条例》，它为推动中国加速开展无障碍环境建设提供了具体的法规保障，此后中国无障碍环境建设的系统性、规范性明显增强。《条例》集中体现了中国改革开放以来无障碍环境建设的实践和理论探索成果，标志着中国无障碍环境建设正式进入法制化的轨道，具有里程碑意义。

《条例》秉持“创造无障碍环境，保障残疾人等社会成员平等参与社会生活”的立法目的，首先对无障碍环境建设的含义进行了界定，即“为便于残疾人等社会成员自主安全地通行道路、出入相关建筑物、搭乘公共交通工具、交流信息、获得社区服务所进行的建设活动”。《条例》规定无障碍环境建设必须遵循“实用、易行、广泛受益”的原则，提出无障碍环境建设应当与经济和社会发展水平相适应的总体要求。规定县级以上人民政府负责组织编制和实施无障碍环境建设发展规划，编制时应当征求残疾人组织等社会组织的意见，而且要将其纳入国民经济和社会发展规划以及城乡规划。在具体内容上，《条例》主要从无障碍设施建设、无障碍信息交流、无障碍社区服务三个方面对无障碍环境建设进行了规定，并对相关法律责任进行了明确。

此外，2003年6月通过的《公共文化体育设施条例》规定，在设计公共文化体育设施时，应当便利残疾人的使用，采取无障碍措施。2017年2月修订的《中华人民共和国残疾人教育条例》提出，县级以上地方人民政府及其教育行政部门应当逐步推进各级各类学校无障碍校园环境建设。

## （三）国务院部门规章层面的进展

除了以国务院名义颁布的行政法规以外，包括民航局、教育部、民政部等部门在内的国务院部门，发布了很多涉及无障碍环境建设的规章制度，这些规章为各自领域内无障碍环境建设的发展提供了具体的指导和要求。

2009年，为保护残疾人在航空运输过程中的合法权益，规范残疾人航空运输，中国民航局制定实施了《残疾人航空运输办法》，规定机场无障碍设施设备的配备应符合民用机场候机楼无障碍设施设备配置标准的要求，并从保障残疾人无障碍通行的高度，针对方便残疾人订座、购票和乘机的具体事项进行了详细规定。2015 年，中国民航局对《残疾人航空运输办法》进行了修订，加强了残疾人在航空运输过程中合法权益的保护，为残疾人乘机出行提供了较为规范和细致的规则和流程。

为方便视力残疾旅客乘坐火车出行，中国铁路总公司、中国残疾人联合会2015 年4 月出台了《视力残疾旅客携带导盲犬进站乘车若干规定（试行)》，规定从 2015 年 5 月起盲人可携带导盲犬乘火车。为维护残疾人的合法权益，教育部、中国残联 2015 年发布了《残疾人参加普通高等学校招生全国统一考试管理规定（暂行)》，要求全国各级招生考试机构必须遵循高考基本原则，提供平等机会和合理便利以保障残疾人参加高考。教育部、中国残联于 2017 年 4 月对此规定进行了修订，发布并实施了《残疾人参加普通高等学校招生全国统一考试管理规定》，对应该提供的保障残疾人参加高考的无障碍合理便利进行了进一步明确。

2018 年 3 月，民政部、人力资源和社会保障部、国家卫生健康委员会、中国残联联合制定了《残疾人服务机构管理办法》提出，残疾人服务机构应当按照国家有关规定建立完善无障碍环境等管理制度，制定服务标准和工作流程，并予以公开。残疾人服务机构应当按照《无障碍环境建设条例》等要求，为残疾人提供符合相关技术标准的无障碍设施。

### （四）地方性法规层面的进展

地方性法规对于保证宪法和法律在地方的实施、对于补充国家立法以及各地因地制宜自主解决本地方的事务发挥着重要作用。由于地市级层面的法规过于繁杂，本报告只研究省级层面有关无障碍环境建设的立法情况。

中国目前专门针对无障碍环境建设而设立的省级地方性法规只有两部，一部是北京市 2004 年发布的《北京市无障碍设施建设和管理条例》，这是中国第一部专门针对城市无障碍环境建设而设立的地方法规。其中对各级政府、有关部门和单位在无障碍设施建设方面的责任与义务进行了规定，对无障碍设施建设的各个具体环节提出了明确要求。另一部是甘肃省 2010 年发布的《甘肃省无障碍建设条例》，为甘肃无障碍环境建设步入规范化、法制化的发展轨道，方便特殊人群融入社会，提升城市形象起到了促进作用。这两部地方性法规都是在《无障碍环境建设条例》之前发布的，对于推动中国无障碍环境建设的立法进程进行了积极的探索，为《无障碍环境建设条例》的出台提供了借鉴。

《中华人民共和国残疾人保障法》和《中华人民共和国老年人权益保障法》是和无障碍环境建设密切相关的两部法律，为了结合地方实际切实落实这两项法律的内容，促进中国残疾人和老年人权益保障的发展，中国所有省份都出台了相应的地方性法规。与上位法相同，这些地方法规中也都包含了无障碍环境建设的内容，促进了无障碍环境建设的发展。根据司法部网站法律法规数据库查询可知，截至 2019 年 8 月，已经颁布残疾人保障和老年人权益保障相关地方性立法的情况如表 1 和表 2 所示。因为很多省份都已经对原有规定进行了多次修正，或是颁布了新的规定，所以表中年份是指颁布或最新修正的时间。

**表 1　《中华人民共和国残疾人保障法》相关地方性法规**

| 序　号 | 省　份 | 名　称 | 颁布年份 |
|---|---|---|---|
| 1 | 广　东 | 《广东省实施〈中华人民共和国残疾人保障法〉办法》 | 2018 |
| 2 | 上　海 | 《上海市实施〈中华人民共和国残疾人保障法〉办法》 | 2017 |
| 3 | 湖　南 | 《湖南省实施〈中华人民共和国残疾人保障法〉办法》 | 2017 |
| 4 | 山　东 | 《山东省实施〈中华人民共和国残疾人保障法〉办法》 | 2017 |
| 5 | 海　南 | 《海南省实施〈中华人民共和国残疾人保障法〉办法》 | 2016 |
| 6 | 贵　州 | 《贵州省残疾人保障条例》 | 2014 |
| 7 | 西　藏 | 《西藏自治区实施〈中华人民共和国残疾人保障法〉办法》 | 2013 |
| 8 | 吉　林 | 《吉林省残疾人保障条例》 | 2013 |
| 9 | 江　西 | 《江西省实施〈中华人民共和国残疾人保障法〉办法》 | 2013 |
| 10 | 云　南 | 《云南省残疾人保障条例》 | 2012 |
| 11 | 河　南 | 《河南省〈残疾人保障法〉实施办法》 | 2012 |
| 12 | 湖　北 | 《湖北省实施〈中华人民共和国残疾人保障法〉办法》 | 2012 |

续表

| 序　号 | 省　份 | 名　称 | 颁布年份 |
|---|---|---|---|
| 13 | 四　川 | 《四川省〈中华人民共和国残疾人保障法〉实施办法》 | 2012 |
| 14 | 内蒙古 | 《内蒙古自治区实施〈中华人民共和国残疾人保障法〉办法》 | 2012 |
| 15 | 陕　西 | 《陕西省实施〈中华人民共和国残疾人保障法〉办法》 | 2012 |
| 16 | 甘　肃 | 《甘肃省残疾人保障条例》 | 2012 |
| 17 | 新　疆 | 《新疆维吾尔自治区实施〈中华人民共和国残疾人保障法〉办法》 | 2012 |
| 18 | 天　津 | 《天津市残疾人保障条例》 | 2012 |
| 19 | 广　西 | 《广西壮族自治区实施〈中华人民共和国残疾人保障法〉办法》 | 2012 |
| 20 | 江　苏 | 《江苏省实施〈残疾人保障法〉办法》 | 2012 |
| 21 | 安　徽 | 《安徽省残疾人保障条例》 | 2011 |
| 22 | 福　建 | 《福建省实施〈中华人民共和国残疾人保障法〉办法》 | 2011 |
| 23 | 重　庆 | 《重庆市残疾人保障条例》 | 2011 |
| 24 | 辽　宁 | 《辽宁省实施〈中华人民共和国残疾人保障法〉办法》 | 2011 |
| 25 | 北　京 | 《北京市实施〈中华人民共和国残疾人保障法〉办法》 | 2011 |
| 26 | 青　海 | 《青海省残疾人保障条例》 | 2011 |
| 27 | 黑龙江 | 《黑龙江省残疾人保障条例》 | 2011 |
| 28 | 河　北 | 《河北省实施〈中华人民共和国残疾人保障法〉办法》 | 2011 |
| 29 | 宁　夏 | 《宁夏回族自治区实施〈中华人民共和国残疾人保障法〉办法》 | 2010 |
| 30 | 山　西 | 《山西省残疾人保障条例》 | 2010 |
| 31 | 浙　江 | 《浙江省残疾人保障条例》 | 2009 |

数据来源：根据各省、直辖市、自治区人大网站资料整理而得。

**表2　《中华人民共和国老年人权益保障法》相关地方性法规**

| 序　号 | 省　份 | 名　称 | 颁布年份 |
|---|---|---|---|
| 1 | 四　川 | 《四川省老年人权益保障条例》 | 2018 |
| 2 | 河　北 | 《河北省老年人权益保障条例》 | 2018 |
| 3 | 河　南 | 《河南省老年人权益保障条例》 | 2018 |
| 4 | 重　庆 | 《重庆市老年人权益保障条例》 | 2017 |
| 5 | 黑龙江 | 《黑龙江省老年人权益保障条例》 | 2017 |
| 6 | 湖　北 | 《湖北省实施〈中华人民共和国老年人权益保障法〉办法》 | 2017 |
| 7 | 广　东 | 《广东省老年人权益保障条例》 | 2017 |
| 8 | 福　建 | 《福建省老年人权益保障条例》 | 2017 |
| 9 | 辽　宁 | 《辽宁省老年人权益保障条例》 | 2016 |

续表

| 序　号 | 省　份 | 名　称 | 颁布年份 |
|---|---|---|---|
| 10 | 江　西 | 《江西省实施〈中华人民共和国老年人权益保障法〉办法》 | 2016 |
| 11 | 上　海 | 《上海市老年人权益保障条例》 | 2016 |
| 12 | 安　徽 | 《安徽省实施〈中华人民共和国老年人权益保障法〉办法》 | 2016 |
| 13 | 贵　州 | 《贵州省老年人权益保障条例》 | 2016 |
| 14 | 山　西 | 《山西省实施〈中华人民共和国老年人权益保障法〉办法》 | 2016 |
| 15 | 湖　南 | 《湖南省实施〈中华人民共和国老年人权益保障法〉办法》 | 2015 |
| 16 | 甘　肃 | 《甘肃省老年人权益保障条例》 | 2015 |
| 17 | 吉　林 | 《吉林省老年人权益保障条例》 | 2015 |
| 18 | 陕　西 | 《陕西省实施〈中华人民共和国老年人权益保障法〉办法》 | 2014 |
| 19 | 山　东 | 《山东省老年人权益保障条例》 | 2014 |
| 20 | 宁　夏 | 《宁夏回族自治区老年人权益保障条例》 | 2011 |
| 21 | 江　苏 | 《江苏省老年人权益保障条例》 | 2011 |
| 22 | 广　西 | 《广西壮族自治区保护老年人合法权益的规定》 | 2010 |
| 23 | 浙　江 | 《浙江省实施〈中华人民共和国老年人权益保障法〉办法》 | 2009 |
| 24 | 云　南 | 《云南省老年人权益保障条例》 | 2007 |
| 25 | 海　南 | 《海南省实施〈中华人民共和国老年人权益保障法〉若干规定》 | 2006 |
| 26 | 西　藏 | 《西藏自治区实施〈中华人民共和国老年人权益保障法〉办法》 | 2005 |
| 27 | 内蒙古 | 《内蒙古自治区实施〈中华人民共和国老年人权益保障法〉办法》 | 2003 |
| 28 | 青　海 | 《青海省老年人权益保障条例》 | 2002 |
| 39 | 新　疆 | 《新疆维吾尔自治区保护老年人合法权益条例》 | 1999 |
| 30 | 天　津 | 《天津市实施〈中华人民共和国老年人权益保障法〉办法》 | 1998 |
| 31 | 北　京 | 《北京市老年人权益保障条例》* | 1995 |

* 北京由于较早地进入老龄化社会，所以政府对老年人权益保障问题非常重视，在国内较早地出台了针对性的地方法规《北京市老年人权益保障条例》，北京曾于 2013 年开展过对此条例的修订工作，但至今未出台修订后的条例。

数据来源：根据各省、直辖市、自治区人大网站资料整理而得。

地方法规与国家无障碍环境建设相关的法律法规衔接配套，是贯彻落实国家法律的具体规定，丰富和完善了中国无障碍环境建设的法律体系，促进了地方无障碍环境建设的开展。在内容上，地方法规都坚持了《中华人民共和国残疾人保障法》和《中华人民共和国老年人权益保障法》的基本原则精神，并且使法律中原则性的规定具体化，结合本地区经济社会发展、残疾人和老年人权益保障发展的实际情况，增强了操作性，成为推动地方残疾人和老年人权益保障发展，维护残疾人、老年人参与社会生活权益的重要保障。

## （五）地方政府规章层面的进展

在《无障碍环境建设条例》颁布以后，中国残联为了促进地方政府尽快出台配套法规，并保证地方立法的专业性和科学性，曾专门发布了一个地方无障碍环境建设规定主要条款的参考样本。中国省级政府在出台《无障碍环境建设条例》配套规章方面，情况却并不尽如人意，虽然有不少省份都制定了有关无障碍环境建设的地方政府规章，尤其是在《无障碍环境建设条例》颁布以后，很多省份都对本省的规章进行了修正，但目前仍有12个省份未出台相关规章。已经出台的地方规章促进了无障碍环境建设的法律法规体系进一步完善，为科学、规范、系统推进无障碍环境建设提供了具体而切实的保障。在这些地方规章的指导下，各地积极采取措施，推进城乡无障碍环境建设水平进一步提升，安全、适用、便利的无障碍环境进一步成熟，社会文明程度进一步提高。

根据司法部网站法律法规数据库查询结果，无障碍环境建设地方政府规章情况如表3所示。

**表3　无障碍环境建设地方政府规章**

| 序　号 | 省　份 | 名　称 | 颁布年份 |
|---|---|---|---|
| 1 | 宁　夏 | 《宁夏回族自治区无障碍环境建设管理办法》 | 2019 |
| 2 | 山　东 | 《山东省无障碍环境建设办法》 | 2019 |
| 3 | 湖　北 | 《湖北省无障碍环境建设管理办法》 | 2018 |
| 4 | 天　津 | 《天津市无障碍设施建设和管理办法》 | 2018 |
| 5 | 浙　江 | 《浙江省实施〈无障碍环境建设条例〉办法》 | 2018 |
| 6 | 河　南 | 《河南省无障碍环境建设管理办法》 | 2018 |
| 7 | 内蒙古 | 《内蒙古自治区无障碍建设管理办法》 | 2018 |
| 8 | 江　西 | 《江西省无障碍环境建设办法》 | 2017 |
| 9 | 福　建 | 《福建省无障碍设施建设和使用管理办法》 | 2017 |

续表

| 序　号 | 省　份 | 名　称 | 颁布年份 |
|---|---|---|---|
| 10 | 辽　宁 | 《辽宁省无障碍环境建设管理规定》 | 2017 |
| 11 | 广　东 | 《广东省无障碍环境建设管理规定》 | 2016 |
| 12 | 吉　林 | 《吉林省无障碍环境建设管理办法》 | 2016 |
| 13 | 山　西 | 《山西省实施〈无障碍环境建设条例〉办法》 | 2015 |
| 14 | 陕　西 | 《陕西省实施〈无障碍环境建设条例〉办法》 | 2015 |
| 15 | 河　北 | 《河北省无障碍环境建设管理办法》 | 2013 |
| 16 | 上　海 | 《上海市无障碍设施建设和使用管理办法》 | 2010 |
| 17 | 青　海 | 《青海省无障碍设施建设使用管理规定》 | 2009 |

数据来源：根据各省、直辖市、自治区人大网站资料整理而得。

## （六）无障碍环境技术标准层面的进展

随着国家经济实力的增强，文明程度的提高以及人文设计理念的深入，作为无障碍环境建设实施层面的技术参考，无障碍环境技术标准对于有效治理和解决无障碍环境建设中存在的不规范、不系统和不实用等问题，指导和帮助无障碍环境建设做得更加细致到位越来越不可或缺。中国非常重视无障碍环境技术标准的建立，目前，中国已经建立了比较完整的无障碍环境技术标准体系。

1989 年 4 月，作为中国第一部无障碍建设技术标准的《方便残疾人使用的城市道路和建筑物设计规范（试行）》，由原建设部正式颁布，标志着中国无障碍设施建设工作开始步入正规化道路，其中对新建、扩建和改建城市道路和建筑物时应遵循的规范，进行了详细说明。但是由于没有规定建设单位必须强制执行此设计规范，所以其执行情况欠佳，许多应该配套无障碍设施的新建、改建道路和建筑，并不符合设计规范要求。为了加强在城市建设中贯彻执行此设计规范，1998 年 4 月，原建设部下发了《关于做好城市无障碍设施建设的通知》，同年 6 月，原建设部、民政部、中国残联共同下达了关于贯彻实施《方便残疾人使用的城市道路和建筑物设计规范》若干补充规定的通知，提出要对无障碍工程的审批和验收进行更严格的管理，在设计、建设公共建筑和公共设施时都必须考虑无障碍通行的需求。同时，原建设部等部门，在参考有关国际标准和国外先进技术的基础上，着手对此设计规范进行修订，2001 年 6 月，建设部、民政部、中国残联联合发布了建设范围和标准更加明确的《城市道路和建筑物无障碍设计规范》，其中的 24 条规范被列为国家标准，要求必须严格执行，因此有力地推动了无障碍设施建设的规范化开展。2012 年，为了确保无障碍设计规范对新建设施的有效约束和强制执行，解决无障碍环境建设中存在的不规范、不系统和不实用等突出问题，建设部、民政部、中国残联组织对无障碍规范再次进行了修订，出台了作为国家标准的 GB 50763 -2012《无障碍设计规范》。

除了《无障碍设计规范》以外，中国的无障碍建设国家标准还有适用于新建、改建和扩建的城市道路、建筑物、居住区、公园等场所的无障碍设施的施工验收和维护的 GB 50642 -2011《无障碍设施施工验收及维护规范》；适用于城市公用交通设施及类似设施的无障碍设计和评价的 GB/T 33660 -2017《城市公共交通设施无障碍设计指南》，以及专门为弱势群体制定的图形符号国家标准 GB/T 10001. 9 -2008《标志用公共信息图形符号 第 9 部分：无障碍设施符号》。

除了无障碍环境建设国家标准以外，各行业部门也都对无障碍环境技术标准制定工作十分重视，国家民航、铁路、工业和信息化、教育、银行等主管部门分别制定实施了民用机场旅客航站区、铁路旅客车站、网站及通信终端设备、特殊教育学校、银行等行业无障碍建设标准规范。2000 年中国民用航空局发布了《民用机场旅客航站区无障碍设施设备配置标准》；2003 原建设部和教育部批准了《特殊教育学校无障碍设计规范》；2003 年 7 月，建设部批准了《建筑无障碍设计》标准图集；2005 年铁道部发布实施了《铁路旅客车站无障碍设计规范》；2006 年工业和信息化部开始制定实施《网站无障碍》等一系列信息交流无障碍建设标准；2008 年原信息产业部《网络设计无障碍技术要求》标准发布，针对不同形式的信息交流障碍，规定了语音识别技术等七大辅助技术；2018 年住房和城乡建设部批准《老年人照料设施建筑设计标准》为行业标准；2018 年，为推动中国银行业无障碍环境建设，由中国银行业协会制定的《银行无障碍环境建设标准》在河北雄安新区发布。

## 二　中国无障碍法治建设的问题分析

相对于经济发展和文明进步对无障碍环境的需求来说，中国无障碍环境法治建设起步比较晚，近年来虽然取得了很大进展，但仍然存在不少问题需要解决。

### （一）立法理念有待革新

无障碍环境法治建设应该积极营造适合所有社会成员共同参与的社会环境，而中国目前无障碍环境建设的立法理念主要是服务残疾人等特殊群体，致力于给残疾人等特殊群体提供一个无障碍的生活环境，这种理念可能会产生两方面的误导。首先，在这种理念指导下，政府和社会公众容易将无障碍环境视为专门为残疾人和老人提供的便利条件，忽略无障碍环境为全体社会成员服务的本质，因而降低对无障碍环境建设的关注。其次，这种理念倾向于将残疾人视为不同于普通人的特殊人群，淡化了残疾人是人类大家庭的平等成员的基本事实，对于尊重和保障残疾人的意愿、人权以及人格尊严认识不足，不利于残疾人力资源开发和共享经济社会发展成果。

### （二）《条例》地位需要提升

中国自《条例》实施以来，各地无障碍建设与管理的法规、规章以及各种技术标准相继出台，中国无障碍建设初步实现了“有法可依”，但是《条例》本身的定位需要进一步反思。

首先，《条例》作为中国无障碍环境建设领域最重要的规范，本身只是行政法规，并不是法律，对于推进无障碍环境建设的权威性有所欠缺。

其次，“单行立法”模式不利于无障碍建设法规的有效实施。“单行立法”是为规范某一类具体的社会问题或现象，而专门设立的法律法规，其

立法的要求和成本往往比较高，其执行需要其他相关法律的配合，如果相关法律未能及时修订，则此单行法律的规定有可能无法落实，其立法目的可能难以实现。目前，与无障碍设施密切相关的《中华人民共和国建筑法》《中华人民共和国城乡规划法》《建设工程质量管理条例》《城市道路管理条例》等法律法规虽然在《条例》出台后进行了修订，但与无障碍环境建设相关的条款仍然比较欠缺，使得《条例》中的有些强制性规范要求缺乏执行依据。

## （三）法规可操作性需要加强

无障碍环境建设涉及市政建设、公共交通、信息交流、社区服务等诸多领域，因此，《条例》对无障碍设施建设、无障碍信息交流、无障碍社区服务的内容进行了规定。同时，无障碍环境建设需要政府统一领导规划、有关部门齐抓共管，为此，《条例》对县级以上人民政府、国务院住房和城乡建设主管部门、国务院工业和信息化主管部门等有关部门的职责进行了规定。但是总体来看，《条例》中的规定都比较倾向宏观和抽象，内容有一定的局限，且缺乏系统的、具体的实施细则，使得这些规定可操作性不强，降低了立法水平和法律效力。同时，《条例》和无障碍环境技术标准的衔接还不够紧密，《条例》中框架性、原则性的规定缺乏相应标准的支撑；而具体的、可操作的无障碍环境技术标准，也缺乏法律的强有力支持。因此《条例》和无障碍环境技术标准的具体实施都面临一些现实困难，以至于行政部门责任不明，相互推诿，执行不利，无障碍设施不符合标准以及被占用和破坏现象严重。

## （四）法律权利救济措施需要完善

完善的权利救济机制是法律有效执行和权利真正实现的必要条件。中国现行法律规定的权利救济方式，对残疾人无障碍权利的保护和救济，由于缺乏明确的表述和相关法规的支撑，难以实现司法层面的权利救济。《条例》等法规中在残疾人无障碍权利受到侵害时，给予违法者问责和对残疾人进行权利救济的相关规定比较模糊，使得残疾人无障碍权利保护的力度减弱，使残疾人在无障碍权利遭受侵害时难以采用法律手段来维护自身合法权益。

从监管角度看，中国无障碍法规刚性条款总体偏少，法律追责条款不严，缺乏对于法律责任的履行主体进行有效监督的机制，没有形成有效的制度体系以支撑行政部门依法履行其法定监管职责。比如无障碍设施作为新建道路和建筑物的必备条件，其建设情况应始终处于相关部门的有效监管之下，《条例》规定“无障碍设施工程应当与主体工程同步设计、同步施工、同步验收投入使用”等等，由于缺乏有效的监管机制，而且违法以及追责的标准不明确，规定只能宽松实施，相关执法部门难以对建设过程和结果进行有效的监管，对违法主体的处罚缺乏依据。

从法律条文表述来看，《条例》等无障碍法规中，均以“……应当……”这一强调行为、忽视结果的“应为”模式，规定国家和社会对无障碍环境建设应负的责任和义务。在“法律责任”部分，《条例》主要对建筑、道路无障碍设施的建设和维修责任进行了规定，明确了无障碍建设的负责人和维护维修责任人，但并未规定无障碍环境建设的监管和评估机制。提出对不符合无障碍设施新建和改造维护等方面规定的行为“依法给予惩罚”，但是规定比较笼统，执法强度不高，而且仅有一条涉及刑事责任方面的内容。

### （五）地方无障碍立法有待加强

从地方立法推进无障碍环境建设的角度看，主要存在三个问题。

首先，地方立法层次较低。据前文可知，目前只有北京和甘肃两地出台了无障碍环境建设的地方法规，其他绝大多数省份都是以政府规章的形式来规定无障碍环境建设的要求，其法律效力低于地方法规，推进地方无障碍环境建设的权威不足。

其次，由表 3 可知，中国目前仍有黑龙江、江苏、安徽、湖南、广西、重庆、四川、云南、贵州、新疆、西藏、海南等省份未出台地方专门针对无障碍环境建设的法规和规章，这对于结合本地实际推进当地无障碍环境建设非常不利。

再次，内容雷同，地方特点体现不明显。许多地方法规关于无障碍环境的规定只是《无障碍环境建设条例》相关规定的复制粘贴，缺乏创新，结合本地实际对上位法的原则性规定、授权性规定和主要制度进行细化工作做得不够。

## 三　中国无障碍法治建设的对策建议

加强立法是促进无障碍环境建设和保障残疾人无障碍权利最为有效的方法和途径。中国需要推动无障碍法治进一步完善，健全无障碍环境建设法律、法规、规章、标准体系以及工作机制，提升无障碍环境建设水平，营造更加良好的关心、支持和参与无障碍环境建设的社会氛围。

### （一）转变无障碍立法理念

法律法规是规范社会公共事务的基本依据，引导社会公众意识和态度的形成和转变，而立法理念是编制一部法律的基本认识和观念，决定着整部法律的基调和倾向，目前无障碍立法中的许多问题都与立法理念有关，因此，转变立法理念是完善无障碍立法的首要任务。

首先，无障碍立法中应明确无障碍环境建设不仅仅是针对残疾人等特殊群体的，而且是服务于全体社会公众的，要使社会公众认识到即使自己不是残疾人，将来也可能会需要无障碍设施，从而增进公众理解，一起关心和支持无障碍环境建设。据联合国一项调查显示，因为身体衰老、疾病、意外伤害、怀孕、负重等因素，人一生中可能会有三分之一的时间处于身体功能障碍状态，所以无障碍环境应该是为所有人提供便利、优质服务的生活条件，无障碍法规应大力提倡平等通用的设计理念，通过无障碍环境促进全体社会成员的福祉。

其次，无障碍法规应该强化“平等、参与、共享”理念，突出残疾人具有平等参与社会、共享文明发展成果的权利，明确无障碍法规的立法目的就是促进残疾人平等享有社会权利的实现。积极践行新的残疾人观，通过营造舒适便捷的无障碍环境，增强残疾人参与社会、贡献社会的能力，开发残疾人自身蕴含的巨大人力资源，为残疾人追求自身发展提供法律保障，鼓励残疾人运用法律武器捍卫自己的正当权益。

## （二）提高无障碍立法效力

首先，提高站位，将《无障碍环境建设条例》升格为《无障碍环境建设法》。根据中国无障碍环境发展对法律法规的需求，以及中国无障碍法规的发展现状来看，中国有必要将无障碍环境建设的基本制度和基本要求，由行政法规升级到国家法律层面，制定《无障碍环境建设法》。应该将无障碍环境建设条例经过实践证明行之有效的核心原则和内容上升为法律，从法律层面对残疾人的无障碍权利进行确认，对无障碍环境建设进行规范，以促进中国无障碍环境建设的发展，满足人民群众对更加美好生活的向往，推进社会的文明进步。美国、德国在此方面的立法实践与经验，可以为我们提供较好的参考与借鉴。

其次，加强无障碍立法前瞻性，采取先行立法。所谓先行立法，就是针对经济、科技、文化、法律、人口等方面某些可能会导致的无障碍建设问题的因素，进行先行立法来规范这种因素，这不仅能为以后的无障碍环境建设指明方向，更能避免立法的滞后性所带来的一系列问题。

再次，将无障碍环境法规纳入国家整体法制化建设轨道，采取“嵌入式”立法方式，推进无障碍法规逐步完善。所谓“嵌入式”立法是通过对现行与无障碍环境建设相关的法律法规进行补充、修订，将无障碍环境建设的有关理念、制度、规范、标准蕴含在其他相关法律的条款中，更有利于无障碍环境建设的开展和法规的操作执行。建议在“嵌入式”立法理念指导下，注意各相关法律之间相互衔接，在对《建筑法》等相关法规进行修订时，重点考虑无障碍环境建设的规范、标准和要求，并明确违反相关规定的惩罚办法。

### （三）提高无障碍法规的可操作性

为将法律权利真正转化为实有权利，必须真正落实法律职权与程序，这就需要强化无障碍法规的可操作性。因此，无障碍法规中应明确规定各负责部门的执法范围，提出具体可操作的实施机制，明确政府相关职能部门职责，避免各部门因权力和职责边界模糊，造成执法漏洞和职能冲突。此外，无障碍法规应该明确规定侵害残疾人无障碍权利的法律责任，使相关执法部门和包括残疾人在内的社会公众，明确自身的权利和义务，否则人们在不清楚法律规定的情况下，往往无法判断自己的行为是否正当，从而造成损害了残疾人无障碍权利和无障碍环境建设却不自知。

实施细则、部门规章、地方法规规章等各层次的法律规范对残疾人无障碍权利的实现有着重要作用。因此，对残疾人无障碍权利的保障不应仅仅局限于《中华人民共和国残疾人保障法》和《无障碍环境建设条例》中，更应通过具体实施细则以及各部门和各级地方行政法规等一系列法律规范，对无障碍设施建设和监管主体的法律责任进行明确规定，以确保相关法律规定的切实执行。为了给法律责任的落实提供相应的标准参考，应该制定客观、严谨和量化的执行标准，以提高执行标准的可操作性，尤其要注意保持上位法、下位法以及同位阶法之间法律责任的一致性。

无障碍环境建设既需要法律规范也需要技术标准支持，要加强《无障碍环境建设条例》和无障碍环境技术标准的相互衔接，为无障碍环境建设提供法律和技术标准上的双重支持，形成合力，互相促进。同时，相关法规和技术标准也要根据科技进步和实践经验的发展不断进行修改和完善，比如信息无障碍的技术标准，就要根据信息技术的最新发展而适时动态调整。

### （四）完善法律权利救济措施

法律所赋予残疾人的无障碍权利，若要充分实现，必须依靠完善的权利救济手段，作为弱势群体的残疾人，无法进行私力救济，而必须依靠公力救济，尤其是依靠公力救济中司法救济的作用。因此中国必须积极探索司法救济在残疾人无障碍权利保障中的适用范围、基本原则和实施程序，目前可以尝试在人民法院系统中，接受各种主体的无障碍权利诉讼，赋予残联等残疾人组织对相关部门开展无障碍环境建设责任的监督职能，以及相应的诉讼地位。同时，要予以残疾人无障碍权利特殊保护，针对残疾人实行特殊诉讼制度，比如延长残疾人无障碍权利诉讼的起诉期限。

无障碍环境建设需要规划、建设、交通、通信、民政、教育等多个相关部门协同完成，要明确无障碍设施的建设、管理和维护的责任主体，制定无障碍环境建设监察和评估机制。要协调政府各职能部门在无障碍环境建设中的职能和责任，规定各个行政部门的具体分工和执法范围，保证无障碍环境建设的法律、法规及标准的贯彻实施。要在无障碍立法中明确相关政府部门的权利救济责任，将其权利救济责任具体化、规范化，使其各司其职，提高权利救济的效果效率。

### （五）完善地方无障碍立法

在完善地方立法方面，国家首先应督促未出台无障碍环境建设地方法规的省份，尽快出台相应法规，丰富和发展无障碍环境地方立法的层次性、区域性和多样性，推动全国各地竞相开展无障碍环境建设的生动局面。各级地方政府应依据《条例》和本地实际，对本地无障碍环境建设情况进行深入调研，尽快出台具有本地特色，能有效推进本地无障碍环境建设的法规，确保本地无障碍环境建设有法可依、有章可循。作为下位法的地方无障碍法规的制定，必须保持与国家无障碍环境建设相关的法律法规规章衔接配套，避免与上位法中抵触或不一致的情况，突出与上位法协调一致的特性，同时又应避免条文的雷同和照搬，条款内容应当更丰富具体和具有实用性、可操作性。要切实针对本地经济社会发展、城乡建设、残疾人状况和无障碍环境建设的突出困难和问题，提出明确的要求，使得地方法规、规章更好的维护残疾人、老年人、伤病人员以及全体社会成员的无障碍权利，更有力的推动和保障地方无障碍环境建设发展。

## 参考文献

贾巍杨、王小荣：《中美日无障碍设计法规发展比较研究》，《现代城市研究》2014年第4期。

贾玉娇：《走向全纳：残疾人无障碍理念的新发展》，《吉林大学社会科学学报》2012年第5期。

彭雪峰：《加强无障碍环境建设“嵌入式”立法》，《工程建设标准化》2017年第6期。

张瑜：《澳大利亚无障碍环境建设立法研究》，山东师范大学硕士学位论文，2018年6月。

张家年、孙祯祥、赵洋：《构建无障碍信息环境的法律基础与标准实施的研究——基于〈残疾人保障法〉角度的探讨》，《理论与探索》2009年第5期。

赵春力：《有关残疾人无障碍权益保障法律的完善与思考》，《前沿》2012年第22期。

赵尤阳：《美国无障碍环境建设法律法规和运行机制研究》，《建设科技》2019年第11期。

赵媛、张欢、王远均、章品：《我国信息无障碍建设法律法规保障体系研究》，《图书馆论坛》2011年第6期。

周秀龙：《法哲学视域中的无障碍通行权研究》，《天津大学学报（社会科学版）》2016年第4期。

**B**.10

# 中国无障碍图书馆发展报告（2019）

陈蓓琴　陆　宁*

**摘　要：**　无障碍图书馆是残疾人实现社会文化教育权利，共享社会精神文化成果的重要保障。本报告采集公共图书馆、高校图书馆及特殊教育学校图书馆的无障碍图书馆基本数据，归纳、分析中国无障碍图书馆发展的现状和存在问题。研究发现，中国无障碍图书馆相关法律体系建设尚处于起步阶段，但无障碍图书馆基础设施建设、无障碍资源建设、阅读服务、信息化建设均取得较快发展；当然也存在无障碍基础设施缺失、建设不规范、利用率较低、经费不足等问题。报告指出无障碍图书馆的发展受到社会经济、观念意识、行政主导权、版权等因素制约。提出应提高全民无障碍意识，完善图书馆无障碍建设相关法规，理顺无障碍图书馆行政关系，以及多方寻求图书馆无障碍建设资金等对策和建议。

**关键词：**　无障碍图书馆　残疾人　文化服务

图书馆是搜集、整理、收藏图书资料以供人阅览、参考的机构，是社会记忆、社会文明的收藏、传播和传承者。图书馆的社会教育属性要求图书馆

* 陈蓓琴，研究员，南京特殊教育师范学院图书馆馆长，研究领域：残疾人语言文字应用管理、高校教育教学管理；陆宁，副研究馆员，南京特殊教育师范学院，研究领域：图书馆信息无障碍。

面对全体社会群体，包括各种类型的残疾群体开放，履行文化素质教育和丰富群众文化生活的职能。2008 年中国图书馆学会年会正式发布的《图书馆服务宣言》提出："图书馆致力于消除弱势群体利用图书馆的困难，为全体读者提供人性化、便利化的服务。"① 国务院《"十三五"加快残疾人小康进程规划纲要》中也明确要求将残疾人作为公共文化体育服务的重点人群之一。在此背景下，全面梳理中国无障碍图书馆发展现状，系统分析图书馆残疾读者服务存在的问题并提出政策建议，对推进无障碍图书馆发展具有重要的价值。

目前国内外对无障碍图书馆没有统一定义。为了更好地发挥图书馆教育和文化传播职能，满足残疾人文化教育需求，消除图书馆物理和信息障碍，使残疾人能方便地利用图书馆，进行有效的学习和阅读，各级图书馆在政府主导、自觉开展或残疾人要求下，对图书馆环境进行各种无障碍建设，如采购无障碍资源，配备残疾人阅读辅助，设立各种类型残疾人专用的图书馆（室）等。本报告研究的无障碍图书馆，是指由政府或私人机构修建，具有较大规模无障碍设施，专门服务生理伤残缺陷者和正常活动能力衰退者（如老年人）的图书馆。包括独立设置专业图书馆，如中国盲人图书馆；也包括图书馆内部专门开设的盲人阅览室、残疾人分馆或残疾人服务部等各种名称的阅读室。

早期的无障碍图书馆主要是指盲人图书馆（室）。残疾人文化需求变化引导盲人图书馆（室）逐步拓展服务外延，不仅面向视力残疾人开展，也面向肢体残疾、听力残疾等其他残疾类型的残疾人和社区老年人开放，成为专门服务特殊人群的综合性多功能图书馆②。随着社会精神文明提高，语意更加中性化的"无障碍图书馆"，逐步取代带有歧视含义的"盲人图书馆""残疾人图书馆"等称呼，被图书馆和公众采用。

无障碍图书馆有其特殊性。在服务对象上，无障碍图书馆服务对象主要包括先天或后天引发的视力残疾人、听力残疾人、肢体残疾人、精神残疾人、多重残疾人以及年迈导致器官失能性残疾的老年人等；在馆藏文献类型、设施和

① 乔金：《视线追踪技术在公共图书馆数字阅读服务中的应用价值和可行性研究》，《图书馆学刊》2018 年第 12 期，第 123～127、136 页。

② 裴娣娜、刘翔平：《中国女性百科全书：文化教育卷》，东北大学出版社，1995，第 6 页。

服务等方面，无障碍图书馆主要收藏盲文出版物以供视力残疾人以手摸读，收藏和播放有声资料供视力残疾人学习或欣赏；在无障碍设施设备上，无障碍图书馆要求全馆配备无障碍通道、无障碍洗手间、低位借阅台供肢体残疾及年老体弱者使用，配备光电设备为听力残疾人提示信息等①；在服务理念上，无障碍图书馆更加注重残疾人文化公平权，把为残疾人提供文化服务作为立馆之本。

美国的无障碍图书馆服务走在世界各国的前列。1868 年，波士顿公共图书馆建立盲人服务部。1878 年美国国会开始提供盲人图书馆服务基金。1931 年国会图书馆设立“盲人及残疾人国家图书馆服务部”（即 NLS/BPH：National Library Service for the Blind and Physically Handicapped），形成全国性的图书馆残疾人服务网络②。在欧洲，英国利物浦公共图书馆在 1857 年开始为盲人读者备置盲文图书。1882 年成立国立盲人外借图书馆。1954 年成立的莫斯科国立盲人图书馆则是全俄最大的盲人图书馆③。亚洲的日本公共图书馆在 20 世纪初就开始为残障读者提供服务，1945 年，日本政府颁布《身体障碍者福利》促使盲文图书馆成立。

国际图联的印本阅读障碍人士服务图书馆（Libraries Serving Persons with Print Disabilities Section，简称 LPD）是专门为盲人和其他印本阅读障碍人群服务的部门，主要目的是促进这一领域的国际合作，并鼓励在这一领域的各方面的研究和开发，从而提高盲人和其他印本阅读障碍人群获取信息的能力④。2013 年，世界知识产权组织（WIPO）成员国通过了《关于为盲人、视力障碍者或其他印刷品阅读障碍者获得已出版作品提供便利的马拉喀什条约》（简称《马拉喀什条约》）。这部条约的唯一目标，是促进印刷品阅读障碍者获取图书、杂志和其他印刷品。2014 年 6 月，无障碍图书联合会成立

---

① 陆宁、戚利莉：《无障碍图书馆阅读环境规范性研究》，《山东图书馆学刊》2017 年第 1 期，第 52 ~ 55、87 页。

② 刘玮：《美国图书馆视障群体服务的法律环境研究》，《图书馆论坛》2014 年第 9 期，第 98 ~ 102 页。

③ 赵晶：《俄罗斯盲人图书馆建设经验对我国生态图书馆建设的启示》，《图书馆工作与研究》2017 年第 1 期，第 33 ~ 38 页。

④ 唐晓娟：《盲人数字图书馆的构建研究》，浙江师范大学硕士学位论文，2010。

（ABC）。它旨在就如何制作和发行无障碍格式作品提供培训，为推广包容性出版标准提供无障碍格式图书的国际在线目录，供服务于印刷品阅读障碍者的图书馆所用，即 ABC 图书服务（TIGAR）。

在中国，1930 年上海盲童学校创办盲人图书馆。王沿津著文提到“盲人也有图书馆。该校之设备，甚为完美，有图书馆焉，内储盲文书籍，都数百卷，中以普通应用之常识书为最多，关于宗教之书籍次之，至三民主义等党义译本”①。

中华人民共和国成立后，中国无障碍图书馆建设可以划分为三个阶段。第一个阶段以中国盲文出版社成立为标志，中国无障碍刊物开始发行。主要代表事件有，1953 年先后成立盲文编译组、中国盲人福利会盲文出版组，并正式出版了新中国第一本盲文图书《谁是最可爱的人》。1954 年第一本盲文刊物——《盲人月刊》创刊号出版。1986 年，隶属中国残疾人联合会的华夏出版社成立，残疾人书刊出版业获得发展。第二个阶段以中国盲人图书馆开馆为标志，各地各种类型的无障碍图书馆应运而生，无障碍图书馆建设进入高峰期。1994 年，中国盲文图书馆成立，该馆是集视障文献资源服务、视障文化体验、盲障培训及残疾人信息化建设及盲用辅助产品研发于一体的综合性公益文化资讯服务机构。截至 2018 年底，我国省、市、县三级公共图书馆共设立各种无障碍图书馆（室）1124 个。第三个阶段以 2008 年建立的中国盲人数字图书馆和 2011 年开通的上海无障碍数字图书馆为标志，我国残疾人文化服务逐步从图书馆实体空间拓展到网络虚拟空间。

## 一　中国无障碍图书馆建设现状

### （一）标准体系的建立

#### 1. 国外图书馆无障碍标准的制定情况

国外图书馆无障碍标准及规范比较丰富，颁布的组织机构主要有国际图

① 苏全有：《民国时期特种图书馆述评》，《河南科技学院学报》2016 年第 5 期，第 33～37 页。

联、国外图书馆和国外标准化组织等。

国际图联2005年颁布的《残疾群体图书馆访问一览表》，从物理设施、媒体格式、资源与服务获取、残疾人组织与个人合作几个方面阐释了无障碍服务。此外，国际图联制定的标准规范还有《图书馆为聋哑人服务指南》《图书馆服务失智群体指南》《信息时代图书馆盲人服务发展指南》《图书馆服务阅读障碍群体指南》等，这些相关规范指南为各国图书馆开展无障碍服务提供专业建议和指导。

国外图书馆也制定了面向残疾人的服务规范。例如，美国图书馆协会制定的《图书馆辅助技术》《图书馆残疾人服务政策》，澳大利亚2012年颁布的《澳大利亚公共图书馆标准与指南》等，各国图书馆都从残疾人服务实践出发，对馆藏、辅助设备、借阅规定、无障碍设施、专用标识、馆员培训、无障碍网站设计等方面进行规范。

国外标准化组织的标准规范，主要明确无障碍服务保障条件。例如，美国国家标准学会颁布的《信息技术——残疾人士可访问性的设计考虑》，英国标准协会颁布的《网络可访问性实施规程》《满足残疾人需求的建筑物及通道的设计实施规程》等。

2. 国内图书馆无障碍标准制定的情况

目前我国无障碍服务法律体系建设尚处于起步阶段，主要的法律法规有《残疾人保障法》《无障碍建设条例》《无障碍设计规范》《网站设计无障碍规范》，国家制定和实施的相关法律法规及标准规范对公共图书馆开展无障碍服务也具有较高指导和参考意义①。

2008年，国家质检总局发布《标志用公共信息图形符号第9部分：无障碍设施符号》，规定无障碍设施的专用标识。国家工信部则从信息无障碍的角度，规定无障碍服务辅助系统、网站无障碍、语音上网等技术要求以及专业术语、符号和命令等，如《信息无障碍语音上网技术要求》《信息无障

① 陆红如、陈雅：《公共图书馆信息无障碍服务标准评价指标体系的构建研究——面向生理性信息弱势群体》，《图书情报研究》2018年第3期，第8~14页。

碍呼叫中心服务系统技术要求》等。2012年，国家标准《无障碍设计规范》（GB 50763－2012）发布，对图书馆等文化场馆的建筑物出入口、坡道、休息区、室内走道、楼梯、厕所、餐厅及无障碍图书馆（室）明确了无障碍建设要求。同年另一个国家标准《公共图书馆服务规范》发布，提出无障碍服务设施和专用标识的设立。2015年，文化部发布《中华人民共和国文化行业标准：公共图书馆评估指标》，规定我国各级各类型公共图书馆的评估标准。2017年颁布实行《中华人民共和国公共图书馆法》，强调公共图书馆应当为特殊人群提供无障碍服务。2018年中国国家标准化管理委员会出台《图书馆视障人士服务规范》，这是我国首部无障碍图书馆建设规范，也是无障碍图书馆建设的指导规范。

### （二）信息化建设情况

图书馆信息无障碍，是公共设施建设无障碍、信息无障碍等理念运用到图书馆服务体系中而产生的一个全新名词，其目标是要使社会所有成员，无论残疾人、老年人还是儿童，在信息获取和使用上都享有均等机会。图书馆信息无障碍服务，为残疾人创造更多接受教育、社会参与和就业机会，以期改善残疾群体与社会隔离的状况。

为准确判断国内对图书馆信息无障碍理论研究的趋势，本报告使用中国期刊网（CNKI）进行指数分析，以“图书馆信息无障碍”为检索对象，分析2009～2018年十年间学术关注度的变化趋势，结果如图1所示。可以看出，自2010年国家图书馆、中国图书馆学会共同向全国图书馆界发出加强图书馆信息服务无障碍、创建“全国图书馆信息服务无障碍联盟”倡议以后，图书馆信息无障碍关注度开始上升；2010年众多信息无障碍设备亮相上海世博会，激发了公众对信息无障碍的热情；2013年达到阶段高峰，之后转入平整发展时期；2016年开始上升趋势比较明显。可以预测，随着信息技术进步和残疾人文化公平权的落实，有关信息无障碍的研究会更加丰富。

在应用方面，随着计算机网络技术、智能手持终端设备的不断普及，数

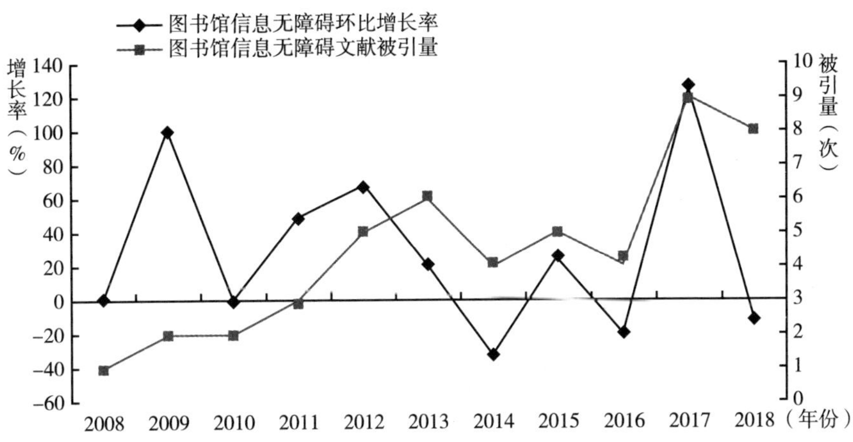


**图1　图书馆信息无障碍 CNKI 指数变化趋势**

字阅读凭借其易携带、内容丰富、更新速度快、碎片化等优越性①，成为视障者的首选阅读方式。目前专门为视障读者建立的无障碍数字图书馆，除了文化部建设的“心声·音频馆”、中国盲人数字图书馆外，个别省级公共图书馆也开始探索自己的无障碍网络平台，如上海图书馆的“无障碍数字图书馆”、山东省图书馆的“光明之家数字图书馆”、重庆图书馆的“盲人语音平台”、甘肃省图书馆的“盲人图书馆”、湖南图书馆的“影音图书馆”以及贵州省图书馆的“听书馆”，而其他一些公共图书馆也在盲用电脑中链接了“心声·音频馆”。随着“盲人数字阅读推广工程”进一步深入推广，智能听书机已惠及我国各省（自治区、直辖市）、市（州、盟）、县（市、区）的视障人士，为视障读者带来定制化、持续性的知识文化服务。

## （三）设施与服务建设情况

### 1. 中国盲文图书馆建设

1994 年 10 月，中国盲文图书馆成立，2011 年 6 月新馆开馆。中国盲文

① 张曼曼、范并思：《我国公共图书馆视障者阅读服务研究》，《图书情报工作》2017 年第 13 期，第 31～36 页。

图书馆是全国唯一一所独立设置，以服务残疾人特别是盲人的专业性图书馆。该馆采集和典藏海内外各类盲人读物和视障相关文献，旨在建设全国盲人总书库。作为全国盲人公共文化服务中心，中国盲文图书馆面向全国盲人和盲人服务组织开展文献阅览、外借、查询、复制及专题咨询服务；面向全国各级各类盲人阅览室提供资源支持和业务培训服务，构建各地服务网点，就近服务于当地盲人；建设和维护中国视障文化资讯服务平台（盲人数字图书馆），为全国盲人提供在线公共文化服务；负责盲用辅助技术产品研发、推广和应用，推动、参与相关标准研究和制定；负责盲人文化研究，推动盲文普及和发展；开展适合盲人参与的各种文体活动；开展盲文、电脑、音乐等盲人社会教育和技能培训工作；开展国内外盲人文化交流与合作；培训、指导和协调全国文化助盲志愿者，向公众开展人道主义教育等活动。

中国盲文图书馆面积2.8万平方米，共设有盲文社科与文艺阅览室、盲文科技与医学阅览室、盲人电子阅览室、有声读物阅览室、盲童阅览室、大字本阅览室、学术阅览室、休闲阅览室等8个阅览室，及视障文化体验馆、触觉博物馆、盲人文化艺术展室等馆室。建有中国盲文数字图书馆，上线各类资源约20T，可提供4800多种约5亿字电子盲文、1.3万多种6万多小时有声读物资源、15.7万多种普通文字电子图书、55万余篇专业学术论文、46万余条法律数据库条文、35万余条工具书词条。

2. 公共馆无障碍图书馆建设

公共图书馆是由政府管理支持，免费向社会公众开放的图书馆，是我国公共文化活动的主要场所之一。公共图书馆残疾人服务发展情况，直观反映了社区残疾人对文化教育的需求以及国家对残疾人文化供给的情况。

（1）基本概况

①场馆建设

本报告根据中国残疾人联合会发布的2008～2018年残疾人事业发展统计公报，从中提取出近十年省、市、县三级无障碍图书馆数量（见表1）。

**表1　2008～2018年省、市、县三级无障碍图书馆数量一览**

单位：个

| 年份 | 省、市、县三级无障碍图书馆数量 | 年份 | 省、市、县三级无障碍图书馆数量 |
|---|---|---|---|
| 2008 | 349 | 2014 | 1616 |
| 2009 | 383 | 2015 | 1515 |
| 2010 | 441 | 2016 | 850 |
| 2011 | — | 2017 | 959 |
| 2012 | — | 2018 | 1124 |
| 2013 | — | | |

* 中国残疾人联合会：《统计公报》，http：//www.cdpf.org.cn/sjzx/tjgb/，2019－03－27/2019－07－3。

2009年，中国残联设立“残疾人书架”，在全国200个城市社区开展“文化进社区”活动；21本为残疾人服务的图书列入国家“农家书屋”采购书目，基层残疾人的读书难问题得到初步缓解。2010年，“文化进社区”项目扩展到600个城市，75个社区开展了“格兰仕爱心助残书柜”项目。2011年中国残联成立全国残疾人阅读指导委员会，2014年推出“百家图书馆系列公益助残行动”，2015年对市、县两级公共图书馆盲人阅览室建设进行专项扶持。从统计数据看，2008～2014年，公共图书馆三级无障碍图书馆数量总体逐年增加（2011～2013年统计公报无数据）；2014～2016年无障碍图书馆数量有一个下降情况，推测原因是2015年公布的公共图书馆评估指标中二级指标对其他特殊群体服务中有明确的标准细则，可能导致2016年部分图书馆对无障碍图书馆（室）进行合并升级，引起数据的变化；从2017年开始，全国省、市、县三级无障碍图书馆数量恢复上升。

为直观反映无障碍图书馆变化情况，预测未来变化趋势，根据2008～2018年省、市、县三级无障碍图书馆数据，绘制出省、市、县三级无障碍图书馆趋势图。无障碍图书馆数量变化是简单的线性数据集合，趋势图选用线性趋势线（见图2）。从趋势线可以看出，无障碍图书馆至少在数量上基本在以一个恒定的比例增加，增长率比较稳定。未来几年的无障碍图书馆仍然呈现增长趋势。

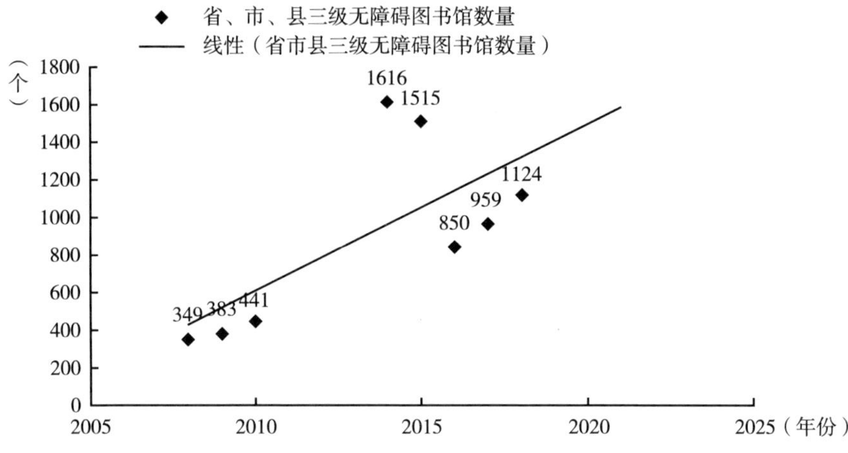


**图2　省、市、县三级无障碍图书馆数量趋势图**

②资源建设

无障碍图书馆馆藏资料类型多样，如专门服务于盲人读者的盲文图书、盲文期刊，服务于低视读者的大字本图书，服务于听觉障碍的增加手语的视频资料。本报告重点整理公共图书馆常见的盲文馆藏、专门座席以及流动图书车等数据（见表2），以此展示全国公共馆无障碍图书馆馆藏资源建设情况。

**表2　2014～2017年盲文图书出版及全国公共馆盲文图书馆藏情况**

| 年　份 | 盲文图书出版①（种） | 盲文图书总藏量②（千册） | 盲人阅览室座席（个） | 流动图书车数（辆） |
|---|---|---|---|---|
| 2017 | 610 | 982.8 | 25391 | 2135 |
| 2016 | 763 | 897.2 | 23882 | 1850 |
| 2015 | 797 | 798.9 | 22285 | |
| 2014 | 585 | 671.9 | 21136 | |

① 盲文图书出版数据源自国家统计局社会科技和文化产业统计司编《中国社会统计年鉴－分地区各类出版物情况》（2015～2018年）；

② 盲文图书总藏量、座席、流动图书车数据源自文化部财务司编《中国文化文物统计年鉴－公共图书馆基本情况》（2015～2018年）。

从图3变化趋势图可以看出，近几年我国盲文图书每年出版种类在500～800种之间变化，盲文图书总藏量增长明显，无障碍座席数平稳增加。

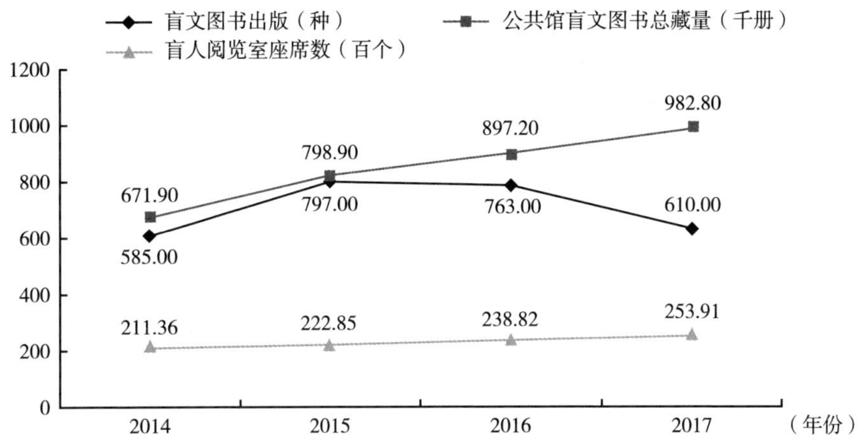


图3　2014～2017 年盲文图书出版及全国公共馆盲文图书馆藏情况趋势图

为分析中国各省公共图书馆无障碍图书馆建设差异情况，本报告采用文化部财务司编撰的《中国文化文物统计年鉴》（2018 年）提供了中国大陆各省（自治区、直辖市）的盲文图书总藏量（见表 3）、盲人阅览座席数

表 3　2018 年全国公共馆盲文图书馆藏数量地区分布情况

| 地区 | 省区市 | 公共馆盲文图书馆藏（万册） | 地区 | 省区市 | 公共馆盲文图书馆藏（万册） |
|---|---|---|---|---|---|
| 华北 | 北　京 | 0.37 | 中南 | 河　南 | 8.69 |
| | 天　津 | 1.12 | | 湖　北 | 3.95 |
| | 河　北 | 4.45 | | 湖　南 | 4.83 |
| | 山　西 | 3.46 | | 广　东 | 4.04 |
| | 内蒙古 | 1.73 | | 广　西 | 0.86 |
| 东北 | 辽　宁 | 2.76 | | 海　南 | 0.37 |
| | 吉　林 | 1.71 | 西南 | 重　庆 | 3.96 |
| | 黑龙江 | 1.56 | | 四　川 | 9.57 |
| 华东 | 上　海 | 1.65 | | 贵　州 | 2.2 |
| | 江　苏 | 5.89 | | 云　南 | 1.84 |
| | 浙　江 | 5.02 | | 西　藏 | 0.17 |
| | 安　徽 | 7.63 | 西北 | 陕　西 | 2.63 |
| | 福　建 | 1.87 | | 甘　肃 | 1.97 |
| | 江　西 | 3.28 | | 青　海 | 0.61 |
| | 山　东 | 7.62 | | 宁　夏 | 0.86 |
| | | | | 新　疆 | 1.43 |

（见表4）。从中可以看出，中国无障碍图书馆资源建设差异巨大，但总体上来看，呈现东部密集、西部稀疏的分布规律，与中国人口地理学的胡焕庸线切合，无障碍图书馆的发展与地区人口、经济、城镇化水平以及文化产业发展密切相关。

**表4　2018年全国公共馆盲人阅览座席数量地区分布情况**

| 地区 | 省区市 | 盲人阅览室座席数（个） | 地区 | 省区市 | 盲人阅览室座席数（个） |
|---|---|---|---|---|---|
| 华北 | 北　京 | 229 | 中南 | 河　南 | 1240 |
| | 天　津 | 221 | | 湖　北 | 1101 |
| | 河　北 | 824 | | 湖　南 | 906 |
| | 山　西 | 1092 | | 广　东 | 1077 |
| | 内蒙古 | 811 | | 广　西 | 502 |
| 东北 | 辽　宁 | 881 | | 海　南 | 84 |
| | 吉　林 | 514 | 西南 | 重　庆 | 770 |
| | 黑龙江 | 436 | | 四　川 | 1526 |
| 华东 | 上　海 | 236 | | 贵　州 | 894 |
| | 江　苏 | 1598 | | 云　南 | 1090 |
| | 浙　江 | 1259 | | 西　藏 | 4 |
| | 安　徽 | 1451 | 西北 | 陕　西 | 751 |
| | 福　建 | 671 | | 甘　肃 | 636 |
| | 江　西 | 1563 | | 青　海 | 101 |
| | 山　东 | 2029 | | 宁　夏 | 368 |
| | | | | 新　疆 | 514 |

（2）省级公共馆无障碍建设

本报告选取全国31所省级公共图书馆（除台湾、香港、澳门）无障碍情况进行问卷调查，以精准了解省级公共图书馆无障碍建设情况。调查时间为2019年6月至7月，调查方式采用网络调查、电话咨询、文献查阅等，返回有效数据29份，调研结果如下。

①省级公共图书馆无障碍基础设施建设比较完善

受访的29个图书馆中，无障碍坡道、辅具、标志标识的拥有率为100%，无障碍阅览室（馆）建设率为93.1%，还有两个馆处于即将开放状态，无障碍卫生间、无障碍电梯、盲道等设施设备拥有率较高（见表5）。

表 5　我国 29 个省级图书馆无障碍基础设施建设情况

| | 盲道 | 出入口无障碍坡道 | 低位借阅台 | 无障碍电梯 | 无障碍卫生间 | 标志标识 | 无障碍阅览室 | 无障碍辅具* |
|---|---|---|---|---|---|---|---|---|
| 省份(个) | 19 | 29 | 13 | 23 | 26 | 29 | 27 | 29 |
| 占受访图书馆比例(%) | 65.52 | 100 | 44.83 | 79.31 | 89.66 | 100 | 93.1 | 100 |

* 无障碍辅具包括：智能听书机、点显器、盲文打印机、台式助视器、阳光盲用软件、录音笔、便携式电子助视器等，只要具备以上之中的 5 种，本调查即认为具备无障碍辅具设备。

②无障碍资源数量悬殊，资源种类有差距

省级公共图书馆基本都购置了盲文书刊、有声读物和盲用电脑，但不同省份之间，资源数量、种类差异显著。调查发现，开展盲用电脑宣传、培训和相关活动的公共图书馆为数不多，有些馆虽配备了电脑，但使用率不高（见表 6）。

表 6　我国省级公共图书馆无障碍资源数量

| 地　区 | 盲文书刊(册) | 有声读物(盒/盘) | 盲用电脑(台) |
|---|---|---|---|
| 北　京 | 3000 | — | 3 |
| 上　海 | 4000 | 12000 | 6 |
| 天　津 | 1029 | 有 | 有 |
| 重　庆 | 700 | 有 | 有 |
| 黑龙江 | 1394 | 有 | 有 |
| 辽　宁 | 4000 | 有 | 20 |
| 内蒙古 | 264 | 有 | 2 |
| 河　北 | 1500 | 有 | 6 |
| 青　海 | 198 | 941 | 2 |
| 陕　西 | 3000 | 800 | 有 |
| 宁　夏 | 有 | 有 | — |
| 山　东 | 有 | 有 | 有 |
| 山　西 | 400 | 300 | 有 |
| 安　徽 | 300 | 有 | 8 |
| 湖　北 | 1000 | 有 | 8 |

续表

| 地　区 | 盲文书刊(册) | 有声读物(盒/盘) | 盲用电脑(台) |
|---|---|---|---|
| 湖　南 | 3000 | 有 | 2 |
| 江　苏 | 4000 | 22000 | 4 |
| 贵　州 | 878 | 有 | 有 |
| 云　南 | 500 | 有 | 12 |
| 广　西 | 期刊 | 有 | 有 |
| 西　藏 | 2000 | 有 | 有 |
| 浙　江 | 300 | 1700 | 18 |
| 广　东 | 3000 | 有 | 有 |
| 海　南 | 2000 | 近 3 万 | 3 |

* 部分数据因被调查者未提供具体数量，在此只做有无判定。

③无障碍阅览服务各具特色

省级公共图书馆都开展残疾读者主题阅读活动，如无障碍电影观影、朗读比赛、盲用电脑与智能手机培训、手语培训、演讲比赛等活动。例如：重庆图书馆“指尖上的音符——走进寂静而美丽的手语世界”讲座，青海省图书馆“有你，我们不孤独”活动，四川省图书馆“爱上数字阅读，开启美好生活”视障数字化服务推广活动，云南省图书馆联合盲协举办口述无障碍励志电影《天梦》，福建省图书馆“真人图书馆”活动，首都图书馆“心阅影院”“心阅美文”活动，辽宁省图书馆“手语世界”“对面朗读”活动，安徽省图书馆残障人士读书文化日活动，广东省立中山图书馆“心聆感影”项目、“听·爱”故事会、“无障爱”读书会、手语培训班活动，湖北省图书馆阅读扶助项目“书香伴读·聆听你我”，吉林省图书馆诺亚方舟计划（自闭症儿童）活动，等等。

3. 高校无障碍图书馆建设

（1）高校图书馆无障碍基础设施建设现状

高校图书馆无障碍基础设施建设在 1989 年以前几乎为零。1990 ~ 1998 年高校图书馆无障碍建设开始起步，随着 1989 年我国编制并实施的第一部残疾人无障碍设施设计《方便残疾人使用的城市道路和建筑物设计规范（试行）》

出台，部分高校在新建或改扩建过程中，才关注到无障碍设施的建设。1999年10月1日《图书馆建筑设计规范》开始施行，其中特别强调无障碍设计。2000年高校扩招，高校图书馆开始一轮新建和改扩建，这一规范刚好应用到新馆建设当中①，高校图书馆无障碍建设进入稳步发展时期。

为了解我国高校图书馆无障碍基础设施建设的现状，2019年6月，本报告对中残联指定的6所高等融合教育试点高校的图书馆做了问卷调查（见表7）。这6所高校分别是北京联合大学、长春大学、南京特殊教育师范学院、郑州工程技术学院、武汉理工大学以及四川大学。调查结果显示，即便是高等融合教育试点高校，其图书馆无障碍建设依然不足。北京联合大学、长春大学、南京特殊教育师范学院三所学校无障碍设施相对齐全，大部分高校图书馆在建馆时没有考虑到特殊读者的需求，忽视无障碍设施的建设。

**表7　高等融合教育试点学校图书馆无障碍基础设施建设情况**

| 高校名称 | 盲道 | 出入口无障碍坡道 | 标识标志 | 无障碍电梯 | 无障碍卫生间 | 无障碍阅览室 | 无障碍辅具* |
|---|---|---|---|---|---|---|---|
| 北京联合大学 | 有 | 有 | 有 | 有 | 有 | 有 | 有 |
| 长春大学 | — | 有 | 有 | 有 | — | 有 | — |
| 南京特殊教育师范学院 | 有 | 有 | 有 | 有 | 有 | 有 | 有 |
| 郑州工程技术学院 | — | — | — | — | — | — | — |
| 武汉理工大学 | — | — | — | — | — | — | — |
| 四川大学 | — | — | — | — | — | — | — |

* 无障碍辅具包括：智能听书机、点显器、盲文打印机、台式助视器、阳光盲用软件、录音笔、便携式电子助视器等，只要具备以上之中的5种，本调查即认为具备无障碍辅具设备。

（2）部分高校图书馆无障碍馆建设情况

①北京联合大学无障碍图书馆建设情况

北京联合大学拥有无障碍电梯、坡道、盲道、自动门、残疾人专用卫生间等良好的无障碍设施。视障学生在校学习座位固定，一人一座，每个学生座位上提供一台电脑。学校设有盲文阅览室与融合教育资源中心，为视障学

① 延海霞：《高校图书馆无障碍设计探析》，《黑龙江科技信息》2010年第17期，第79页。

生提供学业支持。盲文阅览室面积250平方米，盲文图书10000册，提供50个阅览座位，其中4张盲文阅览桌。每个视障学生可以到资源中心领取一台读书机至毕业归还。盲文阅览室归校图书馆管理，设有专人专岗1名，全校性的读书活动也同样面向视障大学生开放。盲文阅览室针对视障大学生开展个性化服务，如与中国盲文图书馆合作进行文献传递，为视障学生送书到教室，建立专门的QQ群，开展SPSS培训①，举办安全讲座等。学校视障大学生有自己组织的阅读协会，每周二晚举办读书会一次。

②长春大学无障碍图书馆建设情况

长春大学每年招收视障大学生100名，校图书馆下设专门的无障碍图书馆，由2名专职老师负责。该校无障碍图书馆面积300平方米，盲人专属座位48个。馆藏盲文图书6914册，大字号图书768册，音视频资料852份，盲用专题数据库4个。无障碍辅具数量如图4所示。

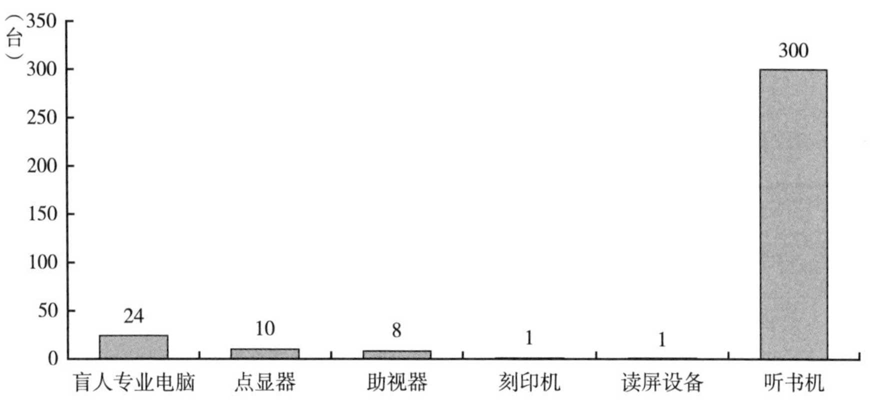


**图4　长春大学无障碍图书馆无障碍辅具数据**

长春大学图书馆面向视障大学生举办丰富多彩的活动，有读书沙龙、读书征文、诗歌朗诵会等阅读推广活动，也有心理学讲座、中医学讲座、计算机培训等教学活动，还有无障碍电影放映等文化娱乐活动。为确保活动顺利

① SPSS（Statistical Product and Service Solutions），“统计产品与服务解决方案”软件。

有序地开展，所有活动举办时都有志愿者提供帮扶服务。

③南京特殊教育师范学院无障碍图书馆建设情况

南京特殊教育师范学院现有视障大学生 21 人，聋人学生近 500 人。学校设有无障碍图书馆，阅览室面积 300 平方米，拥有盲道、无障碍坡道、无障碍电梯、残疾人专用卫生间等设施。现有盲文版藏书 7000 余册，盲文期刊 10 种，大字书 400 册，盲人专用阅览座位 32 个，投影仪、白板、高位仪各一个，盲文学习机、点显器、助视器、盲人阅读机、刻印机等无障碍阅读设备若干。盲文阅览室内设研讨学习区，可支持 50 人的阅读、课程培训、学术会议、小组研讨和无障碍电影放映等活动。盲文阅览室还购置了云图有声数据库，建有无障碍影视资料库供视障读者使用，每周五晚均有无障碍电影播出。具体无障碍辅具数量如图 5。

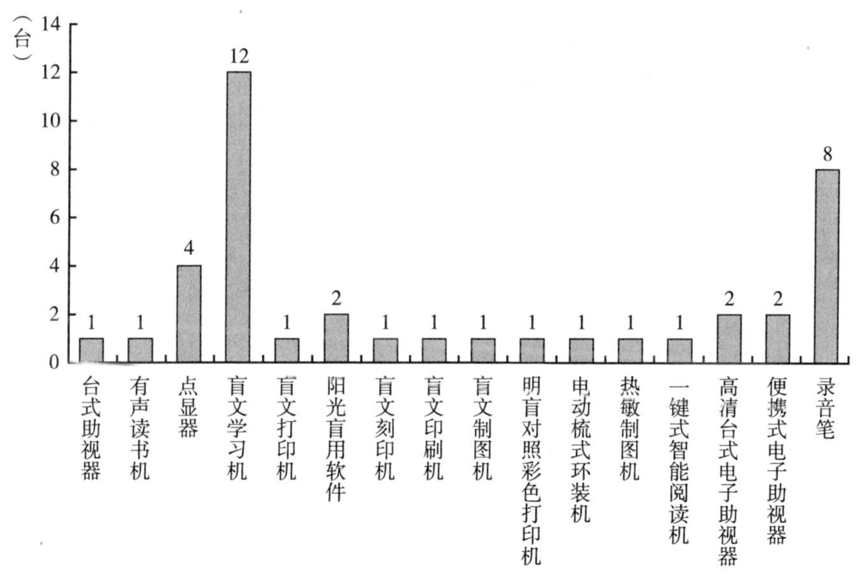


**图 5　南京特殊教育师范学院无障碍图书馆无障碍辅具数据**

2014 年，南京市残疾人联合会与南京特殊教育师范学院政校合作，共建南京无障碍图书馆，在南京市残联提供部分资金、资源等方面的支持下，履行为全市残障读者提供书刊借阅、资料查找和终身学习的服务职能。这是高校资源服务社会的一次历史性突破和有效尝试。该馆秉持“三个转变”的服务理念：一是服务方式转变，从开放馆舍等待读者，到主动送服务上门；二是服务理念转变，图书馆不仅仅为读者提供所需信息，更注重通过信息技术培训，让读者成为信息社会的一分子，参与信息的制造与传播；三是服务对象转变，从单一视障读者，扩展到听障、精神障碍等多种残障类别，辐射到残疾儿童、残疾老人等不同年龄的残障群体。

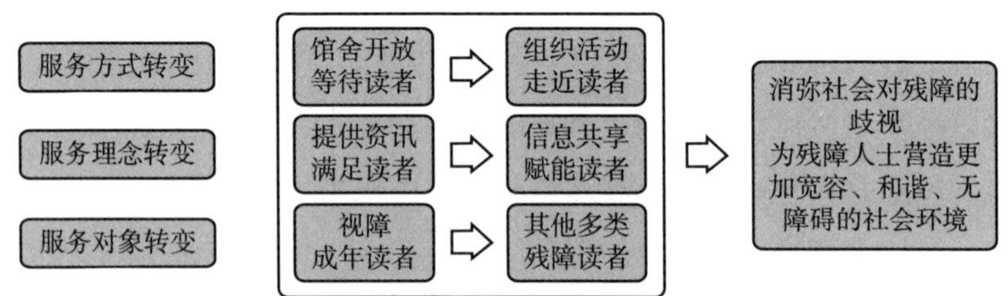


**图 6　南京特殊教育师范学院无障碍图书馆服务转变**

无障碍图书馆的内涵和外延也在不断创新，分别在无障碍人文环境建设、视障人士信息无障碍服务、特殊需要儿童阅读疗愈三方面形成了自己的工作亮点与特色。无障碍图书馆开展的“袋鼠妈妈绘本角——特殊需要儿童阅读疗愈”志愿服务项目，2018 年获得共青团中央第四届中国青年志愿服务项目大赛金奖。

4. 特殊教育学校无障碍图书馆建设

特殊教育学校是专门对残疾儿童实施初、中级教育的机构，特殊教育学校图书馆主要用户是学校的专业教师和本校的学生。

本报告依据教育部每年发布的教育统计数据①，采集特殊教育学校图书馆 2013～2018 年度全国数据和 2018 年分省数据，绘制出 2013～2018 年全国特殊教育学校图书馆基本情况（见图 7）和 2018 年特殊教育学校图书馆分省份统计（见图 8）图。整体来看，我国特殊教育学校图书馆发展迅速，

① 教育部：教育统计数据，http：//www. moe. gov. cn/s78/A03/moe_ 560/jytjsj_ 2018/。

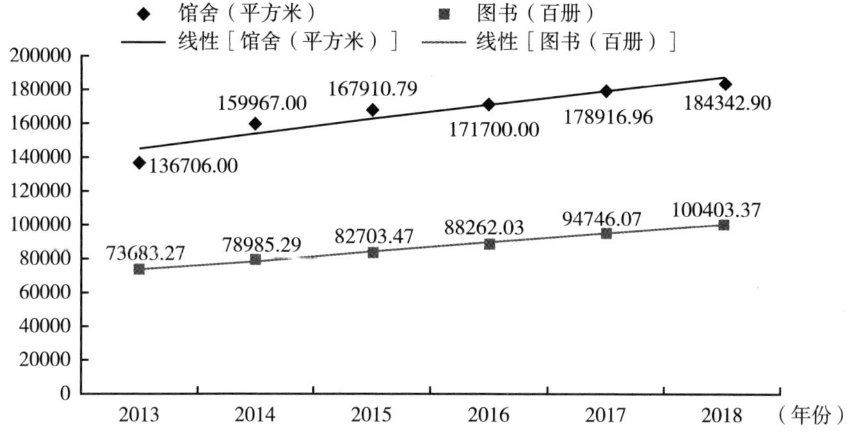


**图 7　2013～2018 年全国特殊教育学校图书馆基本情况**

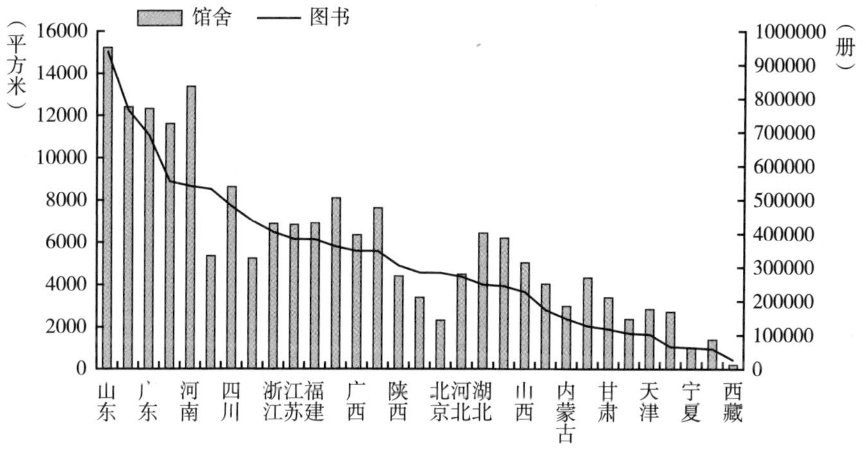


**图 8　2018 年特殊教育学校图书馆分省份统计**

全国特殊教育学校图书馆馆舍面积 2013 年为 13.67 万平方米，到 2018 年增长为 18.43 万平方米，年均增长率约 6.16%，藏书册数 2013 年约 736.83 万册，到 2018 年增长为 1004.03 万册，年均增长率约 6.38%，特殊教育学校的图书馆建设与国家经济发展水平保持同步增长。按地区统计分析，2018 年特殊教育学校图书馆馆舍最大的前五位依次是山东（15229.6m$^2$）、河南

($13369.32m^2$)、江苏($12399.2m^2$)、广东($12325.11m^2$)和河北($11613.07m^2$),按藏书册数排序前五位依次是山东(941527 册)、江苏(765511 册)、广东(690945 册)、河北(555556 册)和河南(541459 册),排在前列的均为教育大省和经济大省。

本报告对部分特殊校进行问卷抽样调查,以更深入掌握国内特殊教育学校图书馆无障碍设施设备数据。问卷采集到 60 所特殊教育学校图书馆有效数据,被访学校在地域分布上覆盖西北甘肃、内蒙古,西南四川、贵州、云南,华南广西、海南,华中河南、湖南,华北天津、山西、河北以及华东五省等 17 个省(自治区、直辖市),类型上包括盲校、聋校、培智学校以及综合性特殊学校。

为简洁、直观地呈现各地区特殊教育学校图书馆无障碍主要数据信息,反映内在的规律和关联,问卷数据按省份进行聚类分析(见图 9),揭示国内特殊教育学校图书馆无障碍资源建设情况。从总体来看,特殊教育学校图书馆在资源采购类型上注重多样性,多数学校资源类型在 3 ~ 6 种。在无障碍设施设备上,特殊教育学校均能立足于学生需要,配备充足的学校,各种无障碍设施设备多达 13 种。在电子读物分布上,不同学校对电子读物的重视程度两极分化,有一半特殊教育学校图书馆没有任何电子读物。不同地区之间,特殊教育学校图书馆无障碍建设水平差异较大。

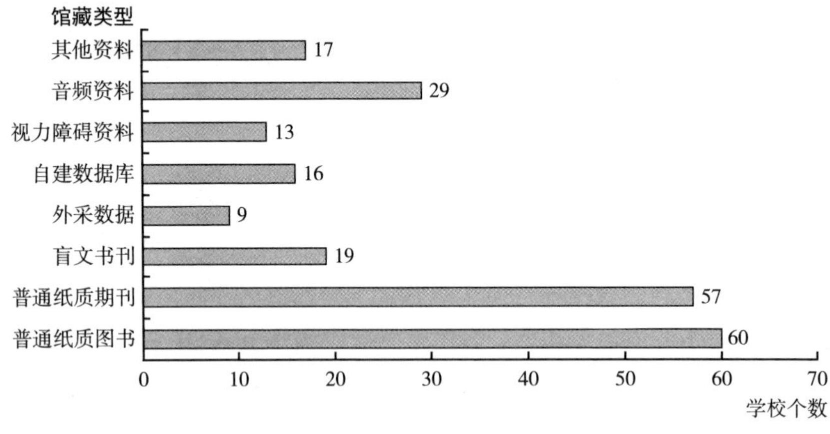


**图 9　特殊教育学校图书馆藏类型分布**

## 二　中国无障碍图书馆发展的问题分析

### （一）受社会经济和观念意识影响，中国无障碍图书馆发展存在不充分不平衡的问题

纵观中国无障碍图书馆发展现状，可以发现，我国无障碍图书馆发展存在不充分不平衡的问题。究其原因，这是与各地社会经济和观念意识相一致的。无障碍图书馆作为社会公益性机构，创收能力薄弱，机构运行主要依赖于政府投入。作为发展中国家，我国无障碍图书馆建设投入总量不足，人均投入更低于发达国家；加之我国无障碍图书馆建设的各项法规还在逐步形成中，标准体系明显不够完善，这些都成为我国无障碍图书馆发展不充分的影响因素。再者，我国无障碍图书馆资源空间失衡，部分地区无障碍图书馆规模不足。我国公共无障碍图书馆的地区发展水平与胡焕庸线切合，存在明显的东西部差异。学校图书馆包括高校和特殊教育学校无障碍图书馆建设则受到学校发展定位、办学理念的影响，也存在明显的东高西低现象。与东部发达地区相比，西部地区自然条件较差，交通等基础设施相对落后，经济发展水平相对较低，更主要的是教育发展滞后，残疾人平权意识淡薄，政府对残疾人文化教育重视不够，无障碍图书馆发展所需的资金投入和人员配备均匮乏缺失，这些都是造成我国无障碍图书馆发展不平衡的重要原因。

### （二）由于行业主导权的多样性，中国无障碍图书馆发展存在不能形成统一规划的问题

国内无障碍图书馆没有统一的行业主导权。在行政上，无障碍图书馆隶属于各自上级行政主管部门，如中国盲人图书馆隶属于中国残疾人联合会；各类公共图书馆的无障碍图书馆，其行政主管部门是各级人民政府的文化管理部门；学校无障碍图书馆则受各类学校管理。这种“一级政府负责一级

图书馆”的建设体制[1]，形成了无障碍图书馆多头共建、齐头并进的建设局面，但也因为管理主体行政权力的逐级降低，其负责管理的图书馆服务能力随之减弱。例如市与县以下级别的无障碍图书馆，主管部门头绪多、无障碍理念薄弱、关注度以及经费投入等缺乏，导致残障服务建设不规范、难以延续等现象。

中国盲文图书馆是全国唯一一所国家级专业性的无障碍图书馆，在业务上有向全国各级各类无障碍图书馆提供资源支持和培训服务的能力。但是中国盲文图书馆并不是地方各级各类无障碍图书馆的行政和业务管理部门。虽然中国盲文图书馆也在力图加强行业联系，例如与地方无障碍图书馆（室）签署分（支）馆协议，采用分支馆垂直管理的方式建立无障碍图书馆支持体系，但是这种联系还远远不够。行业主导权的多样性，在一定程度上造成了无障碍图书馆远景规划工作的困难，不能形成统一的无障碍图书馆发展规划，各方指导思想与管理理念是否一致已经成为图书馆残障服务能否持续发展的关键因素。主导权的多样性带来的可能更多的是相互推诿，甚至放任不管的局面。

### （三）受著作权法限制，中国无障碍图书馆发展存在不能满足残障服务实践需求的问题

无障碍读物是无障碍图书馆开展服务的基础。2013 年中国签署《马拉喀什条约》，条约的受益人界定为：盲人，有视觉缺陷、知觉障碍或阅读障碍的人，或者在其他方面因身体残疾而不能持书或翻书、不能集中目光或者移动目光进行正常阅读的人。显然，条约中的受益人不仅包括盲人，还包括其他类型的残疾人。条约规定的“无障碍格式版”也不仅仅是盲文，而是广泛定义为采用替代方式或形式，便于受益人使用的作品，包括让受益人可以与无视力障碍者或其他印刷品阅读障碍者一样切实可

① 于良芝、邱冠华、许晓霞：《走进普遍均等服务时代：近年来我国公共图书馆服务体系构建研究》，《中国图书馆学报》2008 年第 3 期，第 31 ~40 页。

行、舒适地使用的作品版本。由于中国并没有被正式批准加入条约，因而，目前在我国无障碍读物版权主要依据的法律只能是《著作权法》。我国现行的《著作权法》将受益人狭隘地限定为“盲人”，与此同时，将可能需要无障碍阅读的其他类型的残疾人排除在外；同样，现行的《著作权法》将“无障碍格式版”限定为“盲文”，并不包括“大字版”纸质书、电子书、有声读物等，于是无障碍服务实践中呈现各种各样的问题。例如，无障碍图书馆可以将图书资料转制为盲文版图书供盲人读者阅读，但如果转制成盲人常用的有声读物则可能出现版权问题。一方面盲文图书出版成本高、周期长、资源少，无法满足视障读者需要，另一方面又受制于《著作权法》，图书馆无法大量制作方便残疾人阅读的其他格式资料，不能满足残障服务实践需求的问题日益突出。

### （四）新技术不断涌现，在中国无障碍图书馆发展中呈现供需不相适应的问题

信息无障碍是指信息技术相关软硬件本身的无障碍设计，是残障群体社会化的一个补偿和代偿方式。2003年，国务院成立信息无障碍法规办公室，积极推动无障碍技术标准研发，开展无障碍项目建设。随之，新技术不断涌现，网页内容、网络应用无障碍与相关辅助技术和产品兼容，使信息技术和网络为更多人利用①，如有声读物、无障碍网站、智能手机等出现，为视障人士阅读带来了极大的便利。然而，新技术带来信息便利的同时也带来了新问题，如：供需渠道不畅，视障人士不能及时了解图书馆拥有的新设备、新技术和新资源；相关智能设备的使用缺乏培训；图书馆无障碍信息服务人员欠缺或专业素质较低等，都使无障碍图书馆发展中供需矛盾呈现新的态势，导致互不相适的问题。

① 孙祯祥、张家年、王静生：《我国信息无障碍运动研究综述》，《图书情报工作》2007年第11期，第71~74页。

## 三　中国无障碍图书馆发展的对策建议

### （一）提升全社会无障碍意识，从全面建成小康社会的高度推动无障碍图书馆发展

全面建成小康社会，残疾人一个也不能少。全社会无障碍观念培育、意识自觉和文化传播必须提到议事日程上。加强无障碍图书馆建设，不仅仅从关爱残疾群体的视角出发，更要从满足人民日益增长的美好生活需要和不平衡不充分的发展之间的矛盾的高度去推动。此外，随着中国老龄化进程的加快，无障碍将不仅仅是残疾人群的需要，也是社会弱势群体、疾病患者、体弱者、老年人更广泛的需要。无障碍图书馆的发展，应眼光高远，服务对象要兼容并包，应加强无障碍设施通用性、包容性、便利性设计，节约建设资金，扩大服务对象，形成公平公正的服务理念，同时增强全社会对无障碍权益的重视，贯彻以人民为中心的思想，让残疾人无障碍地参与社会生活，无障碍地畅享人文社会公共服务，这是全面建成小康社会的重要方面。

### （二）完善法律法规，将无障碍图书馆建设纳入地方经济发展进程中

积极促进无障碍图书馆立法，将无障碍图书馆建设纳入国家标准和法律体系建设，依法促建，促进无障碍图书馆稳步发展。

积极解决无障碍出版著作权问题，研究解决除盲文书外其他载体形式的无障碍出版物的著作权法律问题；建立健全我国无障碍出版物版权法律，解决如无障碍出版物声音版权，手势语、肖像权问题等。加快国内著作权法、版权法修订工作，尽快争取加入国际公约。

落实无障碍图书馆发展政策，将无障碍图书馆建设纳入地方政府发展规划，明确无障碍图书馆是地方文化事业的重要组成，是全面建成小康社会的重要体现，是保障残疾人文化权利的主要抓手。依法促进地方政府文化事业拨款，保障无障碍图书馆运营经费，弥补地区发展差距。

### （三）发挥中残联事业引领作用，加强中国盲文图书馆行业垂直指导

中国残联是全国性残疾人事业团体，长期以来，一直扶持各地无障碍图书馆建设，是残疾人教育文化事业的引领者。建议中国残联不仅要作为残疾人文化事业的管理者去推动中国无障碍图书馆发展，还要发挥残联从中央到地方各级组织机构的优势，与各地政府、各级学校无障碍图书馆共建共享，建立合作关系，了解无障碍图书馆建设现状、面临问题及发展思路，从而修改、制定全国性的无障碍图书馆事业发展规划。

中国盲文图书馆在做好无障碍资源配送和服务推广指导的基础上，应发挥行业领头羊的作用，牵头成立全国性的无障碍图书馆学会，聚拢一批无障碍图书馆业界精英，形成合力，开展理论建设和实践探索，加强行业垂直指导，共同推动我国无障碍图书馆向前发展。

### （四）建立新技术产品试用体系，推广残疾人易用适合、经济实惠的无障碍辅具

无障碍图书馆应保持开放的态度，加强与国家残疾人辅具研制机构的联系，关注新型无障碍技术的研发，发现适合辅助残疾人阅读的新技术产品。同时建立新技术产品试用体系，与残疾读者沟通交流，记录残疾人在使用阅读辅具中出现的问题，及时为读者解决问题并反馈给研制机构。此外，加强无障碍图书馆馆员培训，更新服务理念，增强服务技能，积极学习和掌握各种现代信息技术，向残疾读者推广易用适合、经济实惠的新技术产品，把真正适合残疾人使用的无障碍新技术应用到服务中去，以更开放热情的精神面貌服务好残疾人。

## 参考文献

龙明明：《保障视力障碍者获取作品的著作权限制研究》，贵州大学硕士学位论文，2017。

李筱敏：《基于通用设计理念下的公共图书馆室内设计研究》，西南交通大学硕士学位论文，2016。

金鑫：《我国图书馆残疾人公共文化服务均等化研究》，辽宁师范大学硕士学位论文，2014。

陆和建、康嫒嫒：《近 10 年我国公共图书馆残疾人服务研究综述》，《图书情报工作》2013 年第 17 期。.

王素芳：《从物理环境无障碍到信息服务无障碍：我国公共图书馆为残疾群体服务现状调研及问题、对策分析》，《图书馆建设》2010 第 11 期。

刘玮：《盲人图书馆建设理论与实践初探》，世界图书出版公司，2013。

苏瑞竹：《图书馆与人文关怀》，广西人民出版社，2006。

邵建萍：《图书馆为弱势群体服务论》，南京大学出版社，2009。

# 专 题 篇

**Special Topics**

# B.11
# 中国残疾人家庭无障碍发展报告（2019）

牟民生　孙计领*

**摘　要：** 在国家逐步重视无障碍环境建设的大背景下，残疾人家庭无障碍改造得到越来越多的关注，残疾人家庭无障碍改造工作在全国逐步展开。通过家庭无障碍改造，消除残疾人在居家生活中通行、安全、便利的障碍，有效提高残疾人实现小康生活的物质基础。残疾人家庭无障碍改造需求逐年降低，但仍有较大缺口，残疾人家庭无障碍改造存在地区、城乡、项目间发展不平衡。要加强农村残疾人家庭无障碍改造推进力度；从供给侧增加卫生间无障碍改造有效供给；逐步将康复训练无障碍纳入无障碍改造内容；控制有"障碍"家庭住宅增量；建立残疾人家庭无障碍改造机制。

* 牟民生，研究员，江苏省残疾人事业发展研究会副会长，研究领域：残疾人事业；孙计领，博士，北京大学人口研究所助理研究员，研究领域：无障碍发展规划、残疾统计。

**关键词：** 无障碍　家庭无障碍改造　无障碍改造内容　无障碍改造需求

残疾人家庭无障碍是指残疾人在家庭住所内日常起居、基本生活的环境无障碍，包括残疾人在家庭生活中能方便地从事家务、洗浴、如厕、就寝、移动及与他人沟通等活动。残疾人家庭无障碍与公共环境无障碍概念不同。公共环境无障碍是指残疾人等社会成员自主安全地通行、出入相关建筑物、搭乘公共交通工具、交流信息、获得社区服务无障碍。在空间上，残疾人家庭无障碍是指居所内无障碍，公共环境无障碍是指居所外无障碍；在内容上，残疾人家庭无障碍是在日常生活上无障碍，公共环境无障碍是公共服务上无障碍。

为减少或消除残疾人的居家障碍，近几年国家大力推进残疾人家庭无障碍改造。本报告主要数据来源于中国残疾人联合会提供的调查统计数据和相关文献等资料。因获得数据的局限性，重点研究分析残疾人家庭无障碍改造。

## 一　中国残疾人家庭无障碍改造发展进程

残疾人家庭无障碍改造是在国家关注和重视无障碍环境建设的大背景下逐步发展而来。1985 年，在全国人大六届三次会议和全国政协六届三次会议上，部分人大代表、政协委员建议在建筑、市政设计规范中“要考虑残疾人需要的特殊设置”，国务院指示相关部门研究制定便于残疾人通行的设计规范①。1989 年国家建设部、民政部和中国残联发布《方便残疾人使用的城市道路和建筑设计规范》，主要内容是针对城市道路和公共服务建筑物的无障碍设计，没有涉及居家建筑。1990 年颁布《中华人民共和国残疾人保

① 南京市规划设计院：《无障碍环境建设研究》，载《江苏省残疾人状况分析和事业发展研究》，河海大学出版社，2009，第 202 页。

障法》，规定国家和社会在公共道路通行和公共建筑服务上采取无障碍措施，逐步实行方便残疾人的城市道路和建筑物设计规范，关注点仍在道路通行和公共服务无障碍上。2001 年，国家住建部出台《城市道路和建筑物无障碍设计规范》，将无障碍设计的范围扩展，除城市道路和公共服务建筑外，还涉及公共绿地和居住建筑，但居住建筑仅涉及一些公共区域和出入口①。

城市道路和公共建筑无障碍建设和改造使得残疾人出行更加便利，获得公共服务更加方便。但众多残疾人特别是出行不便的残疾人大部分时间生活在家中，居家生活中满足残疾人基本生理、安全和便利等需求的无障碍环境显得更为重要。第二次全国残疾人抽样调查数据显示，18 岁以上重度肢体残疾人身体移动、生活自理、生活活动、社会参与能力存在重度和极重度障碍的分别达到 85.59%、69.57%、91.81%、73.42%，他们对家庭无障碍环境的依赖程度很高。我国大部分残疾人居住在城镇老旧小区和农村，城镇老旧小区住宅多为福利分配住房或住房制度改革后早期建设的住房，住房建筑设计基本上没有考虑室内无障碍需要，农村住房大部分不具备无障碍条件。残疾人家庭无障碍改造的需求很高，2018 年残疾人基本服务和需求动态更新 1% 随机抽样数据显示，残疾人有家庭无障碍改造需求的人数占到残疾人总数的 20.53%。

残疾人家庭无障碍建设和改造问题得到国家关注，特别是第二次全国残疾人抽样调查以后，国家出台一系列政策措施，制定相关设计规范，逐步推动包括方便老年人在内的残疾人家庭无障碍建设和改造工作。2008 年，中共中央、国务院印发《关于促进残疾人事业发展的意见》，提出要加快推进与残疾人日常生活密切相关的住宅无障碍建设和改造，有条件的地方要对贫困残疾人家庭住宅无障碍改造提供资助，在国家层面对残疾人家庭无障碍改造提出要求。2011 年，国家制定《中国残疾人事业“十二五”发展纲要》，

① 姜传鉷：《“在宅养老”模式的住宅和社区规划设计》，中国建筑工业出版社，2017，第 125 页。

要求开展残疾人家庭无障碍改造工作，鼓励有条件的地方对贫困残疾人家庭无障碍改造提供补助，在国家发展规划层面对残疾人家庭无障碍改造提出要求。2011 年 12 月，住房和城乡建设部、中国残联等 13 个部门和单位联合印发《无障碍建设“十二五”实施方案》，提出“十二五”期间要加大残疾人家庭无障碍改造工作力度，为 8 万户残疾人家庭实施无障碍改造，对城乡贫困残疾人家庭提供改造补助，减少和消除残疾人家庭生活障碍，提高残疾人生活品质。2012 年 3 月，国家住房和城乡建设部发布《无障碍设计规范》，明确将无障碍住房及宿舍纳入建筑设计的国家标准。2012 年 6 月，国务院发布《无障碍环境建设条例》，规定县级以上人民政府应当对包括居住建筑在内的城镇已建成的不符合无障碍建设标准的设施制定无障碍改造计划并组织实施，将居住建筑无障碍改造纳入政府法规。

进入新时期，国家更加重视残疾人家庭无障碍改造工作，将推进残疾人家庭无障碍改造作为残疾人实现小康生活的重要措施纳入国家规划。2015 年，国务院印发《关于加快推进残疾人小康进程的意见》，明确提出在残疾人实现小康进程中逐步推进农村地区无障碍环境建设，鼓励对贫困残疾人家庭无障碍改造给予补贴。2016 年 8 月，国务院印发《“十三五”加快残疾人小康进程规划纲要》，贫困残疾人家庭无障碍改造补贴列为残疾人民生兜底保障重点政策，要求制定推广家居无障碍通用设计，加大贫困重度残疾人家庭无障碍改造工作力度，并明确了责任部门。2016 年 9 月，中国残联、住房和城乡建设部等 13 个部门和单位联合印发《无障碍环境建设“十三五”实施方案》，提出解决影响日常起居、基本生活的家庭环境障碍，为残疾人实现全面小康奠定物质基础。要求加大贫困重度残疾人家庭无障碍改造工作力度，推动各地全面开展家庭无障碍改造。推广家居无障碍设计，规范家庭无障碍改造内容，家庭无障碍建设纳入农村危房改造和城市保障房建设项目。2017 年，国家继续推动基本公共服务均等化，贫困重度残疾人家庭开展无障碍改造纳入国家“十三五”基本公共服务清单。2018 年，中共中央、国务院印发《关于打赢脱贫攻坚战三年行动的指导意见》，提出在开展贫困残疾人脱贫行动中，要逐步推进农村贫困重度残疾人家庭无障碍改造。

为全面开展残疾人家庭无障碍改造，国家以贫困重度残疾人家庭无障碍改造为重点，推动残疾人家庭无障碍改造工作在全国全面展开。2017 年，中国残联下发《关于做好贫困重度残疾人家庭无障碍改造工作的通知》，提出为残疾人特别是贫困重度残疾人家庭进行无障碍改造，是保障残疾人基本民生、实现不让贫困残疾人掉队的重要举措，也是打赢贫困残疾人脱贫攻坚战、加快推进残疾人小康进程的重要基础，要求各地切实将贫困重度残疾人家庭无障碍改造工作纳入党和政府工作大局，统一推动部署。中国残联还印发了《贫困重度残疾人家庭无障碍改造工作指导意见》，提出争取到 2020 年初步解决贫困重度残疾人家庭无障碍改造基本需求，扩大残疾人家庭无障碍改造覆盖面，提高残疾人居家生活质量的工作目标。2018 年 7 月，中国残联在河南省新县召开全国贫困重度残疾人家庭无障碍改造现场会，树立典型、总结经验、推动工作。“十三五”期间中央安排专项资金，对经济不发达地区重度贫困残疾人家庭无障碍改造给予补贴。各地积极争取财政部门支持，将贫困重度残疾人家庭无障碍改造纳入残疾人就业保障金支出范围，加大地方财政资金的投入，拓展了残疾人家庭无障碍改造的资金来源。2016 ~ 2018 年，全国进行无障碍改造的残疾人家庭共计 298 万户，其中贫困重度残疾人家庭 40.1 万户。2018 年全国无障碍改造残疾人家庭 93 万户，其中贫困重度残疾人家庭 13 万户①。

## 二 残疾人家庭无障碍改造主要内容

### （一）残疾人家庭存在的主要障碍

#### 1. 通行障碍

许多残疾人家庭的住宅存在通行障碍，影响残疾人进出、行走、移动：

① 中国残疾人联合会：《中国残疾人事业发展统计公报》（2016 ~ 2018 年），中国残联官方网站：http：//www. cdpf. org. cn/sjzx/tjgb/。

老旧住房门框不够宽，特别是卫生间、厨房门框较窄，不便于轮椅通行。门口存在门槛，如农村院落大门，存在较高门槛或台阶，残疾人通行不方便。室内地面存在高差，客厅与厨房、卫生间、阳台存在地面高差较为常见。农村院落连接不同居住功能区的道路没有硬化，影响残疾人通行，雨雪天影响更大。房间空间狭小，轮椅回旋较为困难。特别是老旧住房卫生间、厨房空间较小，布局不合理，残疾人进出、转身、使用不方便。

2. 安全障碍

残疾人家庭的居家安全十分重要，住宅安全障碍对残疾人生命健康存在造成二次伤害的隐患：地面不防滑，容易跌倒摔伤，卫生间、厨房地面更易溅上水湿滑。在起床、洗漱、做饭、如厕、洗浴等日常活动中，残疾人起坐、站立和移动时，身边没有撑扶也容易摔倒。房间设施存在安全隐患，如卫生间为向内的平开门，残疾人在卫生间跌倒可能挡住门，其他人难以进入卫生间救援。房间墙角及家具尖角，容易碰伤残疾人。阳台护栏不够高，存在跌落危险。厨房灶具缺乏安全装置和报警装置，视力、听力残疾人难以感知燃气泄漏危险。床头和卫生间等残疾人易发生跌倒的地方，没有安置紧急呼叫设备，发生危险时易延误救援时间。

3. 便利障碍

残疾人家庭住宅存在许多妨碍生活便利的障碍，给残疾人日常生活造成困难，降低残疾人居家生活的质量：屋内设备使用不方便，厨房落地灶台、洗涤盆、操作台及卫生间洗手盆下部空间狭小，影响轮椅残疾人使用、回旋。对于大部分残疾人而言，进出浴缸洗浴存在诸多不便。有些残疾人家庭特别是农村残疾人家庭厕所还使用蹲坑，使用起来极为不方便。开关、插座设置不合理，电灯开关离床头较远，残疾人起夜开灯困难；电源插座高度设置不合适，残疾人需弯腰或蹲下才能够到，使用不方便。住宅照明按通用配置，对有些残疾人来说显得昏暗。缺少方便和改善残疾人生活的设施，有听力障碍的残疾人听不到敲门声和门铃声，过道墙壁缺少扶手影响移动，残疾人在阳台上晾晒衣物困难，吊柜过高使用不便，缺少改善生活不能自理残疾人生活质量的辅助设备等。

## （二）残疾人家庭无障碍改造要点

1. 通行障碍改造

对房门进行无障碍改造，入户门通行净宽应不小于0.9米，厨房、卫生间、阳台门通行净宽应不小于0.8米。入户门应设横向把手和关门扶手，把手侧应留有不小于0.4米宽度的距离[①]，便于乘轮椅者开关门进出。提倡将室内的房门改为推拉门或折叠门。消除各房间之间高差，方便乘轮椅或行动不便者通行，难以消除高差的在门口以小斜面过渡。尽量取消各处门槛，必须保留的降低门槛高度至2厘米以下，并用小斜面过渡。在通行较长的门厅、过道等墙面安装双层或单层扶手。为方便轮椅通行，推拉门导轨应嵌入地面，沐浴房隔断门下部不宜设置门槛，可采用橡胶类的软质挡水条。农村庭院道路应进行硬化处理，分散的院落住宅，沿墙应设置扶手，房屋门口安装供盲人识别房间的感应语音提示器。院落或独立进户门外台阶加装扶手，或进行坡化处理，坡度比不超过1∶12。

2. 安全障碍改造

为防止残疾人因地面湿滑跌倒，应在地面铺设防滑地砖，进行防滑处理，重点是厨房和卫生间等易溅上水的房间地面。卫生间平开门如不能改为推拉门或折叠门，平开门应改为向外开，防止残疾人在卫生间跌倒堵住房门开启，延误救援时间。房间各处应对容易碰撞的墙角进行切角或圆弧包装处理，减少对残疾人的意外伤害。尽量将卫生间浴缸改为淋浴间，侧墙安装L形或竖向扶手，安装或放置洗浴椅；保留浴缸的，浴缸内侧墙面安装L形扶手，进出方向安装竖向扶手。灶台、洗涤池、洗手盆前应安装横向拉杆，洗手盆两侧设置扶手，入户门口墙面加装竖直把手，阳台安装防冲撞挡板和安全栏杆，保证残疾人使用设备和通行安全。应在卧室床头和卫生间坐便器、洗浴区附近安装紧急呼叫报警设备，有条件的地方连接

① 林曦、姚琪、章曲：《家·养老：居家养老住宅适老化改造》，中国建筑工业出版社，2017，第92页。

社区服务中心，方便残疾人遇紧急情况时呼叫他人救援。厨房应安装具有自动熄火装置的灶具、煤气泄漏声光报警装置，保证残疾人特别是聋人和盲人安全使用灶具。

3. 便利障碍改造

空间狭小的厨房、卫生间，如果房屋结构条件允许，可以移动非承重墙扩大面积，争取活动区域直径大于 1.5 米。为方便残疾人使用，厨房灶台、洗涤池、操作台和卫生间洗手盆下面应留出空间，净空高度应大于 0.65 米，宽度大于 0.75 米，深度大于 0.35 米，满足乘轮椅残疾人使用、回旋需要。卫生间如厕处如为蹲坑，应改为坐便器，坐便器侧墙安装 L 形扶手；两侧临空时，可安装立式扶手或上翻式扶手。根据残疾人需求，进户门可安装闪光、语音门铃，方便聋人、盲人感知客人叩门信息。各房间的房门应改用杠杆式门把手代替球形门把手，进户门口和卧室门口、床头安装双控开关，电源插座、开关高度应方便乘轮椅者使用，开关尽量使用宽体开关，阳台安装可升降衣架。厨房可安装距地面 1.4 ~ 1.6 米的中部吊柜，有条件的家庭还可以安装电动可升降吊柜；对有需求有条件的家庭，卧室可以安装导轨式吊架，尽可能连接至卫生间，提高残疾人的生活质量。

## （三）残疾人家庭无障碍改造应遵循的基本原则

1. 家庭无障碍改造要因人而异

残疾人家庭无障碍改造需求呈现多样性。视力、听力、言语、肢体、智力、精神等各类残疾人对无障碍改造的需求不相同，如乘坐轮椅的肢体残疾人最需要的可能是对台阶进行坡化改造，而聋哑人最需要的却可能是安装闪光门铃。不同残疾等级的残疾人需求也不相同，如重度肢体残疾人比轻度肢体残疾人需要更多的无障碍改造项目。同样类别同样等级的残疾人，年轻力壮时与年老力衰时需求不同，不能自理残疾人对提供生活便利的辅助设备有更多的需求。残疾人无障碍改造项目不是越多越好，也不是越贵越好，而是越适合残疾人需要越好。要对残疾人的活动能力和需求进行评估，因人而异确定最适合残疾人需求的无障碍改造项目。

2. 家庭无障碍改造要因房施策

残疾人住宅各式各样，有改革开放前的福利房，有改革初期的商品房，有近些年建造的新房，还有中华人民共和国成立前的老房子，有院落住房、多层住房、高层住房，住房的结构大不相同。从城乡看，农村的住房与城市的住房结构不同；从地域看，北方的住房与南方的住房结构不同；从民族看，不同少数民族的住房结构不同。改造中要保持房屋结构的安全性，对于承重墙体，不要轻易改动位置、受力方式以及开挖较大面积的窗洞①。有些无障碍改造项目残疾人虽然有迫切需求，但受房屋结构的限制不能实现，也不可勉强为之。要安排专业人员对残疾人家庭住房进行评估，根据房屋结构制定不同的改造方案，因房实施无障碍改造项目。

3. 家庭无障碍改造要量力而行

残疾人家庭无障碍改造要算经济账。各级政府对无障碍改造残疾人家庭的资金补贴，一般都明确了补贴对象、改造项目、补贴标准，主要解决居家基本生活障碍问题。对于投入大、满足更高层次需求的无障碍改造项目，需要残疾人家庭个人支付相关改造费用。要将有限的资金用于残疾人家庭最需要的无障碍改造项目上，避免全面开花、面面俱到，人为扩大改造成本。对于有经济实力的残疾人家庭，可以提供不同造价档次的改善型无障碍改造项目或辅助设备配置方案，供残疾人根据自身经济实力选择，满足残疾人不同层次的无障碍环境需求。改造项目中涉及配置的辅助器具，应采取集中招标的方式统一采购，在保证质量的前提下降低成本，提高改造资金使用效率。

4. 充分尊重残疾人及其家庭的无障碍改造意愿

残疾人是家庭无障碍设施的使用者，也是家庭无障碍改造的主人，改造什么项目、改造合不合适应由残疾人自己说了算。残疾人自尊心强，有

---

① 住房和城乡建设部标准定额司：《家庭无障碍建设指南》，中国建筑工业出版社，2013，第138页。

些无障碍设施客观上能为残疾人在家中的日常生活提供便利，但主观上残疾人并不一定认可，会觉得自己还有能力克服这些障碍，改造了反而是“看不起”他，伤了自尊心。有些残疾人习惯旧的家庭环境，对改造后变化的环境感到陌生，对有些无障碍改造项目有抗拒心理。如有的残疾人使用浴缸有安全隐患，却偏好在浴缸中泡澡，就不一定要将盆浴改为淋浴，应在增加安全防护的设施上下功夫。因此，在充分宣传无障碍改造提升家庭生活便利性、安全性、舒适性的同时，还要充分听取残疾人以及其家庭的意见，使无障碍改造项目更符合残疾人的真实意愿，真正做到以残疾人为本。

## 三　中国残疾人家庭无障碍改造状况

本报告所使用的数据来源是2016年、2017年和2018年全国残疾人基本服务状况和需求信息数据动态更新1%的随机抽样数据，有效样本量分别约有29万、31万、32万个。若无特殊说明，以下文中所涉及的绝对数指1%抽样数据的绝对数，不代表全国总数，但基于1%抽样数据得出的相对数，如占比或比例，基本能反映全国总体情况。

### （一）全国残疾人家庭无障碍改造总体状况

2016~2018年，全国残疾人家庭无障碍改造惠及的残疾人数分别占全国残疾人总数的3.21%、2.84%、3.55%。全国残疾人家庭无障碍改造比例呈现波浪式发展，改造比例2017年出现小幅度下降后，2018年大幅度上升。

2016~2018年，全国有家庭无障碍改造需求的残疾人数分别占全国残疾人总数的45.14%、33.07%、20.53%，呈现逐年递减趋势。2018年有家庭无障碍改造需求的残疾人数为2016年的50.09%，改造需求减少与全国逐步推开残疾人家庭无障碍改造工作相关。

**表1　2016～2018年全国残疾人家庭无障碍改造总体状况**

单位：%

| | 2016年 | 2017年 | 2018年 |
|---|---|---|---|
| 无障碍改造占比 | 3.21 | 2.84 | 3.55 |
| 无障碍改造需求占比 | 45.14 | 33.07 | 20.53 |

数据来源：作者根据全国残疾人基本服务状况和需求信息数据动态更新1%的随机抽样数据计算所得，表2和表3，以及图1～图9的数据来源同此。

## （二）不同类别残疾人家庭无障碍改造状况

2018年，从不同类别残疾人看，进行家庭无障碍改造的视力残疾人数占改造数量的11.25%，听力残疾人数占改造数量的7.91%，言语残疾人数占改造数量的1.56%，肢体残疾人数占改造数量的58.94%，智力残疾人数占改造数量的7.43%，精神残疾人数占改造数量的7.68%，多重残疾人数占改造数量的5.21%。肢体残疾人进行家庭无障碍改造的数量最多，占改造数量近六成（见图1）。

从不同残疾等级残疾人看，进行家庭无障碍改造的一级残疾人数占改造数量的15.94%，二级残疾人数占改造数量的32.88%，三级残疾人数占改造数量的23.61%，四级残疾人数占改造数量的27.58%（见图2）。

2018年，有家庭无障碍改造需求的残疾人中，视力残疾人占改造需求人数的12.18%，听力残疾人占改造需求人数的7.16%，言语残疾人占改造需求人数的1.89%，肢体残疾人占改造需求人数的57.07%，智力残疾人占改造需求人数的7.73%，精神残疾人占改造需求人数的8.15%，多重残疾人占改造需求人数的5.83%。有家庭无障碍改造需求的肢体残疾人数量最多（见图3）。

从不同残疾等级有家庭无障碍改造需求的残疾人看，一级残疾占改造需求户数的15.07%，二级残疾占改造需求户数的32.14%，三级残疾占改造需求户数的24.55%，四级残疾占改造需求人数的28.24%。二级残疾改造需求占比相对较高（见表2）。

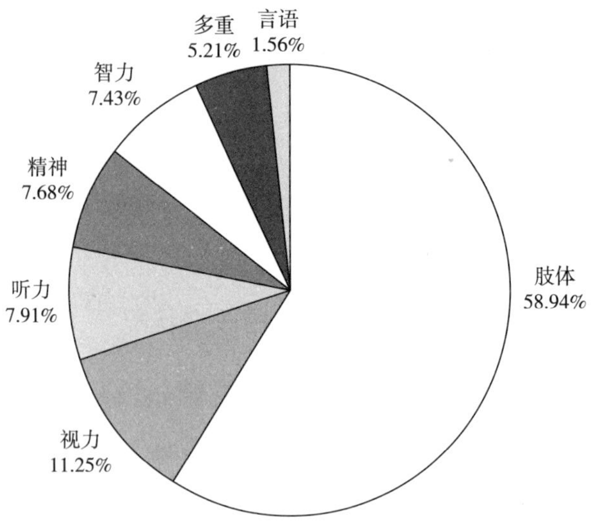


**图1　2018 年不同类别残疾人家庭无障碍改造数量占比**

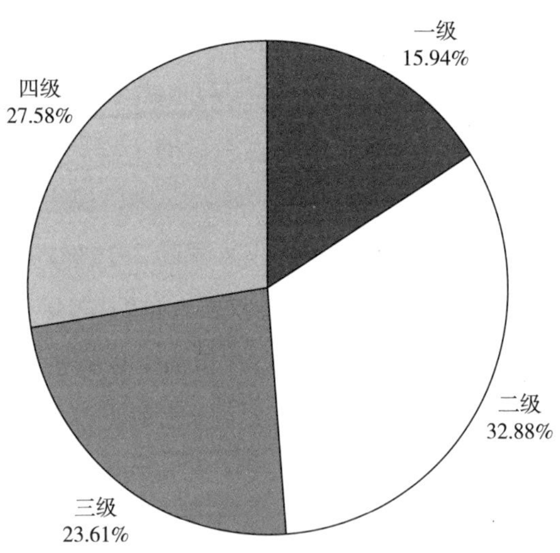


**图2　2018 年不同残疾等级家庭无障碍改造数量占比**

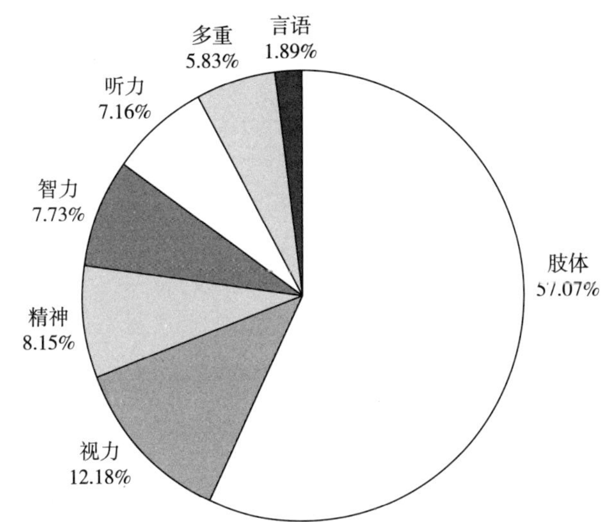


**图3　2018 年不同残疾类型占总需求人数的比例**

**表 2　残疾等级与无障碍改造需求**

| 残疾等级 | 一级 | 二级 | 三级 | 四级 |
|---|---|---|---|---|
| 户数(户) | 10102 | 21543 | 16459 | 18926 |
| 占比(%) | 15. 07 | 32. 14 | 24. 55 | 28. 24 |

## （三）贫困残疾人家庭无障碍改造状况

如果将非农业户口家庭收入状况低于低保标准、低于低收入标准或低保边缘标准，以及农业户口属于国家建档立卡贫困人口和其他贫困人口的残疾人家庭定义为贫困残疾人家庭（以下同），2016～2018 年，贫困残疾人家庭无障碍改造数量分别占改造总数量的 41. 07%、38. 10%、41. 28%，占比呈现先降低后上升的趋势。

2016～2018 年，有家庭无障碍改造需求的贫困残疾人数分别占改造总需求人数的 55. 00%、50. 02%、45. 99%，呈现逐年递减的趋势（见图 4），2018 年贫困残疾人家庭无障碍改造需求人数比 2016 年减少 58. 12%。

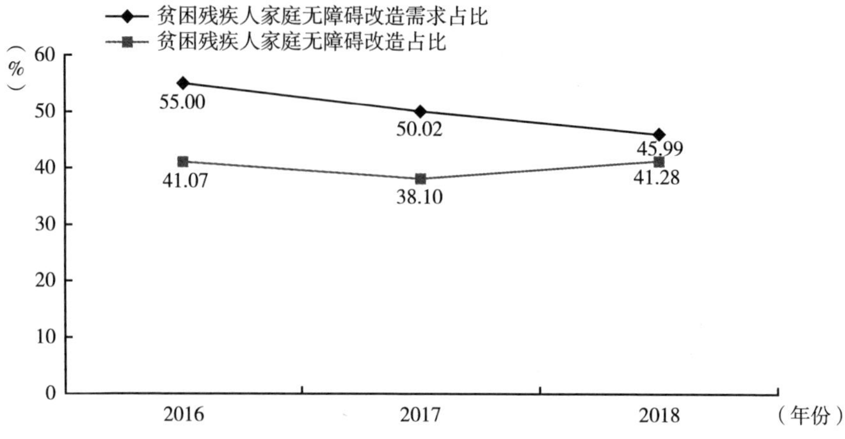


**图4　2016～2018年贫困残疾人家庭无障碍改造状况**

## （四）城乡残疾人家庭无障碍改造状况

2016～2018年，非农业户口残疾人家庭无障碍改造人数分别占改造总数的25.75%、23.48%、17.11%，农业户口残疾人家庭无障碍改造人数分别占改造总数的74.25%、76.52%、82.89%，农村残疾人家庭无障碍改造占比逐年增加（见图5）。2018年，非农业户口残疾人家庭无障碍改造数量占非农业户口持证残疾人的比例为2.66%，农业户口残疾人家庭无障碍改造数量占农业户口持证残疾人的比例为3.81%。

2016～2018年，非农业户口残疾人家庭无障碍改造需求人数分别占改造需求总数15.48%、14.57%、13.93%，农业户口残疾人家庭无障碍改造需求人数分别占改造需求总数84.52%、85.43%、86.07%，农村残疾人家庭无障碍改造的需求逐年增加（见图6）。2018年，非农业户口残疾人家庭无障碍改造需求人数占非农业户口持证残疾人的比例为12.54%，农业户口残疾人家庭无障碍改造需求人数占农业户口持证残疾人的比例为22.89%。

## （五）残疾人家庭无障碍改造项目需求状况

2018年，从残疾人家庭无障碍改造需求的项目看，家门口坡化、安装

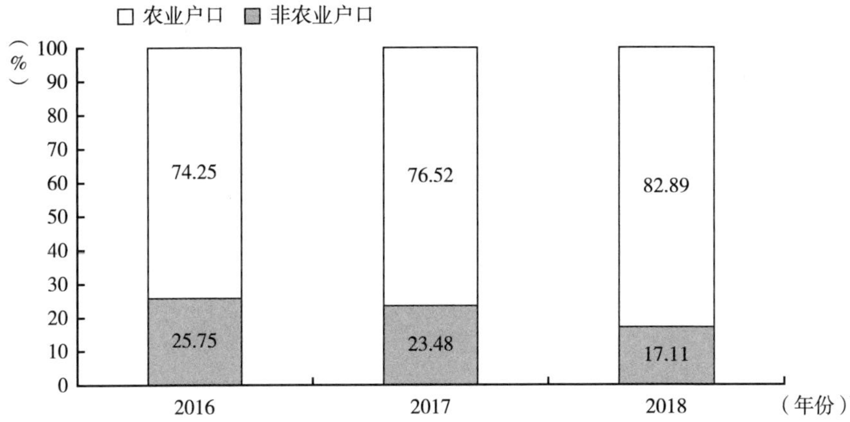


**图 5　2016～2018 年无障碍改造的城乡占比**

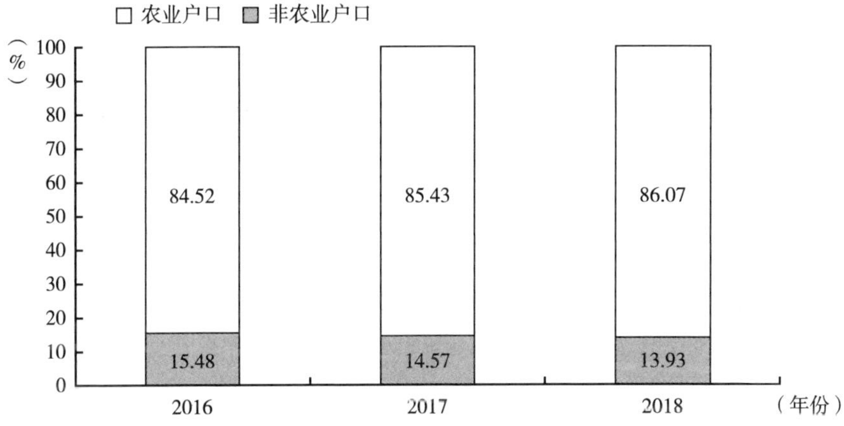


**图 6　2016～2018 年无障碍改造需求的城乡占比**

扶手需求数量占残疾人总人数的 3.37%；房门改造需求数量占残疾人总人数的 2.82%；卫生间改造需求数量占残疾人总人数的 6.09%；厨房改造需求数量占残疾人总人数的 3.27%；加装闪光门铃、可视门铃需求数量占残疾人总人数的 0.48%；装配煤气泄漏报警装置需求数量占残疾人总人数的 0.40%；安装上网读屏软件需求数量占残疾人总人数的 0.13%；其他改造需求数量占残疾人总人数的 11.47%。在不考虑“其他”选项的情况下，残疾人对家庭无障碍改造需求量前三位的项目分别是卫生间改造、家门口坡化及安装扶手、厨房改造，其中卫生间改造需求的项目数量最大，超过排在第二位的家门口坡化、安装扶手改造需求数量80.70%（见图7）。

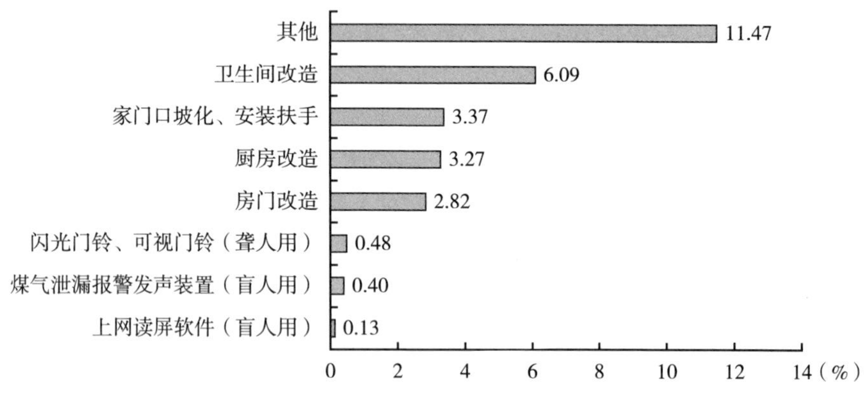


**图7　不同改造项目需求占残疾人数的比例**

不同改造项目需求中，肢体残疾人对家门口坡化、安装扶手的需求占70.03%，视力残疾人占10.56%；肢体残疾人对房门的改造需求占64.35%，视力残疾人占10.71%；肢体残疾人对卫生间的改造需求占65.23%，视力残疾人占10.25%；肢体残疾人对厨房的改造需求占61.21%，视力残疾人占11.16%；听力残疾人对加装闪光门铃、可视门铃的改造需求占68.95%，多重残疾人占31.05%；视力残疾人对装配煤气泄漏报警装置、上网读屏软件的改造需求较大，分别占90.42%、91.65%；其他改造需求，肢体残疾人占54.17%，视力残疾人占11.68%（见表3）。

**表3　残疾类别和改造项目需求**

单位：%

| 残疾类别 | 家门口坡化、安装扶手 | 房门改造 | 卫生间改造 | 厨房改造 | 闪光门铃、可视门铃（聋人用） | 煤气泄漏报警发声装置（盲人用） | 上网读屏软件（盲人用） | 其他 |
|---|---|---|---|---|---|---|---|---|
| 视力 | 10.56 | 10.71 | 10.25 | 11.16 | 0.00 | 90.42 | 91.65 | 11.68 |
| 听力 | 3.72 | 4.54 | 4.59 | 5.63 | 68.95 | 0.00 | 0.00 | 7.09 |
| 言语 | 1.18 | 1.61 | 1.58 | 1.76 | 0.00 | 0.00 | 0.00 | 2.28 |

续表

| 残疾类别 | 家门口坡化、安装扶手 | 房门改造 | 卫生间改造 | 厨房改造 | 闪光门铃、可视门铃（聋人用） | 煤气泄漏报警发声装置（盲人用） | 上网读屏软件（盲人用） | 其他 |
|---|---|---|---|---|---|---|---|---|
| 肢体 | 70.03 | 64.35 | 65.23 | 61.21 | 0.00 | 0.00 | 0.00 | 54.17 |
| 智力 | 5.19 | 6.84 | 6.63 | 7.48 | 0.00 | 0.00 | 0.00 | 9.20 |
| 精神 | 4.59 | 6.72 | 6.42 | 7.52 | 0.00 | 0.00 | 0.00 | 9.98 |
| 多重 | 4.72 | 5.22 | 5.30 | 5.24 | 31.05 | 9.58 | 8.35 | 5.59 |

从项目需求分布看，肢体残疾人在家庭生活中的改造愿望最为强烈，在调查统计的 8 个项目中，有 5 个项目肢体残疾人需求排在第一位，而且需求量都占半数以上；同时，视力残疾人家庭无障碍改造的需求不容忽视，在调查统计的 8 个项目中，有 2 个项目视力残疾人需求排在第一位，另有 5 个项目视力残疾人需求排在第二位。

## 四　残疾人家庭无障碍改造问题分析

### （一）无障碍改造需求满足不充分

残疾人家庭无障碍改造存在较大缺口，残疾人的需求尚未得到充分满足。以残疾人家庭无障碍改造数量占改造总需求（改造数量 + 改造需求）的比重作为改造比例，2018 年全国残疾人家庭无障碍改造比例为 14.73%，有近七分之六残疾人家庭无障碍改造需求没有得到满足。不同类别残疾人家庭无障碍改造比率有所差别，视力残疾人家庭无障碍改造比例为 13.77%，听力残疾人家庭改造比例为 16.03%，言语残疾人家庭改造比例为 12.53%，肢体残疾人家庭改造比例为 15.14%，智力残疾人家庭改造比例为 14.25%，精神残疾人家庭改造比例为 14%，多重残疾人家庭改造比例为 13.39%（见图 8）。改造比例最高的听力残疾人，也有 83.97% 的家庭无障碍改造需求没有得到满足。与此同时，2017 年全国残疾人家庭无障碍改造比例为 7.34%，2018 年比 2017 年虽然提高 7.39 个百分点，改造比例达到 14.73%，但满足残疾人家庭无障碍改造需求还有很长的路要走。

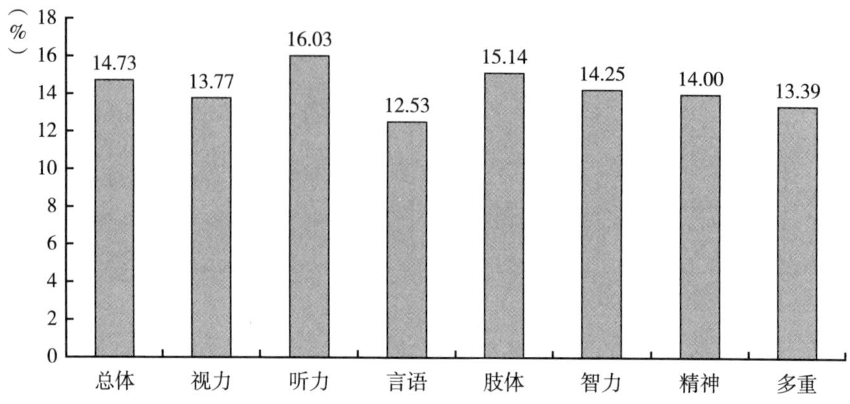


**图 8　2018 年全国残疾人家庭无障碍改造比例**

## （二）残疾人家庭无障碍改造存在区域发展不平衡

全国各区域残疾人家庭无障碍改造的数量、改造需求、残疾人口基数均不相同，为测量各地残疾人家庭改造进展情况，以残疾人家庭无障碍改造数量与改造需求人数之比作为改造系数。2018 年，全国残疾人家庭无障碍改造系数平均为 17.28%，东部、中部、西部和东北地区残疾人家庭无障碍改造系数分别为 37.26%、12.08%、12.94% 和 10.01%，残疾人家庭无障碍改造进展存在着明显的区域差异，改造系数最高的东部地区比改造系数最低的东北地区高出 27.25 个百分点（见图 9）。从残疾人家庭无障碍改造需求看，2018 年东部、中部、西部和东北地区有残疾人家庭无障碍改造需求人数的比例分别为 13.21%、30.33%、20.30% 和 16.89%，中部地区残疾人家庭无障碍改造需求比例最高，比需求比例最低的东部地区高出 17.12 个百分点，比西部地区高出 10.03 个百分点。中部地区残疾人口众多，残疾人家庭无障碍改造需求量大，改造任务较重。

## （三）残疾人家庭无障碍改造资金缺口较大

20 世纪 80 年代后期，无障碍环境的设计理念才引入我国道路和城市

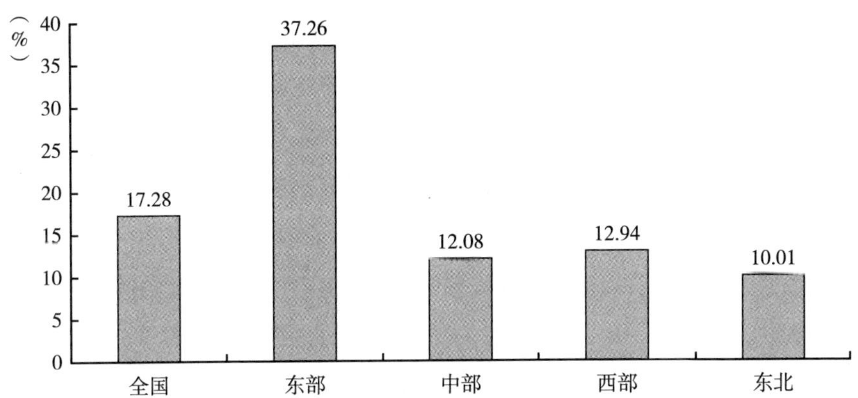


**图 9　2018 年全国和不同地区的家庭无障碍改造系数**

建筑设计规范，家庭住宅无障碍设计起步更晚，残疾人家庭无障碍改造更是近几年才开始实施的项目。由于历史欠账的原因，我国残疾人家庭无障碍改造的需求大、项目多、改造资金缺口大。一是国家资金投入与需求差距较大。全国残疾人家庭无障碍改造的需求很大，2018 年有改造需求的残疾人占残疾人总数的 20.53%，其中贫困残疾人占到 45.99%。贫困残疾人基本没有经济能力进行家庭无障碍改造，而“十三五”期间中央财政仅年投入专项资金对 4 万余户[①]贫困重度残疾人家庭户均补助无障碍改造经费 3500 元。其他贫困残疾人和非贫困残疾人家庭无障碍改造资金由地方筹资解决，有些经济薄弱地区配套资金不落实。二是农村残疾人家庭无障碍改造资金需求大。2018 年，我国农村有家庭无障碍改造需求的残疾人数占家庭无障碍改造需求总人数的 82.89%。农村残疾人家庭无障碍改造需求不仅数量多，而且大多数在自建房时没有考虑到家庭无障碍环境，普遍改造项目比城市多、改造难度比城市大、改造资金比城市投入高。应该提高农村改造经费标准，增加投入，为保质保量实施农村残疾人

① 中国残疾人联合会：《十三届全国人大一次会议第 2786 号建议及办理复文》，中国残疾人联合会网，www. cdpf. org. cn/ywzz/wq_ 188/wqzt/2018lhtags/201812/t20181207_ 643338. shtml。

家庭无障碍改造提供较多的资金支持。三是满足小康生活的家庭无障碍改造需要更多资金支撑。目前我国实施的残疾人家庭无障碍改造项目，以满足残疾人的生理需求、安全需求等基本需求为主。残疾人实现小康生活，家庭无障碍改造要能满足残疾人更高层次的需求，比如交往需求、尊重需求，以及实现自我的需求。满足改善型、舒适型甚至更高科技含量要求的家庭无障碍改造项目，需要投入更多的改造资金。如安装供生活不能自理残疾人洗浴的侧开门式浴缸，或安装从卧室到卫生间的移动吊轨设备，价格至少都要在 5 万 ~10 万元左右。更高层次的家庭无障碍改造，需要有更多渠道的资金来源。

### （四）残疾人家庭卫生间无障碍改造需求亟待满足

虽然残疾人家庭无障碍改造需求呈现多样性，不同类型不同等级残疾人对改造项目的需求不同，居住不同房屋条件的残疾人无障碍改造的需求也不同，但残疾人家庭无障碍改造需求除“其他”需求选项外，残疾人对卫生间无障碍改造项目的需求最大。2018 年，提出家庭卫生间无障碍改造需求的残疾人数占有改造需求残疾人总数的 29. 68%。除“其他”改造需求选项外，不同类别残疾人对家庭无障碍改造项目需求排在前三位的分别是：视力残疾人卫生间改造 24. 98%、厨房改造 14. 60%、安装煤气泄漏报警发声装置 14. 33%；听力残疾人安装闪光门铃或可视门铃 22. 67%、卫生间改造 19. 05%、厨房改造 12. 52%；言语残疾人卫生间改造 24. 92%、厨房改造 14. 87%、房门改造 11. 71%；肢体残疾人卫生间改造 33. 93%、家门口坡化及安装扶手 20. 16%、厨房改造 17. 08%；智力残疾人卫生间改造 25. 46%、厨房改造 15. 42%、房门改造 12. 18%；精神残疾人卫生间改造 23. 39%、厨房改造 14. 69%、房门改造 11. 34%；多重残疾人卫生间改造 26. 98%、厨房改造 14. 31%、家门口坡化及安装扶手 13. 31%（见表 4）。由此可见，除听力残疾人卫生间改造需求排在第二位外，其他类别残疾人卫生间改造均排在第一位，卫生间改造项目是各类残疾人家庭无障碍改造共同的主要改造需求。

**表 4　各类改造项目需求占不同残疾类型有改造需求人数的比例**

单位：%

| | 视力 | 听力 | 言语 | 肢体 | 智力 | 精神 | 多重 |
|---|---|---|---|---|---|---|---|
| 家门口坡化、安装扶手 | 14.25 | 8.54 | 10.28 | 20.16 | 11.04 | 9.24 | 13.31 |
| 房门改造 | 12.10 | 8.73 | 11.71 | 15.51 | 12.18 | 11.34 | 12.31 |
| 卫生间改造 | 24.98 | 19.05 | 24.92 | 33.93 | 25.46 | 23.39 | 26.98 |
| 厨房改造 | 14.60 | 12.52 | 14.87 | 17.08 | 15.42 | 14.69 | 14.31 |
| 闪光门铃、可视门铃 | 0.00 | 22.67 | 0.00 | 0.00 | 0.00 | 0.00 | 12.54 |
| 煤气泄漏报警发声装置 | 14.33 | 0.00 | 0.00 | 0.00 | 0.00 | 0.00 | 3.17 |
| 上网读屏软件 | 4.70 | 0.00 | 0.00 | 0.00 | 0.00 | 0.00 | 0.90 |
| 其他 | 53.55 | 55.32 | 67.56 | 53.01 | 66.51 | 68.38 | 53.61 |

残疾人家庭卫生间无障碍改造需求大，相对来说改造难度也大。我国绝大多数卫生间便浴一体，卫生间既要满足残疾人如厕需要，也要满足残疾人洗浴需要，既要方便又要安全。城市老旧住宅，因为房屋结构问题改造困难；农村住宅往往为简易卫生间，通常需要整体改造。除简单安装扶手等设施外，卫生间无障碍改造相对花费材料、人工、时间较多，投入经费相对也高。满足残疾人卫生间无障碍改造需求，既迫切又有难度，需要采取更加有力的措施加以解决。

## 五　中国残疾人家庭无障碍改造对策建议

### （一）加强农村残疾人家庭的无障碍改造

我国农村残疾人数量大，农业户口残疾人占持证残疾人数的 77.2%。农村有家庭无障碍改造需求的残疾人数量也很大，2018 年有改造需求的人数中农业户口残疾人占到 86.07%。农村残疾人家庭有很多是自建房，大量住房建设时没有考虑到无障碍需求，后期无障碍改造难度大。一是加大农村残疾人家庭无障碍改造力度，将家庭无障碍改造纳入扶贫攻坚大局，整合各方资源，加大改造资金投入。二是加强宣传，提高农村家庭无障碍意识，在自家建房时考虑残疾人、老年人无障碍需求。同时也要组织有关技术人员设计符合农村特点的具有无障碍功能的农村住房，提供实用、简单、易学的无障碍样板房，供农村居民建房时参考借鉴。三是农村家庭无障碍改造主要为满足残疾人对基本生活和基本安全的需要，要加强残疾人使用无障碍设施方法的培训和指导，使残疾人及其家人学会操作、安全使用，体验到无障碍设施带来的生活便利。

### （二）从供给侧增加卫生间无障碍改造有效供给

2016～2018 年全国残疾人服务状况和需求动态更新数据显示，残疾人家庭卫生间无障碍改造需求一直位居各项无障碍改造需求（除“其他”需求外）首位。要采取切实有效措施，满足残疾人对家庭卫生间无障碍改造的需求。一是设立残疾人家庭卫生间无障碍改造专项，从供给侧增加卫生间无障碍改造有效供给入手，解决残疾人卫生间无障碍改造需求居高不下的问题。二是要加强对卫生间无障碍改造的技术研究和统计分析，卫生间无障碍改造难度差别大，资金投入差距大，从安装扶手、沐浴喷头、抽水马桶，到整体铺设防滑地砖墙砖、上下水改造、墙体移动，甚至有的农村卫生间基本重建，改造需求各不相同，要分类进行调查统计，分类进行改造技术的研究和资金投入分析，确保改造项目有的放矢、落实到位。三是在残疾人家庭卫生间无障碍改造中增加热水器项目。我国绝大部分家庭卫生间具有洗浴功能，一些残疾人家庭特别是农村贫困残疾人家庭没有热水器，残疾人生活达到小康在家里都洗不上热水澡是说不过去的。江苏等省份开展送太阳能热水器的项目，很受残疾人家庭的欢迎。残疾人家庭卫生间无障碍改造结合安装热水器，可以有效提升残疾人的生活质量，提高残疾人小康生活的获得感。

### （三）逐步将家庭康复训练无障碍纳入无障碍改造内容

残疾人除与老年人具有相同的身体移动、如厕、洗浴、做饭等生活无障碍需求外，还具有信息交流无障碍和康复训练无障碍等特殊需求。康复训练是残疾人特殊的需要，除在机构进行康复训练外，在家庭中进行康复训练是残疾人康复的重要手段。在家庭里能够便利地进行康复训练是残疾人对家庭无障碍改造的特殊需求。要组织研究残疾人在家庭进行康复训练存在的障碍，提出改造这些障碍的方案、技术标准，经过实践检验后逐步纳入家庭无障碍改造指南，指导各地、各部门家庭康复训练无障碍改造工作。条件成熟时要在残疾人家庭无障碍改造任务中列入康复训练无障碍改造内容，实施推进中应该与社区康复、辅助器具适配进家庭等工作结合，康复经费中应可以列支康复训练无障碍改造项目所需资金，建立协同推进残疾人家庭康复训练无障碍改造的机制。

### （四）控制有“障碍”家庭住宅增量

残疾人家庭无障碍改造需求中有大量通用无障碍建设要求的内容，如房门宽度达不到轮椅通行基本要求，门口有门槛、台阶，室内房间、厨房、卫生间、阳台通道有落差或门槛没有坡道过渡，地面没有铺设防滑地砖，房间宽度不够轮椅旋转等，农村住宅存在此类障碍的问题更为突出。这类住宅在建设时就存在“障碍”缺陷，增加了无障碍改造难度和工程量。要减少存量、控制增量，在对老旧住房进行家庭无障碍改造的同时，从源头上控制此类有“障碍”缺陷住宅的增长。城市、农村新建家庭住宅均应按照住建部发布的《家庭无障碍建设指南》进行通用无障碍设计和建设，逐步提高新建住房中具有通用家庭无障碍环境住宅的比例，有关部门应负起宣传、推广、监督的责任。残疾人家庭无障碍改造逐步从通用无障碍改造的压力中解放出来，将来主要针对残疾人的特殊需求进行家庭无障碍改造，如安装扶手、低柜、升降柜、移动吊轨、专用洗浴设备等，个性化消除残疾人居家生活存在的障碍细节，配置信息交流无障碍、康复训练无障碍设施，研发满足残疾人更高生活需求、提升生活品质、具有高科技含量的无障碍设备。

### （五）建立残疾人家庭无障碍改造机制

残疾人家庭无障碍改造具有需求量大、需求多样化、需求层次不同的特点。2018 年，有家庭无障碍改造需求的残疾人数占残疾人总数的 20.53%，残疾人家庭无障碍改造率为 14.7%。不同残疾类型、不同残疾等级残疾人改造需求不同，居住不同无障碍环境住宅的残疾人家庭改造需求也不同。不同经济收入水平、不同观念的残疾人家庭改造需求不同，城市与农村残疾人家庭改造需求也不同。要建立完备的残疾人家庭无障碍改造机制，合理配备各项资源，最大限度满足残疾人家庭不同的无障碍改造需求。一是建立多元参与的居家无障碍改造机制。贫困残疾人家庭无障碍改造由政府主导，为残疾人家庭提供无障碍改造的基本公共服务。非贫困但不富裕残疾人家庭可以通过动员社会、市场参与等方式，满足基本无障碍改造需求。有经济实力的残疾人家庭，可以通过个人出资、调动市场资源来实现更高层次无障碍改造的愿望。二是建立居家无障碍改造申报制度。残疾人通过自我申报反映个性化家庭无障碍改造需求，受理部门或单位安排专业技术人员上门评估，根据残疾人改造意愿和住宅实际制订个性化的改造方案，安排专业化的改造队伍上门服务，满足残疾人家庭多样化无障碍改造需要，提高残疾人家庭无障碍环境体验的满意度。三是建立残疾人家庭无障碍改造监督机制。国家建立评估体系，通过相关调查统计数据对各地开展残疾人家庭无障碍改造状况进行评估，公开或内部通报工作进度，推动各地加大残疾人家庭无障碍改造力度。加强对贫困重度残疾人家庭无障碍改造资金的监督，督促各地落实配套资金，充分发挥财政资金的作用。建立改造工程质量监督机制，组织专家进行质量验收，进行改造质量满意度调查，通过政府、社会、残疾人本人等多渠道监督方式，加强对残疾人家庭无障碍改造工程的质量监督，保证工程质量符合国家建设标准要求。

**参考文献**

第二次全国残疾人抽样调查办公室：《第二次全国残疾人抽样调查资料》，中国统计出版社，2007。

姜传鉷：《“在宅养老”模式的住宅和社区规划设计》，中国建筑工业出版社，2017。

江苏省残疾人事业发展研究会、南京大学残疾人事业发展研究中心：《中国特色残疾人事业概论》，华夏出版社，2017。

林曦、姚琪、章曲：《家·养老：居家养老住宅适老化改造》，中国建筑工业出版社，2017。

中国残疾人事业重要文件选编（1978~2018）编辑组：《中国残疾人事业重要文件选编（1978~2018）》，华夏出版社，2018。

住房和城乡建设部标准定额司：《家庭无障碍建设指南》，中国建筑工业出版社，2013。

周燕珉、程晓青、林菊英、林婧怡：《老年住宅（第二版）》，中国建筑工业出版社，2018。

〔日〕高龄者住环境研究所、无障碍设计研究协会：《住宅无障碍改造设计》，王小荣、袁逸倩、郑颖等译，中国建筑工业出版社，2015。

# B.12
# 中国村（社区）无障碍发展报告（2019）*

白先春　毛　雪**

**摘　要：** 村（社区）公共服务场所无障碍设施是无障碍建设的重要组成部分，本报告基于《无障碍设计规范》（GB 50763－2012），按照全面性、层次性和可比性原则，构建由5个一级指标、13个二级指标组成的村（社区）公共服务场所无障碍设施建设水平评价指标体系。利用2018年“全国残疾人基本服务状况和需求信息数据动态更新”中社区调查数据，对我国华北、东北、华东、华中、华南、西南、西北等7个区域村（社区）无障碍设施建设情况进行比较研究；利用TOPSIS综合评价方法和四分位数法，对村（社区）公共服务场所无障碍设施建设水平进行评价；通过绘制雷达图，进一步分析各区域村（社区）公共服务场所各类无障碍设施建设差异情况。针对我国村（社区）无障碍发展中存在的问题：整体覆盖率偏低、发展不均衡，缺乏顶层设计、居民认同度不高，资金来源单一、投入不足等；提出：强化顶层设计，加大资金扶持力度，补“短板”、强弱项、促发展，不断提升村（社区）公共服务场所无障碍建设水平的政策建议。

**关键词：** 残疾人　无障碍发展　无障碍设施

---

* 本文获江苏高校哲学社会科学研究重点项目（2018SJZDI110）资助。

** 白先春，博士，中国残疾人数据科学研究院院长、教授，研究领域：残疾人发展评价；毛雪，南京财经大学经济学院硕士研究生，研究领域：社会经济统计。

无障碍设施，是指为保障残疾人、老年人、儿童及其他行动不便者在居住、出行、工作、娱乐和参加其他社会活动时，能够自主、安全、方便地通行和使用所建设的物质环境①。主要包括四类，（1）水平类：坡道、盲道等；（2）垂直类：升降装置或无障碍垂直电梯等；（3）标识类：无障碍标识牌、提示音响、警示信号、指示装置、无障碍旅游路线图等；（4）专用类：无障碍停车位、低位装置、无障碍厕所、安全扶手等②。

我国无障碍设施的服务对象通常划分为三个阶段：（1）初始阶段（20世纪60年代）：无障碍概念形成，提出以健全者为中心的社会是不健全的社会，残疾人是无障碍设施的服务对象；（2）发展阶段（20世纪70～80年代）：随着社会生活水平、医疗水平的提高，老龄化趋势开始出现，无障碍设施的服务对象扩大到老年人以及处于特殊阶段而行动不便的人群，如孕妇和病人等；（3）通用阶段（20世纪90年代以来）："以人为本"的理念开始受到广泛关注，无障碍设施的服务对象发展到所有的社会成员③。

无障碍设施的建设水平反映了社会文明程度，体现了社会对于弱势群体的人文关怀。全面推进无障碍设施建设，是坚持以人为本，落实科学发展观的必然要求，是进一步构建和谐社会、全面建设小康社会的重要举措④。无障碍设施，不仅仅只服务于残疾人，对于老年人、伤病人、孕妇、儿童甚至每个人都有无障碍的需求，无障碍设施建设已成为服务于社会全体人员的客观要求。

## 一　村（社区）无障碍设施建设现状分析

村（社区）公共服务场所是提供公众进行工作、学习、经济、文化、娱乐、体育、医疗、休息、旅游和满足部分生活需求所使用的一切公用建筑

① 范秀秀：《城镇残疾人就业权利保障研究》，西南政法大学硕士学位论文，2018。

② 宛丽：《残疾人无障碍环境建设研究》，苏州大学硕士学位论文，2015。

③ 同②。

④ 吕世明：《我国无障碍环境建设现状及发展思考》，《残疾人研究》2013年第2期，第3～8页。

物、场所及其设施的总称。残疾人、老年人、儿童及其他行动不便者是无障碍设施服务的主要对象，他们生活的村（社区）公共服务场所是否拥有坡道、低位柜台、无障碍厕所或者厕位等无障碍设施，是他们实现走出家门、参与村（社区）生活、享受公共服务的前提。村（社区）无障碍设施包罗万象，本报告仅考虑残疾人、老年人、儿童及其他行动不便者能否方便地享有村（社区）提供的基本公共服务，如能否方便地办理户口、民政、社会保障等业务，看病、上学、取钱、购物、参加文体活动等是否无障碍，来对我国村（社区）无障碍建设情况加以分析研究。

### （一）指标设计

根据村（社区）公共服务场所无障碍设施的建设要求及设施数量，反映村（社区）无障碍设施的建设水平。村（社区）公共服务场所的选取应与居民生活息息相关，主要包括：综合服务中心、医院（包括卫生所）、学校（包括幼儿园）、银行网点（包括信用社）、文化活动中心（包括体育活动中心）等。

综合服务中心是指党建、社会保障、民政、残联、人口计生、教育、村（社区）警务甚至包括老人日间照料、慈善超市等多项服务内容的一体式综合便民服务场所。综合服务中心是为村（社区）居民特别是老年人、残疾人、青少年、低保及困难群体和村（社区）家庭提供多元化多层次综合服务的公共场所，其无障碍设施建设水平显得尤为重要。根据《无障碍设计规范》（GB 50763－2012），综合服务中心应该做到：

第一，出入口平整或有坡道：出入口平整或有坡道，是方便乘坐轮椅残疾人、拄拐杖残疾人以及婴儿车进出的设施。

第二，有低位服务柜台：低位服务柜台是方便乘坐轮椅残疾人办事的设施。

第三，有无障碍厕所或厕位：无障碍厕所或厕位，指厕所有带扶手抓杆的小便池和带有扶手抓杆的坐便器，以方便残疾人或行动不便者如厕。

为衡量综合服务中心无障碍建设水平，设置3个指标：坡道设置率、低位服务台设置率和无障碍厕所覆盖率。其中，坡道设置率是指出入口平整或有坡道的综合服务中心数量占被调查综合服务中心数的比率；低位服务台设置率是指拥有低位服务柜台的综合服务中心数量占被调查综合服务中心数的比率；无障碍厕所覆盖率是指设有无障碍厕所的综合服务中心数量占被调查综合服务中心数的比率。

同样，医院（卫生所）无障碍建设情况设置的 3 个指标为：坡道设置率、低位服务台设置率和无障碍厕所覆盖率；银行网点（信用社）无障碍建设情况设置 2 个指标为：坡道设置率和低位服务台设置率；文化（体育）活动中心无障碍建设情况设置 2 个指标为：坡道设置率和无障碍厕所覆盖率。

**表 1　村（社区）无障碍设施建设水平评价指标体系**

| 一级指标 | 二级指标 |
| --- | --- |
| 综合服务中心 | 坡道设置率 $X_{11}$ |
|  | 低位服务台设置率 $X_{12}$ |
|  | 无障碍厕所覆盖率 $X_{13}$ |
| 医院（卫生所） | 坡道设置率 $X_{21}$ |
|  | 低位服务台设置率 $X_{22}$ |
|  | 无障碍厕所覆盖率 $X_{23}$ |
| 学校（幼儿园） | 坡道设置率 $X_{31}$ |
|  | 无障碍楼梯设置率 $X_{32}$ |
|  | 无障碍厕所覆盖率 $X_{33}$ |
| 银行网点（信用社） | 坡道设置率 $X_{41}$ |
|  | 低位服务台设置率 $X_{42}$ |
| 文化（体育）活动中心 | 坡道设置率 $X_{51}$ |
|  | 无障碍厕所覆盖率 $X_{52}$ |

由于学校（幼儿园）大多建有楼房，无障碍楼梯即楼梯起点和终点处设置提示盲道、台阶的宽度和高度适宜，楼梯具有双侧扶手，是方便残障学生、有需求学生上下楼的重要设施，用“无障碍楼梯设置率”来衡量。学校（幼儿园）无障碍建设情况的 3 个指标为：坡道设置率、无障碍楼梯设置率和无障碍厕所覆盖率。其中，无障碍楼梯设置率是指设置无障碍楼梯的

学校（幼儿园）数量占被调查有楼梯学校（幼儿园）数的比率。

综上，村（社区）无障碍建设水平评价的指标体系包括5个一级指标、13个二级指标，具体如表1所示。

## （二）数据描述

### 1. 数据来源

数据来源于2018年“全国残疾人基本服务状况和需求信息数据动态更新”中社区调查数据（以下简称“动态更新”）。根据动态更新数据和上述评价指标体系，研究我国村（社区）公共服务场所无障碍建设情况。该项数据涵盖了全国31个省（直辖市、自治区）中的村（社区），其中有效样本量为671269个，其样本分布情况，如表2所示。

**表2 样本分布情况**

单位：个

| 地区 | | 调查村(社区)数量 |
|---|---|---|
| 华北 | 北京市 | 6874 |
| | 天津市 | 5270 |
| | 河北省 | 53221 |
| | 山西省 | 29803 |
| | 内蒙古自治区 | 14228 |
| 东北 | 辽宁省 | 16114 |
| | 吉林省 | 11391 |
| | 黑龙江省 | 14405 |
| 华东 | 上海市 | 5995 |
| | 江苏省 | 21831 |
| | 浙江省 | 31858 |
| | 安徽省 | 18217 |
| | 福建省 | 17004 |
| | 江西省 | 21075 |
| | 山东省 | 80580 |

续表

| 地区 | | 调查村(社区)数量 |
|---|---|---|
| 华中 | 河南省 | 52577 |
| | 湖北省 | 29976 |
| | 湖南省 | 29741 |
| 华南 | 广东省 | 26083 |
| | 广西壮族自治区 | 16471 |
| | 海南省 | 3313 |
| 西南 | 重庆市 | 11089 |
| | 四川省 | 52626 |
| | 贵州省 | 18652 |
| | 云南省 | 14522 |
| | 西藏自治区 | 5425 |
| 西北 | 陕西省 | 25265 |
| | 甘肃省 | 17279 |
| | 青海省 | 4600 |
| | 宁夏回族自治区 | 2814 |
| | 新疆维吾尔自治区 | 12970 |
| 全国 | | 671269 |

2. 数据描述性分析

由于人口规模，经济发展水平等方面的差异，并不是每个村（社区）都设有综合服务中心、医院（卫生所）、学校（幼儿园）、银行网点（信用社）、文化（体育）活动中心等。2018 年动态更新数据中所调查的村（社区）中设有综合服务中心等公共服务场所的数量，如表 3 所示。

**表 3　2018 年全国动态更新调查中拥有各类公共服务场所的村（社区）数量**

单位：个

| 地区 | 综合服务中心 | 医院（卫生所） | 学校（幼儿园） | 银行网点（信用社） | 文化(体育)活动中心 |
|---|---|---|---|---|---|
| 华北 | 50801 | 84198 | 46568 | 28037 | 68211 |
| 东北 | 17335 | 32332 | 17547 | 11985 | 23844 |
| 华东 | 123249 | 142786 | 96756 | 72418 | 132381 |

续表

| 地　区 | 综合服务中心 | 医院（卫生所） | 学校（幼儿园） | 银行网点（信用社） | 文化（体育）活动中心 |
|---|---|---|---|---|---|
| 华　中 | 75408 | 96906 | 64844 | 31935 | 66378 |
| 华　南 | 31461 | 37736 | 35370 | 16962 | 27927 |
| 西　南 | 60911 | 82849 | 54051 | 32440 | 63873 |
| 西　北 | 37420 | 50588 | 34339 | 19999 | 39468 |
| 全　国 | 396585 | 527395 | 349475 | 213776 | 422082 |

由表2、表3中的数据，可以计算区域某种公共服务场所设置率，即设有某种公共服务场所的村（社区）数量占该区域所调查的村（社区）数量的百分比。具体计算结果，如表4所示。

**表4　2018年全国动态更新调查中村（社区）公共服务场所设置情况**

单位：%

| 地　区 | 综合服务中心设置率 | 医院（卫生所）设置率 | 学校（幼儿园）设置率 | 银行网点（信用社）设置率 | 文化（体育）活动中心设置率 |
|---|---|---|---|---|---|
| 华　北 | 46.44 | 76.97 | 42.57 | 25.63 | 62.35 |
| 东　北 | 41.36 | 77.15 | 41.87 | 28.60 | 56.89 |
| 华　东 | 62.70 | 72.64 | 49.22 | 36.84 | 67.35 |
| 华　中 | 67.15 | 86.30 | 57.74 | 28.44 | 59.11 |
| 华　南 | 68.59 | 82.27 | 77.11 | 36.98 | 60.89 |
| 西　南 | 59.53 | 80.98 | 52.83 | 31.71 | 62.43 |
| 西　北 | 59.46 | 80.39 | 54.57 | 31.78 | 62.72 |
| 全　国 | 59.08 | 78.57 | 52.06 | 31.85 | 62.88 |

由表4可知，所调查的村（社区）中，综合服务中心、学校（幼儿园）、银行网点（信用社）设置率最高的均为华南地区，分别为68.59%、77.11%、36.98%，医院（卫生所）设置率最高的是华中地区（86.30%），文化（体育）活动中心设置率最高的是华东地区（67.35%）；综合服务中心、学校（幼儿园）、文化（体育）活动中心设置率最低的均为东北地区，分别是41.36%、41.87%、56.89%，医院（卫生所）设置率最低为华东地区（72.64%），银行网点（信用社）设置率最低为华北地区（25.63%）。

从2018年动态更新数据来看，全国村（社区）中，医院（卫生所）设置率普遍较高，文化（体育）活动中心设置率次之，而银行网点（信用社）设置率最低，这与各个项目的特点、功能有关。同时，不同区域村（社区）公共服务项目的设置率差异较大，如华南地区的村（社区）学校（幼儿园）设置率明显高于其他区域，与设置率最低地区相差35.24个百分点。

## （三）村（社区）无障碍发展情况分析

1. 综合服务中心

根据表1中指标体系，计算得到2018年各区域村（社区）综合服务中心无障碍设施建设情况，具体如表5所示。

**表5　2018年全国村（社区）综合服务中心无障碍设施建设情况**

单位：%

| 地　区 | 坡道设置率 | 低位服务台设置率 | 无障碍厕所覆盖率 |
|---|---|---|---|
| 华　北 | 80.68 | 38.11 | 23.25 |
| 东　北 | 73.40 | 35.39 | 20.41 |
| 华　东 | 83.13 | 54.15 | 37.43 |
| 华　中 | 80.33 | 53.37 | 30.01 |
| 华　南 | 79.69 | 49.86 | 21.36 |
| 西　南 | 76.86 | 42.78 | 26.08 |
| 西　北 | 71.67 | 42.25 | 21.69 |
| 全　国 | 79.54 | 47.92 | 28.96 |

由表5可知，2018年各区域村（社区）综合服务中心中，坡道设置率最高和最低的分别是华东地区（83.13%）和西北地区（71.67%），二者相差11.46个百分点；全国村（社区）综合服务中心坡道设置率为79.54%，高于全国水平的有华北、华南、华东、华中等地区；总的来看，村（社区）综合服务中心坡道设置率较高，且各地区差异不大。低位服务台设置率最高和最低的分别是华东地区（54.15%）和东北地区（35.39%），二者相差18.76个百分点；全国村（社区）低位服务台设置率为47.92%，高于全国

水平的有华东、华中、华南等地区；总的来看，全国村（社区）综合服务中心低位服务台设置率较低，不同区域间差异较大。全国村（社区）综合服务中心无障碍厕所覆盖率为28.96%，华东地区最高为37.43%，东北地区最低为20.41%，二者相差17.02个百分点；全国村（社区）综合服务中心无障碍厕所覆盖率设置低，不同区域间差异较大。

总之，全国各区域村（社区）综合服务中心无障碍设施建设中，坡道设置率高于低位服务台设置率，而无障碍厕所的覆盖率最低；坡道设置率各区域差异较小，而低位服务台设置率和无障碍厕所覆盖率存在一定差距。

2. 医院（卫生所）

同样，根据表1中指标体系，计算得到2018年各区域村（社区）医院（卫生所）无障碍设施建设情况，具体如表6所示。

**表6　2018年全国村（社区）医院（卫生所）无障碍设施建设情况**

单位：%

| 地　区 | 坡道设置率 | 低位服务台设置率 | 无障碍厕所覆盖率 |
|---|---|---|---|
| 华　北 | 79.07 | 38.02 | 22.67 |
| 东　北 | 70.73 | 29.88 | 17.72 |
| 华　东 | 83.41 | 53.50 | 36.59 |
| 华　中 | 80.01 | 51.19 | 29.79 |
| 华　南 | 80.23 | 43.70 | 23.84 |
| 西　南 | 74.67 | 38.62 | 24.30 |
| 西　北 | 69.93 | 40.49 | 20.01 |
| 全　国 | 78.42 | 44.87 | 27.53 |

由表6可知，2018年各区域村（社区）医院（卫生所）中，坡道设置率最高和最低的分别是华东地区（83.41%）和西北地区（69.93%），二者相差13.48个百分点；全国村（社区）医院（卫生所）坡道设置率为78.42%，整体来看各区域村（社区）医院（卫生所）坡道设置率较高，区域间相差较小。低位服务台设置率、无障碍厕所覆盖率华东地区最高，分别达到53.50%、36.59%；最低为东北地区，分别为29.88%、17.72%，二

者相差分别达到23.62、18.87个百分点；全国村（社区）医院（卫生所）低位服务台率和无障碍厕所覆盖率分别为44.87%、27.53%，整体水平较低，区域差异较大。

2018年各区域村（社区）医院（卫生所）坡道设置率的整体情况较好，而低位服务台设置率、无障碍厕所覆盖率均较低，且区域间存在一定的差距。

3. 学校（幼儿园）

2018年全国各区域村（社区）学校（幼儿园）无障碍设施建设情况，具体如表7所示。

**表7　2018年全国村（社区）学校（幼儿园）无障碍设施建设情况**

单位：%

| 地　区 | 坡道设置率 | 无障碍楼梯设置率 | 无障碍厕所覆盖率 |
| --- | --- | --- | --- |
| 华　北 | 80.38 | 52.82 | 31.66 |
| 东　北 | 71.96 | 43.59 | 28.22 |
| 华　东 | 86.54 | 66.19 | 42.40 |
| 华　中 | 82.48 | 63.03 | 34.31 |
| 华　南 | 83.00 | 51.94 | 24.31 |
| 西　南 | 77.03 | 55.77 | 27.51 |
| 西　北 | 73.83 | 57.31 | 27.71 |
| 全　国 | 81.16 | 58.76 | 33.18 |

由表7可知，2018年各区域村（社区）中学校（幼儿园）坡道设置率、无障碍楼梯设置率、无障碍厕所覆盖率最高是华东地区，分别为86.54%、66.19%、42.40%；分别与最低的东北、华南地区相差14.58、22.60、18.09个百分点。全国村（社区）中学校（幼儿园）坡道设置率为81.16%，水平较高；但无障碍楼梯设置率、无障碍厕所覆盖率分别为58.76%、33.18%，整体水平偏低。

2018年各区域村（社区）中学校（幼儿园）坡道设置率的整体情况好于无障碍楼梯设置率与无障碍厕所覆盖率；坡道设置率各地差距较小，而无障碍楼梯设置率、无障碍厕所覆盖率差距则相对较大。

4. 银行网点（信用社）

2018 年全国各区域村（社区）中银行网点（信用社）无障碍设施的建设情况，具体如表 8 所示。

**表 8　2018 年全国村（社区）银行网点（信用社）无障碍设施建设情况**

单位：%

| 地　区 | 坡道设置率 | 低位服务台设置率 | 地　区 | 坡道设置率 | 低位服务台设置率 |
|---|---|---|---|---|---|
| 华　北 | 80. 76 | 49. 61 | 华　南 | 78. 83 | 46. 44 |
| 东　北 | 73. 03 | 44. 16 | 西　南 | 74. 69 | 43. 70 |
| 华　东 | 85. 15 | 58. 87 | 西　北 | 69. 88 | 45. 43 |
| 华　中 | 80. 83 | 57. 27 | 全　国 | 79. 73 | 52. 05 |

由表 8 可知，2018 年各区域村（社区）中银行网点（信用社）坡道设置率、低位服务台设置率最高为华东地区，分别是 85. 15%、58. 87%；坡道设置率最低是西北地区（69. 88%），低位服务台设置率最低是西南地区（43. 70%）；全国银行网点（信用社）坡道设置率、低位服务台设置率为 79. 73% 和 52. 05%，整体水平较高。

2018 年各区域村（社区）中银行网点（信用社）坡道设置率的整体情况好于低位服务台设置率，且银行网点（信用社）坡道设置率、低位服务台设置率整体水平较高，但区域间存在一定差距。

5. 文化（体育）活动中心

2018 年，全国各区域村（社区）中文化（体育）活动中心无障碍设施的建设情况，具体如表 9 所示。

**表 9　2018 年全国村（社区）文化（体育）活动中心无障碍设施建设情况**

单位：%

| 地　区 | 坡道设置率 | 无障碍厕所覆盖率 | 地　区 | 坡道设置率 | 无障碍厕所覆盖率 |
|---|---|---|---|---|---|
| 华　北 | 77. 42 | 23. 66 | 华　南 | 77. 56 | 24. 71 |
| 东　北 | 70. 75 | 19. 10 | 西　南 | 75. 20 | 30. 76 |
| 华　东 | 83. 17 | 38. 83 | 西　北 | 70. 31 | 25. 06 |
| 华　中 | 79. 57 | 33. 64 | 全　国 | 78. 19 | 31. 01 |

由表 9 可知，2018 年各区域村（社区）中文化（体育）活动中心坡道设置率最高、最低的分别是华东地区（83.17%）和西北地区（70.31%），二者相差 12.86 个百分点；全国文化（体育）活动中心坡道设置率为 78.19%，整体水平较高。无障碍厕所覆盖率最高、最低的分别是华东地区（38.83%）和东北地区（19.10%），二者相差 19.73 个百分点；全国水平为 31.01%，整体水平较低，地区间差距较大。

2018 年各区域村（社区）中文化（体育）活动中心坡道设置率水平较高，但无障碍厕所覆盖率整体水平偏低，且地区间存在一定的差距。

## 二　村（社区）无障碍设施建设水平评价

### （一）综合评价

基于 TOPSIS 综合评价方法，对 2018 年全国各区域村（社区）无障碍建设水平进行综合评价，具体结果如表 10 所示。

**表 10　2018 年各区域村（社区）无障碍设施建设情况综合评价结果**

| 地　区 | 综合得分① | 排名 | 地　区 | 综合得分① | 排名 |
|---|---|---|---|---|---|
| 华　东 | 0.99 | 1 | 华　南 | 0.27 | 5 |
| 华　中 | 0.65 | 2 | 西　北 | 0.19 | 6 |
| 西　南 | 0.31 | 3 | 东　北 | 0.08 | 7 |
| 华　北 | 0.29 | 4 | | | |

＊①此处“综合得分”是根据 2018 年各区域村（社区）无障碍设施建设水平评价指标（具体指标见表 1）观察值，运用 TOPSIS 方法计算所得。

由表 10 可知，2018 年各区域村（社区）公共服务场所无障碍设施建设水平排名靠前的有华东、华中地区，而西北、东北地区排名相对靠后。

进一步，利用四分位数法对区域内省（直辖市、自治区）村（社区）无障碍设施建设水平进行类型分析。将 31 个省（直辖市、自治区）村（社区）

根据2018年无障碍设施建设水平综合得分分为好、较好、一般、较差四个区间，考察31个省（直辖市、自治区）的分布情况，具体如表11所示。

**表11　2018年全国31个省（直辖市、自治区）村（社区）无障碍设施建设情况分析表**

单位：个

| 地　区 | 好 | 较好 | 一般 | 较差 | 合计 |
|---|---|---|---|---|---|
| 华　北 | 2 | 0 | 2 | 1 | 5 |
| 东　北 | 0 | 0 | 1 | 2 | 3 |
| 华　东 | 4 | 2 | 1 | 0 | 7 |
| 华　中 | 2 | 1 | 0 | 0 | 3 |
| 华　南 | 0 | 2 | 0 | 1 | 3 |
| 西　南 | 0 | 2 | 2 | 1 | 5 |
| 西　北 | 0 | 1 | 1 | 3 | 5 |
| 合　计 | 8 | 8 | 7 | 8 | 31 |

由表11，村（社区）无障碍设施建设水平“好”的8个省（市）分别集中于华东、华北、华中三个地区，“较好”的8个省（自治区）分别位于华东、华南、西南、华中、西北五个地区，“一般”的7个省（直辖市、自治区）分别位于华北、西南、东北、华东、西北五个地区，而“较差”的8个省（自治区）分别位于西北、东北、华北、华南、西南五个地区。

## （二）差异性分析

通过绘制雷达图，进一步分析全国各区域村（社区）公共服务场所各类无障碍设施建设的差异性情况，具体如图1所示。

由图1可知，全国村（社区）无障碍设施各项指标值对各区域无障碍建设水平贡献度呈现相近的趋势，其中各公共服务场所的二级指标坡道设置率均表现较好，且极差较小，而无障碍厕所覆盖率表现较差，且医院（卫生所）和学校（幼儿园）的无障碍厕所覆盖率极差较大；相比于其他区域，

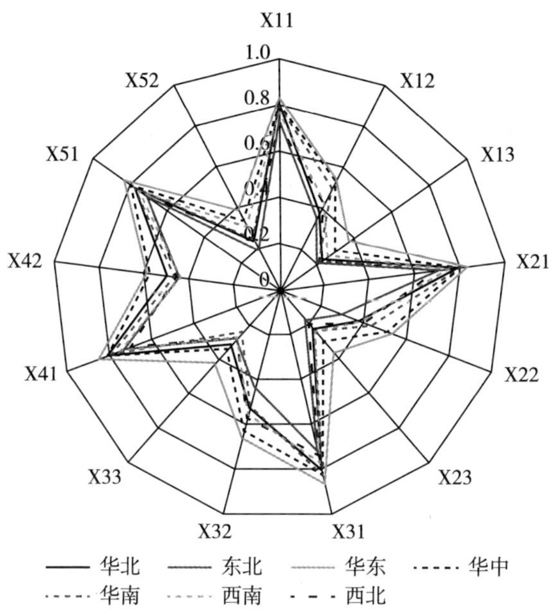


**图1　2018年全国各区域村（社区）无障碍设施建设各项指标值雷达图**

华东地区村（社区）公共服务场所的二级指标表现均较好，而东北地区二级指标表现相对较差，特别是无障碍楼梯设置率、医院（卫生所）的低位服务台设置率和文化（体育）活动中心的无障碍厕所覆盖率。

综上，全国各区域村（社区）公共服务场所的无障碍设施建设水平存在一定差异。总的来看，华东、华中地区的村（社区）无障碍设施建设水平较高，发展较为均衡；而西北、东北地区的村（社区）无障碍设施建设水平整体偏低，发展均衡性较差，不同地区间的建设水平差异性较大。

## 三　中国村（社区）无障碍发展的问题分析

目前，我国村（社区）无障碍建设得到了一定的发展。由于受到经济条件、地理位置以及政策因素等影响，我国村（社区）无障碍设施建设水平在区域间的差距较大。当前我国村（社区）无障碍发展中存在的问题主要有：

### （一）村（社区）公共服务场所无障碍建设覆盖率整体偏低、发展不均衡

在村（社区）公共服务场所的建设中，坡道设置率均达到了较好的水平，但无障碍厕所覆盖率和低位服务台设置率较低，且各区域间差距较大，我国村（社区）公共服务场所无障碍建设水平整体偏低。同时，在经济发展水平较高的地区，其村（社区）无障碍建设水平相对较高，如华东地区；而经济发展水平较低的地区，其村（社区）的公共服务场所建设水平也相对较低，村（社区）无障碍建设水平区域间发展不均衡。

### （二）村（社区）公共服务场所无障碍建设缺乏顶层设计、居民认同度不高

从国家层面来看，尽管在一些文件中提及加强村（社区）无障碍建设，但还没有制定针对村（社区）无障碍建设的专门性文件，刚性的村（社区）公共服务场所无障碍建设和管理法规尚未建立。同时，村（社区）居民对其公共服务场所无障碍建设的重要性认识也不足，认为这是“面子工程”“乱花钱”等。加之，有些村（社区）对公共服务场所无障碍设施的维护与管理并不是很到位，有的设施遭到人为破坏、有的被侵占改为他用等，从而造成尽管有些村（社区）公共服务场所表面上建有无障碍设施，但一些无障碍设施的设计并未真正满足人们的实际需求，甚至给使用者带来额外的风险。例如，村（社区）公共服务场所设置的坡道角度过大，甚至有些坡道与地面存在一定的垂直距离，有的石柱、消防栓等建在坡道顶部等（见图2）。这些无障碍设施并未发挥应有的作用，甚至给使用者带来极大的不便，违背了无障碍设施建设的初衷。另外，少部分村（社区）无障碍建设还存在着“缺失”现象。

图2　村（社区）中不规范的无障碍设施

### （三）村（社区）公共服务场所无障碍建设资金来源单一、投入不足

我国村（社区）公共服务场所无障碍建设资金主要来源于政府的补贴，由民政主管部门会同财政主管部门确定资金补助标准，并明确资金监管要求，财政主管部门对补助资金使用进行审核和监管①。由于我国人口众多，分布较为广泛，村（社区）公共服务场所的无障碍建设范围较大，建设资金投入严重不足，从而制约了我国村（社区）公共服务场所无障碍建设的发展。

## 四　我国村（社区）无障碍发展的政策建议

### （一）强化村（社区）无障碍建设的顶层设计

从国家层面，一方面要进一步细化无障碍建设现有法律法规以及指导意

① 财经网：《公共设施无障碍改造资金列入地方政府财政预算》，http：//economy. caijing. com. cn/2014 -08 -01/114334034. html。

见；另一方面，也要针对目前村（社区）无障碍建设存在的问题，策划并出台专门针对村（社区）无障碍建设的法律法规，从而让村（社区）无障碍建设“有法可依”。从地方层面，要积极将村（社区）无障碍建设纳入地方中长期发展规划中，统筹布局、合理安排，全局与局部、新建与改造、科学指导与有序推进相结合，切实加强村（社区）无障碍建设。同时，加强村（社区）公共服务场所无障碍设施的管理与维护，一是把好“验收关”，二是做好“守护神”。

### （二）加大对村（社区）公共场所无障碍设施的资金扶持力度

通过各种途径加大村（社区）公共服务场所无障碍设施建设的资金扶持力度，发挥资金提供者主导作用。各地方财政部门应要把村（社区）公共服务场所无障碍建设作为预算之一，加大经费投入，将专项经费因地制宜地用于每一个村（社区）公共服务场所的无障碍设施建设，促进村（社区）公共服务场所无障碍设施建设的顺利进行。

同时，可以通过减免税收等政策措施，鼓励企业捐助专项资金用于村（社区）公共服务场所无障碍设施建设。

### （三）补“短板”、强弱项、促发展，不断提升村（社区）公共服务场所无障碍建设水平

相对而言，村（社区）公共服务场所无障碍厕所的覆盖率较低，残疾人或行动不便者存在着“如厕难”的问题，应将“厕所革命”进行到底。一方面在村（社区）公共服务场所新建的厕所中，留有特殊人群专用的“厕位”，另一方面改建或扩建已有的公共厕所，避免出现在村（社区）公共服务场所中，特殊人群“一厕难求”的问题。尽管村（社区）公共服务场所中的坡道设置率和低位服务台设置率整体水平较好，但还存在着“路难走”的现象。应当一方面着力提高公众无障碍意识，提升村（社区）公共服务场所无障碍建设水平，另一方面对不符合《无障碍环境建设条例》的无障碍设施进行重点改造，不要将家门口的“无障碍”成为特殊人群出

行的“绊脚石”。

对于村（社区）公共服务场所无障碍建设较为薄弱地区，结合新型城镇化建设、重点及特色镇建设、美丽乡村建设、特色田园乡村建设等项目，将村（社区）公共服务场所无障碍环境建设纳入规划设计中，按照《无障碍设计规范》要求，指导无障碍工程设计及建设①。有序推进薄弱地区的村（社区）公共服务场所无障碍设施环境建设。各地区要根据自己的实际情况，因地制宜地推进村（社区）公共服务场所无障碍设施建设，做到区域、城乡村（社区）公共服务场所无障碍设施建设协调发展，整体提升村（社区）公共服务场所无障碍设施建设水平。

## 参考文献


范秀秀：《城镇残疾人就业权利保障研究》，西南政法大学硕士学位论文，2018。

吕世明：《我国无障碍环境建设现状及发展思考》，《残疾人研究》2013 年第 2 期。

潘海啸、熊锦云、刘冰：《无障碍环境建设整体理念发展趋势分析》，《城市规划学刊》2007 年第 2 期。

孙利娟、邢小军、周德群：《熵值赋权法的改进》，《统计与决策》2010 年第 21 期。

宛丽：《残疾人无障碍环境建设研究》，苏州大学硕士学位论文，2015。

王宇、王建忠、李佳：《山东省公共服务场所无障碍设施调查体验研究》，《残疾人研究》2018 年第 3 期。

谢宏忠、叶惠恋：《我国无障碍环境建设的现状与问题述略》，《中共福建省委党校学报》2014 年第 4 期。

张发明：《综合评价基础方法及应用》，科学出版社，2018。


① 谢宏忠、叶惠恋：《我国无障碍环境建设的现状与问题述略》，《中共福建省委党校学报》2014 年第 4 期。

# B.13
# 中国创建无障碍城市发展报告（2019）

王必亮*

**摘　要：** 本报告概述了无障碍城市的创建历程和成效，截至2018年，全国所有直辖市、计划单列市、省会城市都开展了创建全国无障碍城市的工作，开展无障碍建设的市、县达到1702个。在创建无障碍城市过程中，还存在创建无障碍城市的广度不够、创建文明城市活动中对无障碍环境建设重视程度不高、经济发展对创建无障碍城市的正面效应不大、城市无障碍设施残疾人整体满意度处于中等偏下水平等问题。最后，报告提出了营造全社会积极创建无障碍城市的良好氛围、将创建无障碍城市工作融合到相关城市名片创建、加大旧城和老旧小区无障碍设施改造力度、加强无障碍智能技术研究与应用、严格执行法律规范等对策建议。

**关键词：** 残疾人　无障碍城市

20世纪20年代，瑞典和丹麦等国家率先开展推进无障碍设施建设活动。1959年欧洲议会通过了《方便残疾人使用的公共建筑的设计与建设的决议》。1961年，美国制定了第一个《无障碍标准》，接着英国等几十个国家和地区相继制定了有关法规。1968年，康复国际推动制定了国际无障碍标识，即坐轮椅者图案，并将版权无偿捐献给国际社会使用，从此，坐轮椅者图案就在全世界范围广泛使用。1986年7月，建设部、民政部、中国残疾人福利基金会

* 王必亮，江苏省残疾人联合会康复处原处长，江苏省残疾人康复协会秘书长。

编制了我国第一部《方便残疾人使用的城市道路和建筑物设计规范（试行）》，1990年，《中华人民共和国残疾人保障法》颁布，明确要求“国家和社会逐步实行方便残疾人的城市道路和建筑物设计规范，采取无障碍措施”。首次从法律上规定了中国无障碍设施建设的内容和逐步实施的原则。2001年，建设部发布了《城市道路和建筑物无障碍设计规范》（JGJ50－2001），标志着无障碍设施建设成为国家的强制标准。一些部门颁布了行业无障碍设计规范。2001年国务院批转《中国残疾人事业“十五”计划纲要》提出“加强无障碍建设的宣传，做好无障碍设施的维护、管理工作，开展无障碍建设示范城、示范区活动”①。在以后的中国残疾人事业发展五年计划纲要中都配套了无障碍实施方案，并明确要持续开展创建无障碍城市活动。

## 一　中国创建无障碍城市的历程

### （一）开展小范围小规模创建试点

1985年，北京市中心王府井大街、西单北大街等10条主要繁华大街开始进行无障碍改造试点工程，修建路口坡道、公共建筑物入口坡道及扶手电梯、盲人过街音响指示器等，历经2年得以完成。1990年亚运会新建场馆均按“无障碍规范”进行设计建造。1991年在盲人集中工作生活的地区修建了我国第一条盲道。② 1995～1997年，北京市与联合国亚太经社会合作，在当时北京市规模最大的有10万人居住的小区“方庄”完成了1.47平方公里的无障碍改造示范小区工程，历时3年，第一年破点审查，第二年启动，第三年国家验收，获得了联合国亚太经社会颁发的奖匾和证书。

“九五”期间，虽然无障碍设施建设项目广泛宣传、逐步推广，实

① 《中国残疾人事业“十五”计划纲要》，http：//www.cdpf.org.cn/ghjh/syfzgh/sw/200803/t20080326_78024_4.shtml。

② 赵春鸾：《北京的公共交通无障碍设施与服务——亚太地区无障碍公共交通设施与服务研讨会发言》，2000年11月。

施十年，部分大中城市的无障碍设施建设有进展，但在许多地方，无障碍设施建设尚未得到应有的重视。2001 年 8 月，《城市道路和建筑物无障碍设计规范》使无障碍环境建设由倡导阶段进入了强制阶段。国务院各部委也纷纷围绕无障碍建设出台了各自的行业标准。中国民用航空总局和铁道部分别发布了强制性民用航空行业标准和铁路工程建设标准。

## （二）“十五”期间开展创建全国无障碍设施建设示范城（区）

2001 年 4 月，国务院批转《中国残疾人事业“十五”计划纲要》提出，开展无障碍建设示范城、示范区活动。2002 年，民政部、中国残联等部门决定联合开展创建全国无障碍设施建设示范城（区）活动。2005 年 2 月，建设部、中国残联等部门决定命名 12 个全国无障碍设施建设示范城市。2005 年 2 月，建设部、中国残联等部门表彰在创建全国无障碍设施建设示范城活动中表现突出的 15 个无障碍设施建设先进区。2006 年 8 月，建设部、民政部、中国残联、全国老龄办授予在“十五”期间无障碍建设工作中做出突出成绩的 28 个城市（区）为“十五”全国无障碍建设先进城市（区）。

2005 年，全国有 34 个省级行政区，中国大陆县级以上行政区划中有 661 个市，其中，直辖市 4 个，地级市 283 个，县级市 374 个；852 个市辖区。2005 年，命名全国无障碍设施建设示范城市 12 个，无障碍设施建设先进区 15 个；表彰“十五”全国无障碍建设先进城市（区）28 个。创建无障碍示范城市与无障碍先进城市（区）合计与行政区划相应级别城市占比：直辖市 75%，地级市 12.37%，市辖区 1.88%（见表 1）。

**表 1　“十五”期间创建无障碍城市数**

单位：个

<table>
<tr><th rowspan="2">省（直辖市、自治区）名称</th><th colspan="2">“十五”全国无障碍设施建设示范城市</th><th rowspan="2">“十五”无障碍设施建设先进区</th><th colspan="3">“十五”全国无障碍建设先进城市（区）</th></tr>
<tr><th>直辖市</th><th>地级市</th><th>地级市</th><th>市辖区</th><th>县级市</th></tr>
<tr><td>合计</td><td>3</td><td>9</td><td>15</td><td>26</td><td>1</td><td>1</td></tr>
</table>

数据来源：根据历年数据整理。

## （三）“十一五”期间开展创建全国无障碍建设城市

2006 年，国务院批转《中国残疾人事业“十一五”发展纲要》提出“全面推进无障碍设施建设”。2007 年中国残联等部门组织 100 个城市开展创建全国无障碍建设城市活动。2011 年 12 月，住建部、民政部等对 60 个“十一五”创建全国无障碍建设先进城市予以表彰，同时授予 30 个城市“十一五”创建全国无障碍建设创建城市称号。

2010 年，全国有 34 个省级行政区，中国大陆县级以上行政区划中有 657 个市，其中，直辖市 4 个，地级市 283 个，县级市 370 个；市辖区 853 个。100 个城市参加创建，表彰 60 个城市为“无障碍建设先进城市”，授予 30 个城市为“十一五”全国无障碍建设创建城市，先进城市与创建城市合计 90 个，创建成功率 90%。先进城市与创建城市合计与行政区划相应级别城市占比：直辖市 100%，地级市 27.92%，市辖区 1.89%。

**表 2 “十一五”创建城市数**

单位：个

| 省（直辖市、自治区）名称 | “十一五”参加创建全国无障碍建设城市 | “十一五”全国无障碍建设先进城市 | | | “十一五”全国无障碍建设创建城市 | |
|---|---|---|---|---|---|---|
| | | 直辖市 | 地级市 | 县级市 | 地级市 | 县级市 |
| 合计 | 100 | 4 | 52 | 4 | 27 | 3 |

数据来源：根据历年数据整理。

经过“十一五”创建无障碍城市，这些城市（包括“十五”创建城市）在无障碍环境建设方面取得显著成效，并带动了其他城市开展无障碍建设。

## （四）“十二五”期间开展创建无障碍环境市县

2011 年 5 月，《国务院关于批转〈中国残疾人事业“十二五”发展纲要〉的通知》提出“开展全国无障碍建设市、县、区创建工作”。2013 年 2 月，住建部、工信部、民政部、中国残联、全国老龄办联合印发的《关于开展创建无障碍环境市县工作的通知》（建标〔2013〕37号），决定组织开展无障碍环境市、县创建工作。制定了《创建无障碍环境市工作标准》和《创建无障碍环境县工作标准》。

2015年12月，国家住建部、工信部、民政部、中国残联、全国老龄办对50个全国无障碍建设示范市县予以表彰，同时授予143个市县为全国无障碍建设市县。

2015年，中国大陆县级以上行政区划中有656个市，其中，直辖市4个，地级市291个，县级市361个；2850个县级行政区划单位，其中，361个县级市、921个市辖区、1397个县、117个自治县、49个旗、3个自治旗、1个特区、1个林区。

“十二五”表彰全国无障碍建设示范市县50个，全国无障碍建设市县143个。示范市县与建设市县合计与行政区划相应级别市县占比：地级市14.40%，市辖区7.60%，县级市5.00%，县级行政区划3.95%。

**表3　“十二五”创建城市数**

单位：个

| 省(直辖市、自治区)名称 | “十二五”全国无障碍建设示范市县 | | | | “十二五”全国无障碍建设市县 | | | |
|---|---|---|---|---|---|---|---|---|
| | 地级市 | 市辖区 | 县级市 | 县级行政区划 | 地级市 | 市辖区 | 县级市 | 县级行政区划 |
| 合计 | 20 | 14 | 5 | 11 | 22 | 57 | 13 | 51 |

数据来源：根据历年数据整理。

## （五）“十三五”开展创建无障碍环境市县村镇

2016年8月，《国务院关于印发〈“十三五”加快残疾人小康进程规划纲要〉的通知》提出，全面推进无障碍环境建设，开展无障碍环境市县村镇创建工作。2018年11月，住建部、工信部、民政部、中国残联、全国老龄办组织开展无障碍环境市县村镇创建工作。

截至2018年，全国所有直辖市、计划单列市、省会城市都开展了创建全国无障碍建设城市的工作，开展无障碍建设的市、县达到 1702 个。全国村（社区）综合服务设施中已有 75% 的出入口、40% 的服务柜台、30% 的厕所进行了无障碍建设和改造。政府加快了残疾人家庭无障碍改造进度，2016～2018 年共有 298.6 万户残疾人家庭得到无障碍改造。① 创建无障碍城市活动促进了各服务行业的无障碍环境建设，如《银行无障碍环境建设标准》等政策、标准，督促各会员银行制定完善服务规程规范，建立健全无障碍建设制度体系；各银行网点积极推进无障碍建设和改造，为残疾人享受优质、便捷、人性化金融服务创造条件。截至 2018 年，中国银行业营业网点数达到 22.86 万个，据不完全统计，银行网点无障碍建设和改造情况如图 1 所示。②

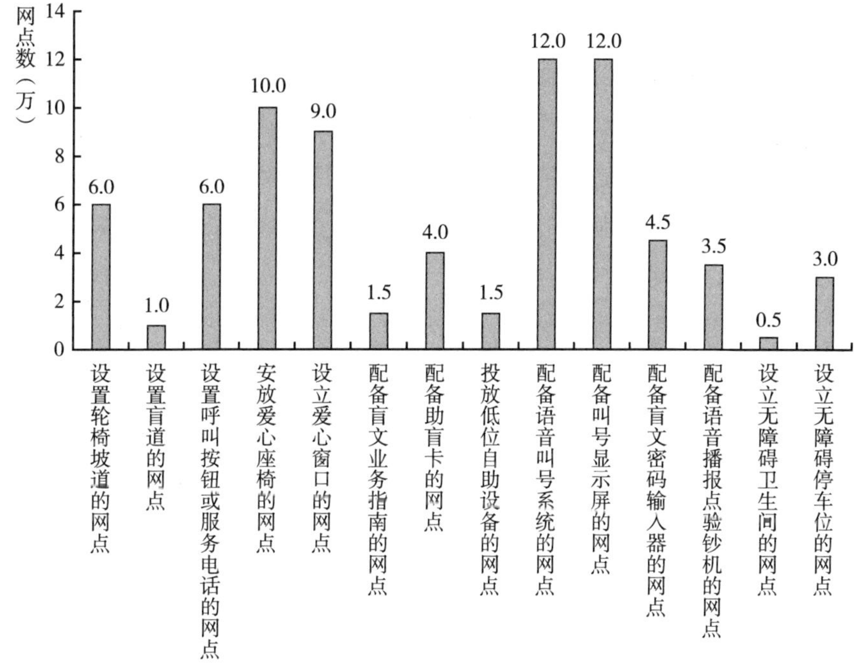


**图 1　银行网点无障碍建设和改造情况**

① 中国残联：《2018 年残疾人事业发展统计公报》（残联发〔2019〕18 号），http：//www.cdpf.org.cn/zcwj/zxwj/201903/t20190327_649544.shtml。

② 中国残疾人联合会维权部：《中国银行业协会推出银行业无障碍环境建设成果》，http：//www.cdpf.org.cn/yw/201907/t20190719_657763.shtml。

中国创建无障碍城市路径是政府主导，社会参与，循序渐进，逐步深入，全面推动无障碍环境建设工作。从示范城市到建设城市，从大城市到镇村，从设施建设到无障碍环境建设，通过创建工作，以点带面，积累经验，带动我国无障碍设施建设和管理整体水平上一个新台阶。

## 二　中国创建无障碍城市的问题分析

### （一）创建无障碍城市的广度还不够

无障碍环境对每一个人都很重要，只是需求的迫切与否的问题，不是可有可无的问题。居住在城市的人需要无障碍环境，广大农村居民除了在自己的居住环境中需要无障碍设施，出行到城市也需要无障碍环境，况且城乡一体化在加快发展。因此，需要更多的城市开展无障碍创建活动。但“十五”以来，创建无障碍城市的数量占我国实有的城市数量的比例明显较低，县级市和县的比例过低，分别为6.93%和3.95%。这也说明了县级行政区划单位创建无障碍城市的热情不高。

**表4　“十五”至“十二五”期间创建无障碍城市实有比例**

| 行政区划级别 | 直辖市 | 地级市 | 市辖区 | 县级市 | 县级行政区划 |
|---|---|---|---|---|---|
| 区划数(个) | 4 | 291 | 921 | 361 | 1568 |
| 创建数(个) | 4 | 118 | 82 | 25 | 62 |
| 创建率(%) | 100 | 40.55 | 8.90 | 6.93 | 3.95 |

注：区划数为2015年末数，创建率是将“十五”至“十二五”期间累计创建城市数减去不同时期重复创建和表彰的城市数。

### （二）创建文明城市活动中对无障碍环境建设重视程度不高

1. 创建文明城市的标准中无障碍环境建设指标要求较低

2016年以前，全国文明城市测评体系（地级以上）对无障碍设施有一定要求，基本指标“舒适便利的生活环境”子项的公共服务项中有小项无障碍设施“道路、公共建筑及设施、新建居住建筑及居住区设有无障碍设施，管理、使用情况良好”。在《全国文明城市（地级以上）测评体系（2017年版）》对无障碍设施要求有所细化和扩展，和谐宜居的生活环境中要求“文化、商业、医疗、学校等公共建筑及设施，新建居住建筑及居住区设有轮椅通道、扶手、缘石坡道等无障碍设施，管理、使用情况良好；机场、车站、政务大厅、医院设有无障碍卫生间，能够正常使用”。但这些规定没有指标数，对老旧小区、建筑改造没有无障碍设施建设要求，对信息无障碍没有提及，对盲道占用，停车场中残疾人停车位没有明确说明。

2. 全国文明城市称号中创建无障碍城市占比不高

和谐宜居的城市环境是向所有人开放的，适宜包括残疾人、老年在内的所有居民生活。因此，创建无障碍城市对创建文明城市有促进作用，反过来，创建文明城市对创建无障碍城市也有促进作用。文明城市首先是无障碍环境较好的城市。但从“十五”至“十二五”期间，无障碍城市在文明城市中所占比例不高，77个文明城市中无障碍城市只有46个，占59.74%；11个文明城区中无障碍城区只有8个，占72.72%。当然有些文明城市不是无障碍城市，可能有未申报的因素，这与创建热情有关系。

**表5　无障碍城市与文明城市比率**

| 批次 | 评选时间 | 文明城市（个） | 无障碍城市（个） | 占比率（%） | 文明城区（个） | 无障碍城区（个） | 占比率（%） |
|---|---|---|---|---|---|---|---|
| 1 | 2005年10月 | 9 | 6 | 66.67 | 3 | 2 | 66.67 |
| 2 | 2009年01月 | 12 | 6 | 50.00 | 2 | 1 | 50.00 |
| 3 | 2011年11月 | 25 | 18 | 72.00 | 3 | 2 | 66.67 |
| 4 | 2015年02月 | 31 | 16 | 51.61 | 3 | 3 | 100.00 |
| 合　计 | | 77 | 46 | 59.74 | 11 | 8 | |

## （三）经济发展对创建无障碍城市的正面效应不大

2010年全国GDP100强城市中（直辖市4个，计划单列市5个，省会城市21个，其他地级市70个），“十一五”无障碍城市有51个（直辖市4个、计划单列市5个、省会城市21个，其他地级市21个），占比51%。

GDP100 强城市中，除直辖市外，山东 14 个、江苏 11 个、广东 11 个、河南 11 个、浙江 8 个、河北 7 个，共 62 个城市中，无障碍城市有 22 个（山东 4 个、江苏 5 个、广东 6 个、河南 2 个、浙江 2 个、河北 3 个），占比 35.48%。

100 强城市（GDP 排名）1～20 名中，无障碍城市 19 个，占 95%；21～50 名中，无障碍城市 17 个，占 56.67%；51～100 名中，无障碍城市 15 个，占 30%。

第十一届中国中小城市科学发展评价体系研究成果暨《中国中小城市发展报告（2015）》发布的 2015 年中国百强县（市）中，[①] 只有 9 个县（市）为无障碍县（市）：湖南长沙县、内蒙古伊金霍洛旗、内蒙古托克托县、河南荥阳市、内蒙古霍林郭勒市、山东莱西市、河南新郑市、辽宁大石桥市、江西南昌县。91 个为非无障碍城市，江苏、浙江、山东三省百强县（市）数目达 65 个，福建百强县（市）6 个，只山东省有 1 个无障碍县（市）。

说明直辖市、计划单列市、省会城市和其他少数经济发展强的地级市对创建无障碍城市意识较强，经济发展强的县（市）对创建无障碍城市意识不一定强，这与城市政府领导、部门在当时的发展背景下对创建无障碍城市的认知有一定关系。

### （四）残疾人对城市无障碍设施的整体满意度处于中等偏下水平

2017 年 3～12 月中国消费者协会、中国残疾人联合会，在全国范围内选取 102 个城市，组织残疾人志愿者、消费维权志愿者和专业调查人员开展了无障碍设施调查体验活动。这次调查主要针对公共服务场所、电商自提网点以及医疗卫生单位等 10 类消费场所。[②]

---

① 中国城市经济学会中小城市经济发展委员会等编《中小城市绿皮书：中国中小城市发展报告（2015）》，社会科学文献出版社，2015。

② 中国消费者协会、中国残疾人联合会：《2017 年百城无障碍设施调查体验报告》，第 3～7 页。

**表6　2010 年全国 100 强城市（GDP 排名）中的无障碍城市**

| | |
|---|---|
| GDP 排名 1～20 城市中的无障碍城市 | 上海、北京、天津、重庆、广州、深圳、佛山、苏州、无锡、南京、杭州、宁波、青岛、烟台、武汉、成都、大连、沈阳、长沙 |
| GDP 排名 21～50 城市中的无障碍城市 | 济南、常州、临沂、东营、鞍山、石家庄、邯郸、郑州、洛阳、大庆、哈尔滨、福州、长春、西安、合肥、包头、南昌 |
| GDP 排名 51～100 城市中的无障碍城市 | 中山、珠海、汕头、扬州、宜昌、襄阳、常德、廊坊、厦门、吉林、呼和浩特、昆明、南宁、太原、乌鲁木齐 |

1. 无障碍设施整体普及率仍相对较低

从本次体验调查结果分析，我国无障碍设施出入口普及率较高，实地体验普及率为 84.7%，大众感知调查普及率为 68.2%。无障碍电梯实地体验普及率仅为 11.4%，大众感知调查普及率为 8.4%。整体普及率偏低。

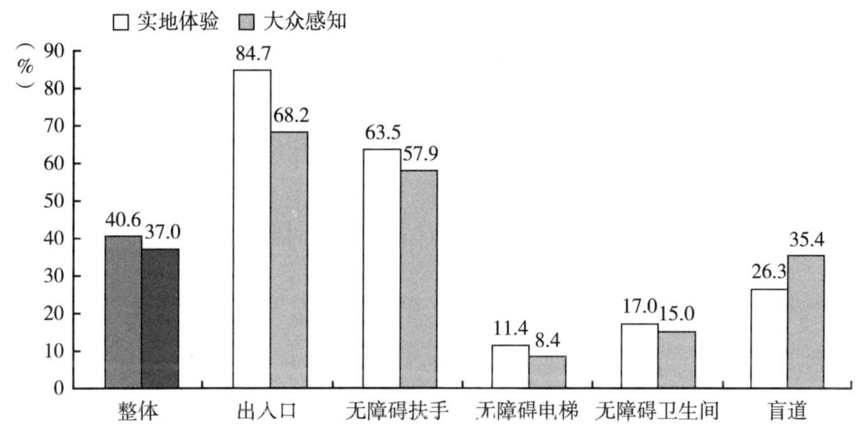


**图2　各类型无障碍设施整体普及率**

从本次大众感知调查十大类场所具体数据来看，金融服务、电信营业厅、交通运输和医疗卫生单位无障碍设施普及率均达到了 40% 以上；水电气暖、餐饮住宿、电商自提点无障碍设施普及率均未到 30%。

2. 无障碍设施整体满意度处于中等水平

这次百城无障碍设施调查城市为 102 个（4 个直辖市，80 个地级市，18 个县级市），其中创建无障碍城市有 55 个，占调查城市 53.92%。这次调查体验的城市无障碍设施整体普及率仍相对较低，整体满意度处于中等水平，究其主要原因，一是对无障碍设施的认知不到位。一些城市没有开展创建无障碍城市活动，或虽然开展了这项活动，但没有认真落实创建无障碍城市标准，结果创建不达标，这次调查体验的城市中创建无障碍城市占比为53.92%，影响普及率和满意度。二是无障碍环境建设在政府及有关部门工作中仍未得到应有的重视，在建设的各个环节未能有效形成监管。三是无障碍环境的建设、保护和管理主体责任不明确，仍未引起全社会的共识，一些建设单位不注重无障碍设施的使用与管理，有毁损的现象。四是老旧小区、道路、建筑、特殊建筑等未能得到改造，不符合规范的无障碍设施，受到经费、环境、人们态度等因素的影响，改造起来比较困难。五是无障碍环境建设条例缺乏处罚措施，特别是盲道占用、不规范、不连续等，尚未有相关规定对以上行为进行有效管制。

## 三　新时期创建无障碍城市的对策建议

### （一）营造全社会积极创建无障碍城市的良好氛围

无障碍城市创建要加强教育宣传，形成全社会共识，使无障碍的融合共享理念深入人心，人们自觉地参与创建无障碍城市活动。

第一，加强对无障碍环境创建的宣传，利用各类媒体，广泛宣传。比如深圳市设立无障碍环境宣传（促进）日，将平等尊重的观念输入到每个社会成员的意识中，开展无障碍环境建设案例推广宣传以及喜闻乐见的文化传播，使他们真正理解、尊重、帮助残疾人为主体的特殊人群，自觉地成为无障碍环境的建设者、维护者，消除残疾人士的社会障碍，实现“平等、参与、融合、共享”的目标。如苏州市成立无障碍建设促进会，宣传无障碍建设的意义，完善无障碍设施，组织残疾人进行无障碍体验活动，承担政府有关部门委托的其他任务。

第二，强化无障碍环境建设与社会成员个人的良好关系意识。无障碍环境与每一个社会成员都息息相关。我们建设好城市的目的是为了包括残疾人在内的居民宜居，人人能够幸福生活、安全发展，无障碍环境会陪伴每一个人。

第三，党和政府要高度重视创建无障碍城市工作。要把无障碍环境建设列入地方发展规划，消除可有可无的意识，加强无障碍城市创建的组织和资金保障，把创建工作作为民心工程、民生工程来抓。无论经济发展快慢，无论显绩还是潜绩，都不能放手，因为我们的发展是为了人民。特别是无障碍城市创建涉及部门较多，利益影响程度不同，更需要领导重视和协调，通过创建无障碍城市活动，积累经验，加快推动无障碍环境建设速度。

第四，在无障碍城市创建活动中建立一支常态化的无障碍环境监督体验队伍。监督体验队伍要吸收残疾人、老年人、妇女、儿童等志愿者，他们是体验员、监督员、宣传员，及时对城市无障碍建设和管理中存在的问题提出建议和意见，帮助无障碍主管部门规范无障碍设施有效管理和使用。

### （二）将创建无障碍城市工作融合到相关城市名片创建

城市品位是多元的，城市功能也是多方位的。我们在创建文明城市、智慧城市、园林城市、环境保护模范城市、卫生城市、宜居城市等活动中，都应有无障碍环境建设的内容指标，做到有机结合，同步规划、同步设计、同步建设、同步管理。创建无障碍城市必然为这些城市名片增光添彩。

第一，在全国文明城市的测评体系中应扩大无障碍环境建设的内容，列入信息无障碍的要求，提高无障碍改造和管理的分值指标，探索将无障碍城市列为文明城市的基础条件。

第二，取消无障碍城市终身制。借鉴文明城市的评选办法，每三年复评一次，不符合的取消无障碍城市称号。无障碍城市的评判，要把人民群众满意不满意，特别是残疾人、老年人等特殊人群意不满意作为主要评判依据，使人民群众成为创建无障碍城市的最有力的参与者和最广大的受益者。

第三，规范无障碍城市命名。“十五”至“十二五”无障碍城市创建种类较多，示范城市、先进城（区）、先进城市、创建城市、示范市县、建设市县。“十三五”无障碍环境市县村镇创建。建议按区划级别，统一规范创建名称和创建工作标准规范。

## （三）加大旧城和老旧小区无障碍设施改造力度

开展旧城和老旧小区及残疾人家庭无障碍改造，是共享改革发展成果，解决城市发展不平衡、不充分问题，满足旧城和老旧小区居民日益增长的美好生活需要的重要举措。无障碍改造是旧城老旧小区改造的重要内容，开展旧城和老旧小区无障碍改造，对保障旧城和老旧小区残疾人、老年人及全社会成员居住、出行、参与社会生活权益十分重要。旧城和老旧小区无障碍改造是创建无障碍城市工作中的难点之一，涉及部门较多，也涉及各类居民，更与投入资金多少有关系。城市无障碍创建领导机构要抓住机遇，统筹旧城和老旧小区改造及新城建设，整体规划无障碍环境建设。按照“业主主体、社区主导、政府引领、各方支持”的原则，将创建无障碍城市融入旧城、老旧小区改造中开展的“美好环境与幸福生活共同缔造”活动。

第一，要细化旧城和老旧小区无障碍改造方案和内容。因地制宜按无障碍规范要求进行改造设置，要与残疾人家庭无障碍改造工作相衔接，增加无障碍电梯等设施。

第二，推动建立开展旧城和老旧小区无障碍改造工作长效机制。创建城市领导小组，要积极组织区、街道残联、社区残协等参与，与业主、设计、施工人员加强对接，组织残疾人、老年人代表等开展体验活动，保障无障碍设计施工符合残疾人需求。要动员社会各方力量为旧城和老旧小区无障碍改造提供支持，要推动运用科技、信息、辅具等措施，服务老旧小区无障碍改造。要配合对改造后无障碍设施管理维护情况开展监督，确保无障碍设施发挥作用。

## （四）加强无障碍智能技术研究与应用，助力无障碍城市创建

全面小康社会需要进一步完善残疾人公共服务体系，帮助残疾人跨越科

技鸿沟，共享经济社会发展成果，不让残疾人“掉队”。一方面，要对现有的无障碍规范进行科学研究，如城市盲道，在人行道较窄的情况下，要采取堵、疏结合，解决好非机动车停放问题。另一方面，要满足我国众多残疾人与老年人对无障碍和辅助器具智能产品的迫切需求，要加强研发和高科技成果的有效转化。现代信息科学技术发展，将为残疾人融入社会插上翅膀。比如，浙江大学毕业生于红雷所带领的团队研发的盲人视觉辅助眼镜，通过双目相机和毫米波雷达获取周围环境的立体信息，通过人工智能算法以3D音效通过骨传导耳机便可反馈到盲人用户，解决出行问题。目前已经立项并经过验证，可行的功能有纸币识别、红绿灯识别、人脸识别等，未来盲人出行将不仅仅依靠盲道。城市聚集科技创新优势和条件，国家要加大投入，支持企业创新、研发无障碍产品。

### （五）严格执行法律规范，依法开展无障碍城市创建

开展创建无障碍工作对于落实习近平总书记关于“全面建成小康社会，残疾人一个也不能少”的重要指示，依法保障全体社会成员平等参与融入社会生活权益具有重要意义。国家从制定、修订发布实施《残疾人保障法》《老年人权益保障法》到《无障碍环境建设条例》等多部专门条例，再到《无障碍环境建设条例》的地方实施办法，这些法律法规中有关无障碍环境建设的条款为无障碍环境建设工作提供了法律法规依据。

第一，依据《无障碍环境建设条例》，依法开展无障碍城市创建活动。首先，社会公共服务领域应高度重视和关注，完善法律法规制度，制定落实细化标准，建立长效工作保障机制，使创建工作制度化、常态化。其次，充分利用“十五”至“十二五”创建无障碍城市经验，提升开展无障碍环境市县村镇创建工作水平。

第二，借鉴国外先进评审模式，建立行业无障碍专业评审审查、认证、监督和验收处罚机制，形成一套系统、规范、科学的流程。做到无障碍设施工程与主体工程同步规划、设计、审图、施工、验收，通过预先评审、过程监督、优质施工、完善验收、提质优化，确保全过程全方位无障碍环境控

制。对未按规定进行无障碍设计、施工和验收的人员和单位建立不良信用记录。制定创建无障碍城市检查验收标准规范，对创建无障碍城市，政府购买第三方检查验收服务，根据各地城市数量比例规定开展创建无障碍城市活动，取消各省、自治区、直辖市推荐创建城市限额。

第三，政府相关职能部门要积极引导社会力量参与无障碍建设，进一步加强对无障碍建设的社会监督。对表彰的无障碍创建城市要开展创建工作“回头看”，对发现的问题及时整改。建立健全由人大代表、政协委员以及经常使用无障碍设施的特殊人群代表、媒体代表等参与的无障碍监督员队伍，并为他们开展工作提供必要条件。要高度重视来自社会各方面有关无障碍建设的意见建议，依法依规、高效处理社会各方面反映的问题。对创建无障碍城市成功的地方，以奖代补加大资金支持。

## 参考文献

北京市残疾人联合会：《无障碍监督工作文件资料汇编》，2009 年 3 月。

薄绍晔：《无障碍建设工作手册》，求真出版社，2007 年 7 月第 1 版。

《残疾人权益保障——国际立法与实践》，华夏出版社，2003 年 12 月。

建设部标准定额司、民政部社会福利和社会事务司、全国老龄办联络部、中国残联维权部：《共建迈向新世纪的无障碍之路》，2003 年 11 月。

江苏省残疾人事业发展研究会、南京大学残疾人事业发展研究中心：《中国特色残疾人事业概论——残疾人工作基本知识培训读本》，华夏出版社，2017 年 7 月。

江苏省建设厅、中国残疾人联合会：《无障碍环境建设工作培训班培训材料》，2009 年8 月。

李志民、宋岭：《无障碍建筑环境设计》，华中科技大学出版社，2011 年 1 月第 1 版。

吕世明：《我国无障碍环境建设现状及发展思考》，《残疾人研究》2013 年第 2 期。

《“十五”全国无障碍建设先进城市工作经验交流材料汇编》，2006 年 9 月。

孙祯祥等：《无障碍网络教育环境的构建》，科学出版社，2008 年 12 月第 1 版。

无锡市残疾人联合会：《无障碍环境建设资料选编》，2008 年 12 月。

中国残疾人联合会维权部：《〈中华人民共和国残疾人保障法〉修改课题研究报告》，华夏出版社，2008 年 3 月第 1 版。

周序洋：《无障碍设施施工验收及维护规范 GB50642－2011 宣贯培训教材》，中国计划出版社，2011 年 9 月第 1 版。

住房和城乡建设部标准定额司：《无障碍建设指南》，中国建筑工业出版社，2009 年 8 月。

奚婷：《贯彻〈无障碍环境建设条例〉，促进社会文明进步》，2017 年 8 月 1 日，中国网。

中国残疾人联合会官网，http：//www.cdpf.org.cn/zcwj/zxwj/201801/t20180115_616668.shtml：《中国残联关于在国家老旧小区改造试点中切实落实无障碍改造工作的通知》（残联函［2018］7 号），2018 年 1 月 15 日。

# B.14

# 我国高校“校园无障碍环境建设”现状及对策

## ——以北京大学为例

索浩宇　刘尚君*

**摘　要：** 近年来，随着高校残疾学生数量的显著增加，残疾学生入校后面临的无障碍需求日益强烈。“校园无障碍环境建设”为保障残疾学生平等参与校园学习与生活，营造包容、开放、和谐的校园文化氛围具有重要作用。本文以“北京大学无障碍调查”① 为例，从出行方面对当前校园无障碍建设的现状进行了描述，发现存在缺乏顶层设计与规划、无障碍设施建设与维护不到位、无障碍环境文化氛围匮乏三个问题。由此，提出增强法规建设、强化顶层设计；加强无障碍设施建设、落实监督机制；发挥文化引领、建设无障碍校园文化环境等解决措施，以期为高校乃至社会“无障碍环境建设”提供参考。

**关键词：** 无障碍校园　无障碍环境　行动研究

---

* 索浩宇，北京大学人口研究所硕士研究生，研究领域：无障碍发展规划；刘尚君，北京大学人口研究所博士研究生，研究领域：无障碍发展规划。

① 致谢：“北京大学无障碍调查”为陈功教授团队共同成果，特别鸣谢2015级与2016级北京大学人口研究所社会工作班同学为收集数据做出的努力。

# 一 引言

## （一）残疾学生入校人数显著增多，面临现实需求

据中残联统计公报显示，2013～2017 年来，高等院校录取残疾人学生人数从 7538 人提高至 10818 人，实现五连增。最新数据也提到，2018 年，全国共有特殊教育普通高中班（部）102 个，在校生 7666 人；残疾人中等职业学校（班）133 个，在校生 19475 人；全国有 11154 名残疾人被普通高等院校录取，1873 名残疾人进入高等特殊教育学院学习①。由此可见，当前高校内残疾学生规模较大、数量较多，是值得关心关注的群体。而残疾人平等便利地开启学习生活的前提是完善的校园无障碍环境建设。因此，残疾学生入校人数的显著增多相伴而生的是对校园无障碍环境建设的迫切需求。

## （二）国家政策引导并提倡进行校园无障碍环境建设

从国家政策角度来看，近年来，国家逐步推进无障碍环境建设并积极倡导校园无障碍改造工程的推进，为残疾学生提供“合理便利”。其中，《残疾人教育条例》规定，县级以上地方人民政府及其教育行政部门应当逐步推进各级各类学校无障碍校园环境建设，且新改扩建校园应当符合《无障碍环境建设条例》的要求。《第二期特殊教育提升计划（2017—2020 年）》提到普通高等学校积极招收符合录取标准的残疾考生，进行必要的无障碍环境改造，给予残疾学生学业、生活上的支持和帮助②。

## （三）政府倡导高校积极创建“一流大学”，打造“人文校园”

2015 年 10 月，国务院下发《统筹推进世界一流大学和一流学科建设总体方

① 《2018 年残疾人事业发展统计公报》（残联发〔2019〕18 号），http：//www. cdpf. org. cn/zcwj/zxwj/201903/t20190327_ 649544. shtml。

② 教育部等七部门关于印发《第二期特殊教育提升计划（2017～2020 年）》的通知，http：//www. moe. gov. cn/srcsite/A06/s3331/201707/t20170720_ 309687. html。

案》。随后，文件涉及高校分别出台建设“一流大学”方案，其中普遍提到要“加强基础设施建设，改善办学条件”。其中打造“人文校园”是主要抓手，即构建环境友好、包容共存的校园文化环境，为残疾学生提供便利的学习、生活。

无障碍校园环境是保障残疾学生平等参与校园学习与生活，营造包容、开放、和谐的校园文化氛围的重要条件。北京大学是中国高等教育发展的旗帜，在包括“校园文化建设”“基础设施建设”在内的各个方面均起着示范引领作用，北京大学校园无障碍环境建设不仅是一种体现社会责任，为包括功能障碍者在内的全人群创建一个方便、安全、舒适的校园环境的举措；也是满足不同社会活动者的需求，提升校园基础设施建设，助力“世界一流大学创建工作”的一个重要方面；同时，为其他高校以及社会“无障碍环境建设”提供蓝本，发挥社会倡导功能。

## 二　校园无障碍环境建设现状

为了更深入了解北京大学校园内无障碍设施的建设和运行情况，对主要功能建筑的无障碍设施建设情况进行科学的描述，同时从现实角度出发提出可行的建议方案，北京大学人口研究所陈功教授团队对校园无障碍设施进行了摸底调查①。调查采用实地观察法与实地测量法，通过实地考察和测量收集数据。根据《无障碍设计规范 GB50763－2012》，将调查范围进行分类：校内设施分为生活区、教学区、办公科研区、医疗康复区、体育建筑区、文化建筑区、商业服务区、公共停车场、历史文物保护区和道路10类功能区，并进一步整合为教学区域、生活区域、办公科研区域及文化文物保护区域等4个区域，共调查建筑物86栋。得出以下结果：

### （一）整体情况

本次调查无障碍设施主要包括轮椅坡道、普通电梯及无障碍电梯、普通

① 因考虑开展调查的条件及操作化程度等问题，该调查侧重于物质环境建设（即无障碍设施），暂未考虑人文环境（即实现残疾人平等地参与社会生活的校园文化环境）调查。

停车场及无障碍停车位、普通厕所及无障碍厕所这几项基本考察指标，侧重于对出行方面无障碍设施的调查①。调查结果发现，北京大学校内轮椅坡道是最为完善的无障碍设施，在调查的 86 栋建筑物中，有 56 处（65%）设置了轮椅坡道，供轮椅使用者进出楼宇使用。其次，无障碍厕所较为完善，在设置厕所的 64 栋建筑中，约有 28 栋建筑设置了无障碍卫生间（44%），且部分无障碍卫生间正在逐步升级改造与建设过程中。

最欠缺的是无障碍停车位建设。调查中发现，目前设置停车场的 33 栋建筑物中，均无配备无障碍停车位。同时，无障碍电梯建设也较为滞后，在安装电梯的 32 栋建筑物内，仅有 3 部符合无障碍建设标准的电梯。一方面可能的原因是北京大学大多数建筑为老旧建筑物，且楼层较低，许多建筑物并未安装电梯，另一方面由于建筑物建设年数较长，电梯加装及改造难度大。此外，北京大学整体无障碍设施均缺乏明显的无障碍标识，未设置相关无障碍指示牌等引导工具，为出行带来不便。

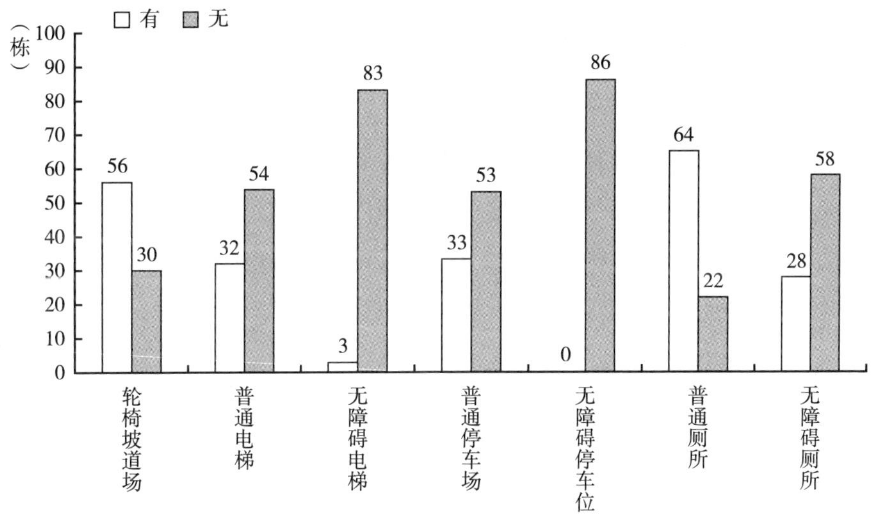


**图 1　北京大学建筑物无障碍设施整体情况**

① 笔者及团队希望以出行为切入点，先对校内设施进行初步考察，下一步会渗透至学习、文娱活动等领域。

## （二）分区域情况

1. 教学区域

教学区域无障碍设施较为完善。所有建筑均设置了轮椅坡道，且近一半建筑设置了无障碍厕所，同时所有新建建筑均配备无障碍电梯，但无配套无障碍停车位。因为设置了轮椅坡道，因此残疾人可以较为顺利地进出教学楼，但针对未安装电梯的老旧建筑物，残疾人士无法到达 2 层及以上楼层。

2. 生活区域

生活区域中轮椅坡道及无障碍厕所设施完善，无障碍电梯较为匮乏。该区域中有四分之三的建筑设置了轮椅坡道，超过三分之一的建筑设有无障碍卫生间，但集中在超市、银行等公共区域，宿舍均无无障碍卫生间。校内宿舍区未设置残疾学生宿舍以及无障碍洗澡间、无障碍厕所等设施。同时，校内所有宿舍楼均无电梯，给残疾学生出行带来很大的不便。虽然生活区内大部分建筑均设置了坡道以及扶手，但自行车、杂物等侵占坡道的现象较为普遍。

3. 办公科研区域

该区域内总体无障碍建设较为完善，主要的办公楼均进行了简单的无障碍改造，包含新建扶手、加装电梯等，区域内轮椅坡道及电梯建设完善。但另一方面，在调查的 30 栋建筑内，有 20 栋建筑设有电梯，仅有 1 处符合无障碍电梯建设标准，因此整体建设质量以及达标率仍有待提高。同时，该区域无障碍厕所建设情况优于其他区域。

4. 文化文物保护区域

该区域内整体无障碍设施建设较为滞后，在考察的轮椅坡道、无障碍卫生间、电梯以及停车位等四个维度均明显落后于其他区域。但文化文物保护区域内涵盖了未名湖、西门华表等室外人流密集、校外游客参观较多的地点，恰恰是最应该设置无障碍设置，履行社会责任的地方。但从结果上看，除部分室内文化建筑有无障碍厕所以及轮椅坡道，其他建筑均显著缺乏无障碍设施。

## 三　校园无障碍环境建设面临的问题

### （一）缺乏顶层设计、整体规划不足

无障碍校园建设的推进离不开顶层设计，从政策制定到学校战略规划，均需要统筹考虑残疾人的生存、发展、参与权，同时坚持“无障·爱”的理念。从国家政策角度来讲，当前我国政府虽然已经逐步意识到无障碍建设的重要性，并在一些文件中提及加强校园无障碍设施建设，但仍未出现专门针对校园甚至整个无障碍环境建设的专门文件；同时，现有文件中的条例也多以指导性方针或者倡导性提议为主，没有形成规范性文件或具有法律效力的法律法规。因此，在校园无障碍建设问题上缺乏法律体系在内的顶层设计。此外，以北京大学为例，学校仍未将无障碍环境建设融入学校发展的战略规划之中，对校园无障碍改造的资金支持力度也不够大，并没有作为学校整体发展与规划的一部分在系统性推进，进行的局部改造不足以满足学校日益增多的残疾学生、离退休老教师以及社会上的残疾人入校工作、学习、生活的需要。

### （二）无障碍设施建设与维护不到位

从文章所呈现的调查结果可以看出，以北京大学为例，当前校园无障碍设施建设仍相对薄弱，同时对既有设施的维护以及管理仍不足。主要有如下几个方面：第一，现有无障碍设施不能满足校内残疾人士的出行需求。北京大学校内的生活区域以及文化、文物保护区内，较多建筑物没有安装电梯及扶手，无障碍轮椅坡道的普及程度也没有达到100%，因此残疾人在校内很难独立活动，尤其是如果需要到达2层及以上楼层时，肢体残疾人只能“望而却步”。同时，校内信息无障碍设施也发展滞后，听力、视力残疾人很难正常参与学习与生活。第二，现有部门无障碍设施使用率不高，较少有人参与维护与管理。在对在校残疾学生进行访谈后，笔者发现残疾学生对无

障碍设施使用率较低，主要原因有：缺乏无障碍指示标识以及无障碍设施被占用现象严重。比如，在食堂、教学楼前的轮椅坡道常年被废旧自行车侵占，残疾学生很难顺利通行及使用。

### （三）无障碍环境文化氛围匮乏

无障碍建设应该首先坚持“人性化”的原则，以残疾人为中心，充分尊重并保障残疾人的权益。因此，在校园内营造出“平等、和谐、包容、开放”的校园文化氛围对无障碍环境建设至关重要。当前，校园内对残疾人士的包容度仍然不足，对无障碍环境建设的认可程度、重视程度以及氛围营造均有待加强。以北京大学为例，高校具有“文化引领”与“社会倡导”的重要功能，当前校园无障碍设施不够完善的背后是无障碍文化氛围的缺失。比如，校园内缺乏无障碍标识、缺少对残疾人出行关怀以及与残疾人士间互帮互助的宣传。因此，高校文化氛围营造的缺失间接影响了其对全社会无障碍环境建设的倡导以及思想引领，不利于营造关心、尊重残疾人士的社会氛围。

## 四　校园无障碍环境建设的展望

### （一）增强法规建设、强化顶层设计

无障碍校园环境建设要坚持立法先行，从国家层面，一方面要进一步细化现有法律法规以及指导意见；另一方面，也要针对各地涌现出的问题，制定并出台专门针对校园无障碍环境的法律，加快推动校园无障碍环境建设立法程序，从而尽快让无障碍建设“有法可依”。从高校层面，要积极将校园无障碍环境建设作为推动校园改造、环境建设以及文化氛围营造的重要内容，除物质环境建设以外，在信息无障碍建设、校园无障碍氛围营造等方面加强顶层设计，纳入学校中长期发展规划。特殊教育类学校可以为此专门制定相关规划或实施方案，强化顶层设计。

## （二）加强无障碍设施建设、落实监督维护机制

针对文章中提到的北京大学无障碍调查案例，解决校园无障碍环境建设最直接、最有效的方式为加强校园无障碍设施建设，这里面有两个方面：一是要在新建建筑中把好无障碍设施验收关，确保所有新建建筑具备符合标准的无障碍设施。二是要因地制宜，逐步进行老旧建筑的无障碍改造。在此过程中，要特别注重信息无障碍的建设，对重点类型残疾人以及重点区域（如教学楼、宿舍、图书馆、食堂等）进行优先布局。同时，对既有无障碍设施做好监督、维护、问责机制也十分必要。一方面，要对目前已有的无障碍环境设施进行定期巡视，发现有占用盲道、轮椅坡道等行为要及时制止；另一方面，要对不能依法依规履行建设、监督的机构或个人予以相应处罚，合理问责，确保现有无障碍设施能够高效发挥作用。

## （三）发挥文化的引领作用、建设无障碍校园文化环境

对校园文化进行设计、倡导时，应坚持“无障碍”的理念，这是国际经验的必然选择，也是当前建设无障碍校园的有利途径。一方面，可以运用校园内的广播、电视台等方式积极倡导身边同学融入无障碍校园建设之中，树立无障碍意识，主动关心关爱身边的残疾同学，帮助他们便利出行。另一方面，加强对无障碍校园文化的建设与营造，在主要无障碍设施旁设置标识；在校园内开展宣讲活动，普及无障碍知识。通过文化引领，在高校内营造出平等、包容、互助、和谐的无障碍文化建设氛围。

## 参考文献

何胜晓、单娟：《美国高校的无障碍环境支持及启示》，《现代特殊教育》2018 年第 18 期。

韩旭、王江萍：《无障碍的校园环境设计探讨》，《建筑与文化》2015 年第 8 期。

刘瑛：《浅议特殊高等院校无障碍环境设计——以南京特教学院为例》，《语文学刊》

2015 年第 2 期。

吕世明：《我国无障碍环境建设现状及发展思考》，《残疾人研究》2013 年第 2 期。

乔英：《关于高校无障碍设施建设问题的思考与建议》，《决策探索》（下半月）2008 年第 5 期。

苏娜：《高校无障碍环境建设现状调查——以四所高校为例》，《现代特殊教育》2019 年第 8 期。

石茂林：《无障碍校园环境建设——基于融合教育理念的视角》，《南京特教学院学报》2012 年第 1 期。

张悦欣、黄星星、李雪贞、刘茜芸：《我国近年高校残疾人无障碍环境建设现状及解决方法》，《法制与社会》2015 年第 33 期。

# B.15

# 人工智能技术在特殊教育行业的应用研究

王玮　宋振　吕旭*

**摘　要：** 人工智能技术在特殊教育领域具有广阔的应用前景。本文梳理了特殊教育行业中人工智能技术的应用现状及应用需求，具体阐述了人工智能技术在教学环境和课程中的应用探索，最后分析了人工智能技术在特殊教育领域应用的机遇及挑战。研究发现，人工智能技术在残疾人公益应用中的效果明显，能促进融合教育和建设无障碍环境，但面临应用技术刚起步和经济价值不大的挑战。在今后的应用中，应加强正确的舆论引导、加大政策支持和资金投入。

**关键词：** 人工智能　特殊教育　无障碍　语音技术

人工智能是一门新兴的热门学科。其研究范围包括：自然语言理解，图像识别，数据挖掘，神经网络，脑科学等。1950 年世界上第一台神经网络计算机诞生。同年阿兰·图灵提出了“图灵测试”，即如果一台机器能够与人类开展对话且不被辨别出机器身份，那么这台机器就具有人类智能。1956 年，特伦查德·摩尔、约翰·麦卡锡、马文·明斯基、奥利弗·塞弗里奇、雷·所罗门诺夫参加了“达特茅斯人工智能夏季研究项目”，约翰·麦卡锡

---

* 王玮，科大讯飞股份有限公司消费者 BG 副总裁，研究领域：大数据挖掘；宋振，科大讯飞股份有限公司规划咨询经理，研究领域：语音技术应用；吕旭，科大讯飞股份有限公司规划咨询总监，研究领域：语音技术应用。

提出了“人工智能”一词，标志着人工智能的正式诞生。人工智能最初被认为是计算机学科的一个分支，近几十年随着算法突破和计算能力突破，人工智能得到了迅猛发展。在很多自然和社会科学领域都得到了广泛应用，并取得了瞩目的成果，人工智能包含了自然科学、社会科学、技术科学三个学科的内容，当前人工智能在理论和实践上都已逐步形成一个系统。

人工智能在大数据时代经历了三次发展浪潮。第一次浪潮从 20 世纪 50 年代开始。在算法方面提出了感知器数学模型并用于模拟人的神经元反应过程，该模型能够使用梯度下降法从训练样本中自动学习规则，完成分类任务。同时，由于计算机应用的发展，利用计算机实现逻辑推理的一些尝试取得成功。理论与实践效果带来第一次神经网络的浪潮。然而，感知器模型本质上只能处理线性分类问题，就连最简单的异或题都无法正确分类。许多应用难题并没有随着时间推移而被解决，神经网络的研究也陷入停滞。人工智能的研究进入第一次低谷期。第二次浪潮从 20 世纪 80 年代开始。在算法上 BP（Back Propagation）神经网络算法得到了深入研究，BP 神经网络可以逼近任意连续函数，具有很强的非线性表示能力，能解决非线性分类和学习问题。另外，针对特定领域的专家系统也在商业上获得成功应用，人工智能迎来了第二轮高潮。然而，人工神经网络的设计一直缺少相应的严格的数学理论支持，之后 BP 算法更被指出存在梯度消失问题，因此无法对前层进行有效的学习。专家系统也暴露出应用领域狭窄、知识获取困难等问题。人工智能的研究进入第二次低谷。第三次浪潮始于 2010 年代。分布式存储和计算系统技术的逐渐成熟，很好地解决了大规模数据存储和统计问题，随着大数据技术发展日益成熟，业界的关注点聚焦于机器学习，希望利用分布式计算能力，来解决神经网络算法的计算能力不足的问题，分布式算法能够完成高密集的迭代计算，提高了算法精度。采用分布式算法的深度学习有效抑制了多层神经网络学习过程中梯度消失的问题，网络的深层结构也能够自动提取并表征复杂的特征，避免传统方法中通过人工提取特征的问题。深度学习被应用到语音识别以及图像识别中，取得了非常好的效果。深度学习算法上的突破，使得过去多个应用领域，包括计算机视觉、自然语言处理、语音交互、传统机器学习、机器人等领域被统一成采用一类深度学习算法，都能高效地得到处理，并且能够轻易地超过过去各自领域积累多年的算法。深度学习算法已经日渐成熟。

2018 年，美国人工智能企业投融资超过 93 亿美元。人工智能在制造、物流、教育、零售、媒体、金融、通信、交通运输、农业、销售、科技等领域得到了应用。在提高教育机会、更好地改善人类生活质量、提高医疗水平、城市智能化、出行智能化等方面具有积极的作用。2016 年 10 月，美国前总统奥巴马在白宫前沿峰会上发布报告《国家人工智能研究和发展战略计划》。同年 12 月 20 日，白宫又跟进发布了一份关于人工智能的报告《人工智能、自动化与经济》，这份报告认为：应对人工智能驱动的自动化经济，是后续政府将要面临的重大政策挑战。下一届政府应该制定政策，推动人工智能发展并释放企业和工人的创造潜力，确保美国在人工智能的创造和使用中的领导地位。2017 年 3 月，“人工智能”首次被写入中国政府工作报告。2017 年 7 月，国务院发布了《新一代人工智能发展规划》，指明了我国新一代人工智能发展目标。科技部召开新一代人工智能发展规划暨重大科技项目启动会。启动会公布了国家人工智能开放创新平台，名单如下：依托百度公司建设自动驾驶国家人工智能开放创新平台，依托阿里云公司建设城市大脑国家人工智能开放创新平台，依托腾讯公司建设医疗影像国家人工智能开放创新平台，依托科大讯飞公司建设智能语音国家人工智能开放创新平台。2017 年 12 月，科技部认知智能国家重点实验室由科大讯飞承建。自此：中美走在了人工智能行业竞争的前列。

## 一　特殊教育行业中人工智能技术应用现状及应用需求

### （一）人工智能特殊教育应用现状

国家高度重视人工智能技术成果在教育智能化方面的应用。2017 年 7

月 20 日国务院关于印发《新一代人工智能发展规划》的通知明确：统筹布局人工智能创新平台，建设布局人工智能创新平台，强化对人工智能研发应用的基础支撑，构建形成面向产学研用创新环节的群智众创平台和服务环境。2018 年 4 月 2 日教育部关于印发《高等学校人工智能创新行动计划》的通知，提出推进“新工科”建设目标，加强人才培养与创新研究基地的融合，完善人工智能领域多主体协同育人机制，以多种形式培养多层次的人工智能领域人才。提出新建人工智能交叉研究中心的发展规划，支撑人工智能领域人才培养。

人工智能教育企业正在着力推动人工智能与教育深度融合。美国教育部门分析报告指出：2017 ~ 2021 年人工智能在教育中的应用将增长 47. 5%，人工智能教育发展主要依赖于人工智能企业推动。Knewton 是美国当前规模最大的个性化教育人工智能企业，采用大数据及自学习技术通过数据收集和分析，可以定位每位学生的知识掌握情况，并根据其学习过程提供优化学习建议。Civitas Learning 可以为大学生提供自主课程选择服务，基于机器学习技术对学习目标进行规划和学习结果进行预测，为学生提供选择学科、导师及课程的规划与建议。罗纳德·科尔教授及其团队研发的智能导学系统可以帮助聋哑孩子进行词汇学习；牛津大学研发的“LipNet”人工智能系统可以帮助听障人士进行唇语翻译；Aira 公司将人工智能技术应用到智能辅助眼镜的应用，帮助视觉障碍者更好地获取周边环境信息；俄罗斯 ExoAtlet 公司生产的智能假肢能够帮助截肢残疾者行走及协助其完成康复训练。哈尔滨点医科技研发的情感智能机器人 RoBoHoN，可以应用于自闭症患者的康复治疗中。南京特殊教育师范学院及北京师范大学特殊教育学院使用的语音教学系统，可以很好地帮助听障学生进行无障碍学习。此外：科大讯飞与中国科学技术大学共建类脑智能技术及应用国家工程实验室，与北京师范大学、清华大学共建互联网教育智能技术及应用国家工程实验室，构建了覆盖“教学考评管”全场景的智慧教育产品体系，为学生、教师和各级教育管理部门提供了精准、便捷的服务。其智慧教育产品已经在全国 31 个省级行政单位 2. 5 万多所学校中得到应用。

## （二）人工智能在特殊教育行业的应用需求

当前人工智能与教育的融合探索主要聚焦在基础教育和高等教育领域，并取得了一些成绩。特殊教育作为整个国民教育的重要组成部分，在人工智能技术应用上相对落后，而人工智能的补偿作用对残疾学生的作用比正常学生更加明显。随着智能时代的到来，人工智能与特殊教育的深度融合也将成为教育发展的重要趋势之一，人工智能在融合教育方面也能提供重要支持。特殊学生包括聋哑学生、听障学生、视障学生、智障学生、自闭症患者及肢体残疾者，这些学生由于先天或者后天缺陷的存在，在心理上和生理上存在问题。人工智能在特殊教育中大有可为，它可以延伸人类器官的功能。对于特殊学生而言，智力或者身体的不足可以借助技术实现缺陷补偿，凭借人工智能应用，增强其身体器官功能，缩小和健全人的差距，实现向健全人的跨越。调研发现，目前国内外已有一些人工智能技术开始应用于特定的残障群体，为其学习、生活及健康带来了福利。人工智能技术可以在以下方面帮助特殊教育提升。

1. 师资力量薄弱，亟须提升无障碍教学手段

目前，特教师资队伍相对薄弱。首先，专任教师数量相对较少。根据教育部发布的《2017 年全国教育事业发展统计公报》数据显示，义务教育阶段全国特殊教育在校生 27.08 万人，我国特殊教育学校专任教师 5.3 万人，每年特教师资数量的增长远远不够满足需求。其次，特殊教育师资结构不平衡，专业化程度低，特殊教育工作专业性极强，目前就学历层次而言，特教师资队伍主要以大专和本科为主；就职称而言，初级和中级占了很大的比重；就专业背景而言，半数以上教师并不是特殊教育专业出身，在某种程度上限制了特殊教育教师的专业素质水准，不利于特殊学生的健康成长。再次，缺乏有效的无障碍教学提升手段，手语教学对老师提出了很高的要求，手语教学让老师不能全神贯注于知识传播。借用人工智能手段打造无障碍教学环境，降低师生沟通门槛意义重大。

2. 学生残障情况不同，亟须针对学生的实际情况形成“个性化”教学

我国特殊学生数量庞大并且缺陷类型不一，因而在教学中就需要全面考虑特殊学生的身体状况、认知水平、个性特点、学习风格等。当前我国基本形成以“普通学校随班就读为主体、特殊教育学校为骨干、送教上门为补充”的特殊教育格局，普通学校随班就读主要招收中度和轻度的听障、智障、视障、精神情绪障碍和肢体障碍等特殊学生。由于缺陷类型不一这一主要因素，再加上教师资源缺乏、教师精力有限，随班就读几近随班混读，特殊学生的教学变得没有针对性。同样，特殊学校也面临着类似的突出问题，尤以经济不发达地区为显著。我国特殊学校招生主要面对有限的特殊群体，一般主要是听障学生、视障学生、智障学生、自闭症患者。在教学过程中，虽然会进行分类教学，但是针对性不强，一般按照智力和听力是否正常来教学。除此之外，特殊学校缺乏依据学生缺陷的类型及程度来进行个性化教学的手段。特殊学生的教学目标与普通学生不同，可以通过人工智能技术对残障学生进行测试并针对性设置教学目标，同时基于人工智能技术和大数据分析进行“个性化教学”，根据每位学生的目标达成情况，给予适合的学习建议。针对每个学生设置个性化的“教学和考核”方案。

3. 人工智能技术在无障碍领域应用得不到有效推广，亟须培养人工智能无障碍产业工程师

国务院《新一代人工智能发展规划》明确要求“尽快在试点院校建立人工智能学院”。教育部《高等学校人工智能创新行动计划》提出：“鼓励有条件的高校建立人工智能学院、人工智能研究院或人工智能交叉研究中心”，当前我国高校积极响应政策号召。截至2019年1月，全国共成立了人工智能学院或人工智能研究院高校59家。但没有一所人工智能特殊教育学院或特殊教育人工智能研究院。人工智能技术对残疾人的学习、工作、生活帮助更大，专门针对残疾人和无障碍的人工智能产业工程师培养不够，一方面，人工智能企业对其技术如何服务于残疾人不清楚，无法得到明确的产品化需求。另一方面，从事残疾人事业的社会机构不清楚人工智能发展的前沿技术。因此，人工智能企业应了解特殊人群和特殊教育从业者的需求，此

外，各级特殊教育教师也应具备人工智能的技术基础，进行人工智能通识教育。通过开设无障碍人工智能的人才培养，在残疾人需求与人工智能企业间架起桥梁，让人工智能技术在残疾人辅助上进行产品落地，使人工智能技术在无障碍领域得到有效的应用和推广。

## 二　人工智能技术在特殊教育中的应用探索

### （一）无障碍教学环境打造

1. 面向学生个人的语音转写产品

语言是最高效的信息交流工具，日常教学最常用的沟通都是通过语言来实现的。听障学生听不见声音，在日常教学过程中获取信息变得非常困难，如果能将老师的语言识别成文字呈现在听障学生面前，将会大大降低听障学生的学习门槛，手机 App 使用科大讯飞公有云语音转写及翻译技术，通过话筒设备将老师教学语音转写成文字，并呈现在手机 App 内，学生通过阅读手机屏幕能迅速获得讲课内容。产品还具有转写内容实时分享功能，因故不能到课堂的时候，也可以远程同步获得老师的讲课内容。同时手机 App 为听障人士日常沟通提供了很好的帮助。为了符合听障人士的使用体验，针对 App 交互和功能进行了优化，包括：转写和翻译结果的全屏显示、内容字体大小缩放、页面排版可以自动横屏等功能，提升了听障人士的用户体验，上线后获得听障人士的一致认可。

2. 面向特殊教育的智能教学系统

南京特殊教育师范学院作为融合教育的试点院校，学院生源构成包括正常学生及残障学生，其中一大部分为听障学生，在日常教学过程中，虽然有手语辅助，但是很多教学内容无法用手语完全转译，影响了听障学生的课堂学习效果。

学院教学设备以多媒体教学设备为主，以多媒体课件投影作为课堂中教学信息展示的主要方式。为了提高特殊教育学院听障学生的课堂教学效果、减少教学障碍。应用于听障学生课堂，依托于已有的多媒体教学设备，利用先进的智能语音识别技术，实现对语音的智能识别、采集、转写，将教师的授课语音通过智能转写系统实时转写成文字，通过 HDMI 等端口，将内容传输至教室多媒体大屏幕上显示，有效降低了课堂信息的交流障碍。在教学过程中保障特教生能够获取全量文字信息，辅助听力障碍的学生对教学信息进行理解，有效提升教学成果。

3. 公有云语音转写课堂教学设备

与智能教学系统相比，采用公有云服务的转写设备更加灵活便捷。系统采用“云 + 端”的部署方案，将课堂语音转写、记录等软件功能放在设备端并通过投屏至教学大屏上。后台采用公有云在线服务，将老师课堂的课件讲解形成文字、语音、图片一体化的材料。便于课后的分享和学习。采用公有云语音转写设备，有利于整合特殊教育教学资源，为融合教育提供有效的内容支撑。

## （二）人工智能特教课程 + 人才培养

围绕人工智能领域人才培养的特点，通过运用 SPOC、虚拟化、人工智能等技术，推进人工智能人才培养资源整合共享和开发利用，强化信息化技术与教学深入融合，项目拟建设针对人工智能的实践教学体系，建成集课程内容、实验环境、实践教学案例、实践教学环境于一体的人工智能实验室，实验室包括：大数据与人工智能实验平台建设，人工智能能力平台资源建设，人工智能实验资源建设，智能硬件配套资源建设，人工智能实验室环境建设，实验内容涵盖人工智能、大数据、物联网三大功能。从基础章节“小教学实验”，到综合应用项目“大实验”，再到 AI 核心能力平台应用的“工程实践实验”，契合专业培养计划，遵循教学规律，形成完整的 AI 实验室解决方案，从而激发学生主动学习的意愿，转变教学模式，为学校的科研实践教学、创新孵化以及项目孵化提供良好的技术支撑环境。

在 AI 算法模型能力应用层面，采用深度学习、自然语言处理、感知智能、认知智能等方面的成熟模型算法支撑，能够快速将最新领域的研究能力进行转化。通过人工智能课程的开设，拟达到以下人才培养目标。

1. 构建特殊教育人工智能人才培养标准

特殊教育的人才培养标准有其特殊性，采用常规的教学评价方法和评价标准来评价特殊教育学生并不合适。一是特殊教育的教学目标有别于正常学生；二是特殊学生的个体差异性很大，很难有统一标准；三是各地的教育资源不一致，特殊教育事业发展不均衡。特殊教育需要建立与行业匹配的人才评价标准，并借用人工智能手段来形成个性化的人才培养。同时，特殊教育的人才培养标准需要政府主管单位、特殊教学校和人工智能企业来协同完成并不断完善。

2. 打造特殊教育人工智能人才培养体系

特殊教育人才培养标准出台后，需要落实人才培养体系的实施细节。特殊教育对象是残疾人士。需要针对性的“个性化”的数据收集、分析，及教学目标设置。这些工作完全由人工来做会出现工作量大、标准不统一、评价不客观等问题。因此宜采用人工智能技术和大数据学习技术，进行自主规则学习，针对性地提出“个性化”学习方案和学习目标，落实培养目标。

3. 完善特殊教育人工智能人才培养课程内容

常规高校的人工智能课程不完全适合特殊教育，特殊教育的人才培养除人工智能基础课程外，需要针对性的课程内容：如AI+无障碍、AI+教育，AI+康复等。一方面，通过人工智能人才培养课程让特殊教育能进行人工智能基础知识和技术的普及教育；另一方面，需要有意识地将人工智能特殊教育的培养方向与残疾人事业做连接。在普通高校的人才培养上做课程优化和完善。

4. 探索特殊教育人工智能人才培养评价体系

特殊教育的人才培养方向和目标需要有针对性，需要探索一套适合特殊教育人才培养的评价体系。特殊教育人才培养的评价标准应当考虑到学生的特殊性和行业的特殊性。要考虑学生个人成绩、也要综合考虑对公益和社会的贡献价值。通过人才培养的评价体系来引导人才培养的方向，让特殊教育人才培养有利于残疾人事业的整体发展。

5. 在特殊教育中进行人工智能通识教育、培养人工智能无障碍产业工程师

通识教育是人才培养的重要组成部分，是提升社会整体进步和人工智能水平的重要方法。应通过开设通识课程让特殊学生了解人工智能的基础知识，在生活中有更多选择和利用人工智能技术改善生活的常识。通过专业教育培养人工智能无障碍产业工程师。在残疾人需求和人工智能技术之间架起一道桥梁，让人工智能产品落地，真正无障碍地服务残疾人，从而构建人工智能无障碍社会。

## 三　人工智能技术在特殊教育领域应用的机遇及挑战

### （一）机遇

1. 人工智能技术的在残疾人公益方面应用效果明显

自 20 世纪 90 年代以来，随着深度神经网络算法的日益成熟，人工智能技术得到迅速发展，并在很多领域得到了应用。如：中国盲人出版社利用语音合成技术开发的“阳光读书郎”产品，联合 400 家公共图书馆，投放了 20 万台智能听书机，让盲人更好地阅读。利用语音转写技术可以让聋人用眼睛代替耳朵，中国残联与科大讯飞联手举办的“听见 AI 的声音”公益活动，为残疾人士提供免费的语音转写服务，让听障人士可以通过手机 App 识别对方语音，将听语音转换成读文字，辅助了听障人士的沟通交流。此外，利用语意理解及语音控制技术已经可以实现智能家居的控制，实现智慧家庭的建设，自然语言理解及语音控制技术在智慧家庭、智慧城市、智慧交通、智能辅助器材等方面的运营，能够帮助残疾人出行。通过人工智能技术减少肢残人士的生活不便。利用对残疾人康复数据的挖掘和分析，能更好为残疾人康复提供建议。人工智能技术一方面可以直接或间接替代残障的功能，让残疾人获得与正常人一样的身体功能。另一方面通过残疾人康复案例的大数据分析，为残疾人提供更好的康复治疗规划。

2. 人工智能技术能有效促进融合教育发展

在特殊教育领域引入人工智能技术，可以帮助特殊教育学校构建无障碍

教学环境。当前的特教课堂教学对授课老师提出了很高要求，老师在关注教学内容的同时全程采用手语上课。这种情况下，一方面为老师的选择设置了较高的门槛，将很多教学优秀的老师限制在门外，另一方面全程的手语授课增加了老师的教学难度。无障碍教学让老师不再花费大力气在沟通形式上，从而更加关注教学内容。此外，采用人工智能和大数据技术可以根据特殊学生自身特点进行针对性研究，为每一位学生设计针对性的教学目标，打造“个性化教学”方案。将人工智能技术应用在特殊教育行业，有助于无障碍教学环境的建立、无障碍知识学习体系的构建和个性化学习方案的打造，为融合教育提供了有效的教学手段。

3. 人工智能特殊教育对建成无障碍社会意义重大

我国有 8500 万残疾人和 2 亿多老年人，无障碍建设事关每个人而不仅仅是残疾人，老残一体化建设已经成为无障碍建设的一个趋势。近几十年，道路、场馆、生活设施的无障碍建设取得了有目共睹的成就，帮助更多的残疾人走出家门，在完成了无障碍出行的基础建设后，信息和沟通无障碍需求会随之而来，无障碍建设是系统性地融入人们的工作和生活的。人类不断地利用机器和智能技术提升自我，汽车、飞机提升了人们的出行方式，电脑提升了人们的办公方式，手机提升了人们的交流方式，人工智能在未来将重构人们的生活方式。人工智能技术从某种程度上替代和提升了人们的身体功能，人们可以利用语音技术进行跨语种无障碍沟通，也可以利用语音技术进行聋健交流，人工智能技术在残疾人身上的补偿作用将会更加明显。无障碍社会的建成，让残疾人能享受社会发展带来的红利。完成总书记“社会发展中一个都不能少”的目标兑现。在提升残疾人生命质量的同时让他们参与社会建设，节省了社会资源，也创造了更多的社会价值。

## （二）挑战

1. 人工智能在特殊教育领域的应用刚刚起步

中国的人工智能教育处于刚刚起步阶段，很不成熟。主要表现为：暂未形成牢固的、科学的教育理念，教育的社会环境需要完善，产、学、研的机制仍在建立中，学生的创业创新思想理念需要加强，教育发展还存区域不平衡问题、教育资源不足、布局不合理的问题，通识教育与职业教育有冲突，人才培养方向与社会需求不契合，学校办学活力不强，社会资本和力量参与高校建设较少。人工智能及人才培养的经验不足，人工智能人才培养的制度、考评和教育内容都在摸索过程中，整体上高校人工智能建设案例偏少，特殊学校没有人工智能学院建设案例，仅有南京特殊教育师范学院和北京师范大学特殊教育学院等很少的教育机构引进了智能辅助教学设备。人工智能特殊教育需求明显，但缺乏系统的数据收集和整理，以及需求的提炼，人工智能课程缺乏系统性。

2. 人工智能特殊教育短期经济价值不明显

人工智能技术应用于特殊教育，不仅有助于特殊教育质量的提升，也将为建成人工智能无障碍社会奠定人才基础。但就人工智能特殊教育本身来说其行业经济价值不明显。一是，无障碍教学环境使用者本身没有足够的经济来源。无障碍建设投入主要靠政府投资，社会机构及社会爱心募捐。而其使用者本身并没有直接稳定的经济来源。二是，每个特殊学生的需求都有其独特性，很难形成有效的需求的整合，在需求响应及产品落地上有困难。三是，当前特教及无障碍产业的经济价值不聚焦，企业投入和产出不成正比，很多企业不愿意花费力气在无障碍研究上。

## 四　结论

人工智能技术在特殊教育领域具有重要作用和广阔的应用前景。人工智能特殊教育事业发展需要加强正确舆论引导，让社会各界客观认识人工智能产业，通过在高校开设人工智能课程，让社会正确认识人工智能技术。既不过度神话人工智能技术，认为其无所不能，也不因为在实践过程中产生的挫折而止步不前。相信人工智能技术的应用前景，学习人工智能理论和技术，脚踏实地研发无障碍教学产品，稳步打造适合特殊教育的人工智能教学体系，坚定不移地坚持特殊教育人工智能化，为建设人工智能社会输送产业工程师。

人工智能在特殊教育行业的应用还需加大政策引导和资金投入，人工智能特殊教育利国利民，是一项长久的投入，短期内收益不明显，依靠企业自发投入周期长，难度大，因此需要更多的资金投入，迅速实现产业的应用示范效应，形成产业化，撬动更多的社会资源和资金投入到人工智能特殊教育行业。同时，人工智能技术产品化，需要大量的行业数据和资深行业专家资源辅助，将特殊教育的场景化需求和人工智能产品有效融合，让人工智能技术能落地到产品应用，在实地应用中产生切实的应用效果，从而进行规模化推广，这些都离不开国家政策的大力支持。

## 参考文献

邓琳碧、陈昂、啜宁：《人工智能教育的发展现状与态势分析》，《信息通信技术与政策》2019 年第 6 期。

方兵、胡仁东：《我国高校人工智能学院：现状、问题及发展方向》，《现代远距离教育》2019 年第 3 期。

郭利明、杨现民、段小莲、邢蓓蓓：《人工智能与特殊教育的深度融合设计》，《中国远程教育》2019 年第 8 期。

郭柏柏、王晓莉：《人工智能浅析》，《中国新通信》2019 年第 6 期。

高伟、刘苗苗：《人工智能时代教育人工智能研究与应用现状、问题及对策》，《软件导刊》2019 年第 8 期。

钱旭升：《我国特殊教育发展现状的资料分析》，《中国特殊教育》2006 年第 8 期。

宋振、王玮、吕旭：《科大讯飞无障碍建设案例》，《建设科技》2019 年第 13 期。

吴澄：《人工智能新高潮下的智能制造》，《中国信息化周报》2019 年第 7 期。

汪睿：《基于渐进式创新的产品形象衍变机理研究》，合肥工业大学硕士学位论文，2018。

王雁、李欢、莫春梅、张瑶：《当前我国高等院校特殊教育专业人才培养现状分及其启示》，《教师教育研究》2013 年第 1 期。

夏鸿飞：《人工智能技术的现状与未来发展》，《技术创新》2019 年 11 期。

# 案 例 篇

**Case Studies**

## B.16
## 上海市信息无障碍建设

彭青松　赵 华　王昭睿*

**摘　要：** 推进信息交流无障碍建设，是满足不同群体平等获取信息资讯、参与社会生活的基础保障，是促进社会和谐稳定的重要举措。上海信息无障碍工作始终按照“适应信息技术发展趋势、符合城市发展实际、贴近残疾人切身需求”的基本思路，积极借鉴国内外先进经验，不断提升信息交流无障碍的服务水平。本报告总结历年工作形成几点经验：注重统筹规划，纳入上海信息化工作大局；营造助残氛围，不断丰富信息无障碍服务内涵；坚持以用户体验为导向，多方协同推进项目建设；形成门户网站考评机制，构建信息无障碍评测体系；

* 彭青松，博士，副教授，上海市残疾人联合会信息中心副主任，研究领域：机器学习；赵华，副高级工程师，上海市残疾人联合会信息中心总工程师，信息工程；王昭睿，上海市残疾人联合会信息中心办公室副主任，研究领域：法学。

本着共享共用理念，促进无障碍数据向社会开放。

**关键词：** 残疾人　无障碍环境建设　信息无障碍　上海

习近平总书记指出："残疾人是一个特殊困难群体，需要格外关心、格外关注。"关心残疾人是社会文明进步的重要标志。我国政府高度重视无障碍环境建设，长期以来，特别是党的十八大以来，党中央、国务院高度重视残疾人权益保障和无障碍环境建设，在中国残联的大力倡导下、通信管理部门、电信企业和互联网企业积极贯彻《中华人民共和国残疾人保障法》《无障碍环境建设条例》及相关政策。2016 年中国残联、国家互联网信息办公室联合发布《关于加强网站无障碍服务能力建设的指导意见》，提出"按照全面建成小康社会的总体要求，以促进残疾人参与社会生活为目标，坚持从实际出发，循序渐进，全面促进和改善网络信息无障碍服务环境。到 2020 年底，国务院各部门政府网站、各省级政府门户及部门网站、各市级政府门户网站的无障碍服务能力建设达到基本水平，能够满足残疾人浏览网站和在网上办理服务事项的基本需求，鼓励有条件的县、区政府网站开展无障碍服务能力建设，积极引导各级各类公共企事业单位、新闻媒体、金融服务、电子商务等网站的无障碍服务能力达到基本水平，为残疾人等获取信息、享有公共服务提供便利"①。

《关于支持视力、听力、言语残疾人信息消费的指导意见》明确指出"党的十九大报告，要'以人民为中心''发展残疾人事业'。支持视力、听力、言语残疾人深入参与信息消费，是按照国务院关于加快推进残疾人小康进程总体部署要求，保障残疾人平等获取信息、平等参与社会生活权利的重要抓手，是减轻残疾人信息消费生活成本、促进残疾人创业就业、提高残疾

① 《关于加强网站无障碍服务能力建设的指导意见》，http：//www. cdpf. org. cn/yw/201603/t20160304_ 543195. shtml。

人生活质量的重要手段，是以残疾人需求为导向完善残疾人社会保障制度、助力残疾人小康进程的重要举措”①。

推进信息交流无障碍建设，是不同群体平等获取信息资讯、参与社会生活的基础保障，是促进社会和谐稳定的重要举措。“十三五”期间，上海全面实施《上海市国民经济和社会信息化“十三五”规划》和《上海市推进智慧城市建设2017~2019年行动计划》，着重致力于缩小不同区域、人群之间的“数字差距”，让全体市民共享信息化发展成果。在上海市残联的大力倡导下，在教育、卫生、文化、社区服务等公众关注度高的民生领域开展多项“数字惠民”工程建设，充分考虑残疾人这一特殊群体的需求，信息无障碍环境不断优化，广大残疾人正在平等、广泛地享有信息化技术发展的成果。

## 一　上海市信息无障碍工作的总体要求

根据《2018年上海市残疾人事业发展统计公报》统计，截至2018年12月31日，上海市共有持证残疾人约55万人，其中，视力残疾9.3万人，听力残疾6.7万人，言语残疾0.5万人，智力残疾5.8万人，肢体残疾26万人，精神残疾5.3万人，多重残疾1.3万人。② 在推进信息无障碍工作过程中，上海始终关注残疾人群体的特殊需求，不断拓展信息通信技术在残疾人生活、工作各方面的应用。随着人口老龄化程度不断加深，行动不便的特殊人群占比逐年扩大。加强信息无障碍建设成为一项势在必行的便民工作。

上海始终注重统筹规划，把信息无障碍工作纳入全市信息化建设全局。自20世纪90年代中期起，把信息化作为覆盖现代化建设全局的战略举措切实加以推进，城市信息化整体水平持续领先。同时聚焦重点领域，按照

① 《关于支持视力、听力、言语残疾人信息消费的指导意见》，http：//www. cdpf. org. cn/zcwj/zxwj/201712/t20171220_ 615005. shtml。

② 根据上海市残联网站发布的《2018年上海市残疾人事业发展统计公报》中的统计数据，http：//www. shdisabled. gov. cn/clwz/clwz/ztwz/tjgb/2019/04/25/4028fc7669572057016a5321e3281098. html。

“适应信息技术发展趋势、符合城市发展实际、贴近残疾人切身需求”的基本思路，积极借鉴国内外先进经验，不断提升信息无障碍的服务水平。

上海始终注重推进保障通信服务便利化。采用政府补贴、企业让利、个人部分付费的三方结合形式，推出为盲人提供固话通话优惠，为听力言语残疾人提供手机短信优惠的服务政策，共有4万多户视力残疾人家庭和1万多名听力言语残疾人受益，同时还推出宽带上网优惠套餐，大大降低了残疾人的上网费用。

上海始终注重不断丰富信息交流无障碍服务的内涵。上海市残联联合上海图书馆建成“无障碍数字图书馆”，推进实施公共传媒“字幕工程”建设，通过信息技术手段为部分电视频道的新闻节目加配字幕，方便听力残疾人及时获知新闻信息。针对视力残疾人“上网难”的问题，全面实行政府网站无障碍改造。

上海始终注重信息无障碍技术在智慧助残领域内的创新应用，12345市民服务热线开通手语视频服务，听障人士可以通过手机和电脑，用手语视频的形式向12345平台提交对上海公共管理服务的咨询、投诉、意见和建议。为使听力障碍人士能够享受便捷的金融服务，“伴你无碍”手语云翻译服务率先在金融服务领域推出，“伴你无碍”App采用了先进的云计算和智能语音AI技术，使听力障碍人士可以随时随地通过移动互联网设备便捷地获取高质量手语翻译服务；推出首款智能导盲帽——天蝠帽，通过内置超声波探障，支持宽角度不同距离障碍物品声音预警，同时辅助以盲杖进行实地探测，视障人士可以有效规避碰撞损伤。“助聋门诊”的开通，更让听障人士化解了“看病难”。“助盲出行”服务，让视障人士实现无障碍出行。上海进行了全面的探索与实践。积极推动信息无障碍技术标准建设，为国内外信息无障碍建设以及残疾人智能化服务提供了很好的实践案例。

## 二　上海市信息无障碍建设情况

为了贯彻落实中央和上海市委、市政府关于加快发展残疾人事业的指示精神，进一步改善残疾人生存和发展状况，确保残疾人共享更高水平的小康，依据国务院《关于加快推进残疾人小康进程的意见》和《上海市国民经济和社会发展第十三个五年规划纲要》《上海市残疾人事业“十三五”发展规划》，为了使残疾人平等地、方便地、无障碍地获取信息、利用信息，上海市残联携手多家单位，大力倡导信息无障碍建设工作，为残疾人生活、学习和工作提供全方位帮助。

国务院在2012年6月出台了《无障碍环境建设条例》，并在同年8月1日起实行。《条例》对无障碍设施建设、无障碍信息交流和无障碍社区服务做出了规定。在中国残联的指导下，在上海市委、市政府领导下，作为市无障碍环境建设推进工作联席会议成员，市残联积极推进上海市信息无障碍建设。

### （一）政府门户网站改造

上海从2006年开始进行信息无障碍建设，在市领导的关心下，各部门积极配合，经过十多年建设，目前上海市政府网站信息无障碍建设在全国范围内完成了“五个率先”，第一，率先完成省级残联门户网站的信息无障碍全网改造工作。第二，率先完成了省级政府门户网站的信息无障碍全网改造工作。第三，率先建设了为听力残疾人服务的视频新闻栏目。第四，率先建设了无障碍电子地图。第五，率先完成了省级无障碍数字图书馆建设。“十二五”期间，上海对所有政府网站首页均进行了信息无障碍改造，信息无障碍建设的技术、团队、环境氛围等已做好充分准备。2012年在《上海市残疾人事业“十二五”发展纲要》的基础上，发布《2013～2015年政府网站无障碍推进工作方案》，同时提出政府无障碍改造的预期性指标，上海政府网站首页无障碍改造完成率达到80%以上。到“十二五”末期，完成“中国上海”门户网站以及市民政局、市司法局、市人力资源和社会保障局等70个市、区政府网站的首页无障碍建造。

为进一步深化政府网站信息无障碍改造，上海市人民政府2016年《印发〈上海市残疾人事业“十三五”发展规划〉的通知》要求，根据《上海市国民经济和社会发展第十三个五年规划纲要》，对政府网站全网无障碍改造比例达到90%的约束性指标，上海制订了完善的进度计划。2018 年底完成政府网站全网无障碍改造总数达51 家单位，改造率达到70%。对网站全部栏目进行无障碍改造，包括要闻动态、信息公开、办事服务、政民互动、网站专题及其他所有栏目，并在今后的改版、专题建设、应用开发中确保无障碍改造的全面性和持续性。

**图1　政府门户网站“中国上海”增加无障碍工具条展示和语音导读服务**

上海特色的政府门户网站改造工作主要包含以下几个方面：

1. 坚持以用户体验为导向，多方协同配合推进项目建设

上海政府门户网站信息无障碍由市政府门户网站管理中心牵头，市经信委、市残联携手倡导，区县和政府部门积极配合，市盲协全程参与体验，项目承建方、监理方各司其职，完全按照项目管理的规范和制度，有序推进项目的建设工作。网站信息无障碍改造坚持以盲协用户体验为导向，力求保持网站原有风格和功能不变，不改变健全人浏览网站的习惯，提升盲人访问政府网站的准确性、便捷性。

2. 采用页面底层基础改造结合辅助工具的组合模式

（1）页面改造

采用了 DIV + CSS + JS 技术路线实现网站结构、表现、行为相分离的基本要求；对功能性内容、Flash 等进行无障碍设计，即不依赖鼠标仅使用键

盘也可完成正常操作，更适合视障人群浏览；此外还设计出一套优化的区域跳转、栏目跳转信息快捷获取方案，配合读屏软件，实现强化级别的无障碍访问。①

（2）辅助功能

充分考虑布局，考究不同色觉人群颜色辨识度，设计开发了功能完善的辅助浏览工具；② 采用先进的云平台技术理念，从功能、性能及安全性等要求进行架构设计，搭建网站语音云服务平台。

（3）无障碍检测

网页无障碍检测根据 WCAG2.0 以及《YD/T 1761 –2012》和《YD/T 1822 –2012》标准，设计开发无障碍检测网关，采用 HTML 解析技术定位网页元素，通过与网站内容管理系统的整合对新增内容进行无障碍检测确保信息发布无障碍的可持续性。③

## （二）无障碍电影

1. 无障碍电影的定义

无障碍电影是指在保留观看原版电影对白的同时，在电影声音空白的地方，用比较准确、恰当、精练的语言将电影的背景画面、人物的形象、动作、内心活动解说清楚，使视障人士能无障碍地听懂电影。

2. 发展阶段

上海的无障碍电影发展至今，主要经历了四个阶段：

第一阶段：2007 年的“社区盲人讲电影”是上海无障碍电影活动的开始。由志愿者在固定的几个社区活动室内为盲人讲解电影。

第二阶段：2009 年，上海市残联、上海图书馆和上海电影评论学会联合成立“无障碍电影工作室”。通过制作无障碍电影光盘、以图书馆和各级残联为载体，为残疾人提供免费的借阅服务。“上海无障碍电影”2011 年更名为“中

---

① 朱双六：《网页设计无障碍标准应用》，《信息技术与标准化》2015 年第 4 期，第 26 页。

② 同上。

③ 同上。

国无障碍电影”，同年列入国家新闻出版总署“十二五”期间的骨干出版工程。

第三阶段：2012 年起在上海市部分商业影院开设无障碍电影专场。从上海市残联、上海联合电影院线在上海国泰电影院挂牌第一家无障碍电影院开始，部分商业影院开设无障碍电影专场，每月定期放映最新影片，成立“无障碍电影讲解志愿者团队”。电台播音员和主持人现场讲解，邀请盲人无障碍观影，2014 年 4 月 1 日起施行的《上海市实施〈中华人民共和国残疾人保障法〉办法》明确将“在有条件的影剧院开设无障碍电影专场，举办无障碍电影日活动”列入其中，2014 年“为全市视力残疾人提供无障碍观影服务”列入了当年上海市政府实事项目，将无障碍电影公益解说活动推向了新的高度。

第四阶段：2015 年起，上海无障碍电影发展进入第四阶段，通过建立“阳光院线”社区无障碍电影，将无障碍电影放映服务送至残疾人的“家门口”。2016 年上海市残联与东方广播中心共同主办的助残公益志愿活动——“无障碍电影公益解说活动”。到 2018 年，该活动已经成功举办了六个年头，成为上海知名的文化助残品牌，深受广大残障人士的欢迎。

3. 发展现状

自 2012 年国泰电影院推出全国首家无障碍电影专场以来，全市已有 17 家电影院线每月定期放映无障碍电影，由上海广播电视台无障碍电影公益解说团队现场解说。截至目前，共放映无障碍电影千余场次，提供 10 万人次观影服务，为了满足更多残疾人观看无障碍电影的需求，放映服务还推送到社区文化中心，建立了“阳光院线”社区无障碍电影，丰富残疾人家门口最后一公里的文化生活。市残联还与中国电信上海公司 IPTV 频道合作，开通 IPTV 无障碍电影频道，使残疾人在家就能观影，丰富了残疾人的精神生活。

## （三）电视新闻配字幕、手语新闻直播

1. 字幕工程

上海市残联和上海文广集团从 2011 年携手建设为电视新闻和生活节目中全文加注字幕的“字幕工程”，建设为听力残疾人服务的无障碍多媒体网

上服务专区，通过为现有电视新闻配全文字幕并滚动播出的形式，满足听障人士收看电视新闻和电台广播并及时获悉国家政务时事的迫切要求，建设全国首家“听力无障碍新闻网站”。

目前，上海两个新闻频道的 6 个新闻栏目和 10 个生活类栏目均已加注字幕，同时在网上开设了无障碍多媒体服务专区。听力无障碍新闻栏目转播上视新闻综合和东方卫视的 16 个栏目（《看东方》《东方新闻》《新闻联播》《上海早晨》《媒体大搜索》《新闻坊》《新闻报道》《新闻夜线》《七分之一》《非常惠生活》《名医大会诊》《防务新时空》《道理》《双城记》《案件聚焦》《超级家长会》），每档节目在首播后的 24 小时内增配字幕重播，每周重播时长 30 小时，约 400 条。该项目填补了国内信息无障碍建设的空白，在新媒体领域属于首创，具有较强的示范效应和积极的社会效益。

**图 2　听力无障碍新闻栏目**

2.《午间新闻》节目手语直播

2015 年 3 月 1 日，上视新闻综合频道《午间新闻》节目正式进行手语直播，由原来每周一次 15 分钟手语录播新闻节目升级到每天 30 分钟的手语直播新闻节目，全年 365 天不间断播出，让上海 25 万听障朋友能每天看到、看懂新闻，获取最新的新闻资讯。为满足每天直播的需求，市残联专门成立了手语播报小组，从全市优选了5名具有电视播报经验、手语翻译快速准确、符合上镜要求的手语翻译担任午间新闻手语主持人，每天轮流到电视台参加手语播报工作。同时考虑到上海市部分老年听障人士看不懂中国手语的问题，这次手语直播在继续推广中国手语的同时，也进行了上海自然手语的兼顾播报，手语主持人中有的擅长中国手语，有的擅长上海自然手语，以尽量满足不同年龄段听障人士的观看需求。上海电视台新闻综合频道成为全国少数开设电视新闻节目手语直播的地方台之一，为进一步推动上海信息无障碍环境建设发挥重要作用，也为推进上海市残疾人小康进程率先迈出了坚实一步。

3. 上海“两会”手语直播

从2013年起，上海市已经连续5年在上海“两会”开幕式及电视直播中进行手语同步播报，由5名直播经验丰富的手语老师轮流担任手语主播，通过电视屏幕实时向聋人朋友第一时间传递政府工作报告和政协工作报告等时政内容，成为关爱残疾人，营造城市无障碍信息氛围的一项重要举措。

## （四）国内首家省级“无障碍数字图书馆”

在上海市经信委的大力支持下，2012年上海图书馆联合上海市残联共同推出了全国首家省级无障碍数字图书馆，http://dlpwd. library. sh. cn，致力于为视障人士中的全盲、低视力、色盲、色弱和光泽性过敏人群、聋哑人群、行动障碍人群和老年人提供无障碍网站、有声电子书和数字化讲座服务，从而消除残疾人和老年人获取信息的障碍。

1. 项目概况

上海市残联与上海图书馆进行数据共享，依托上海图书馆信息系统和数据资源，深化信息通信技术应用。2012年建成国内首家省级无障碍数字图书馆。数字图书馆提供的无障碍服务包括两部分，一是针对图书馆网站进行无障碍改造，视力残疾人通过读屏软件可以上网浏览操作。二是将两千余册电子图书有声化，为一千多部视频讲座加配字幕，满足了视力及听力残疾人的学习需求。其中电子书查询、预览、语音导航、内容跟读等全程无障碍阅读为全国首创。2015 年底，中国残联会同联合国亚太经社会在上海举办了信息无障碍国际研讨会，上海图书馆作为信息无障碍的体验实例，受到了与会代表的一致好评。

**图 3　上海图书馆网站**

2. 相关技术

无障碍数字图书馆主要采用网页无障碍技术，方便残疾人、有特殊需求的健全人可以获取网络信息。采用辅助技术满足存在身体机能差异性的特殊人群（例如残疾人）的需要，在主流用户代理提供的功能之外，提供一些特殊功能，也可以与主流用户代理一起提供特殊的功能。辅助技术提供的特殊功能包括替代性表现形式（例如合成语音或放大的内容）、替代性输入方式（例如语音输入）、附加的浏览和导航机制、内容转换（例如使表格更易于访问）等。主要包括：①屏幕放大器，由存在视力障碍的人员使用，可以放大屏幕上的字体并改变颜色，以改善改变后的文本和图像的视觉可读性；②屏幕阅读器，由盲人或存在阅读障碍的人使用，以便通过同步语音或盲文显示来读取文字信息；③语音识别软件，可以由存在某些生理障碍的人使用；④替代性键盘，供残疾人使用，以便模拟键盘的功能；⑤替代性指点设备，供残疾人使用，以模拟鼠标定位和按钮动作。

### （五）GIS平台及无障碍设施系统建设情况

2017年开始，上海市残疾人联合会信息中心启动上海市无障碍设施建设地理信息采集项目，在信息采集的基础上，建立一个以无障碍设施为基础的信息展示、查询和管理维护系统，并通过对无障碍信息的不断丰富完善，建立从数据采集、加工、展示、更新、维护和应用的一套完善的标准化管理机制。

在数据上，目前该系统涵盖了各级残联、阳光之家、阳光基地、阳光心园、康复中心、康复服务站、辅具服务社、残车维修中心、就业服务机构9大类残联服务机构，综合医院、特色专科医院、医院门诊部、社区卫生服务中心、社区事务受理中心、残车加油站、无障碍电影院、无障碍环境建设示范银行、残疾人健身点、盲人有声读物阅读室、示范商场无障碍信息、坡道、无障碍公共厕所等13类残疾人服务设施，地铁站点、地铁站点出口及通道、地铁站费区外无障碍电梯、地铁站费区外无障碍厕所、地铁站坡道等5类地铁无障碍专题信息，并完成数据的定期更新，保证了数据的现实性。

在数据的展现形式上，除传统的点位展示及属性展示，该系统通过门面图、影像图等照片的形式展现了各级残联机构及地铁无障碍电梯的现状情况，并通过热力图的形式展示了全市各类别、各等级残疾人比例的空间分布情况，对于辅助相关无障碍设施的规划具有重要意义；在功能上，该系统提供了政务、暗色及影像底图的浏览与切换，无障碍专题信息查询，地名地址搜索定位，基于行政区划、类别、环线及任意空间范围等的多维度统计分析功能，专题信息的添加、更新、删除等维护功能，数据修改的审核管理功能等，实现集信息展示、浏览、查询、统计分析及更新、维护业务于一体的动态管理机制。目前，残联服务机构及无障碍设施地图信息已经可以由12345热线查询，后续将本着共享、共用的理念，持续整合其他社会信息资源，打造供残疾人出行用的爱心一张图，并将逐步对社会提供互联网访问接口无障碍设施地理信息系统建设对于探索未来应用场景和使用方式具有重要意义，便于充分利用新技术及新的测绘专题信息，拓展残联服务机构及无障碍设施

地理信息系统的模块功能与服务内容，丰富残疾人事业专用图层，通过无障碍地图不断提升 GIS 系统数据、量化、可视的多样空间分析和领导决策能力，将来为全市残疾人事业建设统计分析、规划决策、形势研判，提供必要、可靠、务实的数据信息支撑。

**图 4　上海市残联机构在 GIS 平台上展示**

## （六）信息无障碍建设工作纳入智慧城市建设规划

在上海市残联的大力推动下，将信息无障碍建设工作纳入上海市推进智慧城市建设“十三五”规划，提出了“五个一”建设目标，不断提高信息无障碍服务水平。围绕残疾人需求，建设服务于政府决策、机构帮扶等全市统一的残疾人信息资源库，实现培训、就业、康复、保障等数据的汇聚。建设具有残疾人应用特色，集残疾人业务管理与服务于一体的综合智能门户，探索残疾人网上办事。推动智能化残疾人证的应用，实现“一证通用”。完善残疾人无障碍数字地图，推进无障碍设施等位置信息服务。推动网站全网无障碍改造，探索智能家居和可穿戴设备等智能终端在残疾人康复、监护、生活服务中的应用。

## （七）“进博会”无障碍改造——室内定位导航技术的应用

在科技进步的当下，视力残疾人在室外依靠卫星信号，可基本满足定位导航需求。但由于室内缺少卫星信号、环境复杂多样、室内定位技术不成熟等多方面原因，国内外普遍缺乏为视障群体设计的定位导航系统。同济大学刘儿兀教授的定位导航实验室长期致力于复杂环境中定位导航技术的研究，他研发的 DWELT 算法（见图 5）为室内定位技术做出了开拓性探索，并获得“微软全球室内定位技术大赛”2016 年和 2018 年两届定位精度第一。显著提高了我国在室内定位导航领域的国际地位。在 DWELT 技术基础上，该团队解决了大型展馆客流密集、无线信号恶劣等复杂场景中的手机定位导航难题，并承担了 2018 年首届中国国际进口博览会（简称“进博会”）定位导航系统——“导路者 V1”系统研发。让残疾人共享进博会文化成果，既是更高要求、更高标准举办进博会的展现，也是上海成为国际会展之都和“有温度的城市”的助推剂，是向世界展示中国科技进步以及信息无障碍成就的重要窗口。

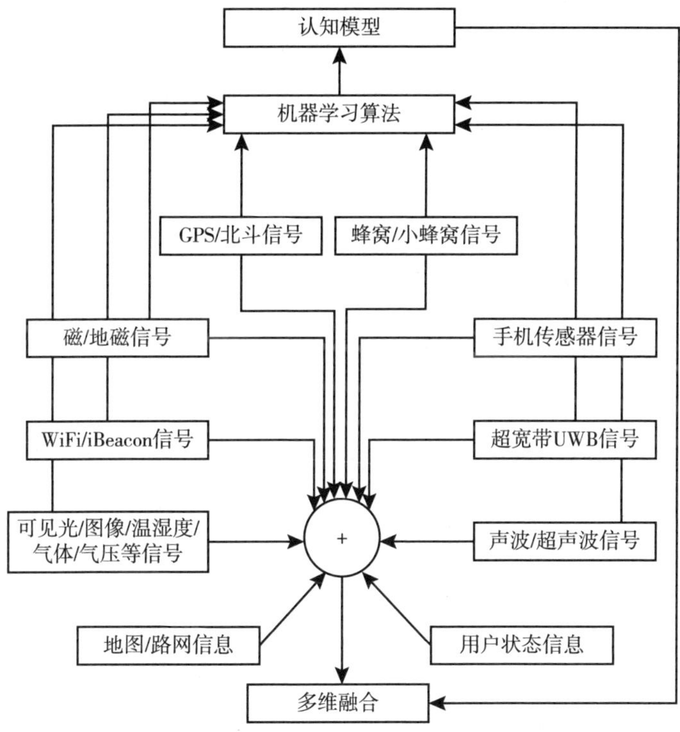


**图 5　DWELT 技术框架**

## 三　上海市信息无障碍建设经验总结

上海信息无障碍工作始终按照“适应信息技术发展趋势、符合城市发展实际、贴近残疾人切身需求”的基本思路，积极借鉴国内外先进经验，不断提升信息交流无障碍的服务水平。总结历年的工作形成以下几点经验。

### （一）注重总体统筹规划，纳入上海信息化工作大局

上海市政府高度重视，市经信委在对信息无障碍工作在资金立项上予以支持，在信息化预算及编目工作中予以指导和支持。过去五年中，上海全面实施《上海市国民经济和社会信息化“十三五”规划》和《上海市推进智慧城市建设2017～2019年行动计划》，在市残联大力倡导下，在教育、文化、社区服务等公众关注度高的民生领域开展多项“数字惠民”工程建设，充分考虑残疾人的特殊需求，城市的信息无障碍环境不断优化。

### （二）构建助残社会氛围，不断丰富无障碍服务内涵

上海形成了浓厚的助残社会氛围，各委办局、单位大力支持信息无障碍工作，注重不断丰富信息交流无障碍服务的内涵。依托上海图书馆原有的信息系统和电子化数据资源，深化信息通信技术应用，建成国内首家省级“无障碍数字图书馆”，推进实施公共传媒“字幕工程”建设，通过信息技术手段为部分电视频道的新闻节目加配字幕，方便听力障碍人士及时了解新闻信息。政府门户网站增加无障碍工具条展示和语音导读服务，提升视力障碍人士访问政府网站的准确性、便捷性。

### （三）坚持以用户体验为导向，多方协同推进项目建设

上海政府网站信息无障碍改造项目由市残联和市经信委、市政府门户网

站管理中心共同倡导，区级政府和委办局积极配合，市盲协作为专职的信息无障碍体验员队伍。坚持以用户体验为中心，可持续发展为原则。引入体验员监督机制，通过市盲协组织招聘无障碍体验人员，在项目建设的前、中、后期以及运营维护过程中全程参与。同时坚持贯彻无障碍标准和规范，遵循“无障碍诊断及方案设计”“无障碍改造实施”“用户体验及反馈”“持续优化与诊断”的闭环流程。同时建立长效的运维保障工作机制，逐步完善可操作的工作规范。严格按照项目管理规范和制度运行，这一机制是确保项日成功推进的有效保障。

### （四）形成门户网站考评机制，构建信息无障碍评测体系

上海市经信委对门户网站形成了一套考评机制，有力推动了信息无障碍工作的发展。上海政府网站信息无障碍建设评估主要依据 2012 年工业和信息化部颁布实施的《网站设计无障碍技术要求》（YD/T 1761 – 2012）和《网站设计无障碍评级测试方法》（YD/T 1822 – 2012）构建 2015 年上海市政府网站信息无障碍建设专项评估指标体系，立足达到信息无障碍理念的推广和引导，同时鼓励信息无障碍建设较好的网站，真正做到相互促进，共同发展。

### （五）本着共享共用理念，促进无障碍数据向社会开放

上海市残联大力促进无障碍设施数据向社会公众开放，申通地铁的厕所信息已向美团开放。残联服务机构及无障碍设施地图信息已经可以由 12345 热线查询，后续将本着共享、共用的理念，持续整合其他社会信息资源，打造供残疾人出行用的爱心一张图，并将逐步对社会提供互联网访问接口无障碍设施地理信息系统建设对于探索未来应用场景和使用方式具有重要意义，便于充分利用新技术及新的测绘专题信息，拓展残联服务机构及无障碍设施地理信息系统的模块功能与服务内容，丰富残疾人事业专用图层，通过无障碍地图不断提升 GIS 系统数据、量化、可视的多样空间分析和领导决策能力。

## 四　上海市信息无障碍的未来发展方向

### （一）移动无障碍

手机客户端作为登入移动互联网最便捷的方式，扼守着移动互联网的第一入口。当手机和移动设备成为互联网第一入口时，如何让残疾人自如使用移动互联网，成为迫切需要解决的问题。因此，手机移动端已然成为信息无障碍的战略要地。手机 App 的无障碍改造势在必行。

### （二）云计算展望

云服务具备超大规模、虚拟化、高可靠性、通用性等特点，可以提供给用户前所未有的计算能力，是今后信息无障碍技术发展所依托的主要领地。其不仅能满足信息无障碍的应用及用户规模增长的需要，而且利用特殊容错措施可以采用极其廉价的节点来构成云，大幅降低了管理成本，同时也有效提升了资源利用率。

### （三）网站无障碍检测评估平台

未来会实现集约化建设，搭建统一的信息无障碍技术服务云平台，统一提供网站辅助浏览工具服务、网站语音服务和技术检测功能，各政府网站应使用统一提供的辅助浏览工具服务和语音服务，并自行部署。建立监督考核制度，市政府门户网站管理中心通过第三方无障碍技术测评进行评估，评估结果纳入上海市政府网站年度测评，形成长效的监管机制。经过无障碍改造后的网站能更有利于视障人士平等便捷地通过政府网站获取政务信息、使用政务服务、参与政民互动。

### （四）室内定位导航技术应用

“残健共融”的无障碍定位导航系统——“导路者 V2”将作为第二届中国国际进口博览会信息无障碍建设内容。系统基于 DWELT 技术的良好扩展性，结合5G以及环境内部署或已有的位置感知设备，建立起物理世界与虚拟世界的相互映射，构建便捷、低成本的路径指引，为视障人士提供“残健共融”的数字盲道定位导航服务。主要实现功能：精准定位、实时导航、周边信息播报。另外，DWELT算法融入图像识别，机器视觉等人工智能技术，对进博会专线（地铁2号线）每个站点内已有物理盲道进行数字化、智能化无障碍改造。在无条件铺设物理盲道的区域生成虚拟盲道，虚实融合，协同物理世界与数字世界，提供“地铁站内站外一体化”实时定位导航及周边信息播报。届时，视力残疾人只需利用普通的智能手机，就可独立乘坐地铁2号线到达徐泾东站，使用无障碍定位导航系统自由观展。这项应用在大型室内封闭场景是全新的探索与实践，将助推无障碍出行的标准建设，为国内外智慧场馆无障碍建设以及残疾人智能化服务提供很好的实践案例。

### （五）互联网+助残服务

对听障人士来说，日常生活中最大的困扰就是和健全人进行顺利的沟通交流，尤其是去医院看病，到银行办理业务等。利用互联网和未来5G通信技术，通过移动端呼叫后台手语翻译进行远程在线翻译的方式，低成本地解决了听障人士和办事人员之间的沟通交流，大大提升了听障人士的生活质量。为此，通过信息化手段，建立起有效的沟通桥梁，实现信息沟通无障碍，开展互联网+助残服务，为听障人士就医提供远程手语翻译，也是信息无障碍建设的方向之一。

## 参考文献

中国残疾人联合会维权部、中国残联无障碍环境建设推进办公室：《国家无障碍环境建设法规和政策汇编》，2018年9月。

中国信息通信研究院、信息无障碍研究会：《中国信息无障碍实践案例汇编（2018）》，2018年12月。

无障碍文化传播与出版工作室：《全国无障碍环境建设成果展示应用推广无障碍文汇》，辽宁人民出版社，2018年。

# B.17
# 香港无障碍环境建设

向立群　陆永康*

**摘　要：** 本文从国际社会对于“残疾”定义的转变出发，首先梳理了“伤健共融”“无障碍设计”“通用设计”理论在香港地区的发展情况；其次从政策法规、资金投入、多方配合的角度，阐述了香港无障碍环境建设的推动机制，进而介绍了香港地区在垂直居所、公共区域、旅游景点方面的无障碍环境建设实践成果；最后探讨了该地区的经验在理念、推进机制及建设方案方面，为中国内地城市相关设施及环境建设带来的启示与借鉴。

**关键词：** 畅达环境　无障碍通道　通用设计　香港

无障碍环境的建设，不但为弱势群体独立、安全的出行提供了必要的设施基础，也为其平等、积极地参与社会活动做出了良好的环境保障。人口的快速老龄化现状，亦导致伤残老龄人士的数目快速增加，进而对社会及建筑环境提出了要求。设计合理、使用便利、安全畅达的无障碍设施及环境，更是社会文明进步的重要标志。香港特别行政区的无障碍环境建设工作，自1970年“伤健共融”的理念被引入至今，已经历了近半个世纪的发展。本

* 向立群，香港理工大学建筑及房地产学系博士研究生，研究领域：老年友好社区、养老设施、建筑策划；陆永康，博士，香港理工大学赛马会创新设计院项目经理，研究领域：适老居所、疗愈环境、循证设计。

文将从理论发展、推动机制、成效与特色等方面，论述香港无障碍环境的建设与实践情况，并探讨该地区的经验为中国内地城市带来的相关启示与借鉴。

## 一　香港无障碍环境建设的理论发展

### （一）残疾的定义

随着20世纪后期社会的快速发展及人权意识的不断进步，传统意义上的“医疗残疾”（Medical Model of Disability）逐渐开始向“社会残疾”（Social Model of Disability）过渡。残疾人不再被视为单纯需要医疗援助或慈善支持的对象，消除其在建成环境中所面临的各类障碍，使其平等、积极地融入社会生活，开始逐渐被社会各界所重视。世界卫生组织、世界银行于2011年发表的《世界残疾报告》将“残疾（功能减弱或丧失，Disability）”定义为“人类的一种生存状态，几乎每个人在生命的某一阶段都有暂时或永久的损伤，而步入老龄的人将经历不断增加的功能障碍。残疾是复杂的，为了克服残疾带来的不利情况而采取的各种干预措施也是多样的和系统的，并且会随着情境的变化而变化”。报告中将“无障碍设施缺乏”认定为限制残疾人参与教育、就业和社会生活的原因之一，并将“创建无障碍环境”视作处理残疾人在生活中所面临的障碍和不平等的有效方式之一。

联合国《残疾人权利国际公约》自2008年8月31日起对中华人民共和国生效，并适用于香港特别行政区，现行《香港康复计划方案》（2007年完成检讨）涵盖了10项残疾类别：注意力不足/过度活跃症、特殊学习困难、言语障碍、自闭症、智障、精神病、视障、听障、肢体伤残以及器官障碍；并就残疾人需要的各类服务，阐述了策略性方向及短、中、长期措施。

### （二）伤健共融

“伤健”（PHAB）意为伤残（Physically Handicapped）与健全（Able-

Bodied）人士；“伤健共融”提倡“伤健本平等，机会非怜悯”（Opportunity not Pity），其基本价值观包括社会公正（Social Justice）、机会平等（Equal Opportunity）、非类别化（Non-Categorization）、非分离化（Non-Segregation）。实践方面，“伤健共融”可分为出席、参与、交流、协作四个层次，前两个层次强调硬件设备及实体环境的配合，以保障伤残人士出席及参与各类型社会活动的可能性；“交流”层次着重考虑残疾人士与健全人士的接触及产生的情感联系；“协作”层次则关注双方的特性、强项及需求，提倡彼此尊重、欣赏和勉励①。

1970 年 10 月，英国伤健运动（PHAB Movement）创办人玛丽·罗宾森（Mary Robinson）女士应英联邦信托基金会邀请访问香港，提出在香港推行伤健运动，应以介绍“伤健共融”理念作为起点，使社会各界人士了解伤残人士的真正需求，改变公众对于伤残人士所产生的错误观念与成见，宣扬“人生而平等”，自此，无障碍环境的建设与实践在香港拉开了序幕。

### （三）无障碍设计

无障碍设计（Barrier-Free Design）在英语国家又称“畅达设计”（Accessible Design），这一概念最早起源于 20 世纪 50 年代，用以描述移除建成环境中物理障碍的设计；1963 年，英国建筑师塞尔文·戈德史密斯（Selwyn Goldsmith）出版著作《为残疾人而设计》（*Designing for the Disabled: The New Paradigm*），为针对轮椅使用者的无障碍设计提供指导，这本著作也成为广大建筑师所依赖的无障碍设计指南。

无障碍设计强调，建筑物的设计或建造，应能保证残疾人的通行便利。受此理念指导，香港政府于 1984 年出台了《设计手册：伤残人士使用的通道 1984》，用以指引私人楼宇内，为行动不便人士提供的通道与设施建设工作；历经两次重要修订后，2008 年出台的《设计手册：畅通无阻的通道

① 香港伤健协会：《伤健共融的理论》，2013 年 11 月 13 日，https://www.hkedcity.net/sen/pd/basic/page_5264d8d625b7192d24000000。

2008》扩展了残疾人、长者及体弱或有不便的人士在建筑物内所需的设施，以改善其从事适当活动时的健康与安全，并指出“畅通易达的途径”是“一条不间断且毫无障碍的路径，可让残疾人士及长者在无需他人协助及没有过分困难的情况下前往、进入及离开一座建筑物及使用其设施”①。

## （四）通用设计

1989 年，美国建筑师罗纳德·L. 梅斯（Ronald L. Mace）在联邦政府的资助下，于北卡罗来纳州立大学设计学院（School of Design at North Carolina State University in Raleigh）建立了通用设计中心（Center of Universal Design）的前身——无障碍住房中心（Center of Accessible Housing）；梅斯认为，通用设计是一种无须经过改良或特殊设计，就能够在最大程度上保证产品和环境适用于所有人的设计方式②。与无障碍设计着重关注身体活动受到限制的特殊人群不同，通用设计追求更广范围的应用，强调将可普遍应用的元素作为设计标准，使每一个人都从中受益③。通用设计具备七个原则：等效使用、方便灵活、简单易用、资讯简明、容差纳误、省力易用、可用面积和空间④。基于通用设计理念，香港房屋协会于 2005 年推出了《香港住宅通用设计指南》，建筑署亦在 2004 年、2007 年分别开展了“畅道通行”相关研究。

由此可见，过去的近 50 年间，香港特别行政区在无障碍环境建设的理念方面，经历了从伤健共融，到为残疾人而进行的无障碍通道设计，再到为所有人而进行的通用设计的转变。理念的发展和转变，是香港地区建设无障碍环境、营造无障碍社会的基础所在。

---

① 屋宇署：《设计手册：畅通无阻的通道 2008》，2008，第 9 页。

② Ronald L. Mace, *Center of Universal Design*, 2008, https://projects. ncsu. edu/design/cud/about_ us/usronmace. htm.

③ Ronald L. Mace, *Designing for the 21st Century: An International Conference on Universal Design*, 1998, https://projects. ncsu. edu/design/cud/about_ us/usronmacespeech. htm.

④ Molly Story, James Mueller, Ronald Mace, *The Universal Design File: Designing for People of All Ages and Abilities.* North Carolina: NC State University, 1998, pp. 34 – 35.

## 二　香港无障碍环境建设的推动机制

自2000年以来，香港特区政府在全港范围内共进行了3次关于残疾人的统计调查（2000年、2006~2007年、2013年）。政府统计处于2014年公布的《第62号专题报告书——残疾人士及长期病患者》（以下简称：《报告书》）显示，2013年，各残疾类别的估算人口数目均高于2007年的统计数据（详见图1）。除智障外，全港有578600人属于8个残疾类别（身体活动能力受限制、视觉有困难、听觉有困难、言语能力有困难、精神病/情绪病、自闭症、特殊学习困难、注意力不足/过度活跃症）中的一项或多项，残疾人士占整体人口数的8.1%；智障人口的估算方式与其他类别不同，估算数目在71000~101000之间，占整体人口数的1.0%~1.4%。

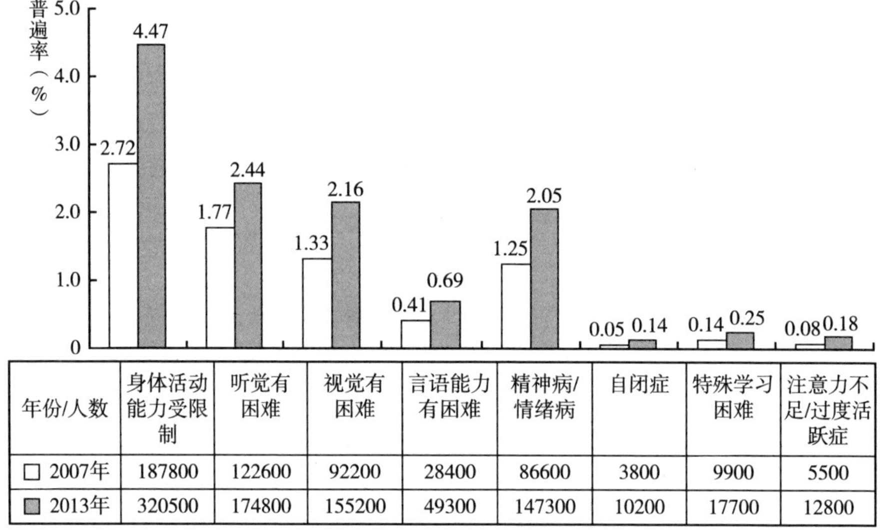


| 年份/人数 | 身体活动能力受限制 | 听觉有困难 | 视觉有困难 | 言语能力有困难 | 精神病/情绪病 | 自闭症 | 特殊学习困难 | 注意力不足/过度活跃症 |
|---|---|---|---|---|---|---|---|---|
| □ 2007年 | 187800 | 122600 | 92200 | 28400 | 86600 | 3800 | 9900 | 5500 |
| ■ 2013年 | 320500 | 174800 | 155200 | 49300 | 147300 | 10200 | 17700 | 12800 |

**图1　残疾人的估算数目及普遍率***

* 政府统计处：《第62号专题报告书——残疾人士及长期病患者》，2014，详见：https：//www.statistics.gov.hk/pub/B11301622014XXXXB0100.pdf。

香港整体人口的老龄化也带来了残疾人老龄化的问题，《报告书》显示，61.7%的残疾人（除智障外）年龄在65岁以上，年龄的增长成为身体活动能力受限制、听觉和视觉困难的主要原因；智障人士虽然整体上较其他残疾人年轻，但50岁以上的智障人士数目在2007~2013年间呈显著增长趋势，且此类人群易面临早衰问题；不容忽视的现状对于香港地区无障碍环境的建设提出了要求。

香港地区现行无障碍环境建设的主要指导原则自上而下分为三个层次（见图2），分别由联合国《残疾人权利国际公约》（第9条：无障碍）、香港政府《残疾歧视条例》（第4部第25条：进入处所）及屋宇署《设计手册：畅通无阻的通道2008》（强制性设计规定）组成。

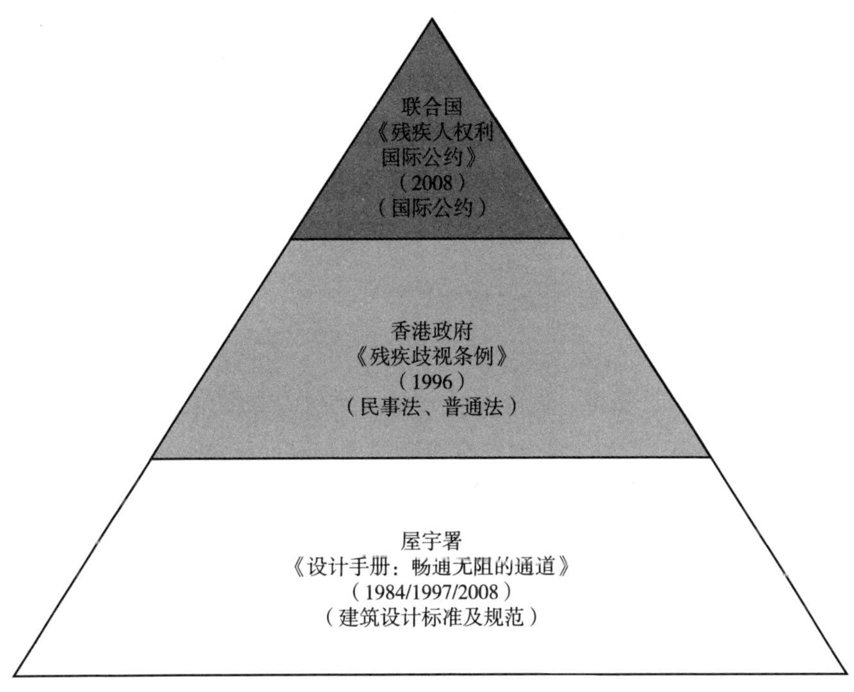


**图2　香港现行无障碍环境建设的主要指导原则**

三个层次中，最高及最广义的层次为联合国《残疾人权利国际公约》，其本质是全球人权文书，各缔约国必须履行公约中更新相关法律、标准及政策的责任；公约在地方司法层面不具有直接管辖权，条例的推行及相关诉讼遵循国际法并由联合国负责。第二层次为香港政府《残疾歧视条例》，条例旨在保障香港地区残疾人的公民权，对香港地区的所有建筑物都具备约束力，条例要求楼宇所有者为残疾人提供能够平等使用建筑物的合理设施（Reasonable Accommodation）；任何处所的设计或建造方式如令残疾人不能进入，即构成违法——残疾人可根据条例内容，对不能保证轮椅通过的通道提起诉讼，并自行举证。在香港现行的法制系统下，法庭亦会在《普通法》[①] 的基础上，考虑海外地区的案例及相关裁决。第三层次为屋宇署在《设计手册：畅通无阻的通道 2008》中对于无障碍通道的强制性规定，这部分内容作为最低建设标准被纳入《建筑物条例》，用以审查新建建筑（政府建筑及公屋除外）在报批阶段是否合乎要求。

### （一）政策法规的建立

20 世纪 70 年代初，为协助残疾人全面融入社会，香港政府成立了一个跨部门工作小组，在咨询有关政府部门和社会服务联会后，于 1976 年 7 月发表了第一份《香港康复计划方案》，针对康复服务发展提出相应建议，该方案亦成为次年发表的第一份《康复政策白皮书：群策群力，协助弱能人士更生》的重要参考。1977 年，香港政府设立“康复专员”职位，负责制定残疾人康复政策，统筹、促进政府决策部门、公营机构及非政府机构发展和提供康复服务[②]。此后，香港政府和康复界定期对《香港康复计划方案》进行检讨及更新，借以适时回应残疾人和社会的需要。

1984 年，屋宇署推出《设计手册：伤残人士使用的通道》，规定私人楼宇（酒店及公众娱乐场所）必须为行动不便人士提供通道及设施，包括在平面高度有所变动的地方设置两旁有扶手的坡道；1997 年及 2008 年，《设计手册：伤残人士使用的通道》得到两次重要更新，现行《设计手册：畅通无阻的通道 2008》在残疾人的基础上，加入了长者所需设施的章节，其中涵盖的“设计考虑要点”及“建议遵循的规定”，对孕妇、有幼儿的家庭亦有所帮助。

---

① 普通法最独特的地方，在于其所依据的司法判例制度。案例可以引自所有普通法适用地区，而并不限于某一司法管辖区的判决。

② 立法会 CB（2）988/13－14（03）号文件。

20 世纪 90 年代，香港地区重点推进残疾人全面享有平等机会，参与各项社会活动的工作。1996 年，《残疾歧视条例》出台，旨在保障残疾人在就业、接受教育、居住和日常生活等各方面享有平等的机会；1997 年，经修订的《建筑物（规划）规例》要求，“任何建筑物如有或在合理情况下预期会有残疾人士进出，则该建筑物的设计须能便利残疾人士进出和使用建筑物及其设施，并达到建筑事务监督[①]满意的程度”；同年，《设计手册：畅通无阻的通道 1997》完成修订，制定了通往建筑物的正确通道及使用建筑物内适当设施的设计规定；在政府和康复界的大力推动下，公共交通运营商通过引进低地台巴士和改善地铁站通道设施等方式，做出了相应的配合。

进入新千年后，香港地区开始大力发展社区力量，以保障居于社区的残疾人及其家人能够得到所需的照顾和支援。到 2006 年，超过 80 个社会企业单位相继成立，为残疾人提供更多就业及接受职业训练的机会；2008 年，中国中央政府将联合国的《残疾人权利国际公约》延伸到适用于香港，平等机会委员会基于《设计手册：畅通无阻的通道 2008》，对 60 座公共处所的无障碍通道及设施进行了调查，并在 2010 年形成的调查报告中，从政策、操作及技术层面为香港政府提出了建议，指出了应对无障碍问题的相关政策方向和策略。2012 年 8 月，香港政府正式推出“人人畅道通行”计划，旨在扩大政府在行人天桥、高架行人路和行人隧道加装无障碍通道设施计划的范围，以方便市民出入。

此外，行政长官在 2016～2018 年的《施政报告》中，分别就“为长者提供安全和舒适的家居环境”“更新《香港康复计划方案》”“推动‘优化升降机[②]资助计划’”等无障碍环境建设的相关事宜做出要求。目前，康复咨询委员会[③]成立的检讨工作小组及 5 个专责小组，委聘香港理工大学为检

---

① “建筑事务监督”（Building Authority）指屋宇署署长。

② “升降机”在内地多称为“垂直电梯”，考虑本文内容是对香港无障碍环境建设情况的论述，故采用香港地区广泛接受的表述方式。

③ 康复咨询委员会就一切重要的康复政策及服务事宜，向劳工及福利局局长提供意见，并协助政府监察联合国《残疾人权利国际公约》在香港实行的情况。委员会及下属的 3 个小组委员会（无障碍、就业及康复服务公众教育小组委员会），均由非官方人士出任主席。

讨工作小组提供顾问服务，已完成了《香港康复计划方案》制定建议阶段的3轮研讨会；“优化升降机资助计划”于2019年3月29日~7月31日开放第一轮申请①，以资助有需要的私人住用或综合用途楼宇业主，鼓励其开展升降机优化工程，提升旧式升降机的安全。

## （二）资金投入及来源

香港地区的公共无障碍设施建设资金主要来源于政府拨款。以“人人畅道通行”计划为例，2012年8月新政策正式宣布前，路政署已经开展了公共行人天桥、高架行人道行人隧道的无障碍设施加建计划——即“原有计划”，路政署就该部分工程计划6167TB向财务委员会申请拨款并获审批；为灵活推行升降机的加建工程，使相关工作得以尽快落实，立法会在2012年11月提出在2012~2013年度开立新的整体拨款分目6101TX的建议，专款专用于新政策下的升降机加装工程，该建议于2013年1月11日通过财务委员会的审批，自2012~2013年度以来，“人人畅道通行”计划得到的拨款数目如表1所示。

**表1 “人人畅道通行”计划拨款情况***

单位：港元

| 年度 | 财务委员会批拨款项 | 年度 | 财务委员会批拨款项 |
|---|---|---|---|
| 2012~2013 | 244.9万 | 2016~2017 | 7亿7090万 |
| 2013~2014 | 1亿8727.2万 | 2017~2018 | 8亿5000万 |
| 2014~2015 | 5亿6769.6万 | 2018~2019 | 7亿3000万 |
| 2015~2016 | 8亿398万 | | |

* 立法会CB（4）179/18-19（04）号文件。

行政长官在2018年《施政报告》中指出，加快优化旧式升降机有助于提升楼宇及保障公众安全。因此，政府参照“楼宇更新大行动2.0”及“消

① 市区重建局：《“优化升降机资助计划”3月29日接受申请》，2019，详见：https：//www.ura.org.hk/tc/media/press-release/20190327。

防安全改善工程资助计划”，自 2019～2020 财政年度起 6 年内，计划动用 25 亿港元推行“优化升降机资助计划”。针对符合资格的私人住用或综合用途（商住用途）楼宇，资助额最高可达有关优化工程费用的 60%，上限为每部升降机 50 万港元；此外，年满 60 岁或以上的长者自住业主，可获有关工程费用及自行聘请顾问（如适用）费用的全数资助，每个住宅单位上限为 5 万港元①。

## （三）多方力量的配合

在联合国《残疾人权利国际公约》和香港政府《残疾歧视条例》的共同指导下，香港地区无障碍环境的营造还有赖于多方力量的配合，这其中，不仅包括屋宇署、运输署等政府部门，也包括房屋协会、无障碍通达协会、伤残青年协会等独立的非政府及非营利机构在设施建设、交通运输、资讯提供等方面做出的努力（见图 3）。

设施建设方面，虽然《设计手册：畅通无阻的通道 1997》的颁布修订了《设计手册：伤残人士使用的通道 1984》的不足，对残疾人所需的设施做出了强制规定（例如观众席必须设置轮椅位、公众服务柜台高度、残疾人士卫生间等），但仍缺少对于部分建筑设施的限制（如缺少观众席舞台通道等）。为此，建筑署分别于 2004、2007 年开展了《畅道通行——良好作业指引》及《畅道通行——户外环境建设》两项研究：前者重在考虑“小型旅运链”② 中最重要的出发点和目的地两部分，以确保个体活动的顺利进行；通过深入研究香港中央图书馆、大浦海滨公园两处使用率很高的社区设施，建筑署从设施通道、路径、停车处及上落客区等 10 个方面提出了相应的设计考虑因素，并以良好作业的实例对 10 个方面设计考虑因素进行了说明。后者在此基础上，重点考虑户外场地、休憩用地和公园的畅道通行情

① 市区重建局：《优化升降机资助计划》，2019，详见：https：//www.brplatform.org.hk/tc/subsidy－and－assistance/limss。

② 小型旅运链通常包括：落客点→进路→入口大门→大堂接待处→升降机/自动扶梯/楼梯→较高楼层升降机大堂→走廊→室内门→房间→进行活动→洗手间→回程路→出口。

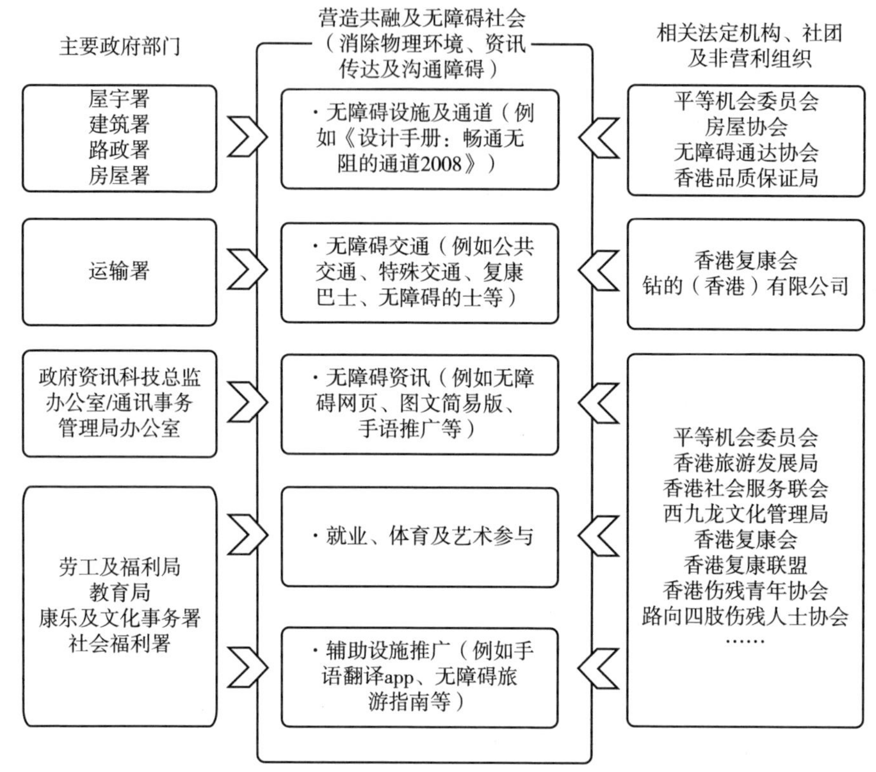


**图3　多方力量配合的香港无障碍环境营造体系**

况，探讨周全而创新的设计理念，力求改善户外环境的通达程度。两项研究均强调了“通用设计”原则的重要性，研究成果分别获得了2004年“香港建筑师学会周年奖——主题建筑奖（建筑学研究）”及“香港园境师学会2008年园境设计优异奖”。

房屋协会在2005年推出的《香港住宅通用设计指南》中指出，房屋的通用设计是达到可持续住宅发展的途径之一。在明确不同组别居民需求的基础上，房屋协会将无障碍设计拓展到了住宅层面，并提出了适合在香港推行的住宅单位平面设计。为促进及推动香港的通用、无障碍环境建设，使无分年龄、能力的个体，均能够享受公平、富有尊严、保持独立，并被包涵、共融于建设环境之中，无障碍通达协会于2013年成立。协会组织、参与了一系列公众论坛，力图促进公平、友好的建设环境，提升其可用性，进而使香港与国际水平接轨。

交通运输方面，运输署于 1993 年首次印发《残疾人士公共交通指南》，并在此后多次修订，以提供最新资讯，方便有需要的人士计划行程。现行主要公共交通机构（铁路、电车、巴士、的士、公共小巴及渡轮）均提供有特别设施，例如无障碍通道及洗手间、触觉引路装置、报站器、坡道、固定斜板、轮椅停泊区、优先座椅等，以切合残疾人的需求。此外，自 1978 年起，香港地区亦设置了复康巴士服务——复康巴士为经过特别改装的车辆，专为不能使用公共交通工具的残疾人士提供安全便捷的点到点特别交通服务。1980 年起，这项服务获得了香港政府的资助；目前，复康巴士由劳工及福利局提供资助、香港复康会①运营、运输署监督。

资讯提供方面，政府资讯科技总监办公室、通讯事务管理局办公室致力于推进网页、手机 App 的无障碍设计工作；香港伤残青年协会设立了“无障碍资讯网”，提供无障碍饮食、旅游及复康资讯的相关信息；香港复康会设立了“香港无障碍旅游指南”网站，提供包括市内交通、观光景点、购物及餐饮、酒店、其他场地在内的实用旅游设施资讯，以减少行动不便人士在行程中遇到的阻碍。

此外，香港品质保证局参考国际和香港相关标准及其他行之有效的案例，推出了香港地区的“无障碍管理体系认证计划”，该计划适用于包括酒店、工商楼宇、住宅屋苑、医疗机构、社区公共设施、交通机构等在内的不同类型企业和机构。认证计划不但评估机构在管理无障碍措施方面的水平，亦会邀请残障人士及长者对机构的无障碍表现进行评估。

---

① 香港复康会于 1959 年成立，致力于推动残疾人士的复康工作。随着人口老龄化及慢性病的普及，服务已扩展至长期病患者的康复及长者的持续照顾。截至 2018 年底，香港复康会在香港及内地有逾 30 个服务点，服务人次超过 155 万。

## 三　香港无障碍环境建设的成效与特色

### （一）垂直居所的无障碍空间

受垂直城市居住模式的限制，香港地区的居所高度依赖高层直立承载系统（升降机）、中央式屋宇设备系统（供水、消防、警报、逃生等）、底层地面步行连接和公共交通网络，以及地区性零散的公共休憩空间。近年来，人口老龄化与楼宇老龄化的"双老化"现实为香港社会带来了日趋严峻的挑战，近四成的老年人居住于公屋①。虽然受"通用设计"理念的影响，新建公屋已全面引进相关设计（包括但不限于加宽的单位大门、厨房门、浴室门，采用防滑地砖等较安全的物料），但仍有相当数量的老年人居住在多年前购置的旧式唐楼内，安全卫生条件堪忧。基于此，房屋协会自 1999 年起，相继推出了"长者安居乐"住屋计划、"隽逸生活"及"长者住安心"计划。

"长者安居乐"及"隽逸生活"为两个老年人租住类项目，项目内的居所及设施均融入了"长者友善"的概念，独立自住单位及公共空间内配备的设施情况如表 2、图 4 所示。"长者住安心"计划旨在为居住于私人楼宇的老年人提供改善家居安全的建议，房屋协会的职业治疗师探访老年人后，根据其身体健康状况免费评估家居环境，列出详细的相关家居结构改装及家具更换建议，由业主自行决定是否聘请承建商对家居环境进行无障碍改造；工程结束后，职业治疗师会再次进行家访，确保工程依照建议方案执行，并对老年人使用新设施的情况加以评估。不能负担维修改造费用的合资格老年人，可通过房屋协会申请政府提供的"长者维修自住物业津贴计划"，享受最多 4 万港元的津贴。

2015 ~ 2016 年，香港劳工福利局资助了"易安居"计划，旨在推动社区、政府部门、房地产行业的合作，以改善香港垂直居所的可访性和宜居

① 2016 年施政报告：《创新经济，改善民生，促进和谐，繁荣共享》，2016，详见：https://www.policyaddress.gov.hk/2016/sim/index.html。

**表2　“长者友善”设施配备情况***

| 空间位置 | 设施内容 |
| --- | --- |
| 独立自住单位内 | • 宽阔单位入口,无门槛,并安装了高度适中的U形门柄<br>• 双防盗眼(高低位)<br>• 视像/声响火警警报<br>• 高度适中的特大灯掣及电插座<br>• 双开关灯掣<br>• 夜灯<br>• 开放式厨房,高度适中的厨房工作台面<br>• 手扳式水龙头<br>• 淋浴间的滑门设有易于识别的条纹图案<br>• 淋浴间的滑门可改装为浴帘,方便轮椅使用者<br>• 浴室及淋浴间均安装了紧急召唤装置/按钮<br>• 指定浴室内的地柜可随意挪移,方便轮椅使用者 |
| 公共空间 | • 防滑地板<br>• 高度适中的扶手<br>• 大而清晰的指示牌<br>• 火警警报<br>• 高度适中的升降机召唤和控制(上/落)按钮<br>• 升降机设有座位,空间宽阔,方便轮椅使用者,部分升降机可容纳轮床<br>• 庇护梯间<br>• 服务柜台和活动室特设助听环回系统<br>• 出入口设置电动趟门,开关按钮高度适中<br>• 附设伤健人士车位 |

* 房屋协会:《隽悦设计特色——长者友善》,2019,详见:http://www.thetannerhill.hkhs.com/tc/design/senior_friendly_features/index.html。

图4-1　浴室(独立自住单位)　图4-2　住客升降机大堂(公用空间)

**图4　“长者友善”设施配备情况***

* 房屋协会:《隽悦图片集》,2019,详见:http://www.thetannerhill.hkhs.com/tc/gallery/residential/msf_studio_openkitchen/index.html。

性。针对核心家居建筑元素及不同楼宇情况的限制，“易安居”做出了四级宜居设计方案，包含对连接通道、公共入口、升降机、住所入口、住所内门及通道、厕所及浴室、厨房、开关及插座、窗及户外通道、停车场 10 项宜居元素的考虑。此外，房屋署亦计划为较多长者居住的公共房屋增设相应康乐设施，或依照居民的实际需求，改进房屋内部的用途及设计①。

## （二）公共区域的无障碍通道

香港政府自 2012 年开始推行的“人人畅道通行”计划共分为四个部分：“原有计划”侧重在公共人行道加建无障碍通道设施；自扩展计划起，政府考虑在现有或新建公共行人通道设置无障碍通道设施时，改变以往以斜道作为优先考虑的做法，同等看待升降机和斜道（除非实际环境只允许安装两者其中之一）；若实地情况许可，即使在已装设标准斜道的现有公共行人通道，亦会考虑加建升降机。在加建升降机后，相关部门会评估是否应保留原有的斜道，或是拆卸斜道以使行人路更宽阔，或腾出路面空间作绿化等用途②。截至 2019 年 3 月，各部分计划的推进情况如表 3 所示。

**表 3　“人人畅道通行”计划推进情况**

| 计划名称 | 资金来源 | 推进情况 | | | |
|---|---|---|---|---|---|
| | | 项目总数 | 完成数目 | 正在施工项目数 | 备注 |
| 原有计划 | 工程计划 6167TB | 10 | 10 | — | |
| | 整体拨款分目 6101TX | 135 | 87 | 39 | 9 个项目的工程方案及施工进度仍在制定中 |
| 扩展计划 | | 57 | 24 | 31 | 2 个项目的工程方案及施工进度仍在制定中 |
| 第二阶段计划 | | 45 | — | — | 29 个项目正在勘测 |
| 第三阶段计划 | | 132 | — | — | 正在筹备 |

① 无障碍通达协会：《易安居指南》，2016，详见：http：//auahk. org/EASyHOME_ 2016. pdf。

② 路政署：《人人畅道通行计划》，2019，详见：https：//gb. hyd. gov. hk/TuniS/www. hyd. gov. hk/barrierfree/chi/index. html。

## （三）旅游景点的无障碍观光

香港伤残青年协会于2008年起，先后获得劳工及福利局、平等机会委员会赞助，派出残疾与健全人士共同组成的义工队走访全港，将实地测试及收集到的旅游资料编纂为《无障碍去街Guide》小册子，为有需求的人士提供相应的无障碍旅游资讯，并倡导大众关心残疾人旅行时的需求和遇到的困难，唤起社会团体和机构对于“无障碍旅游”理念的认同。

**表4 《无障碍去街Guide》包含内容***

| 项　目 | 简　介 |
| --- | --- |
| 无障碍指数 | 为每条路线的无障碍情况评分，分数越高，代表该地点/路线越方便 |
| 景点介绍 | 为游客提示路径、指明方向，并描述景点风光、历史掌故等 |
| 设施短评 | 点评路线的无障碍通道和设施的优缺点，提醒游客早做准备，也希望引起有关部门的重视 |
| 交通建议 | 为行动不便的旅客提供最为便捷的交通方式建议，同时介绍交通工具无障碍设施的特点及行走路线 |
| 简便地图 | 描绘设计路线的简明地图，附设卡通化景点图像和交通设施；游客可与“图例简介”和“交通建议”一并使用，以协助计划行程 |
| 小资讯 | 总括景点的开放时间、收费、特别活动和交通班次等信息，提供景点的查询和联络方法等 |
| 温馨提示 | 警示游客注意路线的难度和险度 |

* 香港伤残青年协会：《无障碍去街Guide》，2019，详见：http://e-cgo.org.hk/travel/zh-hant/intro。

香港伤残青年会将27条无障碍旅游线路分为“观光线”“消闲玩乐线”“生态线”“文化探知线”4类，并从无障碍指数、景点介绍、设施短评、交通建议、简便地图、小资讯、温馨提示7个方面，对相关旅游景点进行了介绍（详见表4）。例如“观光线”中的太平山，包含柯士甸山游乐场、山顶环回步行径、山顶广场、凌霄阁、狮子亭等景点（见图5）。其中，山顶环回步行径是少数可以方便轮椅使用者的、较为平坦易行的远足径；山顶广场的顶层花园设有坡道，可供残疾人行走，山顶广场及凌霄阁内均设有残疾人洗手间；凌霄阁蜡像馆入口旁的餐厅采用开放式设计，方便轮椅使用者在

内用膳；轮椅使用者如需前往天台观景台，可联络有关职员，在职员协助下乘坐专用升降机前往。

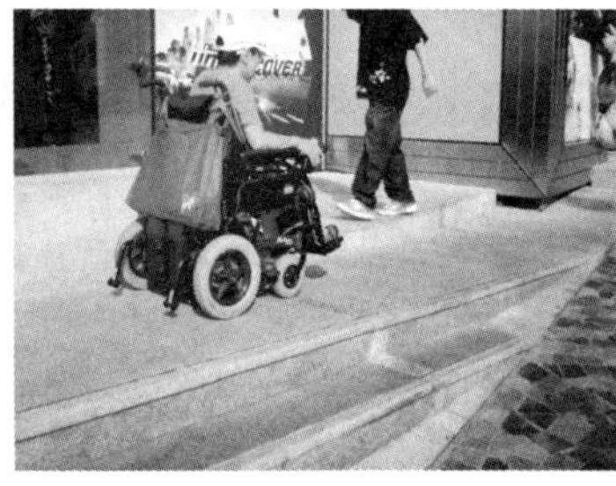

图 5－1　平缓的山顶环回步行径　　图 5－2　设有坡道的凌霄阁入口

**图 5　太平山的无障碍设施配备情况**

## 四　启示与借鉴

### （一）转变无障碍环境的建设理念

随着“伤健共融”“无障碍设计”“通用设计”等理念的发展与普及，政府部门、设计师、公众在无障碍环境建设方面的理念都在不断转变。由于历史原因，香港地区的现行法律法规受英国影响较深。例如，《建筑物条例》《设计手册：畅通无阻的通道 2008》借鉴了英国环境、运输和区域部（Department of the Environment，Transport and the Regions）基于实验结果形成的《BS 8300：2001 满足残疾人需求的建筑设计标准》（Design of Buildings and Their Approaches to Meet the Needs of Disabled People）的方式。随着社会的发展和辅助技术的进步，人们对于无障碍环境的需求在不断更新，香港地区在参考其他发达国家和地区的现行标准的基础上，也在不断修订无障碍环境建设的相关标准和规范，建筑署工作小组会定期发布《设计手册：畅通无阻的通道 2008》的更新，并大力推广有关无障碍环境建设标准的相关实证研究。

安全畅通的无障碍环境，不但能为残疾人、老年人等特殊群体的出行提供保障，更能为公众提供便利。在香港街头，经常可以见到乘坐轮椅出行的残疾人，并非是香港的残疾人较内地更多，这样的现象其实反映出了香港在公众场所建设的无障碍设施，已能够在相当程度上满足残疾人独立、安全出行的需求。相比之下，内地城市的诸多设计却给残疾人、老年人、幼儿、孕妇，有时甚至是身体健全人士造成了出行障碍。

北京大学建筑与景观设计学院李迪华教授曾发表过一场广受关注的演讲，内容直指内地诸多城市“寸步难行”的人居环境（见图6）：难以辨别道路方向的台阶、城市公园坑坑洼洼的铺装、霸占人行道的报刊亭……甚至是符合所有建筑设计规范的居民楼，其锯齿状的无障碍通道在轮椅通过时会产生颠簸，无法适合真正使用通道人士（如刚出院的老年人）的身体状态。

图6－1　“道路崎岖”的教学楼

图6－2　坑坑洼洼的铺装

图6－3　霸占人行道的报刊亭

图6－4　锯齿状的无障碍通道

**图6　城市中存在隐患的设计**[*]

＊ 李迪华：《“与人为敌”的人居环境》，2018年5月20日，详见：https://yixi.tv/speech/651。

公众对于无障碍环境的漠视，亦是城市环境“与人为敌”的原因之一。无障碍环境的设计及建设并不应只是应付规范要求，而应当“以人为本”，真正地去考虑使用者的需求。为此，李迪华教授每年都会和学生一起租上轮椅、拐杖、婴儿车，在公园和大街上穿行，有过这样体验的人，才会真正明白城市的“寸步难行”“与人为敌”所指为何，进而转变设计无障碍环境时的理念。

无障碍环境的建设和设计不应是孤立的，设计本身也可以非常美观（见图7）。例如，位于挪威奥斯陆的 Westerdals 学校，其导视系统的设计很好地结合了建筑的工业感和强硬感，充分利用了建筑物的原有表面和周围环境，在风格上得以统一；位于美国伊利诺伊州的 Kenneth and Phyllis Laurent House 亦是无障碍设计的典范之作，这幢落成于 1951 年的住宅，如今已被改建成了博物馆，这也是建筑大师弗兰克·劳埃德·赖特（Frank Lloyd Wright）为身体有残疾的客户设计的唯一作品。

图 7－1　Westerdals 学校的导视系统

图 7－2　Kenneth and Phyllis Laurent House

**图 7　美观的无障碍设计案例**

图 7－1 详见：http：//old. landscape. cn/works/photo/building/2014/1013/153223. html；
图 7－2 详见：https：//www. laurenthouse. com/gallery。

## （二）健全无障碍环境的推进机制

总结香港经验可知，无障碍环境的建设，需要政府部门、民间团体、公众的共同努力与配合。政策法规方面，《残疾歧视条例》《建筑物条例》的出台，保证了无障碍环境建设在法规层面的有据可依；《设计手册：畅通无阻的通道 2008》《香港住宅通用设计指南》《畅道通行——良好作业指引》《畅道通行——户外环境建设》及《香港康复计划方案》在具体操作层面提供了指导；此外，政府部门及民间团体推出的“人人畅道通行计划”“优化升降机资助计划”“长者维修自住物业津贴计划”等，则关注了不同群体及个人住所、公共区域，力图全方位地营造安全、便利、舒适的无障碍环境。

值得注意的是，根据《残疾歧视条例》的相关条文，达到《建筑物条例》中无障碍建设要求的建成环境，未必满足《残疾歧视条例》的相关规定。在香港现行的法制系统下，业主需要同时承担两部条例所带来的责任——这其中包含大量的潜在诉讼及未知风险。面临同样问题的美国、加拿大、英国、澳大利亚等国家，在过去近 20 年间，已经逐步开始协调基于人权的立法与基于建设环境的立法之间所产生的矛盾。事实上，平等机会委员会在 2012 年曾建议政府采取类似措施，但并未得到足够的重视。内地城市在推进无障碍环境建设的过程中，应尽早关注这方面问题，采取切实有效的措施，力求与国际先进水平接轨。

当前，内地的无障碍环境营造面临着建设制度模糊、监管协调困难所带来的局限，虽然《无障碍环境建设条例》的出台以及“自上而下”的建设体系在中央政府近年来的大力推动下得以快速发展，然而公众参与决策、研究部门论证、民间组织自发推进的“自下而上”保障体系尚未形成。地方层面，“重建轻管”“面子工程”等现实问题仍然存在。无障碍环境的营造需要长久的投入和努力，即使是在设施环境相对完善的香港，公众对于无障碍设施的满意度仍未达到较高水平。以“人人畅道通行”计划为例，自计划推行至今，逾六成项目因公众意见不统一、其他工程或发展项目配合问题等原因，仍处在施工、甚至勘测或设计工作阶段。如何简化审批程序、加快相关项目的推进进度，以最大程度地满足公众需求，既是香港政府及相关部门需要不断探索的课题，也是内地城市在建设之初就应着重考虑的问题。

## （三）确立因地制宜的建设方案

在香港，约70%的建筑物建成于《设计手册：畅通无阻的通道1997》正式生效前，这部分建筑在无障碍环境的营造方面存在极大不足。为此，平等机会委员会曾在2012年建议政府通过立法的方式，规定1997年前的建筑物逐步设置无障碍设施和采用通用设计的概念，并在财政上支持相关改善工程①。然而，技术、资金及各方利益平衡的困难，使得相关法规的推进举步维艰；此外，部分建筑物及街道过于拥挤，修复及改造工作面临极大困难。由此可见，对于大都市——特别是高速发展的高密度城市而言，在城市规划之初，就采用完善的无障碍建设及设计标准，是十分重要的。

垂直城市居住及生活模式，既是香港地区无障碍环境建设所面临的挑战，也是其所拥有的机遇。香港公屋的无障碍环境建设与新加坡组屋区类似，底层架空形成连续且人车分流的步行系统，残疾人、老年人等有需求人士从离开家门、搭乘升降机起，通过连续的步行连廊可到达巴士站、街市、商场、休憩空间等，有效的垂直流通和水平连接，亦为老年人提供了便利。公屋内的公共空间设有多功能感应地图，方便视障、听障人士使用。路牌、综合导视、地图导视和港铁指示共同组成了香港城市空间内的导视系统主体，在传达城市环境信息、引导人流过程中，发挥着重要的作用。导视系统的色彩饱和度高、颜色对比鲜明，字迹、图形清晰，方便辨识，在高密度的城市空间环境中，为有需求人士传递出了有效信息。

内地无障碍环境的建设，不仅需要转变建设理念、健全推进机制，更需要各地依据实际情况，设立因地制宜的解决方案。例如，在公众对于安全出行需求日益增长的当下，相当一部分内地城市的地铁站、人行天桥不设置下行扶梯，无障碍电梯指示标志不清晰等问题亟待处理。内地亦可参考香港自发树立“良好作业指引”（Best Practice）的方式，如建筑署提出的公共建筑强化标准、房屋协会推出的《香港住宅通用设计指南》、无障碍通行协会

---

① 立法会CB（2）1967/11－12（01）号文件。

倡导的“易安居”计划、西九龙文化管理局采用的区域性畅达设计标准，逐步将香港地区无障碍环境的建设标准提升到了更高层级，进而反映出社会各界积极营造包容、无障碍环境的美好愿景。

无障碍环境的建设和营造是系统性的工程，香港地区近半个世纪的发展历程，有赖于观念的不断转变、政策法规的不断完善，以及政府、民间团体及公众的共同努力与配合。虽然香港地区如今的无障碍环境已能够在相当程度上为有需求人士的出行提供保障，但仍存在建设及维护工程速度缓慢、部分设施不符合使用要求等亟待处理的问题。内地各城市在参考香港地区建设经验的同时，应摒弃其存在的问题，依据良好的作业案例，制定符合国情的建设方案；确保无障碍环境的建设，在满足有需求人士出行要求的同时，能够应对老龄化社会所带来的日益严峻的挑战。

## 参考文献

陆永康：《香港垂直居所的适老设计指引》，《南方建筑》2019 年第 2 期。

邵健伟、潘长学、季晓莉：《高密度城市道路人行导示设计的功能性探究——以香港为例》，《设计》2015 年第 6 期。

张毅、袁胜强、李朝阳：《高密度人居环境下城市化社区公共服务设施构建——以新加坡组屋区为分析蓝本》，《上海城市管理》2019 年第 3 期。

T. Shakespeare，“The Social Model of Disability”，*The Disability Studies Reader.* New York：Routledge，2006.

# 借　鉴　篇

**Experience Studies**

## B.18
## 澳大利亚无障碍环境建设

易莹莹*

**摘　要：**　澳大利亚的无障碍建设意识比较强，政策法规建设比较完善，保障机制也比较成熟。本文研究了澳大利亚无障碍环境建设的理论基础、政策法规、保障机制以及建设与发展状况等几个方面，发现其倡导“以人为本”的无障碍理念，具有健全无障碍的立法建设和因地制宜的建设方案以及强化无障碍建设的监督机制。我们应借鉴澳大利亚无障碍建设的经验，改善我国无障碍环境建设。

**关键词：**　残疾环境障碍　无障碍建设　澳大利亚

* 易莹莹，博士，南京邮电大学经济学院副教授，研究领域：残疾统计。

# 一　澳大利亚无障碍建设的理论基础

## （一）残疾定义

澳大利亚出台的《联邦反残疾歧视法案》（The Disability Discrimination Act, DDA）中定义拥有以下特征之一的为残疾人：1. 全部或部分丧失身体功能或脑力功能；2. 全部或部分丧失身体的某一部分；3. 引起疾病的身体有机体存在；4. 身体某一部分的机能失常、畸形或有缺陷；5. 患有学习或方向性困难；6. 患有影响人的思想过程、对现实的感知、情感以及判断或导致行为不正常的疾病。包括的个体有：1. 现在存在这些特征；2. 以前存在但是现在不再存在这些特征；3. 将来有可能存在这些特征；4. 被认为是（即被认为或暗示具有残疾特征但其实并没有）[1]。

由于澳大利亚残疾人定义范围较广，在不到2400万总居住人口中有近五分之一的人口（超过400万人）是残疾人，并且这个比例在随着人口老龄化而增加。其中，身体具有残疾的占83.9%，精神与行为残疾的占11.3%，剩下4.8%的残疾人是智力或发育残疾①。在《联邦反残疾歧视法案》中，所定义的损伤范围和医疗条件包括：1. 身体——影响人的活动能力或灵活性；2. 智力——影响人的学习能力；3. 精神疾病——影响人的思维过程；4. 感知——影响人的听觉或视觉能力；5. 神经——影响人的大脑和中枢神经系统；6. 学习障碍；7. 身体缺陷；8. 免疫——体内有导致疾病的有机体。要被判定为残疾人，这种损伤或状况必须影响其日常活动、沟通或流动性，并且已经持续或可能持续6个月甚至更长时间。

## （二）环境障碍

由于自身存在的功能障碍或者丧失等原因，残疾人在试图做我们许多人

---

① 数据来源：https：//www. and. org. au/pages/what - is - a - disability. html。

认为理所当然的事情的时候往往会遇到障碍。在旧观念中，人们认为残疾人是一群处在社会底层的群体，他们具有病态的、非正常的、不能独立的，并且需要救济和治疗的特征。因此，社会上的公共建筑、公共交通、信息获取交流乃至更多的社会公共服务都只是为健全人群而建立的。随着社会经济的发展和文明的进步，新残疾观孕育而生。人们开始认识到残疾人所遇到的障碍并非是残疾本身所致，而是不健康的残疾观念和社会政策造成的。只要人们改变社会态度，消除环境障碍，残疾人也可以达到和健全人一样的认知广度和深度，从而对社会做出贡献而不是成为社会的负担。残疾人不仅是社会的参与者，更应当是社会权利的享有者。国家应该在立法中明确规定残疾人享有的各种平等权利，并采取措施保障残疾人权利的实现。

在 20 世纪 50 年代，美国就制定出了世界上第一部有关无障碍环境设计基准的式样书。受此影响，欧洲各国及加拿大竞相设立无障碍环境的相关法条，提出要考虑“身体残疾者能够方便使用的公共建筑物设计及建设”。联合国在 1982 年通过的《关于残疾人的世界行动纲领》（World Programme of Action，WPA）和 1993 年通过的《残疾人机会均等标准规则》（Standard Rules on the Equalization of Opportunities for Persons with Disabilities）中，均提到了关于获得自然环境和信息与通信设施的无障碍环境。在 2006 年 12 月，联合国通过了《残疾人权利公约》（Convention on the Rights of Persons with Disabilities，CRPD），这是历史上第一部全面保护残疾人权利的国际法律文件。在该公约中，再次提出“确认无障碍的物质、社会、经济和文化环境、医疗卫生和教育以及信息和交流，对残疾人能够充分享有一切人权和基本自由至关重要”。无障碍环境作为一个重大问题，其紧迫性反映出社会的工作重心已从原来的医疗模式，即对残疾人的关心、保护和帮助，以使他们适应“正常的”社会机制而转移到了社会模式，即授权、参与和改变环境以促进全人类的机会均等①。“无障碍”设计概念也逐渐被“通用”设计概念所取代。

① 数据来源：https：//www. un. org/chinese/esa/social/disabled/text - accessibility. htm。

# 二　澳大利亚无障碍建设的政策法规与保障机制

## （一）联邦政府无障碍政策法规的制定

### 1. 无障碍政策法规的建立

澳大利亚在20世纪80年代就已经制定了有关残疾人的法律以及无障碍环境建设的技术法规和技术标准。迄今为止，澳大利亚的无障碍环境建设已建立起多层次的立法机制和保障机制。公共区域、公共交通、公共建筑、信息获取等领域的各种无障碍建设已经做到全方位布局，这些无障碍建设不仅使得所有残疾人受益，普通大众也非常受益。

1992年，澳大利亚联邦政府制定了《联邦反残疾歧视法案》，并于1993年3月正式启用。该法案旨在标准化全国范围对残疾人提供的权利；履行澳大利亚联邦政府作为国际残疾人权利宣言签署国的义务；监管联邦政府的歧视行为。确保残疾人和非残疾人拥有同等的权利、机会和服务，包括就业、教育、体育、旅游、购物、娱乐、各种设施等。《联邦反残疾歧视法案》中制定了残疾标准、无障碍标准、行业准则以及行动计划，规定了澳大利亚人权委员会的职责。在该法案中，规定残疾人的亲戚、朋友和护理人员如果因为与残疾人的关系而受到歧视也会受到保护。2004年，生产力委员会（The Productivity Commission）对该法案的调查结果发现，尽管仍有改进的空间，特别是在减少就业歧视方面，但总体而言，该法案是相当有效的。

随着2006年联合国大会通过《残疾人权利公约》并于2007年3月开放供签字，澳大利亚成为最早签署公约的国家之一，承认并遵守公约中规定的反歧视残疾人原则，并从立法层面上逐步完善公约规定的各项残疾人保障义务。为了建立一个高级别的政策框架，以协调和指导政府在主要和特定残疾领域的活动，推动其在残疾领域成果方面的表现，提高残疾问题的可视性并确保残疾问题纳入了所有的公共政策的制定和实施中，2011年，澳大利亚联邦政府以及其他州政府联合制定了《国家残疾人战略2010～2020》(National Disability Strategy 2010－2020，NDS)，提出了一系列与《联邦反残疾歧视法案》中要求相呼应的政策方针，明确列出了无障碍社区、经济保障、健康、教育、个人支持以及司法和权利保护优先采取行动的六个领域，以实现《残疾人权利公约》中规定的内容。这是一个为期十年的改革计划，主要内容包括：包容性和无障碍社区、权利保障、司法和立法、经济保障、个人和社区支持、学习和技能、健康和福利等。其中，包容性和无障碍社区增加了残疾人及其家人和护理人员对社区中交往、文化、宗教、娱乐以及体育生活的参与；通过规划和监管系统，提高建筑物和自然环境的可及性，最大限度地提高所有社区成员的参与度；改善提供无障碍和对应设计的住房，供残疾人选择；可供整个社区成员使用的交通系统；改善信息和通信系统，以使其能传达并可靠回应残疾人及其家庭和护理人员的需求。

2. 公共建筑的无障碍标准

在《联邦反残疾歧视法案》开始实施后，为了构建无障碍的建筑环境，澳大利亚联邦政府开始着手制定符合该法案要求的建筑物无障碍标准。经过长达十多年的制定、协商，《残疾人（进入建筑物）标准2010标准)》(The Disability (Access to Premises—Buildings) Standards 2010）得到议会批准，并于2011年5月1日正式开始生效。这些标准规定了残疾人进入公共建筑、公共服务和建筑物内设施的最低要求，使行动不便、视力和听力受损的人更容易进入公共建筑。其目的在于：①确保为残疾人提供有尊严的、公平的、成本效益可合理实现的建筑物及其建筑物内的设施和服务；②确保建筑物认证机构、建筑开发商和建筑管理者认为，需要在这些标准所涵盖的范围内提供建筑通道。该标准具有广泛的影响，在标准制定后，澳大利亚所有的新建筑和对原有建筑物的重大改造升级都需要同时满足建筑物规范和无障碍标准两方面的要求。比如：①门的最小宽度由800mm增加到不得低于850mm；②建筑物的每一层都必须提供电梯或坡道，除非建筑物很小；③每个公共洗手间都应该包含有一个无障碍洗手间；④每一层建筑物内都要配备能够方便残疾人出入的洗手间和电梯；⑤所有楼梯必须设有两侧扶手、TGSI安全系统，以及在底部和顶部楼梯边缘要安装色彩对比条；⑥所有新建筑至少50%的入口必须是无障碍的；⑦超过20平米的走廊面积必须保证足够的同行和转向空间；⑧建筑物内要有符合要求的盲文和触觉标志，酌情纳入耳聋的国际符号，在安装有助听系统的房间内要注有耳聋国际符号；⑨对于学校、医院，每100个停车位中必须有1个是无障碍停车位，如果该停车场至少有1000个停车位，那么每50个停车位中必须有1个是无障碍停车位；⑩必须提供可触摸的地面警示器，以警告盲人或视力受损的残疾人正在接近的建筑物，比如楼梯、自动扶梯、坡道等；⑪在某些建筑物内必须提供符合要求的轮椅座位，轮椅座位的数量和位置必须符合要求；⑫每个游泳池都必须提供至少一个无障碍出入口，无障碍出入口的方式也有所规定；⑬一系列相连坡道的组合垂直高度不能超过3.6米，并且台阶坡道之前的连通不能重叠；⑭在通道上，对于所有会被认为是开口或门口的无框或全玻璃门必须按照要求提供标记。建筑物标准审查小组（The Premises Standards Review Team，PSRT）会每5年审查一次建筑物标准，以确保其正常运行。

3. 公共交通的无障碍标准

澳大利亚联邦政府认为社会中的每个人都应该有权利使用公共交通。对应于《联邦反残疾歧视法案》中第31（1）条，联邦政府制定了《公共交通无障碍标准2002》（The Disability Standards for Accessible Public Transport 2002），于2002年8月正式实施。该标准的目的在于使公共交通运营商和供应商消除对公共交通服务的歧视，在承认乘客、运营商和供应商权利的同时，也规定了他们的义务。该标准包括34个部分，适用于所有的公共交通运输工具，包括长途汽车、火车、轮渡、机场、电车、出租车以及政府和私人巴士。从第2部分至第31部分，每个部分都涉及了不同的内容，依次是关于到达路径、操作区、通道、休息区、坡道、等候区、登机区、提供空间、地板表面、扶手、门廊、电梯、楼梯、洗手间、符号、标志、触觉地面指示器、警报、照明、控制开关、家具和设备、街道家具、入口通道的网关、支付票价、辅助听力系统、信息获取、订票服务、食品和饮料服务、随身物品、优先权。并且每个部分提供了公共交通建设和服务的规范。例如，

第6部分要求坡道的最小宽度是800mm，并且要求机场坡道的宽度和坡道上扶手的高度，以及登机坡道最大的角度、连接码头坡道的角度都必须符合相关规定；第9部分提供了使用轮椅者在巴士、火车或轮渡上需要的最小分配空间为800mm×1300mm；第12部分要求任何沿着通道的门不能对乘客的通过造成障碍，并且在安全检查点要提供直接帮助服务，通道上的传感器必须足够灵敏，能够检测地面和通道上方500mm之间的移动，门廊必须要有至少1400mm的无障碍垂直高度，而对于2013年1月1日或之后投入使用的交通工具，该高度必须至少为1500mm；第14部分要求楼梯不能是唯一通道方式。该标准要求任何新公共交通运输服务必须完全符合标准的全部要求；原有的公共交通运输服务可以按照一个时间表逐步达到无障碍要求，大部分地区要求公共交通运输服务必须在2022年前充分满足无障碍标准。在2007年12月31日以前，现有的公共交通运输工具的25%必须达到无障碍标准，到2012年12月31日以前达到55%，2017年12月31日以前达到80%，而且要求在2017年之前现有90%的公共交通建筑的门和门廊必须符合无障碍标准。

4. 信息资源的无障碍标准

对应于《联邦反残疾歧视法案》中第24条，所有网上信息和服务都必须是无障碍的，澳大利亚人权委员会于2002年以此制定了《万维网访问：残疾歧视法案咨询说明（3.2版本）》（World Wide Web Access：Disability Discrimination Act Advisory Notes，Version 3.2）。它们旨在帮助参与开发或修改万维网网页的人员和组织遵守这些要求。这些说明并不是法律条款，而是包含如何避免歧视的建议。例如，有视力障碍的人可以使用适当的设备和软件获得银行服务、网上购物和盲文、音频或大型印刷体形式的电子文档；有听力障碍的人可以有更多的即时信息；残疾人士的平均收入应不低于社区其他成员，以便能够使用“最先进”的设备和软件，等等。1999年万维网联盟公布了《网页内容无障碍规范（1.0版本）》（Web Content Accessibility Guidelines，Version 1.0），从信息平等角度提出了具体的网络和信息无障碍的要求。随后，《万维网访问：残疾歧视法案咨询说明》和《网页内容无障碍规范》都有新的版本推出。

在图书馆服务方面，1979 年，澳大利亚图书馆协会（The Library Association of Australia）声明“图书馆协会认为，每个人都有权获得图书馆服务和资料，以满足他们对信息、灵感、教育和再教育的需求。”此后，澳大利亚图书馆和信息协会（Australian Library and Information Association，ALIA）于 1998 年制定了《残疾人图书馆标准指南》（Guidelines on Library Standards for People with Disabilities）。该指南要求所有图书馆须使用这些标准作为最低要求，并且要每 2 年或 3 年审查一次。这些标准要求为残疾人服务是每个图书馆应提供服务的一部分。例如：所有工作人员必须对残疾人有合适的态度，减少和残疾人沟通时的障碍；图书馆建筑物应符合相关规范，做到对残疾人无障碍；要提供自适应设备和视听材料供残疾人使用，等等。

## （二）无障碍保障机制的建立

1. 澳大利亚人权委员会

1986 年，澳大利亚成立“人权委员会”（Australian Human Rights Commission，AHRC）。该委员会是一个独立机构，其职能之一就是负责调查和解决违反澳大利亚联邦机构有关反残疾歧视立法的行为。在《联邦反残疾歧视法案》中第 4 部分，特别指出了人权委员会反歧视行为的职责。其运行机制包括提出投诉、调查、调解。首先由人们以书面形式提出投诉，邮寄、传真或在线提交给人权委员会；人权委员会收到投诉书后会对投诉方和被投诉方分别进行调查；然后会力求以面对面调解或电话会议的方式解决问题，比如道歉、改变政策或赔偿等。如果投诉问题未得到解决，投诉方可以将问题提交法院，由法院进行裁定是否发生了非法歧视。人权委员会极大程度上保障了残疾人的权利，促进了无障碍环境建设的立法和标准的有效履行。

2. 相关的助残社团组织

除了人权委员会，澳大利亚还有多种多样相关的助残社团组织，例如，澳大利亚残疾人联合会（Australia Federation of Disability Organisations，

AFDO)、澳大利亚残疾人组织（Disabled People' Organisations Australia, DPO)、澳大利亚残疾人网络协会（The Australian Network on Disability, AND)，等等。这些社团组织对残疾人平等参与社会、经济、政治、人权、文化生活等各方面进行了保障，从而也在很大程度上保障了无障碍机制的建立，推进了无障碍环境建设的发展。

## （三）各州无障碍相关做法

除了联邦政府从全国层面设定具有效力的无障碍政策法规和无障碍环境建设标准，各州政府和各地区政府也都在不同层面上针对不同领域建立了适合各自实际情况的无障碍技术标准和实施计划。

1. 新南威尔士州的无障碍做法

2002 年，新南威尔士州的悉尼市政府推行首项《残疾人行动计划》(Action Plan for People with Disabilities)。市政府在咨询了残疾人与残疾人社团组织所提出的意见与建议后，结合市政府包容性（针对残疾需求）专家组顾问协助制订该项计划。该计划大幅度改善了悉尼市公共场所的无障碍程度，且成效还在不断升级优化。2017 年，悉尼市政府拟定了该计划的第四版《2017～2021 年度包容性（针对残疾需求）行动计划》（2017－2021 Disability Inclusion Action Plan)，此版本计划着眼于诸多残疾人需要面对的日常共享障碍与问题，包括创建和维护市区无障碍设施、公共空间，以及基础设施建设；提供无障碍且具包容性的交流方式和互动机会；在举办活动时确保残疾人权益和包容性；创造公平的就业机会，营造多样、包容的工作环境，等等。

2. 维多利亚州的无障碍做法

维多利亚州先后制订了《维多利亚残疾计划 2013～2016》（Victorian State Disability Plan 2013－2016)、《维多利亚州无障碍公共交通行动计划 2013～2017》(Accessible Public Transport Action Plan 2013－17)、《人人有份维多利亚州残疾保障计划 2017～2020》(Absolutely Everyone the State Disability Plan 2017－2020)，等等。这些计划的目标都在于减少残疾人在社

会所面临的障碍，使人们能够普遍使用所提供的服务和设施，使所有乘客都能够独立出行。

3. 塔斯马尼亚州的无障碍做法

塔斯马尼亚州制定了《塔斯马尼亚残疾人服务法 2011》（Tasmanian Disability Services Act 2011）、《残疾服务运营计划 2017～2018》（Disability Services Operational Plan 2017－18）、《残疾人服务战略计划 2019～2021》（The Disability Services Strategic Plan 2019－2021）等，这些计划旨在帮助塔斯马尼亚州成为一个完全无障碍岛屿，实现“一个完全包容性和参与性的社会”。在这个社会中，残疾人士被视为平等和有贡献的社会成员，并受到尊重。

## 三　澳大利亚无障碍的建设与发展状况

### （一）公共区域的无障碍通道

澳大利亚的无障碍设施发展已经非常完善，在所有地方基本都设有无障碍设施，包括公共区域、公共交通、公共建筑、信息获取等各方面。在澳大利亚，经常可以看到独立出行的残疾人，既有乘坐轮椅者，也有手执导盲杖的盲人，也经常能看到与父母家人一起出行的智力残疾人。

为方便和鼓励残疾人出行，澳大利亚在城市道路方面为轮椅残疾人和视障人士提供了极为便利的无障碍设施和标志。过街通道都设置为坡道，且有大而明显的标志，以方便轮椅残疾人和视力不便者能轻松顺利通过。主要包括两种：一种为无信号灯路口，但在人行横道两侧设置成拱起式减速带，这种路口如有行人通过，所有车辆必须礼让行人，充分体现出了礼让行人的理念；另一种为普通路口，有为盲人特意安装的过街听觉交通信号（绿灯转换为红灯时用声音通知），行人过街需按铃，否则过街信号一直为红灯，在行人绿灯信号期间，车辆必须礼让行人。这个听觉交通信号有专人定期维护。同时，街道上铺设了盲道，并且盲道上面不会有任何遮挡物。地下通道路面是防滑的，与主通道均设置了盲道，并设有安全扶手栏杆。

**图1　公共区域的无障碍做法**

## （二）公共交通的无障碍出行

在公共交通方面，无论是火车站、机场，还是水路的渡口，都安装有可供残疾人使用的自动扶梯和直升电梯。直升电梯内都有方便残疾人使用的按钮和扶手栏杆，如果直升电梯需要维修改造，相关部门会在显著位置上贴出通知，并且如果需要帮助的话，可以寻找工作人员或者拨打工作人员电话求助。在所有的公共交通工具上面都有供残疾人使用的踏板和轮椅席位。出入火车站的闸机中至少有一个会比其他闸机宽敞，以方便轮椅通过。当轮椅残疾人乘坐公交上下车时，司机会用液压系统尽量降低车身，如果有需要，司机还会放上轮椅板，以方便轮椅残疾人上下车；有一些出租车上也安装有专门的升降机以方便轮椅残疾人，需要这类出租车时只需要在呼叫出租车时说出自己的特殊需求；在任何停车场，都设有残疾人专用车位，并且这些车位不允许其他非残疾人使用，以方便自己开车出行的残疾人。

**图 2　公共交通的无障碍做法**

## （三）公共建筑的无障碍出入

对于公共建筑，在上下台阶旁边总会有专供轮椅残疾人使用的斜坡走道和供盲人使用的盲道，并且进出的坡道侧面安装有栏杆，栏杆高低设置缓慢差异。如果进出公共建筑大门需要按钮开门，必然会配置残疾人入口和按钮，残疾人出入只需要按钮门便会自动打开。所有的洗手间区域都会设有一间专门供残疾人使用，上面标注有专门显著的“无障碍”记号。在该类洗手间中，面积大小都充分考虑了轮椅残疾人的需求，轮椅残疾人可以灵活使用其轮椅；洗手间内安装有安全扶手的坐式马桶，供残疾人如厕；洗手间内的洗手池也充分考虑了残疾人的需求；并在洗手间内配置了方便操作的紧急呼救按钮。除此之外，所有公共建筑的人口附近均设有无障碍停车位；商场里设有无障碍试衣间。

**图3　公共建筑的无障碍做法**

## （四）信息资源的无障碍获取

对于信息资源的无障碍获取，最值得一提的是，2017 年的悉尼跨年庆典为大众同时提供了纸质排版和语音版的活动指南，与此同时，在智障人士委员会（Council for Intellectual Disability）的协助下，庆典活动指南还编辑了简易版，以便残疾人能够获取相关信息。此外，还推出了一整套便捷的无障碍在线地图服务，地图以不同颜色标注残疾人行走该路线的便捷程度（黑色代表陡下坡、紫色代表缓行、绿色代表平稳易行、橙色代表斜坡、红色代表陡上坡），为残疾人提供方便；还集中为残疾人提供了6处无障碍专属观景区，以便他们与亲友共度美好时光。在澳大利亚出入图书馆，都会有台阶、坡道和盲道为残疾人提供方便，馆内也会提供多种残疾人服务，鼓励残疾人积极获取信息资源。

**Access maps**

These maps show the level of effort required to negotiate routes for a person using a wheelchair:

- St James to Mrs Macquarie's Chair
- St James and Martin Place to east Circular Quay and Sydney Opera House
- Town Hall and Wynyard to west Circular Quay and Dawes Point
- Town Hall to Darling Harbour
- Wynyard to Barangaroo
- Central to Darling Harbour

**图4　信息资源的无障碍做法**

## 四　启示与借鉴

### （一）倡导“以人为本”的无障碍理念

在澳大利亚，人们普遍认为残疾是人类多样性的一部分。政府会给照顾残疾儿童和成人的护理者福利、津贴，提供语言协助；在“以人为本”的方针里，设计师的理念是无障碍环境服务的不仅是残疾人等弱势群体，而应当是服务于所有人，在制定相关标准细则时，会邀请残疾人参与。此外，澳大利亚的国民素质普遍较高，在残疾人碰到困难时，路人多会伸出援助之手；许多爱心人士甚至会不计个人得失给残疾人提供各种方便；每个人都自觉树立保护无障碍设施的意识。经过多年的努力，澳大利亚公众已经逐步建立了任何设计都应考虑残疾人、老年人以及其他所有弱势群体的需求这一意识，随时都应该给予有需要帮助的残疾人帮助，让他们无障碍地融入整个社会。

国内现有的无障碍环境建设相比于澳大利亚有很大差距，特别是在通用设计阶段差距较大。公众普遍对残疾人不太关心，导致残疾人不敢走出去，许多无障碍设备也并没有发挥应有的功效。因此，在我国的无障碍建设中，首先，要提高立法者的无障碍立法观念。无障碍立法应设立保障所有人均具有同等的生活权利和工作权利的目标，建立全体社会成员都全面参与的社会环境，而不仅仅是对残疾人予以“同情”和“救助”的浅层观念。其次，应该提高社会公众的无障碍意识。要加强无障碍环境建设的宣传，加深社会大众对“残疾”和无障碍环境的理解，让残疾人真正能“平等、参与、共享”社会活动。

### （二）健全无障碍的立法建设和因地制宜的建设方案

完善、健全的无障碍立法建设是澳大利亚无障碍环境建设的基石。1992年，联邦政府制定了《联邦反残疾歧视法案》这一具有决定性作用的法律，该法案也成为澳大利亚无障碍环境建设的基本法。这不仅为以后澳大利亚无障碍环境建设的相关法律法规指明了方向，也避免了由于立法的滞后性所带来的问题。其后，澳大利亚的许多无障碍环境建设的法律法规都是围绕该法案制定的。这些法律法规明确了无障碍环境建设中各级主体的职责，细化了无障碍建设的标准要求。对于公共建筑、公共交通、信息获取等领域都详细制定了无障碍标准的硬性要求，这些标准都规定得很细致、很严格，这也就给了政策实行者清晰的方向。此外，不仅是联邦政府会积极制定无障碍环境建设的法律法规，各州政府、各地区政府也会确立适合本州、本地区的无障碍建设方案，积极建设无障碍环境，服务于全体社会成员。

在我国，也非常重视立法工作。相继成立了中国残疾人联合会、国务院残疾人工作委员会等组织机构，并出台了《中华人民共和国残疾人保障法》《中共中央国务院关于促进残疾人事业发展的意见》《残疾预防和残疾人康复条例》《残疾人教育条例》《残疾人就业条例》等重要的支撑残疾人权益保障的法律法规。特别在无障碍环境建设方面，相继制定了《无障碍设计规范》《无障碍设施施工验收及维护规范》等国家标准；发布实施《城市公共交通设施无障碍设计指南》《标志用公共信息图形符号第 9 部分：无障碍设施符号》等国家标准，并于 2012 年颁布了《无障碍环境建设条例》。但是，在无障碍建设的系统性和实用性方面，还是有一定的欠缺。比如，残疾人很多时候不敢独自出行，因为自出门起，过马路、乘坐地铁或公交车、逛街、购物、吃饭、其他娱乐活动、再乘坐地铁或公交车、过马路、回家，这一过程的无障碍环境并不能完全满足需求。很多城市也并没有编制因地制宜的城市无障碍建设发展规划。因此，我国在无障碍环境的立法和具体的建设方案中应该以通用设计为目标，注重系统性、实用性，各地也应该编制有自己无障碍建设发展规划，完善无障碍环境的建设。

### （三）强化无障碍建设的监督机制

在澳大利亚，拥有众多的助残社团组织对无障碍环境建设的工作进行全面监督。在推进无障碍环境建设的过程中，既需要有政府部门制定健全的法律法规以规范无障碍建设的工作，也需要有监督部门对无障碍环境建设提供强大的动力支持。社团组织不同于政府机构，他们是由多方利益的社会群体构成，因此，往往能得到社会大众的高度信任。他们在无障碍环境建设中能发挥号召性、协调性的作用，发挥非常重要的监督职能。同时，政府与社团组织之间的合作也是很有必要的。不仅数量众多，而且澳大利亚的助残社会团体分工明确细致。这些社会团体有专注于残疾人教育、就业、康复等某一领域的；也有专注于残疾儿童、残疾妇女或残疾老人等某一类群体的；还有专注于盲人、聋人、肢体残疾、智力残疾某一残疾类别的。总而言之，澳大利亚的人权委员会、澳大利亚残疾人联合会、澳大利亚残疾人组织、澳大利亚残疾网络等社会团体在其无障碍环境建设工作的监督制定和实施方面发挥了重要作用。

近年来，我国也逐渐形成了以政府为主导、残疾人组织为辅助，全社会共同参与推动无障碍建设的工作机制。然而，我国无障碍建设的突出问题是立法中没有明确规定相关各部门的职责，执法力度弱；同时，法律监督机制严重滞后，监管力度不足，惩罚措施不到位，相关部门责任意识不强，容易相互推诿责任。依据澳大利亚经验，构建完善的无障碍环境建设体系不能只依靠政府，需要加强政府与社团组织之间的合作。因此，应该鼓励社团组织参与无障碍环境建设的监管，构建社会监督体系，赋予他们更多的监督权力，履行类似澳大利亚人权委员会以及残疾人组织在监管方面的职责，更好实现无障碍法律法规和具体建设工作的落实。

## 参考文献

张瑜：《澳大利亚无障碍环境建设立法研究》，山东师范大学硕士学位论文，2018。

Australian Government, *The Disability (Access to Premises—Buildings) Standards 2010*. 2010.

Australian Government, *National Disability Strategy 2010 – 2020*. 2011.

Australian Government, *The Disability Discrimination Act*. 1992.

Australian Human Rights Commission, *World Wide Web Access: Disability Discrimination Act Advisory Notes (Version 3. 2)*. 2002.

Australian Library and Information Association, *Guidelines on Library Standards for People with Disabilities*. 1998.

Sydney Government, *2017 – 2021 Disability Inclusion Action Plan*. 2017.

Tasmanian Government, *Tasmanian Disability Services Act 2011*. 2011.

Tasmanian Government, *Disability Services Operational Plan 2017 – 2018*. 2017.

Tasmanian Government, *The Disability Services Strategic Plan 2019 – 2021*. 2019.

The United Nations, *Convention on the Rights of Persons with Disabilities*. 2006.

Victorian Department of Human Services, *Victorian State Disability Plan 2013 – 2016*. 2012.

Victorian Government, *Accessible Public Transport Action Plan 2013 – 2017*. 2013.

Victorian Government, *Absolutely Everyone the State Disability Plan 2017 – 2020*. 2016.

Web Accessibility Initiative, *Web Content Accessibility Guidelines ( Version 1. 0)*. 1999.

# 附　　录

**Appendix**

# B.19
# 2018年残疾人事业统计表

| | | |
|---|---|---|
| 康复 | 康复人数(万人) | 1074.7 |
| | 康复的视力残疾人(万人) | 120.5 |
| | 康复的听力残疾人(万人) | 66.1 |
| | 康复的言语残疾人(万人) | 7.5 |
| | 康复的肢体残疾人(万人) | 592.3 |
| | 康复的智力残疾人(万人) | 83.8 |
| | 康复的精神残疾人(万人) | 150.8 |
| | 康复的多重残疾人(万人) | 48.2 |
| | 提供各类辅助器具适配服务残疾人数(万人) | 319.1 |
| | 康复机构数(个) | 9036 |
| | 提供视力残疾康复服务的机构(个) | 1346 |
| | 提供听力言语残疾康复服务的机构(个) | 1549 |
| | 提供肢体残疾康复服务的机构(个) | 3737 |
| | 提供智力残疾康复服务的机构(个) | 3024 |
| | 提供精神残疾康复服务的机构(个) | 1962 |
| | 提供孤独症儿童康复服务的机构(个) | 1811 |
| | 提供辅助器具服务的机构(个) | 1929 |

续表

| | | |
|---|---|---|
| 康复 | 康复机构在岗人员数(万人) | 25.0 |
| | 管理人员(万人) | 2.9 |
| | 专业技术人员(万人) | 17.6 |
| | 其他人员(万人) | 4.5 |
| 教育 | 提供普惠性学前教育资助(万人次家庭) | 1.7 |
| | 提供学前教育资助残疾儿童(人) | 4993 |
| | 特殊教育普通高中班(部)(个) | 102 |
| | 特殊教育普通高中班(部)在校生(人) | 7666 |
| | 聋生(人) | 5554 |
| | 盲生(人) | 2056 |
| | 残疾人中等职业学校(班)(个) | 133 |
| | 残疾人中等职业学校(班)在校生(人) | 19475 |
| | 残疾人中等职业学校(班)毕业生(人) | 4837 |
| | 获得职业资格证书(人) | 1199 |
| | 被普通高等院校录取残疾人数(人) | 11154 |
| | 被高等特殊教育学院录取人数(人) | 1873 |
| | 接受扫盲教育青壮年文盲人数(万人) | 5.2 |
| 就业 | 新增就业残疾人数(万人) | 36.7 |
| | 新增城镇就业人数(万人) | 11.8 |
| | 新增农村就业人数(万人) | 24.9 |
| | 培训城乡残疾人数(万人) | 49.4 |
| | 城乡持证残疾人就业人数(万人) | 948.4 |
| | 按比例就业(万人) | 81.3 |
| | 集中就业(万人) | 33.1 |
| | 个体就业(万人) | 71.4 |
| | 公益性岗位就业(万人) | 13.1 |
| | 辅助性就业(万人) | 14.8 |
| | 灵活就业(含社区、居家就业,万人) | 254.6 |
| | 农业种养殖(万人) | 480.1 |
| | 培训盲人保健按摩人员(人) | 19732 |
| | 培训盲人医疗按摩人员(人) | 10160 |
| | 保健按摩机构(个) | 16776 |
| | 医疗按摩机构(个) | 1126 |
| | 获得盲人医疗按摩人员中级任职资格(人) | 953 |
| | 获得盲人医疗按摩人员初级任职资格(人) | 122 |

续表

| | | |
|---|---|---|
| 社会保障 | 参加城乡残疾居民社会养老保险人数(万人) | 2561.2 |
| | 60 岁以下的重度残疾人数(万人) | 595.2 |
| | 获得政府的参保扶助人数(万人) | 576.0 |
| | 获得个人缴费资助的非重度残疾人(万人) | 298.4 |
| | 领取养老金人数(万人) | 1024.4 |
| | 托养服务机构数(个) | 8435 |
| | 寄宿制托养服务机构数(个) | 2639 |
| | 日间照料机构数(个) | 4099 |
| | 综合性托养服务机构数(个) | 1697 |
| | 托养服务残疾人数(万人) | 22.3 |
| | 居家服务残疾人数(万人) | 88.8 |
| | 接受专业培训的托养服务管理和服务人员数(万人) | 2.2 |
| 扶贫开发 | 退出建档立卡的残疾人数(万人) | 116.1 |
| | 接受实用技术培训的残疾人数(万人次) | 58.8 |
| | 康复扶贫贴息贷款扶持农村残疾人数(万人) | 1.3 |
| | 残疾人扶贫基地(个) | 5490 |
| | 安置残疾人就业(万人) | 7.0 |
| | 扶持带动残疾人家庭(万户) | 13.5 |
| | 完成农村贫困残疾人危房改造(万户) | 11.3 |
| | 投入危房资金(亿元) | 13.7 |
| 宣传文化 | 组织记者采访(人次) | 500 |
| | 发布专题新闻(次) | 20 |
| | 拍摄微视频(部) | 4 |
| | 新华社发表文章(篇) | 128 |
| | 中央电视台《新闻联播》播发新闻(条) | 119 |
| | 《人民日报》发表文章(篇) | 71 |
| | 关注订阅“两微一端”人数(万人) | 435 |
| | 阅览“两微一端”人数(万人) | 4896 |
| | 省级残疾人专题广播节目(个) | 25 |
| | 省级电视手语栏目(个) | 31 |
| | 地市级残疾人专题广播节目(个) | 205 |
| | 地市级电视手语栏目(个) | 264 |
| | 建立盲文及盲文有声读物阅览室(个) | 1124 |
| | 开展残疾人文化周活动(场次) | 7931 |
| | 举办残疾人文化艺术类的比赛及展览(次) | 663 |
| | 各类残疾人艺术团(个) | 283 |

续表

| | | |
|---|---|---|
| 体育 | 残疾人文化参与率(%) | 12.9 |
| | 参加国际赛事(项) | 30 |
| | 国际赛事中,取得金牌(枚) | 302 |
| | 雪上项目国际赛事中,取得金牌(枚) | 15 |
| | 国际赛事中,取得银牌(枚) | 161 |
| | 国际赛事中,取得铜牌(枚) | 116 |
| | 第三届亚残运会中,获得金牌(枚) | 172 |
| | 第三届亚残运会中,获得银牌(枚) | 88 |
| | 第三届亚残运会中,获得铜牌(枚) | 59 |
| | 第三届亚残运会中,破世界纪录(项) | 7 |
| 维权 | 制定或修改关于残疾人的专门法规规章省级(个) | 15 |
| | 制定或修改关于残疾人的专门法规规章地市级(个) | 9 |
| | 制定或修改保障残疾人权益的规范性文件省级(个) | 19 |
| | 制定或修改保障残疾人权益的规范性文件地市级(个) | 61 |
| | 制定或修改保障残疾人权益的规范性文件县级(个) | 148 |
| | 开展《中华人民共和国残疾人保障法》执法检查和专题调研(次) | 294 |
| | 政协开展视察和专题调研(次) | 280 |
| | 开展省级普法宣传教育活动(次) | 309 |
| | 参加省级普法宣传教育活动人数(人) | 35835 |
| | 举办省级法律培训部(个) | 59 |
| | 参加省级法律培训部(人) | 4051 |
| | 全国成立残疾人法律救助工作协调机构(个) | 1988 |
| | 全国建立残疾人法律救助工作站(个) | 1814 |
| | 各地残联提出议案、建议、提案(件) | 833 |
| | 各地残联办理议案、建议、提案(件) | 1081 |
| | 全国出台省、地市、县级无障碍建设与管理法规、规章和规范性文件(个) | 475 |
| | 全国系统开展无障碍建设市、县、区(个) | 1702 |
| | 全国开展无障碍建设检查(次) | 2929 |
| | 全国开展无障碍培训(万人次) | 3.7 |
| | 全国实施无障碍改造家庭(万户) | 115.8 |
| | 贫困重度残疾人(万户) | 16.6 |
| | 发放残疾人机动轮椅车燃油补贴(万) | 65.1 |

续表

| | | |
|---|---|---|
| 组织建设 | 全国省市县乡（除兵团、垦区外）共成立残联（万个） | 4.2 |
| | 各省（区、市）、市（地、州）建立残联率（%） | 100.0 |
| | 县（市、区）建立残联率（%） | 97.5 |
| | 乡镇（街道）建立残联率（%） | 97.1 |
| | 社区（村）建立残联（%） | 94.4 |
| | 社区（村）建立残联（万个） | 54.9 |
| | 省市县乡残联工作人员（万人） | 11.1 |
| | 乡镇（街道）、村（社区）选聘残疾人专职委员（万人） | 58.7 |
| | 省级残联配备残疾人领导干部率（%） | 100.0 |
| | 市级残联配备残疾人领导干部率（%） | 69.3 |
| | 县级残联配备残疾人领导干部率（%） | 49.8 |
| | 全国建立省级及以下各类残疾人专门协会（万个） | 1.6 |
| | 省级协会已建比率（%） | 100.0 |
| | 市级协会已建比率（%） | 96.8 |
| | 县级协会已建比率（%） | 92.4 |
| | 全国助残社会组织（个） | 2562 |
| 服务设施 | 全国已竣工并投入使用的各级残疾人综合服务设施（个） | 2364 |
| | 全国已竣工并投入使用的各级残疾人综合服务设施建设规模（万平方米） | 578.3 |
| | 全国已竣工并投入使用的各级残疾人综合服务设施总投资（亿元） | 176.9 |
| | 全国已竣工并投入使用的各级残疾人康复设施（个） | 914 |
| | 全国已竣工并投入使用的各级残疾人康复设施建设规模（万平方米） | 344.9 |
| | 全国已竣工并投入使用的各级残疾人康复设施总投资（亿元） | 111.2 |
| | 全国已竣工并投入使用的各级残疾人托养服务设施（个） | 791 |
| | 全国已竣工并投入使用的各级残疾人托养服务设施建设规模（万平方米） | 214.8 |
| | 全国已竣工并投入使用的各级残疾人托养服务设施总投资（亿元） | 57.8 |
| 信息化建设 | 开通网站的省份（个） | 31 |
| | 开通网站的地市级（个） | 261 |
| | 开通网站的县级（个） | 863 |
| | 持证残疾人（万人） | 3566.2 |
| | 启动第三代残疾人证换发的省份（个） | 20 |

数据来源：《2018 年中国残疾人事业发展统计公报》。

# Abstract

Since the founding of the People's Republic of China 70 years ago, China has embarked on a path of development for the disabled with Chinese characteristics, proceeding from its national conditions and realities. Under the guidance of Xi Jinping thought on socialism with Chinese characteristics for a new era, the cause of the disabled has become an important goal of building a moderately prosperous society in all respects. Since the 18th National Congress of the CPC, in order to guarantee the equal rights and interests of the disabled and promote the integration and development of the disabled, the CPC Central Committee and the State Council have attached great importance to the work of barrier-free environment construction. General Secretary Xi Jinping proposed to "pay attention to the construction of barrier-free environment". In the government work reports for 2018 and 2019, Premier Li Keqiang proposed accelerating the construction of barrier-free facilities for two consecutive years. Lv Shiming, deputy to the National People's Congress and vice-chairman of the China Disabled Persons' Federation, put forward at the two sessions in 2019 that construction of barrier-free environment is needed for all its members of society of equal participation in society, realize the integration development of the important measures, is an important symbol of social civilization, is an important content of new urbanization, rural revitalization strategy, is the state guarantees the livelihood of the people, improve the important of social basic public services, is to build a moderately prosperous society in an all-round way and realize the goal of "two hundred years."

In this context, the Blue Book on Disabled Persons: Development Report on the Cause for Persons with Disabilities in China (2019) takes barrier-free environment construction as the theme, and systematically summarizes and deeply analyses the current situation and problems of barrier-free environment construction. The book includes five parts: general report, the topic reports, the special topic, the case studies and the reference article. The general report includes Development Report on the Cause for Persons with Disabilities in China (2019) and Development Report on the Accessibility Environment in China (2019). The Development Report on the Cause for Persons with Disabilities in China (2019) presents the overall development of the cause for persons with disabilities in rehabilitation, education, employment, social security, poverty alleviation, accessibility, rights protection, big data, and international exchanges in China in 2018. It calculates the development index and balance index of the cause for persons with disabilities in China, and makes inter-provincial comparisons and dynamic analysis. Development Report on the Accessibility Environment in China (2019) analyzes the status quo and existing problems of barrier-free environment in China and puts forward effective countermeasures and suggestions. The topic reports focus on the development of accessibility environment in eight key areas: accessibility to visual disabilities, hearing and speech disabilities, accessibility to physical disabilities, accessibility to public service facilities, accessibility to services for the disabled, accessibility of information for the disabled, accessibility to the rule of law, accessibility to libraries and so on. The special topic focuses on the topics such as barrier-free transformation of disabled families, barrier-free building of villages (communities), the creation barrier-free cities, the status quo of barrier-free environment construction in colleges and universities in China, and the application status of artificial intelligence technology in the field of special education barrier-free.

The Blue Book on Persons with Disabilities: Development Report on the Cause for Persons with Disabilities in China (2019) has compiled and analyzed the development data of the persons with disabilities in China. It has issued Development Index of the cause for the persons disabilities in China for three consecutive years, forming an overall judgment on the development of the cause for the persons with disabilities in China. It systematically shows the development trend of the persons with disabilities in China. The development index of the cause for persons with disabilities has risen from 42.8 in 2007 to 70.7 in 2017. The survival guarantee index, development promotion index and service support index of the persons with disabilities are 38. 2 and 51. 7, respectively. 38. 1, rising to 75. 5, 64. 0, 71. 2 in 2017. The Blue Book for Persons with Disabilities: Development Report on the Cause for Persons with Disabilities in China (2019) released the Balance Development Index for the persons with disabilities in China for the first time. The balance index for the development of the persons with disabilities has increased from 48. 29 in 2015 to 51. 86 in 2017; survival guarantee, development improvement, The service support balance index was raised from 47. 57, 47. 70, and 50. 79 in 2015 to 53. 24, 48. 46, and 54. 42 in 2017.

Generally speaking, while the development level of the cause of disabled people in China is constantly improving, the balanced development situation is also constantly improving. The development index and balance index of disabled undertakings enrich and expand the evaluation system of disabled undertakings in China, and play an important reference and guidance role in promoting the full and balanced development of persons with disabilities undertakings in various regions of China.

**Keywords**: The Cause for Persons with Disabilities; Development index of Persons with Disabilities; Balance index; Barrier-free

# Contents

## I General Report



**Abstract**: The year 2018 is the 40th anniversary of China's reform and opening up, and it is also the first year in which the construction of the disabled with Chinese characteristics has entered a new era. Based on the relevant data of the China Disabled Persons Development Report, this report describes the overall development of China's disabled people's cause in 2018, especially the development of disabled people's accessibility, and calculates the development index and balance index of the disabled in China, inter-provincial comparisons were carried out; finally, the development prospects of the cause of disabled people in China were put forward. The results of the study show that the cause of the disabled in China has achieved rapid development. The development index of the disabled has risen from 42. 8 in 2007 to 70. 7 in 2017. The survival guarantee index, development promotion index and service support index of the disabled are 38. 2 and 51. 7 respectively in 2007. 38. 1, rising to 75. 5, 64. 0, 71. 2 in 2017; the balance index of the development of disabled persons increased from 48. 29 in 2015 to 51. 86 in 2017; survival guarantee, development improvement, and service support balance index, respectively, from 2015 47. 57, 47. 70, 50. 79, upgraded to 53. 24, 48. 46, 54. 42 in 2017; the imbalance in the development of the cause of disabled people in China has improved, but the imbalance is still outstanding.

**Keywords**: The Cause for Persons with Disabilities; Accessibility development of Persons with Disabilities; Rehabilitation of Persons with Disabilities; Education of Persons with Disabilities; Employment of Persons with Disabilities



**Abstract**: Building accessibility environment is the basic condition to guarantee the equal participation of persons with disabilities, the elderly and other members of society in social life. This report mainly analyses the current situation and existing problems of accessibility environment in China, and finds that the relevant laws and policies of accessibility environment in China are gradually enriched, but the policies and regulations are still imperfect. The construction of accessibility facilities, accessibility information exchange and accessibility community services have achieved rapid development, but the development is uneven. There are obvious characteristics of insufficient balance, lack of accessibility evaluation mechanism and irregular management. Based on Baidu Index's large data search behavior, we find that the public's attention to accessibility has been increasing, while there are significant regional differences, and the overall awareness needs to be further improved. In order to speed up China's accessibility environment construction, the report proposes that we should improve the accessibility policy and regulatory system, establish and improve the accessibility evaluation mechanism, promote the coordinated development of accessibility environment construction and the level of economic and social development, and strengthen the accessibility and universal design concept of popular science.

**Keywords**: The cause for the Persons with Disabilities; Accessibility Environment; Persons with Disabilities

# Ⅱ Topical Report



**Abstract**: The education, life, employment and rehabilitation of the visual persons with disabilities need accessible environment as a guarantee, and the construction of accessible environment requires the establishment and improvement of laws, regulations and related standards. Based on the analysis of the three stages of laws and regulations related to the accessibility development for visual persons with disabilities, this report takes nearly 1 −5 years as an important time node. The three aspects of living facilities, educational environment and personal assistive devices illustrate the reality of the accessibility development for visual persons with disabilities in China. Taking Japan as an example, after consulting the advanced experience, it clarifies the problems existing in the accessibility development for visual persons with disabilities in China. That is, the legal system construction is still insufficient, the accessible living facilities system can not fully meet the social needs, the overall accessible education environment lacks a mature mechanism, the accessible personal AIDS are inadequate, and the public awareness has obvious limitations. Finally, it puts forward that the construction of accessible environment should be carried out from four aspects: promoting the implementation of accessible environment construction at the practical level, giving impetus to the regional accessible environment construction, pushing forward the development of people's concept of accessibility and the development of universal accessible design paradigm.

**Keywords**: Visual Persons with Disabilities; The Cause for the Persons With Disabilities; Accessible Environment; Accessible Facilities

**Abstract**: This report reviews the development of accessibility environment construction in China since the reform and opening up, then analyzes the current situation and existing problems of the accessible development of persons with hearing impairment and persons with speech impairment in China from 2012 to 2018 from the aspect of life, education, rehabilitation and services, and finds that the legal regulations and standard systems of accessible environment in China are still not perfect, the construction of accessible facilities is less targeted, the easy - to - use services of film and television and sign language translation services are not effective, and the public's awareness of accessible hearing and speech is not good enough. In order to accelerate the construction of accessible environment for Chinese persons with hearing impairment and persons with speech impairment, the report proposes that we should improve the completeness of the system of laws, regulations and standards, strengthen the pertinence of the construction of accessible facilities for persons with hearing impairment and persons with speech impairment, improve the appropriateness of the easy - to - use services of film and television, promote the popularization of sign language translation services in the whole society, and strengthen the public's awareness of accessibility.

**Keywords**: Persons with Hearing Impairment; Persons with Speech Impairment; Accessible Environment



**Abstract**: This report reflects on the developmental process of the construction of barrier-free facilities for the physically-disabled population since the Open-up-and-Reformation policy was carried out. It details the developmental process from three perspectives, including the barrier-free life that physically-disabled people live, the barrier-free education they receive, and the assistive devices. Besides, it indicates a series of problems with the development of barrier-free facilities domestically, for example, the under-developed legislative systems, the lack of practicality in the construction of barrier-free facilities, the inequality and inadequacy of access to barrier-free education, flawed service of assistive devices, low awareness among the public of the need for barrier-free facilities of the physically-disabled. Finally, the corresponding suggestions are made, including making improvement to the legislations on barrier-free facilities, promoting the construction of specialist barrier-free facilities, creating a better environment for barrier-free education, improving the services regarding the supply of assistive devices, and fostering a better social environment to improve the access to barrier-free facilities.

**Keywords**: Physical Persons with Disabilities; The accessibility development for persons with disabilities; Accessible facilities; Accessible environment



**Abstract**: With clarifying the concept of barrier-free construction of public welfare facilities is sharing, this report emphasis the construction goal is to serve all people, including disabled and non-disabled. To improve the level of accessibility, the report focus on general situation of barrier-free construction of all kinds of public service facilities at the national level. It includes four aspects for improving the level of barrier-free construction of public service facilities in China, respectively. It is that to enhance accessibility construction level by laws and regulations as a whole, to optimize macro-construction environment, to analyze time-space characteristics of construction and to integrate the promotion role of multi-joint efforts. In addition, the report raises three problems. It is ambiguity in guiding practice of various technical standards, lack of long-term consideration in the construction process, and difficulty in adapting the construction content with changing space needs. Moreover, it also points out some suggestions in optimizing the accessibility environment. Firstly, the top-level design for the city's whole built environment in accessibility should be strengthened. Secondly, the overall education level of the disabled should be improved. Thirdly, the time sequence of accessibility transformation of public service facilities should be optimized. Fourthly, the social supervision should be brought into play.

**Keywords**: Public Service Facilities; Accessibility; the Cause for the Persons with Disabilities



**Abstract**: The services for persons with disabilities are specialized institutions. It is the backbone of the supply of public services such as rehabilitation, care, employment and education for person with disabilities. The accessibility construction of service institutions is not only safe and convenient access to provide good environmental protection for person with disabilities, but also an important embodiment of Xi Jinping's thought of socialism with Chinese characteristics centered on the people in the new era. This report first defines the service institutions for person with disabilities and analyzes the basic situation of the services, and further analyzes its development progress and achievements in laws and regulations system construction, technical standard system construction, planning system construction, planning implementation and theoretical research and so on. On this basis, it points out that the current rule of law for service institutions still needs to be perfected, the level of systematic and standardized construction needs to be improved, the construction of grassroots service institutions needs to be deepened, and theoretical research and professional personnel training need to be strengthened, and so on. It puts forward some development proposals from the construction of the rule of law system, multi-party coordination and systematic advancement, focused on demand to improve the precise service capability, to enhance the level of intelligence by technology, brainstorming and wisdom research and other aspects.

**Keywords**: the Services for Persons with Disabilities; Accessibility Environment; Accessibility Service



**Abstract**: With the increasing level of Informatization, people with disabilities will face a more serious "digital divide" problem, and how to provide equal accessibility information technology, products and services to disabled people through the information environment such as the Internet and mobile Internet. It is becoming a hot spot of concern to all sectors of society. On the basis of summarizing and reviewing the process, policies and standards of information accessibility construction at home and abroad, this report analyzes the "three-in-one" information barrier-free construction promotion mechanism of Chinese government, professional institutions and information services or equipment enterprises, and then further explores The application of intelligent technology in information accessibility construction, such as human-computer interaction, automatic driving, robotics and other intelligent technologies, finally puts forward the development trendand policy recommendations about the improvement of information accessibility construction for the shortcomings and bottlenecks in China, such as high-tech intelligent information technology into the field of barrier-free construction, the government and the public sector to include information accessibility in relevant procurement standards.

**Keywords**: People with Disabilities; Information Accessibility; Digital Divide; Accessibility Environment Construction

**Abstract**: The rule of law is the leading foundation and important driving force for the construction of accessible environment. Since the implementation of the Regulations on the Construction of Accessible Environment in 2012, China has basically formed a legal system that fully protects citizens' rights to accessible environment and promotes the development of accessible environment. Under the legal system for accessible environment, China has established a relatively sound organization and management system for accessible environment construction, and the construction of accessible environment in urban and rural areas has been promoted in accordance with the law. According to the Chinese legal system, this report elaborates on the progress made in the construction of accessibility rule of law in China from the perspectives of laws, administrative regulations, department rules of the state council, local regulations, local government regulations and accessible construction standards. Analysis of the existing legislative ideas to be innovative; Regulations on the Construction of Accessible Environment need to be upgraded; The operability of regulations needs to be strengthened; Legal rights relief measures need to be improved; Local accessible legislation needs to be strengthened, and the corresponding countermeasures and Suggestions are put forward. It includes changing the concept of accessibility legislation, improving the effectiveness of accessibility legislation, improving the operability of accessibility laws and regulations, improving the relief measures of legal rights, and improving local accessibility legislation.

**Keywords**: accessibility Law; Regulations on the Construction of Accessible Environment; Protection of Persons with Disabilities Law; accessible environment technical standards

**Abstract**: Barrier-free library is an important guarantee for the disabled to participate in social life and share social and cultural achievements. This report collects the basic data of barrier-free libraries in public libraries, university libraries and special school libraries, summarizes and analyses the current situation and existing problems of barrier-free library development in China. The study finds that the construction of the relevant legal system of barrier-free libraries in China is still in its infancy, and the construction of barrier-free library infrastructure, barrier-free resources, reading services and information technology has made rapid development, but there are also problems such as the lack of barrier-free infrastructure, non-standard construction, low utilization rate and insufficient funds. The report points out that the development of barrier-free libraries is restricted by social economy, concept consciousness, administrative dominance and copyright, so we should improve the barrier-free consciousness of the whole people, improve the relevant laws and regulations of barrier-free construction of libraries, straighten out the administrative relationship of barrier-free libraries, and seek construction funds in many ways.

**Keywords**: Barrier-free Library; Persons with Disabilities; Cultural Services

# Ⅲ Special Topics



**Abstract**: Under the background of the country's gradually emphasis on the construction of accessibility environment, the accessibilityreconstruction of families with disabled persons has received more and more attention and the accessibility reconstruction of the family is carrying out through the country. Through the accessibility reconstruction of the family, the obstacles to the passage, safety and convenience in the home life are eliminated, which is the material basis for people with disabilities to achieve a well-off life. The demand for accessibility reconstruction of families has been decreasing year by year, but there is still a large gap. The accessibility reconstruction of families has uneven development in regions, urban and rural areas and projects. It is necessary to strengthen the promotion of accessibility reconstruction in rural areas; increase the effective supply of accessible toilet renovation; gradually incorporate rehabilitation training accessibility into accessibility reconstruction; prevent the increment of family housing with barrier; establish accessibility reconstruction mechanism for families with disabled persons.

**Keywords**: Barrier-free; Accessibility Reconstruction of Families; Accessibility Reconstruction contents; Demand for Accessibility Reconstruction



**Abstract**: With the development of society, the importance of barrier-free construction is increasingly recognized. Barrier-free construction is not only the need to improve the functions of modern cities, but also an important guarantee for the rights and interests of the disabled, the elderly and other groups. Barrier-free facilities of village (community) public service places are an important part of barrier-free construction. Based on the Barrier-free Design Code (GB 50763 - 2012), according to the principles of comprehensiveness, hierarchy and comparability, this report constructs the evaluation index system of construction level about barrier-free facilities of village (community) public service places with 5 first-level indicators and 13 second-level indicators. Based on the data of community survey in the "Dynamic Update of Basic Service Status and Demand Information Data of Disabled Persons in China" in 2018, this paper makes a comparative study on the construction of barrier-free facilities in villages (communities) in seven regions of North China, Northeast China, East China,

Central China, South China, Southwest China and Northwest China; And making use of TOPSIS comprehensive evaluation method and quartile method evaluate the level of barrier-free facilities construction in public service places of villages (communities). The report further analyses the differences of various barrier-free facilities construction in public service places of villages (communities) in different regions by drawing radar maps. In view of the problems existing in the barrier-free development of villages (communities) in China, such as low overall coverage, unbalanced development, lack of top-level design, low identity of residents, single source of funds and insufficient investment, etc., this paper puts forward the following suggestions: strengthening top-level design, increasing financial support, making up for shortcomings, strengthing weaknesses, promoting development, and constantly improving policy recommendations on Barrier-free construction of public service places in Village (community).

**Keywords**: Persons with Disabilities; the Development of Accessibility; Accessible Facilities

## B. 13 Development Report on the Barrier-free Cities in China



**Abstract**: Information accessbility construction is an important measure to promote social harmony and stability and also a basic social security to satisfy the requirement of different group to acquire information and participate in social life equally. Shanghai Information Accessibility Construction follows basic principle that information accessibility in Shanghai shall fit trend of technology development, satisfy requirement of the disabled and shall be in accordance with the municipal development. The team keep learning from foreign experience to improve the service of information accessibility and accumulated following experience after several years' work in this field: 1. Regarding overall plan as priority and include information accessibility work into Municipal information work 2. Try to enrich meaning of information accessibility by grow a better social environment of helping the people with disabilities 3. Keeping oriented by users' experience and coordinate all circles of the society to promote information accessibility 4. Establishing evaluation system of website 5. Opening the data to the society on the basis of the concept to share accessibility information to the public.

**Keywords**: Persons with Disabilities; Barrier-free City; Creating Barrier-free Cities



**Abstract**: The demand for an accessible campus environment is on the rise with the significant increase in the number of students with disabilities in colleges and universities. The accessible campus environment plays an important role in ensuring that students with disabilities are able to participate in campus learning and providing an equal, inclusive, and harmonious campus culture. This paper takes the investigation into the accessible campus environment in Peking University as an instance, depicting the current situation of accessible campus environment from the viewpoint of transportation. 3 problems have been found: 1) a lack of designing and planning from the leading group of the college; 2) a lack of construction and maintenance for the accessible facilities; 3) a lack of social awareness for the accessible campus environment. Based on these facts, there are three suggestions: 1) making more efforts on establishing the legislation system regarding the accessible campus environment; 2) establishing a set of mechanisms for the construction and monitoring of the accessible facilities; 3) cultivating a favorable atmosphere for the development of the accessible campus environment. The aim of the study is to provide a reference for the construction of accessible environment in universities and even society.

**Keywords**: Accessible Campus; Accessibility Environment; Action research

**Abstract**: Artificial intelligence technology has a broad application prospect in the field of special education. This paper reviews the application status and demand of artificial intelligence technology in special education industry, expounds the application exploration of artificial intelligence technology in teaching environment and curriculum, and finally analyzes the opportunities and challenges of the application of artificial intelligence technology in special education. It is found that AI technology has obvious effect in the application of public welfare for the persons with disabilities, which can promote the integration of education and the construction of barrier free environment. However, it is facing the challenges of the initial application of technology and little economic value. In the future application, we should strengthen the correct guidance of public opinion, increase policy support and capital investment.

**Keywords**: Artificial Intelligence; Special Education; Barrier-free; Voice Technology

## Ⅳ Case Studies



**Abstract**: Information accessbility construction is an important measure to promote social harmony and stability and also a basic social security to satisfy the requirement of different group to acquire information and participate in social life equally. Shanghai Information Accessibility Construction follows basic principle that information accessibility in Shanghai shall fit trend of technology development, satisfy requirement of the disabled and shall be in accordance with the municipal development. The team keep learning from foreign experience to improve the service of information accessibility and accumulated following experience after several years' work in this field: Regarding overall plan as priority and include information accessibility work into Municipal information work. Try to enrich meaning of information accessibility by grow a better social environment of helping the people with disabilities. Keeping oriented by users' experience and coordinate all circles of the society to promote information accessibility. Establishing evaluation system of website. Opening the data to the society on the basis of the concept to share accessibility information to the public.

**Keywords**: Disabled; Construction of Accessibility; Barrier-free information; Shanghai



**Abstract**: It has been nearly a half century since Hong Kong Special Administrative Region of China began promoting the accessible environment in the early 1970s. Starting from describing the international transformation on the concept of "Disability", this paper first sorts out the theoretical development in Hong Kong including "*Physically Handicapped and Able-Bodied*", "*Barrier-free Design*", and "*Universal Design*"; Then clarifies the promotion mechanism of the accessible environment from the perspective of policies and regulations, investments and the coordination between different institutions; After that, the achievements on residential buildings, public spaces and tourist attractions are introduced. At last, how mainland China can learn from Hong Kong's experiences and apply that in construction tasks of related facilities when promoting the accessible environment are discussed.

**Keywords**: Accessible Environment; Barrier-Free Access; Universal Design; Hong Kong

# Ⅴ Experience Studies



**Abstract**: Australia has a strong sense of barrier-free construction, relatively sound policy regulations and relatively mature safeguard mechanisms. This part studies the theoretical basis, policies and regulations, safeguard mechanisms and construction development of barrier-free environment construction in Australia, and found that it advocates the concept of "people-oriented" barrier-free, has sound barrier-free legislative construction and construction programs adapted to local conditions, and strengthens the supervision of barrier-free construction. We should learn from the experience of barrier-free buildings in Australia to improve the construction of barrier-free environments in our country.

**Keywords**: Environmental Barriers; Barrier-free Construction; Australia

## ❖ 皮书起源 ❖

“皮书”起源于十七、十八世纪的英国，主要指官方或社会组织正式发表的重要文件或报告,多以“白皮书”命名。在中国,“皮书”这一概念被社会广泛接受,并被成功运作、发展成为一种全新的出版形态，则源于中国社会科学院社会科学文献出版社。

## ❖ 皮书定义 ❖

皮书是对中国与世界发展状况和热点问题进行年度监测，以专业的角度、专家的视野和实证研究方法，针对某一领域或区域现状与发展态势展开分析和预测，具备原创性、实证性、专业性、连续性、前沿性、时效性等特点的公开出版物，由一系列权威研究报告组成。

## ❖ 皮书作者 ❖

皮书系列的作者以中国社会科学院、著名高校、地方社会科学院的研究人员为主，多为国内一流研究机构的权威专家学者，他们的看法和观点代表了学界对中国与世界的现实和未来最高水平的解读与分析。

## ❖ 皮书荣誉 ❖

皮书系列已成为社会科学文献出版社的著名图书品牌和中国社会科学院的知名学术品牌。2016 年，皮书系列正式列入“十三五”国家重点出版规划项目；2013~2019 年，重点皮书列入中国社会科学院承担的国家哲学社会科学创新工程项目;2019 年,64 种院外皮书使用“中国社会科学院创新工程学术出版项目”标识。

# 中国皮书网

（网址：www.pishu.cn）

发布皮书研创资讯，传播皮书精彩内容
引领皮书出版潮流，打造皮书服务平台

## 栏目设置

关于皮书：何谓皮书、皮书分类、皮书大事记、皮书荣誉、皮书出版第一人、皮书编辑部

最新资讯：通知公告、新闻动态、媒体聚焦、网站专题、视频直播、下载专区

皮书研创：皮书规范、皮书选题、皮书出版、皮书研究、研创团队

皮书评奖评价：指标体系、皮书评价、皮书评奖

互动专区：皮书说、社科数托邦、皮书微博、留言板

## 所获荣誉

2008 年、2011 年，中国皮书网均在全国新闻出版业网站荣誉评选中获得“最具商业价值网站”称号；

2012 年,获得“出版业网站百强”称号。

## 网库合一

2014 年，中国皮书网与皮书数据库端口合一，实现资源共享。

# S 基本子库 UB DATABASE

## 中国社会发展数据库（下设 12 个子库）

全面整合国内外中国社会发展研究成果，汇聚独家统计数据、深度分析报告，涉及社会、人口、政治、教育、法律等 12 个领域，为了解中国社会发展动态、跟踪社会核心热点、分析社会发展趋势提供一站式资源搜索和数据分析与挖掘服务。

## 中国经济发展数据库（下设 12 个子库）

基于"皮书系列"中涉及中国经济发展的研究资料构建，内容涵盖宏观经济、农业经济、工业经济、产业经济等 12 个重点经济领域，为实时掌控经济运行态势、把握经济发展规律、洞察经济形势、进行经济决策提供参考和依据。

## 中国行业发展数据库（下设 17 个子库）

以中国国民经济行业分类为依据，覆盖金融业、旅游、医疗卫生、交通运输、能源矿产等 100 多个行业，跟踪分析国民经济相关行业市场运行状况和政策导向，汇集行业发展前沿资讯，为投资、从业及各种经济决策提供理论基础和实践指导。

## 中国区域发展数据库（下设 6 个子库）

对中国特定区域内的经济、社会、文化等领域现状与发展情况进行深度分析和预测，研究层级至县及县以下行政区，涉及地区、区域经济体、城市、农村等不同维度。为地方经济社会宏观态势研究、发展经验研究、案例分析提供数据服务。

## 中国文化传媒数据库（下设 18 个子库）

汇聚文化传媒领域专家观点、热点资讯，梳理国内外中国文化发展相关学术研究成果、一手统计数据，涵盖文化产业、新闻传播、电影娱乐、文学艺术、群众文化等 18 个重点研究领域。为文化传媒研究提供相关数据、研究报告和综合分析服务。

## 世界经济与国际关系数据库（下设 6 个子库）

立足"皮书系列"世界经济、国际关系相关学术资源，整合世界经济、国际政治、世界文化与科技、全球性问题、国际组织与国际法、区域研究 6 大领域研究成果，为世界经济与国际关系研究提供全方位数据分析，为决策和形势研判提供参考。

# 法律声明